한국 근대전환기 농업정책과 농정론

Agricultural Policy and Agricultural Policy Theory during the transition period of modern Korea

Lee, Young Hak

이 저서는 2011년 대한민국 교육부와 한국학중앙연구원(한국학진흥사업단)의
한국학총서사업(모던코리아 학술총서)의 지원을 받아 수행된 연구임(AKS-2011-DAE-3104)

This work was supported by Korea Studies Series through the Ministry of Education of the Republic of Korea and Korean Studies Promotion Service of the Academy of Korean Studies (AKS-2011-DAE-3104)

한국 근대의 토지와 농민 총서 4

한국 근대전환기 농업정책과 농정론

이 영 학 지음

혜안

발간사

한국역사의 사회성격을 규명하는 데 토지와 농민은 가장 핵심적인 주제이다. 전근대사회에서 농업은 가장 중요한 산업이고, 대부분의 인구가 농민이거나 농업과 관련된 일에 종사하고 있었기 때문에 토지와 농민, 그리고 농업 문제는 한국역사의 사회성격을 규명하는 핵심적인 고리였다. 이에 '토지'와 '농민'이라는 키워드를 통하여 한국의 근대를 탐구한 것이 바로 〈한국 근대의 토지와 농민 총서〉(총5책)이다.

이 총서는 5명의 연구자들이 각기 저술한 5권의 연구서를 묶은 것으로, 연구에 참여한 5명은 모두 한국역사연구회의 토지대장연구반에서 함께 활동하고 있다. 토지대장연구반 반원들은 조선의 근대 이행기에 농업과 토지소유 제도를 연구함으로써 한국 근대사회의 성격을 규명하고자 노력해왔다.

한국사에서 역대 왕조의 정부는 체제를 유지하기 위해 세금을 징수하고, 그 부세원을 파악하기 위해서 토지를 조사하고 그 소유와 경작관계를 파악하였다. 양안(量案) 및 토지대장 등의 자료들은 그 결과물로 생산되었다. 정부는 이 장부들을 바탕으로 지세를 징수하고, 토지소유권을 확인해주는 일을 행하였다. 연구반은 국가운영의 기초가 된 양안 장부들을 바탕으로 당시의 사회상을 재구성하기 위하여 연구해왔다. 또한 한국사회가 중세에서 근대로 이행해 갈 때 토지의 소유권 및 조세 등의 토지문제와 생산 농민의 사회적 지위를 밝힘으로써 당해 사회의 성격을 규명하고자 노력해왔다.

지난 30년 동안 연구반은 여러 공동 연구 업적을 제출하였다. 대한제국의 광무양전사업과 광무양안에 대한 공동 연구 결과물인 『대한제국의 토지조사사업』(민음사, 1995)을 시작으로 『대한제국의 토지제도와 근대』(혜안, 2010), 경자양전을 통하여 조선후기 토지제도를 살핀 『조선후기 경자양전 연구』(혜안, 2008), 자료 발굴을 통하여 창원군 일대를 대상으로 일제의 토지조사사업을 연구한 『일제의 창원군 토지조사와 장부』(선인, 2011)와 『일제의 창원군 토지조사사업』(선인, 2013) 등이 대표적이다.

이로써 연구반의 연구활동은 토지와 농민, 그리고 사회경제적 측면에서 근대성에 대한 학계의 논의에서 항상 중심에 서 있었다. 대한제국기 양전사업의 목적과 평가를 비롯하여 대한제국의 성격에 대한 포괄적인 논쟁을 다루었으며, 동시에 일제의 토지조사사업(1910~1918)에 대한 논쟁에도 '수탈론'이나 '식민지근대화론'에서 제기한 연구 성과를 재검증하는 작업을 수행하기도 하였다. 이처럼 총서는 조선후기-대한제국-일제강점기에 이르는 토지조사와 토지제도에 대한 주제들에 대하여 다양한 자료의 발굴과 연구 방법을 통하여 토지와 농민을 중심으로 하는 한국의 근대와 그 대안을 모색하고자 하였다.

'한국 근대의 토지와 농민'의 각 권은 아래와 같은 문제의식을 가지고 있다.

최윤오의 『조선후기 양전사업과 토지개혁론』은 조선후기 유자들의 전제개혁론을 복원하여 그 특징을 추적하고, 그것이 체제유지와 개혁에 이르기까지 다양한 층위로 나타나고 있음을 확인하고자 하였다. 특히 1720년 경자양전 사업을 전후한 시기의 양전제와 유형원 공전법과 유집일 방전법 등을 비교하여 조선후기 체제위기 타개책의 특징과 그 역사적 성격이 지향하는 바를 밝히고자 하였다.

왕현종의 『대한제국의 토지조사와 토지법제』에서는 개항 이후 조선 사회의 토지문제 해결과 외국인의 토지침탈 대책 속에서 광무양전 관계 발급사업이 행해지고 토지법제화가 진행되는 일련의 과정을 살펴보았다. 이는 대한제국의 토지법제에 대한 이론적 배경과 근대 토지제도의 수립 방향을 밝히려는 시도였다. 따라서 19세기말 한국인의 주체적인 토지제도 수립 노력을 검토함으로써 대한제국이 전통에서 근대로의 독자적인 이행의 길을 지향했음을 알 수 있다.

최원규의 『한말 일제초기 국유지 조사와 토지조사사업』은 일제가 토지조사사업에서 생산한 자료를 조사 분석하여 그 실상과 속내를 밝힌 것이다. 특히 공토의 '수조권'이 국유지의 '소유권'으로 전환되어 가는 모습과 민유지환급론의 실상을 해명하였다. 이것은 기존 연구의 소유권 중심의 분석틀에서 벗어나 중답주 도지권 등의 물권도 시야에 넣고 분석하여 추출한 결과물이다. 일제는 구래의 토지권을 배타적 소유권으로 재편해간 것이다.

이영학의 『한국 근대전환기 농업정책과 농정론』에서는 19세기 중엽부터 1920년대까지 정부의 농업정책을 두 단계로 나누어 고찰하였다. 먼저 조선 정부는 농업의 근대화를 위해 어떠한 노력을 기울였는가를 살펴보고, 다음으로 통감부 시기 이후 일본제국주의가 조선의 자주적 근대화의 노력을 좌절시키고 식민지화해 간 과정을 농업정책을 통하여 살펴보고자 하였다.

허원영의 『한국 근대 양반지주가의 경제활동』은 두 양반지주 가문의 농업경영과 경제생활을 추적하였다. 이 연구는 두 가문에서 생산하여 전해 온 수천여 점의 고문서를 촘촘하게 배치하고 다양하게 분석한 실증적 연구이다. 조선후기로부터 일제강점기에 걸친 근대이행기를 배경으로, 지주라는 경제적 배경을 지닌 전통적 지배엘리트의 경제활동을 재구성하였다.

마지막으로 '한국 근대의 토지와 농민' 총서를 발간할 수 있도록 지원해 준 한국학중앙연구원 한국학진흥사업단에 감사의 말씀을 드린다. 또한 어려운 출판여건 속에서 흔쾌히 본 총서의 발간을 맡아 주신 도서출판 혜안에게 깊은 감사의 마음을 전한다.

이 총서가 한국 근대 역사상의 규명에 조그마한 도움이 되었으면 하는 바람이다. 앞으로도 토지대장 연구반은 공동연구를 통하여 한국 근대 토지제도의 역사상을 규명하는 데 노력할 것이다.

2017년 1월

〈한국 근대의 토지와 농민 총서〉 필자 일동

책머리에

이 책은 개항 전후부터 1920년대까지 정부의 농업정책과 농정론에 대한 논의를 살펴본 것이다. '한국 근대전환기'라 붙인 것은 세계사적으로 중세에서 근대로의 이행시기를 뜻한다. 유럽사에서 근대전환기의 농업정책은 중상주의적 농업정책이었다. 이 정책은 봉건적 제관계를 해체시키면서 자본주의적 원시축적을 추진하는 과정에서 일어났다. 그것은 기본적으로 농업을 상품경제 내로 끌어들이고, 농민층을 분해시키고, 자본을 위해 국내시장과 노동력을 창출하는 것을 목적으로 하는 정책이었다. 유럽에서는 이 시기에 지세와 소비세의 증징, 공채 발행, 외국 무역의 촉진 등을 행하였다. 그중 가장 기본적인 것은 봉건적 토지소유를 해체하고 근대적 토지소유로 바꾸어가는 정책이었다. 이로 말미암아 토지가 사유재산화하면서 노동력이 토지로부터 떨어져 나가 근대적 프롤레타리아가 탄생되었기 때문이다. 이와 같이 유럽사에서 근대전환기의 농업정책은 토지소유의 변화뿐 아니라 지세 및 외국무역까지 포괄하는 넓은 범주이다.

이 책에서는 농업 중 농업생산력에 국한하여 농업정책을 고찰하였다. 책은 크게 두 부분으로 구성하였다. 제1부에서 대원군정권부터 1910년까지 조선정부가 농업생산력을 발달시키기 위해 취한 정책을 살펴보았다. 제2부에서는 러일전쟁에서 승리한 일본제국주의가 조선을 침략해 들어오면서, 조선 농업을 어떻게 재편해갔고 그 과정에서 어떠한 정치적·경제적 이익을 달성하려고 하였는가를 고찰하였다.

조선 정부는 개항 이후 서양의 문물을 받아들이며 진전(陳田)의 개간, 농사시험장의 운영, 양잠업의 진흥, 서양 농학의 수용 등을 시도하였다. 당시는 가뭄과 홍수 등 자연재해로 인하여 진전이 자주 발생하였다. 정부는 농상회사를 설립하여 관료와 민의 투자를 유발하면서 황무지와 진전을 개간하고자 하였으며, 대한제국 후기에는 민간회사들이 개간을 주도해갔다. 그리하여 1911년에 데라우치 총독도 한반도에는 미간지가 거의 없을 정도라고 인정하였다.

1884년에 조선정부는 최초의 근대농사시험장인 '농무목축시험장'을 설립하고 그 책임자로 보빙사에 참여하였던 최경석을 임명하였다. 처음에 최경석은 미국에서 송부받은 서양의 곡물과 채소 및 가축을 시험 재배하면서 성공을 거두었지만, 2년 뒤에 급사하면서 시험장 운영이 위기를 맞았다. 그뒤 영국인 농업기사 제프리(R. Jaffray)를 초빙하여 농무목축시험장과 농업학교 운영을 맡겼지만, 그도 1년만에 사망하면서 운영이 어려워졌다. 그후 학부에서 농사시험장을 개설하면서 운영하려고 하였지만, 일본의 방해로 지속되지 못하였다.

조선 정부는 양잠업의 진흥에 노력을 기울였다. 당시 잠사는 국제적 무역품이었기 때문에 양잠업의 진흥에 따른 잠사 수출은 무역수지 개선에 큰 도움이 되었다. 조선 정부는 1884년에 잠상공사를 설립하고 독일인 메르텐스(Maertens)를 초빙하여 양잠업의 진흥을 시도하였지만, 성과를 거두지 못하였다. 대한제국 시기에는 농상공부 농무국에 잠업과를 설치하면서 양잠업 진흥을 꾀하기도 하였다.

개화지식인들은 서양의 농학을 적극적으로 수용하고자 하였다. 청 및 일본에 수신사 혹은 유학을 갔던 지식인들이 서양의 농학을 접하고, 그것을 농서로 편찬하여 알리거나 신문에 소개하기 시작하였다. 안종수의 『농정신편』(1881), 이우규의 『잠상촬요』(1884), 정병하의 『농정촬요』

(1886), 지석영의 『중맥설』(1888) 등은 그러한 사례였다. 1894년 이후 일본에 유학을 갔던 개화지식인들이 서양의 농학을 농서로 편찬하여 적극적으로 소개하였다.

1905년에 러일전쟁에서 승리를 거둔 일본은 1905년 11월 조선에 을사조약을 강요하여 외교권을 빼앗고 1906년 2월에 이토 히로부미가 통감으로 부임하면서 대조선정책을 추진하였다. 통감부는 조선 정부의 농사시험장과 농업학교를 중단시키고, 1906년 권업모범장과 농림학교를 설립하여 일본의 명치농법과 일본 품종을 조선에 이식하고자 하였다. 즉 수원에 세운 권업모범장을 통해 일본의 명치농법과 일본 품종을 실험하게 하여 적합한 품종을 선택하여 조선에 보급시켰다.

1910년대에는 일본 벼품종과 육지면, 일본 뽕나무와 누에품종을 조선에 보급·확대시켰다. 일본의 6개의 벼품종으로 조선 논에 식부하고자 하였고, 육지면을 삼남 지방 중심으로 확대재배해가려고 하였으며, 일본 뽕나무와 누에품종을 보급시키면서 일본식 양잠법을 전파하고자 하였다. 조선 농민이 총독부의 농업정책에 순순히 응하지 않자, 총독부는 헌병경찰과 농업기술원을 대동하여 강압적인 무단농정을 실시하여 목적을 이루고자 하였다.

1920년대 산미증식계획을 행하면서 일본 벼품종의 확대, 수리사업의 전개, 금비(판매비료)의 시비 증가 등을 통하여 쌀 생산량을 증가시키고, 쌀 증산액 이상을 값싼 가격으로 일본에 이출하여 일본인 노동자에게 제공하고자 하였다. 육지면과 누에고치는 공동판매소를 통하여 수합하여 일본 자본가에게 원료로 공급하였다. 1920년대 농업정책과 전매제(1921년) 실시로 인하여 개항기 이래 상업적 농업으로 부를 축적해가고 있었던 자소작 상농층의 자생적 발전은 차단되었다.

산미증식계획은 일제시기 농업생산력 발달의 대표적 사례였다. 산미증식계획의 결과 수리시설이 확대되면서 관개 혜택을 받는 농지면적이 크게 증가하였다. 아울러 일본 품종의 식부면적이 확대되고 시비량이 증가하면서 단위면적당 생산량도 증가하였다. 식민 정부는 이를 크게 선전하였다. 그러나 산미증식계획의 부정적 측면도 드러났다. 첫째, 한국의 농업구조가 미곡 단작화 농업지대로 재편되었다. 둘째, 수전농업이 몇 개의 일본 품종으로 교체됨으로써 상품화에는 유리하지만, 농학상으로 병충해 및 한해에 취약하였다. 셋째, 조선의 전통농법 혹은 재래품종이 축소되거나 소멸되었다. 넷째, 증산된 쌀이 대부분 일본에 값싸게 이출됨으로써 조선 농민이 혜택을 입지는 못하였다.

이 책을 집필하던 중 2024년 12월 3일 비상계엄의 상황을 TV를 통하여 생생하게 목격하였다. 계엄령 포고문을 TV를 통해 보면서 경악했다. 곧바로 1980년 5월의 비상계엄 확대와 광주민주화운동이 연상되었고, 많은 영령들의 모습이 떠올랐다. 나는 1980년 5월 19일에 대학원 과정을 수료하고 논산훈련소에 입대했다. 그 전날 연구실에서 책을 집으로 옮기려고 하였는데, 5월 18일 0시에 비상계엄이 확대되면서 학교가 폐쇄되고 군인들이 출입을 통제하여 연구실로 들어갈 수 없었다. 논산훈련소에서 몇 주 동안 훈련을 받은 후에 자대에 배치를 받았다. 5월 광주민주화운동이 끝난 후에 모든 군인들에게 '국난극복기장'을 주어서 받은 적이 있다. 그 후 광주민주화운동 과정에서 많은 사람들이 희생당하였던 사실을 알게 되었다. 살아남은 자의 미안함과 내 자신의 삶을 돌아보게 되었다.

군대를 제대하고 난 후 서울대학교 인문대학 국사학과 조교가 되어 몇 년을 복무하였다. 1980년대 중반의 대학가는 5월만 되면 광주의 열병을 앓고 있었다. 매년 5월이 되면 '전두환 독재정권 물러나라'는 시위가 이어졌고, 경찰 백골단은 교내로 진입하여 학생들을 체포해갔으며 대학 교정은 최루가스로 가득 찼다. 매년 학생들의 분신이 이어졌고, 서울대에서는 김세진, 이재호 학생의 분신도 일어났다. 그런 과정 속에서

1987년 6.10 민중항쟁이 발생하여 제5공화국은 무너지고, 대통령 직선제가 행해지는 제6공화국이 탄생하였다. 1980년대는 내 인생의 삶에 큰 변곡점이 되었다.

이 책을 집필해 간 동력은 개인의 관심과 노력도 있었지만, 동료 연구자들의 공동 토의와 자극 및 격려의 힘이 컸다. 특히 한국역사연구회 토지대장반 활동은 연구를 지속해 간 근간이었다. 1년에 8차례의 연구발표회는 문제의식을 다듬는 계기가 되었고, 답사는 문제의식을 확인하는 검증 자리였다. 연구반 활동을 삼십여 년간 행해오면서 농업과 토지문제의 중요성을 알게 되었고, '식민지근대화론'의 일면성을 확인하기도 하였다.

이 책은 한국역사연구회 토지대장반의 구성원 중 5명이 '한국 근대의 토지와 농민'이라는 전체 주제 하에 각자 관심을 가지고 있던 주제들을 선정하여 공동 토의를 하며 작성한 것이다. 이 책이 늦게 나오게 된 것은 온전히 필자의 게으름 탓이다. 너그러운 양해를 구한다. 이 책이 나오기까지 토의해준 한국역사연구회 토지대장연구반 공동연구팀(최윤오, 왕현종, 최원규, 허원영)과 책의 마지막 단계에서 코멘트를 해준 이영호, 박진태, 김현숙, 김경남, 배석만, 이승일, 남기현 등 연구반원 여러분들에게 감사드린다. 내용의 미흡한 부분은 온전히 필자의 몫이다. 출판업계의 어려운 사정에도 이 책의 총서를 맡아 주신 혜안 출판사의 오일주 사장님에게 감사드린다. 아울러 이 책의 원고를 잘 다듬어 주신 김태규, 김현숙 편집자님에게도 감사의 말씀을 드린다.

2025년 2월

이 영 학

목 차

제2부 일제의 농업정책과 조선 침탈

부 록

제1부

—

개항기 조선 정부의 농업정책과 농정론

제1장 대원군 집권기의 농업정책

1. 머리말

1860년대는 한국 역사의 흐름 속에서 근대전환기의 시작에 해당하는 시기였다. 안으로는 전국적으로 민란이 일어나고, 밖으로는 서양으로부터 문호개방과 배상을 요구하는 병인양요와 신미양요가 일어나는 전환기의 시기였다. 내적으로 19세기 세도정치의 모순이 집적되면서 민중들의 새로운 사회에 대한 지향이 분출하고 그에 따라 민란이 폭발적으로 발생하였다. 19세기 민란의 집적된 형태가 1862년에 전국 70여 곳에서 일어난 농민항쟁이었다.[1)]

한편 산업혁명을 일으킨 영국 등의 서양국가들이 식민지를 확보하기 위해 동양으로 침략해 들어오고 있었다. 이미 영국은 인도를 식민지로 만든 이후, 중국에 진출해가기 시작하였다. 영국은 중국을 상대로 1840년에 아편전쟁을 일으키고 전쟁에서 승리한 후, 1842년에 남경조약을 맺어 중국을 개항시켰다. 그 후 중국의 관료들이 영국의 아편수입에 저항하고 영국측에서 중국의 시장 개방이 미흡하다고 여겨, 1860년에 영국과 프랑스 연합군이 북경을 공격하여 북경의 황궁이 점령당하고

1) 망원한국사연구실, 『1862년 농민항쟁』, 동녘, 1988.

중국 황제는 열하로 피신가기에 이르렀다. 그 소식이 조선에 전해지자 조선의 지배층들은 큰 위기의식을 갖게 되었다.[2)]

그 와중에 1863년 11월에 철종이 승하하고, 사도세자의 방계인 고종이 등극하였다. 12세인 고종을 대신하여 그의 아버지인 대원군이 대신 통치하게 되었다. 대원군은 즉위한 후 개혁정치를 실시하였다. 1860년 북경의 함락 및 청국 황제의 피신과 1862년 진주민란을 위시한 전국적 민란의 발생은 조선을 변화하지 않으면 안되는 분위기로 몰아가고 있었다.

이에 대원군은 그를 지지하는 정치세력이 존재하지 않았지만, 당시의 시대적 분위기를 감지하고 전면적 개혁정치를 수행해갔다. 당시 최고의 권력기구인 비변사를 철폐하고 의정부를 복설하였으며, 수세기구를 전면적으로 개선하여 국가적 징세를 강화해갔다. 그를 바탕으로 왕권을 강화해가면서 서원철폐, 호포제 실시 등 양반의 특권을 폐기하면서 사회제도를 개혁해갔다.[3)]

그런데 사회를 개혁하고 발전시켜가기 위해서는 산업의 근간인 농업을 발달시켜 농업생산력을 증진시켜가야했다. 농업의 발전에 따른 농업 생산력의 진전이 농민의 생활 안정을 도모할 수 있기 때문이었다. 그러나 그동안 대원군집권기에 농업정책과 농업의 발달에 대한 연구는 매우 미흡하였다.[4)] 이러한 연구 현황의 공백을 메우기 위해 이 글에서는 승정원일기 등 관찬사료를 검토하여 대원군 집권시기(1864~1873)에

---

2) 한우근, 「개항 당시의 위기의식과 개화사상」 『한국 개항기의 상업연구』, 일조각, 1970.

3) 연갑수, 『대원군집권기 부국강병정책 연구』, 서울대 출판부, 2001.

4) 바로 뒤 시기의 연구업적은 다음과 같다. 염정섭, 「1880년대 고종의 권농책과 서양농법 도입 논의」 『역사문화연구』 51, 한국외대 역사문화연구소, 2014 ; 이영학, 「1880년대 조선 정부의 농업정책」 『한국학연구』 40, 인하대 한국학연구소, 2016.

농업정책을 어떻게 펼쳐갔는가를 살펴보고자 한다. 나아가 대원군 정권의 농업정책이 지닌 역사적 의의와 한계를 살펴볼 것이다.

2. 대원군의 등장과 부국강병책의 실시

1) 대원군의 등장과 정국

19세기에 세도정치가 지속되면서 왕권은 약화하고 왕실의 외척이 권력을 농단하는 정치형태가 지속되었다. 그에 조선왕조의 통치체제는 이완되고 농업생산력이 정체되었으며, 삼정의 문란이 풍미하면서 농촌사회는 피폐해갔다.

삼정은 18·19세기 조선왕조에서 국가재정의 주종을 이루는 전정·군정·환곡을 일컫는다. 중앙정부에서 양전사업이 계속 미루어지면서 토지제도가 정비되지 못하였고, 토지에 대한 조세 비중은 증가해갔지만 합리적인 징수제도는 정비되지 못하였다. 군포는 양인들에게만 부과하고 양반들은 부담하지 않았기 때문에 각종 부당한 방법으로 군역을 면제받는 사람이 증가하였다. 반면에 서리들은 여러 부정한 방법으로 양인들에게 군포를 중복적으로 징수하였다. 또한 춘궁기에 곡식과 종자를 빌려주고 추수 후에 원곡과 이자를 징수하는 환곡제도는 그 기능을 상실하고 관청의 고리대 사업으로 전락하였다.

19세기 세도정치에 따른 외척의 그릇된 통치행위를 비판하는 사회세력이 존재하지 않아 잘못된 관행은 쌓여만 갔다. 이에 농민들의 불만은 누적되어 갔고, 그 불만을 표출하기 시작하였다. 1808년 함경도 북청·단천의 민란을 시작으로 1811년의 홍경래난과 황해도 곡산민란으로 이어지면서 간헐적으로 전개되던 민란은 1862년에 이르러 전국적으로 민란이 발생하는 형국에 이르게 되었다. 이에 영의정 정원용도 농민들의 항쟁이 일시적이거나 하루아침에 일어난 것이 아니라 그동안 쌓였던 불만이 터져 나온 것이라고 할 정도였다.5)

한편 1860년 영국과 프랑스의 연합군이 북경을 점령하고 청 황제가 열하로 피신한 사건은 조선의 지식인들에게 큰 충격을 안겨주었다.6) 청은 외국 공사관의 북경 주재 허가, 개항장 확대, 내지에 대한 교통·통상·포교의 자유 등을 허락하면서 서양의 침략을 용인하였다. 이와 동시에 청은 서양의 선진 문물을 수용하면서 부국강병을 이루려는 중체서용의 입장에서 정책을 추구해갔다.7)

한편 1860년 청과 러시아가 맺은 북경조약에 의해, 러시아는 조선과 두만강을 맞대고 국경을 접하게 되었다. 이에 조선 정부는 러시아에 큰 위협을 느끼게 되었다. 1863년에 등장한 대원군 정부는 조선에 와 있던 프랑스 신부를 통하여 프랑스의 지원을 받아 러시아를 견제하려고 하였지만, 이에 실패하자 병인박해를 일으켰다.8)

이에 북경에 주둔하고 있던 프랑스 함대가 1866년 강화도를 침략해 들어왔다. 프랑스는 조선 정부의 화해와 조정책을 거부하고 무력을 앞세워, 병인박해에 대한 책임과 문호개방을 요구하였다. 조선 정부는 문수산성과 정족산성에서 프랑스군을 급습하여 겨우 물리쳤다.9) 프랑스군은 끝내 타협을 거부하고 물러갔다. 1868년에는 프랑스 베롱 신부의 사주와 독일 상인 오페르트가 작당하여 충남 덕산에 있는 남연군묘를

5) 『經山集』 권12, 〈答荷屋金相公左根書〉, "今此嶠南民擾 非朝夕猝發者也 積怨蓄怒 萬心如一 一唱萬應 如堤始潰 遑汲之勢 一時爲閟".

6) 한우근, 「개항 당시의 위기의식과 개화사상」『한국 개항기의 상업연구』, 일조각, 1970.

7) 연갑수, 『고종대 정치변동 연구』, 일지사, 2008, 34쪽.

8) 연갑수, 위의 책, 2008.

9) 연갑수, 위의 책, 2008.

도굴하려다가 실패하였다. 이에 대원군 정권은 더욱 프랑스에 대한 적개심을 높여갔다.[10)]

1871년에는 미국 함대가, 1866년 대동강에서 침몰된 제너럴 셔먼호 상선에 대한 배상과 문호개방을 요구하면서, 조선을 침략해 들어왔다. 조선 군인들은 저항하였지만 미군의 화력을 당해낼 수 없었다. 미군은 강화도를 공격하여 초지진, 덕진진, 광성보에 주둔하고 있던 조선인 군대를 몰살시켰다. 미군은 조선인의 처절한 저항으로 인하여 제너럴 셔먼호의 배상과 문호개방의 목적을 이루지 못하고 후퇴하였다. 미군은 철수하면서 청국을 통하여 조선에게 미군이 바다에서 조난 당할 시에 구조를 요청하였고, 조선 정부는 이를 수용하였다. 그 후 조선 정부와 미국은 적대적 관계를 맺지 않았고, 그것의 연장선상에서 1882년에 조선은 미국과 조약을 맺게 되었다.

대원군 정권은 안으로는 전국적 민란으로 인한 혼돈을 수습하고, 밖으로는 서양의 침략을 막아내는 과제를 해결해야 했다. 철종은 1863년 12월에 후사없이 임종하였다. 이에 사도세자의 방계인 은신군의 후손으로서[11)] 고종이 등극하였다. 고종은 12세에 갑자기 등극하여 왕을 위한 준비도 되어 있지 않았고, 그를 지지하는 세력도 없었다. 당시 실권은 대왕대비로서 왕위계승 결정권을 갖고 있던 신정왕후 조씨가 갖고 있었다. 대왕대비 조씨의 후원을 받으며, 그의 아버지인 대원군이 정권을 잡고 당시 시대적 과제를 해결하고자 했다.

대원군은 당시 세도정권의 정치세력을 재편하고 정치기구를 조정하였다. 아울러 왕권 강화를 위해 경복궁을 중건하고, 외세의 침략을 막기 위해 군사력을 강화해가면서 권력을 행사해갔다.

---

10) 연갑수, 위의 책, 2008.

11) 연갑수, 『고종대 정치변동 연구』, 일지사, 2008, 38쪽 〈그림〉 참조.

2) 부국강병책의 실시

1863년에 등극한 고종은 나이가 12세였다. 그리하여 그의 아버지가 대리청정하게 되었다. 새로 집권하게 된 대원군은 집권의 정당성을 선전하려 들지 않았다. 대신에 개혁정치를 수행해갔다. 그 내용은 새로운 정치세력의 기용, 정치기구의 개편, 허구화된 부세제도의 정비, 군사력의 강화, 지방의 탐관오리나 무단 토호들에 대한 혹독한 처벌 등이었다.

대원군은 정권을 장악하면서 안동김씨 등의 외척세력들을 멀리하면서 그동안 정권으로부터 소외되어 온 남인·북인 세력들을 관료로 등용하였다. 특히 무인들을 중용하였다. 또한 조선후기 이래 최고의 권력기관인 비변사를 해체하고 삼군부를 부활하였다. 19세기에 비변사는 왕실의 외척인 안동김씨, 풍양조씨 등이 장악하고 있었다. 그곳에서 외교, 국방, 경제 등 국정의 중요 사항이 모두 논의되고 결정되었기 때문에 그 기구를 축소해가야 했다.

1866년 병인양요 이후 군사력을 강화하면서 1868년 비변사의 역할 중 군사에 관한 기능을 삼군부에 할당해 주었다. 아울러 병인양요, 신미양요를 거치면서 군사력을 크게 강화해갔다. 군사제도를 개편하여 삼수병(포수, 살수, 사수) 제도를 포수 중심의 군사체제로 개편하였다. 아울러 번상제의 군사제도를 상비병제도로 개편하고 강화도 진무영을 크게 강화하였다.

나아가 부세제도를 정비하였다. 허설화된 부세제도를 정비하고, 국가재정을 충실히 하면서 백성들에게도 도움이 되는 부세제도로 개편하고자 하였다. 먼저 백성들의 원성이 컸던 환곡제도를 폐지하고 세금을 토지에서 징수하는 파환귀결(罷還歸結)을 실시하였다. 아울러 지방에 사창을 설치하고 사창제는 관이 아니라 지방 유력자로 하여금 운영하도

록 하였다.[12)]

가장 혁신적인 개혁은 호포법이었다. 원래 군역은 평민만 담당하였고, 양반은 면제를 받았다. 군역은 16세 이상 60세 이하의 평민에게 개인별로 부담하도록 하였고, 군역에 나가지 않는 평민에게는 군포를 징수하였다. 그러나 대원군 정권에서는 호포법을 공포하여 군역을 평민뿐 아니라 양반에게도 부담하도록 하였으며, 개인 단위가 아니라 호(戶) 단위로 부담하도록 하였다. 호의 부유한 정도에 따라 군포를 징수함으로써, 부유한 양반호는 부담을 짊어져야 했으며, 반면에 빈한한 평민은 그에 비례하여 군포를 덜 납부하였다.[13)]

또한 사족들의 특권을 배제하고 국가 재정 수입을 확대하기 위하여 사액서원을 제외한 모든 서원들을 철폐하였다. 1871년에 47개의 사액서원을 제외한 모든 서원들을 철폐하고, 그들로 하여금 세를 납부하도록 하였다. 즉 대원군 정권은 신분제에 따른 차등 징세를 약화시키고, 양반들도 세를 납부하는 제도로 정비해갔던 것이다.

대원군은 군사력을 강화하고, 왕권을 높이기 위하여 경복궁을 중건하였다. 그를 위해 많은 재원이 필요하였다. 이를 위한 경비를 마련하기 위하여 많은 세원을 발굴해가거나 새로운 세금을 부과하였다. 먼저 심도포량미(沁都砲糧米)를 신설하여 전국 토지 1결당 1두(斗)를 추가로 징수하였다.[14)] 즉 강화도 진무영 3,300명의 군인을 유지하기 위해 세금을 신설한 것이었다. 심도포량미는 실제로 3만 석 정도 징수하였다.[15)] 그 외 서울의 사대문을 지나다니는 상인들에게 상품 유통세인 도성문세

12) 김용섭, 「환곡제의 이정과 사창법」 『동방학지』 34, 1982(『증보판 한국근대농업사연구(상)』, 일조각, 1984 게재).

13) 김용섭, 「조선후기 군역제 이정의 추이와 호포법」 『성곡논총』 34, 1982(『증보판 한국근대농업사연구(상)』, 일조각, 1984 게재).

14) 연갑수, 『고종대 정치변동 연구』, 일지사, 2008, 44~54쪽.

15) 연갑수, 『대원군집권기 부국강병정책 연구』, 서울대 출판부, 2001, 214쪽.

(都城門稅)를 징수하였다. 또한 각 포구의 상세(商稅)나 어염곽세(漁鹽藿稅)를 징수하기도 하였다. 즉 강화도 앞바다의 조강과 갑곶을 거쳐서 한강으로 들어오는 상선에 대해 강화도 진무영이 주관하여 수세하는 것이었다. 그 수세액은 1년에 1만 냥 정도 되었다.[16)]

군사력의 신설과 강화 및 경복궁의 중건을 위해서는 위의 세원으로 부족하였다. 그리하여 대원군은 '백성들이 원해서 납부하는 돈'이라는 의미의 원납전이라는 명목으로 백성들을 수탈하였다. 원납전은 개인들의 재산을 정부에서 파악하여 재산의 정도에 따라 강제로 부과하였다. 원납전은 경복궁이 중건된 이후에도 군비 확장에 충당되었다. 또한 1866년 11월부터 다음 해 4월까지 당백전을 주조하였다. 당백전은 기존의 동전보다 액면가격의 100배에 해당하지만, 주조비용은 5~6배밖에 들지 않았다. 그리하여 당백전을 발행하는 정부는 주조이익이 매우 커서 큰 이익을 얻을 수 있었지만, 대신 물가가 급등하여 백성들은 큰 곤경에 처하게 되었다. 결국 당백전의 통용은 1868년 10월에 중단되었다.[17)]

1867년 6월부터는 청나라 화폐인 청전(淸錢)을 국내에 통용시켰다. 청전은 청나라에서 발행하였지만, 청나라에서도 유통되지 못할 정도로 조악한 동전이었는데, 대원군 정권이 값싸게 들여와 높은 가격으로 유통시켰다. 당백전 발행이나 청전의 유통 등은 당시 발전하고 있었던 상품화폐경제의 화폐 수요를 충족시키는 측면도 있었지만 물가 급등을 야기함으로써 일반 백성들의 고통이 매우 컸다.[18)]

---

16) 연갑수, 위의 책, 207~253쪽.
17) 이헌창, 「금속화폐 시대의 돈」『화폐와 경제 활동의 이중주』, 두산동아, 2006, 98~103쪽.
18) 연갑수, 『고종대 정치변동 연구』, 일지사, 2008, 44~54쪽.

3. 권농윤음의 공포와 친경의례의 실시

이 장에서는 대원군이 개혁정책을 펼치면서 농업부문에서 어떠한 정책을 실시하였는지 살펴보고자 한다. 대원군이 새로 정권을 담당하면서 당시 시대적 과제를 해결하기 위해서는 농촌사회의 안정이 매우 필요하였다. 안으로 정국 안정과 밖으로 서양의 침략을 막아내기 위해서는 농업생산력을 발달시키고 그에 따라 국가 재정을 충당하면서 개혁정치를 펼쳐가야 했던 것이다.

농촌사회의 안정을 위해서 농업을 중시하고, 농업을 권장해가는 것이 필요하였다. 1801년 신유사옥으로 인하여 남인 등 비판적 정치세력을 제거한 노론정권은 왕실의 외척으로 정권을 장악한 세도정치를 구사하였다. 19세기 세도정치의 시기에는 그들을 비판할 정치세력이 존재하지 않았고, 그들은 관행으로 권력을 세도가문에서 장악하며 통치를 행하였다. 19세기 세도정치의 시기에는 농업생산력이 정체되어 있는 시기였다.

1863년 12월에 등극한 고종을 대신한 대원군은 농업이 국가의 근간산업이었으므로 그것을 발달시키고자 하였다. 그리하여 선왕과 같이 매년 1월에 권농윤음을 발표하였다. 왕이 농업을 중시하고 있음을 알리고자 한 의도였다. 1864년 1월에 대원군은 예년과 같이 권농윤음을 발표하였다. 조선 정부는 매년 1월에 권농윤음을 발표하여 국가의 기간산업인 농업을 권장하여 농업생산력을 증진시키고, 국가 재정을 튼실히 하고자 하였다.

대원군이 1월 11일에 반포한 권농윤음의 내용을 살펴보면 다음과 같다.

> 임금은 백성으로 근본을 삼고 백성들은 먹을 것을 하늘처럼 여기고 있는데, 먹을 것이 풍족해지는 것은 농사에 달려 있고 농사가 잘 되는

것은 때[時]에 달려있는 것이다. 그러니 때를 잘 받는 것이 하늘을 공경하는 것이고 농사에 힘쓰는 것이 백성을 사랑하는 것이다. (중략)

지난해 가을의 농사는 들판은 홍수가 지고 산골은 이른 서리가 내려 풍년에 대한 기대가 무너지며 흉년이 들고 말았다. 이에 불쌍한 우리 백성들이 이 춘궁기를 당하여 굶주림에 허덕이다 구렁텅이로 굴러떨어질 것이 확실하다. (중략)

지금 보건대, 막 농사철이 시작되고 있는데, 즐겁게 일을 하는 것은 오로지 방도에 맞게 서로 권면하는 데 달려 있다. 그러니 농기구를 살펴보고 농정을 닦으며, 힘을 합쳐 서로 돕고 부족한 것을 빌려주어 서로 구원해서 도랑을 정비하고 황무지를 개간하라. 그런 다음 각자 자신의 농삿일에 힘써 풍년이 드는 경사가 있게 해서 국운이 영원키를 하늘에 빌고 있는 나의 뜻을 이루게 하라.[19]

작년에는 홍수와 서리가 내려 흉년이 들었으나, 올해는 농사를 서로 권하고 열심히 하여 풍년을 이루어 보자고 권하였다. 그를 위해 농기구를 정비하고 서로 대여해주며, 수리시설을 정비하고 나아가 황무지를 개간할 것을 당부하였다. 그리하여 대원군은 농민에게 농업을 발달시킬 것을 부탁하였다.

대원군정권시기(1864~1873)에 권농윤음에서 유시한 내용을 정리한 것이 〈표 1-1〉이다. 매년 1월 1일에 농사를 권장하는 권농윤음을 발표하였다. 윤음에서 제시한 농업정책은 대체로 농기구 수리, 수리시설 정비, 제방 수리, 종곡 보조, 황무지 개간, 뽕나무 재배 권장, 각 지방의 풍토에

19) 『승정원일기』 고종 1년(1864) 1월 11일, "君以民爲本, 民以食爲天, 食之足, 由乎農, 農之作, 在乎時. 授時, 所以敬天也. 邵農, 所以愛民也. (중략) 昨秋穡事, 野受巨浸, 峽被早霜, 大熟之望, 轉至歉荒. 哀我赤子, 際此窮春, 眪眪然塡於溝壑者, 勢所必至. (중략) 見今東作方始, 樂事興功, 亶由乎勸相有方. 簡其稼器, 修其稼政, 倂力以相助, 假貸以相救, 以至整溝洫闢汚萊, 駿發爾私, 期底茨梁之慶, 用供我祈天永命, 曷不休哉?

〈표 1-1〉 대원군집권기(1864~1873) 권농윤음과 권농별윤음의 주요 내용

연월일	내용	작성자
1864. 1. 11	작년에 흉년. 농기구를 살펴보고 농정을 닦으며, 힘을 합쳐 서로 돕고 부족한 것을 빌려 주어 서로 구원해서 도랑을 정비하고 황무지를 개간하라.	
1865. 1. 1	작년에 흉년. 농기구 수리, 수리시설 정비, 조세견감, 뽕나무와 삼을 심을 것, 기름진 강가의 땅을 개간하도록 할 것.	도승지 이재원
1866. 1. 1	자기 한 몸을 편히 하려고 농사철을 빼앗는 일이 없도록 하고, 봄에는 부족한 것을 도와주고 또 가을에는 넉넉하지 못한 것을 보태주도록 하라.	도승지 김보현
1867. 1. 1	농기구를 살피고 제방을 수리하며, 화전을 일구고 물갈이를 하며, 쟁기질하고 김매게 하되, 토질에 따라 하고 모든 힘을 다 쏟게 하라.	도승지 심승택
1868. 1. 1	농서에 실린 것을 살피고 풍토에 맞는 것을 밝혀서 농사에 옮겨 쓸 만한 것이면 다 갖추어서 실시하라.	도승지 김보현
1869. 1. 1	각기 서로 권면하고 경계하여 농사 시기를 어기지 말아 농사가 잘못되는 일이 없게 하라. 그리고 지대가 높아 건조한 곳과 낮이 습한 곳을 살피고, 올벼가 적합한 곳인지 늦벼가 알맞은 곳인지 분별하며, 농기구를 잘 준비했는지 살펴보고, 제언을 쌓아 한재(旱災)를 대비하며, 풍악을 울려 게으름을 피우지 말도록 경계하라.	도승지 정기회
1870. 1. 1	작년에 흉년. 농군들이 입는 발석도 지금부터 만들어야 할 것이고, 괭이, 낫, 호미, 도끼 같은 농기구도 지금부터 만들어야 한다. 높은 데는 기장을, 낮은 데는 벼를 심는 것이나 화전을 갈고 수전을 매는 것도 모두 농사에서 중요한 도이니, 이 또한 지금부터 잘 헤아려 천시와 인사가 어긋나지 않고 지리와 민력을 잃지 않도록 하여야 할 것.	도승지 이호준
1870. 4. 3	하절기가 닥쳤으니, 백성 가까이에 있는 관리들은 경작하는 것을 살펴 종곡을 보조해 주고 들을 순시하여 농사를 권면하되, 부지런히 힘써 각자 자신의 일을 닦도록 하라.	(권농별윤음)
1871. 1. 1	천시(天時)와 지리(地理)만을 의지하지 말고 인공(人工)을 열심히 하라.	도승지 정기회
1871. 1. 20	방죽으로 물대고 봇도랑을 치며 부지런하면 보상하고 게으르면 격려하며 이로운 것은 적어도 일으키지 않는 것이 없고 해로운 것은 적어도 없애지 않는 것이 없게 하여 다친 자를 돌보듯이 갓난아이를 돌보듯이 하는 내 염려에 부응하라.	영의정 김병학 (권농별윤음)
1871. 2. 10	**친경의례**를 행함. 고종이 선농단(先農壇)에 가서 봉심하고 적전(籍田)에서 직접 농사짓는 의식을 행함.	
1872. 1. 1	작년 봄에 내가 조복(朝服)을 입고 몸소 적전(籍田)에서 밭갈이를 한 것은 우리 백성들을 북돋우기 위해서였다.	도승지 윤병정
1873. 1. 1	농사에 관한 책을 상고하고, 각 지방의 풍토에 알맞은 작물을	도승지

	조사하여 알아내라. 그리고 농사에 이로운 농기구는 모두 다 수리하고, 농사일에 방해가 되는 일은 모두 정지하라. 밭을 갈고 김을 매며 풀을 뽑고 따비밭을 개간하라.	박제인

출전 :『승정원일기』

알맞은 작물 조사, 농서 참조 등이었다.

1867년의 권농윤음에서는 지방의 수령들이 할 일을 구체적으로 제시하였다.

> 백성들을 가까이 대하는 수령들은 나의 뜻을 잘 체득해서 우리 백성들을 감독하여 이끌어 그들로 하여금 각자 자신의 생활 터전에서 안정되게 하라. 그리하여 농기구를 살피고 제방을 수리하며, 화전을 일구고 물갈이를 하며, 쟁기질하고 김매게 하되, 토질에 따라 모든 힘을 다 쏟게 하라. 그리고 부지런함과 태만함을 살펴서 상주고 벌주며, 있고 없는 것을 살펴서 채워 주고 도와주라.[20]

즉 수령들에게 백성들의 농사를 격려하라고 지시하였다. 구체적으로 농기구를 살피고 제방을 수리하며, 화전을 일구고 물갈이를 하며, 쟁기질하고 김매게 하되, 토질에 따라 모든 힘을 다 쏟게 하라고 명하였다.

1870년과 1871년에는 권농윤음 외에 권농별윤음을 공포하였다. 권농별윤음은 정월 초하루에 내리는 권농윤음과는 달리 그 해의 농사 중요성을 강조하고자 다시 한번 별도의 권농윤음을 공포한 것이다.

1870년에는 정월에 권농윤음을 내린 후에 다시 4월에 특별윤음을 내리고 있었다. "지금 하절기가 이미 닥쳤으니 농사일이 바빠지게 되었

20) 『승정원일기』 고종 4년(1867) 1월 1일, "近民之官, 克體予意, 董率吾赤子, 使之各奠厥居, 簡田器修陂塘, 火菑水耨犁耰鋤薅, 因地利而盡人功, 考其勤慢而賞罰之, 察其有無而補助之".

다. 김매고 밭 가는 시기를 잃어서는 안 되니, 아! 너희 백성 가까이에 있는 관리들은 경작하는 것을 살펴 종곡을 보조해 주고 들을 순시하여 농사를 권면하되, 부지런히 힘써 각자 자신의 일을 닦도록 하라."[21]고 지방 수령들에게 윤음을 내렸다. 즉 봄에 파종을 마친 후, 여름이 되었으니, 백성들이 김매고 밭가는 일을 부지런히 하고, 종곡을 보조해 주는 등의 도움을 주라는 특별 당부였다.

이 시기 권농시책 중에 특징적인 일을 하나 들면, 1871년에 시행한 친경의례(親耕儀禮)였다.[22] 친경의례는 국왕이 관료들을 배석시킨 가운데, 국왕이 직접 농사일을 수행함으로써 수령과 백성들에게 권농의 중요성을 알리는 의식이다. 당시의 친경의례는 영조대까지 수행하였고, 정조 이후 100년 동안 행하지 않았다. 그러다가 고종대에 들어와 다시 영조대의 친경의례를 본받아 수행하였다.

이를 위해 1871년 1월 20일에 '권농별윤음'을 공포하였다.

> 백성은 먹는 것을 하늘로 삼고, 먹는 것은 농사를 근본으로 삼으므로, 농사는 천하의 큰 근본이 되는 것이다. 우리 열성조 이래로 후생(厚生)의 방도를 깊이 염려하여 먹을 것을 넉넉히 하고 근본을 힘쓰신 성대함이 바로 삼대(三代)와 도리를 같이하셨다.
>
> 내가 100여 년 뒤에 영묘(英廟)의 옛일을 우러러 언급하면서 선농단에 제사하는 것은 풍년을 빌기 위한 것이고, 적전(籍田)에서 밭갈이하는 것은 백성에 솔선하기 위한 것이다. 봄 첫 달에 밭두둑을 정리하고

21) 『승정원일기』 고종 7년(1870) 4월 3일, "勸農綸音, 王若曰, 國之本在民, 民之本在農, 蔍蓘播種, 各有其時, 高下燥濕, 不失其宜. 用底于農殖嘉穀, 迄用康年, 卽有國之上瑞也. 顧今夏節已屆, 田功其亟, 穮穮畚鍤, 時不可失. 咨爾近民之官, 省耕助糧, 巡野勤農, 勤業力作, 各修其事, 屢獲豐穰, 登我至治, 以紓九重憧憧之意事".

22) 염정섭, 「1880년대 고종의 권농책과 서양농법 도입 논의」 『역사문화연구』 51, 한국외대 역사문화연구소, 2014, 40쪽.

언덕을 살펴보고 토지의 마땅한 것과 오곡을 심는 것을 백성에게 가르치되 반드시 몸소 하는 것은 본디 임금의 정사로서 늦출 수 없는 것이고, 아침 일찍 동가하여 쟁기를 잡을 때도 이미 가까워졌다.

무릇 백성을 가까이하는 관원은 각각 몸소 밭갈이하여 백성을 권려하되 장차 어떻게 권려할 것인가. 하인을 간단히 거느리고 논밭 길을 두루 다니며 그 급한 것을 돕고 그 모자라는 것을 도와 곡진히 조치하여 여러 가지로 성취시킬 뿐이다. 아, 한밤에 한데 나가 추위와 더위를 피하지 않고 풀을 뽑고 흙을 긁느라 손발에 못이 박히고 트는 것은 농부의 괴로움이요, 가난한 집에서 살길이 없는데 경작하려 하여도 농우가 없고 경작하려 하여도 농기가 없으며 심지어 일굴 밭도 없고 의지할 양식도 없으므로 탄식하면서 근심하고 원망하며 의지할 데 없고 믿을 데 없는 것은 농부의 어려움이니, 생각이 여기에 미치면 어찌 애통하지 않겠는가. 이제 내가 열 줄의 글로 무리에게 고하는 것은 그 대강일 뿐이니, 그 말하지 않은 세목도 다 두루 살피라.

방죽으로 물대고 봇도랑을 치며 부지런하면 보상하고 게으르면 격려하며 이로운 것은 적어도 일으키지 않는 것이 없고 해로운 것은 적어도 없애지 않는 것이 없게 하여 다친 자를 돌보듯이 갓난아이를 돌보듯이 하는 내 염려에 부응하라. 앞으로 덕을 펴고 은혜를 베푸는 것은 오직 임금의 덕을 펴는 직임과 백성을 가까이 돌보는 직임에 있는 자가 참마음으로 왕명에 보답하여 선양하기에 달려 있다. 아, 너희 방백(方伯)·유수·수령인 신하가 모두 내 뜻을 잘 새겨서 농민이 게으르지 않고 등한히 하지 않으며 때를 어기지 않고 힘을 잃지 않게 하면, 세 번 풍년 들어 태평한 즐거움을 함께 누릴 것이다. 그러므로 교시(敎示)하니, 잘 알아야 한다.[23]

---

23) 『승정원일기』 고종 8년(1871) 1월 20일, "勸農別綸音. 王若曰, (중략) 民以食爲天, 食以農爲本, 故農爲天下之大本者也. 惟我列聖朝以來, 深軫厚生之道, 足食務本之盛,

즉 영조대 친경의례를 행한 후, 100여 년 만에 고종이 친경의례를 행한다고 명시한 것이다. 고종이 친경의례를 행함으로써 농업을 중시하고 있으니, 수령들도 이를 본받아 농업을 중시하여 방죽으로 물대고 봇도랑을 치며 농민을 격려하라고 특별히 권농윤음을 내렸던 것이다. 그리하여 그 해 봄에 고종이 선농단(先農壇)에 가서 봉심하고 적전(籍田)에서 관료들을 대동하고 직접 농사를 짓는 친경의례를 행하였던 것이다.[24] 고종이 100년 만에 친경의례를 행함으로써 관료들에게 농사의 중요성을 깨닫게 하고, 권농을 행하도록 하였던 것이다.

고종은 영조 이래 단절되었던 친경의례를 부활시킴으로써 수령과 백성들에게 권농의식을 고취하려는 노력을 기울였다. 이 점은 다음 해 권농윤음에서도 강조하였다. 다음 해 권농윤음에서 "작년 봄에 내가 조복(朝服)을 입고 몸소 적전(籍田)에서 밭갈이를 한 것은 우리 백성들을 북돋우기 위해서였다."[25]라고 언급하고 있었다. 작년(1871) 봄에 친경의례를 행한 것은 수령들에게 권농을 격려하고, 백성들에게는 농사에 힘쓸 것을 몸으로 직접 보여주는 특별한 의식이었던 것이다.

이와 같이 매년 정월에 공포하는 권농윤음과는 달리 고종대에는 1870년과 1871년에 별도의 '권농별윤음'을 공포하였다. 이는 고종이 농업을 중시하는 것을 알리는 특별한 언급이었다. 1870년 4월에는 여름을 맞이하여 본격적인 농사철이 시작되면서 수령들에 농민들의 농사를 살피면서 "종곡을 보조해주고, 농사를 권면하여"[26] 풍년을 이루기를 바라는

直與三代而一揆, 予於百有餘年之後, 仰述英廟故事, 祀農壇, 所以祈歲豐也. 耕籍田, 所以爲民先也. 孟春之月, 修封疆, 相邱陵, 土地所宜, 五穀所殖, 以敎道民, 必躬親之, 此固王政之所不可緩, 而夙駕秉耒簡辰, 亦旣不遠矣. (하략)".

24) 『승정원일기』 고종 8년(1871) 2월 10일, "辛未二月初十日卯時, 大駕詣先農壇籍田親耕擧動入侍時".

25) 『승정원일기』 고종 9년(1872) 1월 1일, "前歲之春, 予朝服而躬耕于耤, 所以勗斯民".

26) 『승정원일기』 고종 7년(1870) 4월 3일.

특별한 지시였다.

1871년 1월에는 영조대 이후 100년 만에 실시하는 친경의례를 보여주면서 권농이 매우 중요하니, 수령과 농민들은 특별히 농사에 힘쓰라는 주문이었다. 영조가 승하하고 정조가 등장한 후부터 철종대까지 100년 동안 친경의례를 행하지 않았는데, 100년 후에 그 의식을 되살리며 농업의 중요성을 부각시켰던 것이다.

영조는 50년에 걸친 재위기간 동안에 4번에 걸쳐 친경의례를 행하였다.[27] 영조는 1739년(영조 15), 1753년(영조 29), 1764년(영조 40), 1767년(영조 43) 총 4차례에 걸쳐 친경을 수행하였고, 그 중에서 1739년과 1767년의 친경의례는 그 상세한 과정이 『친경의궤(親耕儀軌)』에[28] 기록되어 현재까지 전해지고 있다. 고종은 영조대의 친경의례를 100년 만에 계승하여 영조대의 의례에 준하여 1871년에 행하였다.[29] 즉 국왕이 몸소 농사일을 행하면서 농사의 중요성을 보여준 것이었다.

1871년에는 영조대의 친경의례를 모범으로 하여 2월 10일에 선농단(先農壇)을 봉심(奉審)하고 적전(籍田)을 친경하였다.[30] 그리고 적전을 경작하는 백성들이 친경전을 경작하고 율무를 납세하였는데, 이번에는 특별히 제감(除減)해 주라고 명령하였다.[31] 이와 같이 고종은 1870년과 1871년에 수령과 백성들에게 농사를 권하는 적극적 행위를 행하였던 것이다.

---

27) 염정섭, 「1880년대 고종의 권농책과 서양농법 도입 논의」 『역사문화연구』 51, 한국외대 역사문화연구소, 2014, 41쪽.

28) 『친경의궤』(서울대학교 규장각 자료총서 간행, 2001). 친경의궤의 자세한 내용은 김지영, 「『친경의궤』 해제」 『친경의궤』, 서울대 규장각 자료총서, 2001을 참조.

29) 장지연, 「권력관계의 변화에 따른 동교 단묘의 의미 변화–근대 선농단과 동관왕묘를 중심으로」 『서울학연구』 36, 서울학연구소, 2009.

30) 『승정원일기』 고종 8년(1871) 2월 10일.

31) 위와 같음.

4. 양전 논의와 일부 지역 양전사업의 실시

1862년 전국적 민란은 조선 정부로 하여금 농민의 요구를 수용하면서 내정 개혁을 하도록 추동하였다. 농민들은 전정·군정·환곡의 폐단을 시정해 줄 것을 요구하였다. 즉 19세기 삼정의 문란이 축적되어 농민들의 삶을 질곡하고 있었다.

그중 전정의 문란을 해결하는 근본적인 방법은 양전사업을 행하여 토지 규모, 토지소유자, 진기의 여부 등을 파악하여 지권을 발행하고 그에 따라 지세를 합리적으로 징수하는 것이었다. 그러나 전국적인 양전사업은 첫째 전문인력이 필요하였고, 둘째 많은 재원이 소요되었다. 그런 까닭에 당시 사회적 모순인 전정 문제를 해결하는 근본 대책인 양전사업은 쉽게 행할 수가 없었다.[32]

1862년 전국적인 민란이 발생하였을 때, 조선 정부는 삼정이정청을 신설하고 그 해결책을 강구하였는데, 전정문제의 해결은 문제가 생긴 지역은 부분적으로 양전사업을 실시하고, 나머지는 진기사핵(陳起査覈)하는 것을 해결책으로 제시하였다.[33] 그러나 1863년 12월에 철종이 승하하고 고종이 등극하면서 전정의 문제 해결을 위한 새 방안들이 제시되었다.

고종이 즉위하자 3개월 뒤인 1864년 2월에 영의정 김좌근은 전국적인 양전을 적극 주장하였다. 김좌근이 아뢰기를,

> 해를 정해 놓고 양전(量田)하는 것은 바로 왕정(王政)에 있어서 토지의

32) 김용섭, 「광무연간의 양전·지계사업」 『아세아연구』 31, 1968(『증보판 한국근대농업사연구(하)』, 일조각, 1988).

33) 김용섭, 「철종 임술개혁에서의 응지삼정소와 그 농업론」 『한국사연구』 10, 1974(『증보판 한국근대농업사연구(상)』, 일조각, 1984).

경계를 바르게 하는 것입니다. 숙종조 경자년 이후에 아직까지 고쳐 양전한 적이 없습니다. 그리하여 위로는 국가의 경비가 날로 줄어들고 아래로는 아전들의 농간이 날로 불어나고 있습니다. 그 가운데 처하여서 그 폐해를 받는 자는 잔약한 백성들로, 그들은 명목도 모른 채 원통하게 납부하고 있습니다. 현재 온갖 법도가 해이되어 수습할 가망이 전혀 없습니다. 그러나 경계를 한 번 바로잡아 놓으면 만분의 일이나마 성과가 있을 것입니다.

그리고 그 일은 각자 형편에 따라서 해야지 반드시 여러 도가 한꺼번에 동시에 거행할 필요는 없습니다. 금년에 몇 고을에서 시행하고 명년에 몇 고을에서 시행하여 2, 3년에 걸쳐서 완결하게 해야 합니다. 그리고 거기에 들어가는 잡다한 비용은 전결에다가 조금씩 분배해서 마련하는 것도 역시 양전하는 옛 규례입니다.

이러한 뜻으로 팔도 감사와 4도(都) 유수에게 공문을 보내어서 이번 겨울부터 시작하게 하되, 수령들에 대해 고과할 때 양전하는 일을 부지런히 하였는가 태만하게 하였는가를 먼저 평가하여 올리고 내리게 하며, 감사와 유수에 대해서는 묘당에서 소문을 듣는 바에 따라서 훈계를 하여 기어이 실제적인 효과가 있게 하는 것이 어떻겠습니까?[34)]

영의정 김좌근은 숙종대 경자년 이후에 양전을 실시한 적이 없다고 하였다. 양전을 실시하여 경계를 바로 잡으면 전정의 문제가 해결될 것인데, 양전을 실시하는 방법으로는 전국에서 한꺼번에 실시할 필요는 없고, 몇 년에 걸쳐서 진행하면 될 것이라고 피력하였다. 그리고 양전에 필요한 경비는 각 지방의 전결에 부과하여 충당하자고 제안하였다. 이에 고종이 승낙하였다.

34)『승정원일기』 고종 1년(1864) 2월 10일.

그러나 몇 달 뒤에 영의정이 안동김씨 김좌근에서 풍양조씨 조두순으로 교체되었다. 새 영의정 조두순은 전면적인 양전 실시를 거부하고 진전 및 기경전만 엄밀히 조사하는 진기사핵(陳起査覈)의 견해를 주장하였다. 그는 국가 재정에서 가장 큰 문제점은 재결(災結)의 명목으로 진전이 늘어나고 따라서 면세결은 점점 증가하는데 반해 환기전은 극히 적은 수에 불과하여 국가 재정이 위축되는 것이라고 보았다. 그리하여 전정의 선결과제는 재결의 명목으로 누세결(漏稅結)이 증대하는 것을 방지하는 것이고 그를 위해 진기(陳起)를 사핵하는 것이 상책이라고 보았다. 그는 고종 2년(1865) 3월에 영의정으로 차대석상(次對席上)에 나아갔을 때 양전론을 비판하고 진기의 사핵을 제시하였는데, 이 견해가 정부에 의해 채택되었다.[35] 이러한 상반된 견해가 채택되자 이후 양전론과 진기사핵론에 대한 논의는 조정에서 대신들 간에 치열하게 전개되었다.

그 후 고종 4년(1867)부터 암행어사나 감사들의 상소에 의해 각 지방의 상황이 보고되면서, 그것의 해결책으로 양전이 건의되었다. 1867년 6월에는 전라도 암행어사 윤자승이 양전이 시급하다는 별단을 올렸다. 그 내용을 살펴보면 다음과 같다.

> 의정부가 아뢰기를, "전라도 암행어사 윤자승의 별단(別單)을 보니 '양전(量田)은 매우 급한 일이니 먼저 구재(舊災)가 가장 많은 전주(全州) 등 15고을부터 속히 다시 양전을 하고 그 나머지 고을들도 차례차례 거행하소서.' 하였습니다. 전정(田政)이 문란해진 지 이미 오래되었습니다. 연전에 간곡히 신칙하여 비록 이와 같은 전결(田結)의 기경(起耕) 여부를 조사하도록 한 바 있었습니다만, 간사한 백성과 교활한 서리들이

35) 『승정원일기』 고종 2년(1865) 3월 16일.

멋대로 탈을 잡아 숨기고 빠뜨리고 있음은 본래 잘 알고 있습니다. 말이 이에 미치니 어찌 통탄스럽지 않을 수 있겠습니까. 지금 다시 양전을 하자는 논의는 실로 행하기 어려운 일이 아닙니다. 수령과 방백이 마음을 다하여 명을 시행해 나갈 수만 있다면 나라의 회계나 백성의 괴로움을 바로잡아 구제할 수 있을 것입니다. 그러나 어사의 논의에서 이미 한꺼번에 아울러 거행하는 것을 어렵게 여겼으니, 먼저 이런 뜻을 가지고 관문(關文)으로 편리 여부를 물어 좋은 쪽으로 조처하도록 하소서.36)

즉 양전이 매우 시급한 일이고, 먼저 구재(舊災)가 많은 전주 등 15개 마을부터 먼저 시행을 하고 나머지 고을은 천천히 하도록 건의하였다.

다음 달에는 경상도 암행어사인 박선수가 별단에서 양전을 주장하였다.

의정부가 아뢰기를, "방금 경상도 암행어사 박선수(朴瑄壽)의 별단을 보았습니다. 첫째, 양전(量田)한 지 오래된 관계로 경계(經界)가 문란해져 전결의 폐단을 끝내 구제할 수 없으니 다시 측량하는 한 조항이 실로 급선무라는 일입니다. 경계의 문란이 요사이보다 더 심한 적은 없었으므로 중외(中外)에서 모두들 다시 측량하는 것이 급선무라고 논하고 있습니다. 그러나 근래 148년 동안 전혀 전지를 측량한 적이 없는 것은 신중을 기하느라고 그랬던 것은 아닐는지요. 제도를 개혁하는 때에는 강구할 방도를 먼저 논해야 하는 법이니, 이런 뜻으로 당해 도에 관문(關文)을 보내 물어본 후에 여쭈어 처리하게 하소서."37)

36)『승정원일기』 고종 4년(1867) 6월 16일.
37)『승정원일기』 고종 4년(1867) 7월 20일.

경상도 암행어사는 150년 전 숙종때 양전을 실시한 이후 양전사업을 실시하지 않아 경계가 문란해져 전정의 폐단을 구제할 수 없으니 양전사업이 급선무라는 사실을 주장하였던 것이다. 이에 의정부는 전라도 암행어사 윤자승에 이어 경상도 암행어사 박선수가 양전 실시를 주장하자 양전 논의를 고종에게 제기하였던 것이다.

전 강원감사 조석여도 1868년 2월에 강릉부의 건물이 불타서 부세를 징수하는 공문서가 모두 소진하자 양전시행을 주장하여 고종에게 허가를 받기도 하였다.

> "양전(量田)하는 일은 이미 연전에 묘당이 신칙한 것이 있으나, 각 고을이 다 힘이 모자라기 때문에 아직 거행하지 못하니, 참으로 송구하고 민망합니다. 다만 강릉(江陵)은 땅이 아주 넓고 전결(田結)의 총액이 가장 많은데 그 부가 불탄 뒤로 밝힐 문헌이 없으므로 부세(賦稅)를 내는 데에 의거할 만한 것이 아주 없습니다. 이제 그 사세가 급히 먼저 양전하지 않을 수 없으나, 지금 아사(衙舍)를 고쳐 세우느라 장애되는 일이 많으니, 그 일을 끝내거든 의정부에서 관문(關文)을 보내어 빨리 거행하도록 하는 것이 어떻겠습니까?" 하니, 상이 이르기를, "그대로 하라." 하였다.[38)]

즉 전 강원감사 조석여가 강릉부는 땅은 매우 넓고 전결(田結)의 총액은 많은데, 관아가 불타서 참조할 공문서가 없으니, 양전사업을 실시하여 새로이 양안을 작성하는 일이 시급하다고 상소하니, 고종이 허가하였다.

1868년 10월에는 경기 암행어사 정순조가 양전시행을 건의하였다.

---

38) 『승정원일기』 고종 5년(1868) 2월 7일.

의정부가 아뢰기를, "오늘 경기 암행어사 정순조(鄭順朝)의 별단을 보니, 그 첫째는 양전(量田)한 지가 이미 오래여서 전결의 총수가 문란하니, 각 고을에 신칙하여 사람을 골라 정하고 재정을 마련하여 속히 다시 양전하게 하라는 일이었습니다. 양전을 다시 하는 것은 큰 정사이니 혹 말로는 쉽지만 실지로 하기는 어려운 폐단이 없지 않습니다. 그렇다고 버려두고 시정하지 않는 것도 법의(法意)가 아니니, 각 고을에 각별히 신칙하여 옛 제도를 밝혀 결총을 조사하되 편의에 따라 거행하게 하소서."[39]

즉 한꺼번에 양전을 시행하는 것은 어려운 일이니, 편의에 따라 시행하라고 건의하였다.

1868년 11월에는 전라우도 암행어사 이돈상(李敦相)이 문제가 많은 지역 1, 2읍을 양전시행할 것을 별단에서 주장하였다.

둘째, '결정(結政)이 문란하여 개량(改量)이 눈 앞에 닥친 급선무이니, 도신으로 하여금 조속히 거행하게 하기 바랍니다.' 하였습니다. 개량하자는 주장은 중외(中外)를 막론하고 모두 뜻을 같이 하는 바일 뿐더러, 전후로 암행어사의 별단에 따라 복계(覆啓)도 여러 차례 올렸습니다. 그러나 일시에 전부 거행한다는 것은 대번에 의논하기 어려운 문제이니, 먼저 한두 고을에 시행해 본 다음 점차 바로잡아 나가도록 분부하소서.[40]

양전사업을 주장하는 암행어사의 별단은 여러 차례 올렸다. 그러나 일시에 양전사업을 거행하는 것은 어려운 문제이니, 먼저 한두 고을이라

39) 『승정원일기』 고종 5년(1868) 10월 27일.
40) 『승정원일기』 고종 5년(1868) 11월 18일.

도 시행하면서 진행하자고 건의하였다.

〈표 1-2〉 대원군 정권기 양전사업 주창자와 그 내용

연월일	주창자 직위	주창자	내용
1864. 2. 10	영의정	김좌근	전국적인 양전 실시를 주장
1867. 6. 16	전라도 암행어사	윤자승	전주 15개 고을부터 양전 실시
1867. 7. 20	경상도 암행어사	박선수	양전한 지 오래되어 양전사업 실시
1868. 2. 7	전 강원감사	조석여	강릉부의 양전 실시
1868. 10. 27	경기 암행어사	정순조	양전 실시 주장. 편의에 따라 거행
1868. 11. 18	전라우도 암행어사	이돈상	한두 읍의 양전이라도 실시

출전 :『승정원일기』;『일성록』

이와 같이 대원군 정권시에는 양전사업의 실시가 끊임없이 제기되었다. 뿐만 아니라 진전과 환기전을 제대로 조사해야 한다는 진기사핵(陳起査覈)의 주장도 계속 제기되었다. 특히 지방 감사나 지방의 암행어사들이 민정을 시찰하면서 가장 시급히 해결해야 할 전정(田政)문제를 해결하기 위해서는 양전사업이 반드시 필요하다고 주장하였다. 그러나 전국적인 양전사업의 실시는 인력 동원과 재정 충당이 동반되어야 하기 때문에 쉽게 행할 수 없었다. 그리하여 국가 재정이 뒷받침되지 않는다면 부득이 부분적으로나마 양전사업을 실시하자는 제안이 계속 제기되었다. 즉 한두 읍이나 혹은 전라도 15개 마을 등으로 제한하면서 점진적인 양전사업의 실시를 주장하였던 것이다.

이와 같이 지방 감사 혹은 암행어사의 주장에 의하여 대원군 정권기에 조선 정부에서는 이를 수용하여 지방에 따라서 부분적으로 양전사업을 행하였다. 예를 들면 고종 6년(1869)에는 경상도 영산현(靈山縣), 고종 7년(1870)에는 경상도 동래부(東萊府), 고종 8년(1871)에는 경상도 언양현(彦陽縣), 고종 9년(1872)에는 황해도 평산군(平山郡) 등에서 양전사업이 시행되었다.[41] 또한 1869년과 1870년 사이에는 누세결(漏稅結)의 조사가 전면적으로 실시되었다.[42]

양전사업과 진기의 사핵은 시기결의 정확한 결수를 파악하여 결세를 부과하는 데 목적이 있었으므로, 양전사업과 진기사핵의 사업 후에는 시기결이 많이 증가하게 되었다. 양전사업을 수행한 후에, 경상도 영산현(靈山縣)에서는 시기결수가 321결 증가하였고,[43] 동래부(東萊府)에서는 391결 85부 8속이 증가하였다.[44]

이러한 양전사업에 대한 주장과 논의는 대원군 정권시기뿐 아니라 그 후 끊임없이 조정에서 제기되고 논의되었다. 그런 논의의 과정은 정부의 개혁정책이 적극적으로 추구될 때 반드시 제기되는 의제였다. 그런 가운데 1897년 고종이 대한제국을 설립한 후 국가의 전면적 쇄신을 주장하면서 1898년 양지아문을 실시하고 전국적인 양전사업을 실시하게 되었다. 그 후 7년 동안 양전사업을 실시하고, 그 결과물인 지계를 발행하는 지계사업까지 시행하게 되었던 것이다. 대한제국에서는 1898년부터 1904년까지 전국 토지의 2/3 지역의 양전사업을 시행하고, 그의 결과물인 지계를 정부에서 발행하여 토지소유권을 확인해주었던 것이다. 그러나 1905년에 일본이 러일전쟁에서 승리한 후, 조선의 내정에 간섭하면서 대한제국의 양전사업과 지계사업은 중단되었다.[45]

41) 『일성록』 고종 6년(1869) 3월 27일 ; 『비변사등록』 고종 7년(1870) 11월 25일 26책 397쪽, 고종 8년(1871) 2월 7일 26책 426쪽, 고종 15년(1878) 2월 3일 27책 165쪽, 고종 7년(1870) 6월 29일 26책 347쪽.

42) 『비변사등록』 고종 7년(1870) 6월 29일, 26책 347쪽.

43) 『일성록』 고종 6년(1869) 3월 27일.

44) 『승정원일기』 고종 7년(1870) 11월 25일.

45) 김용섭, 「광무연간의 양전·지계사업」 『아세아연구』 31, 1968(『증보판 한국근대농업사연구(하)』, 일조각, 1988 게재) ; 한국역사연구회 토지대장연구반, 『대한제국의 토지조사사업』, 민음사, 1995.

5. 맺음말

1863년 12월에 철종이 후사가 없이 승하하자, 갑자기 등극하게 된 고종은 만 12세였다. 고종 대신에 그의 아버지인 대원군이 정권을 장악하게 되자 처음에는 매우 조심스러운 처신을 하게 되었다. 국내외적으로 어려운 형세에 처해있었던 조선 정부는 변화를 모색하지 않으면 안되었다. 조선 정부와 지식인들은 안으로 1862년의 전국적 민란으로 표출된 끓어오른 민심을 가라앉히기 위해 국정의 쇄신을 도모해야 했고, 밖으로 1860년의 영불 연합군에 의한 북경의 함락과 청 황제의 피신으로 말미암은 새로운 국제질서 속에서 생존을 모색해갔다.

그러한 형세 속에서 대원군은 국정의 쇄신을 추구해갔다. 정치적으로는 세도정권의 폐해를 줄여가야 해서 외척이 장악하고 있었던 비변사를 해체하고 의정부를 복권시켰으며, 무인의 위상을 높이고 군사력을 강화하면서 삼군부를 부활시켰다. 또한 왕권의 위상을 높이기 위해서 경복궁을 재건하였다.

경제적으로는 부세제도를 정비하였다. 임술민란에서 백성들의 원망을 산 환곡제도를 폐지하고 사창제를 실시하였다. 사창제의 운영은 관이 아니라 지방 유력자에게 담당하도록 하였다. 군역의 부담을 평민뿐 아니라 양반에게도 부과하는 호포법을 실시하였다. 이러한 개혁에 의해 신분제적 특권이 약화되기도 하였다.

이러한 개혁정책을 해가기 위해서는 경비가 필요하였다. 그리하여 많은 잡세를 신설하거나 징수하기도 하였다. 심도포량미의 신설, 도성문세의 신설, 각 포구의 상세 징수, 경강수세의 징수를 시도하였고, 나아가 원납전의 신설, 당백전의 주조를 행하기도 하였다.

국가 재정의 충당과 민생의 안정을 도모하기 위해서는 농업의 안정적 유지가 필수적이었다. 대원군 집권시기에도 농업의 안정적 운영이 필요하였다. 대원군 집권시기에 정치개혁과 재정 정비뿐 아니라 농업을 발달시켜가는 것은 필수적이었다. 그리하여 매년 1월 1일 권농윤음을 공포하면서 농업을 중시하고 권장하는 정책을 표방하였다. 나아가 1870년과 1871년에는 '권농별윤음'을 공포하여 다시 한번 농사의 중요성을 강조하였다. 1871년에는 친경의례를 행하여 국왕이 직접 적전(籍田)을 친경하는 의식을 거행함으로써 관료들에게 '국정의 근본은 권농이며, 농사가 민생 안정의 최우선이라는' 사실을 몸소 시현하고자 하였다. 그리하여 정조 이후 단절되었던 친경의례를 1870년에 복원하여 실시하기도 하였다.

또한 1862년 전국적 민란이 일어날 당시, 백성들에 의해 제기되었던 삼정(전정, 군정, 환곡)문제 중 전정의 해결 문제가 논의되었다. 전정의 해결 방식에 대해서 양전사업의 실시가 조정과 각 지역에 파견되었던 암행어사들에 의해 지속적으로 제기되었고, 그것이 조정에서 논의되기도 하였다. 양전사업의 실시, 진기(陳起)의 조사는 전정문제를 해결하는 데 있어서 중요한 방법이었다. 그러나 양전의 실시는 전문적 인력과 많은 재원이 필요하였기 때문에 쉽게 행할 수 없는 일이었다. 그리하여 문제가 발생한 지역의 양전 실시로 변용되기도 하였다. 대원군 정권기에는 양전사업에 대한 논의가 폭넓게 이루어졌고, 그 결과 일부 지역의 양전 실시로 대체되었다.

제2장 1880년대 조선 정부의 농업정책

1. 머리말

개항 이후 조선은 닫혀진 경제체제에서 개방적인 경제체제로 나가게 되었다. 개항 후 조선 정부는 청과 일본에 수신사, 영선사, 조사시찰단 등의 명목으로 문물시찰단을 파견하였다. 조선의 관료들은 그 시찰과정에서 일본과 청의 변화상을 목격하였고, 귀국한 후에 보고서를 작성하여 조선의 변화를 요청하였다. 이에 조선 정부는 외부로부터 변화의 요청과 내부로부터 사회문제를 해결하기 위해 변화를 모색하는 정책을 추구해 가야 했다. 고종은 새로운 정책의 추구를 위해 기존의 정부조직으로는 어렵다고 판단하여 새 정부조직을 창설하였다. 그것이 1880년 12월에 만든 정1품 아문인 통리기무아문이었다. 통리기무아문 산하에 12개의 부서를 설치하여 외교 통상 및 새로운 문물의 수입 및 산업진흥정책을 추진해갔다.

그 기구는 1882년 임오군란에 의해 잠시 폐지되었다. 고종은 1882년말에 내정은 통리군국사무아문, 외교·통상은 통리교섭통상사무아문이 담당하게 하였다가, 1885년에는 내정은 내무부가 담당하도록 하였다.

한편 개항 후 조선의 사회정세는 가뭄이 계속되어 농민의 생활이 곤궁해지고, 밖으로는 외국과의 무역이 활발해지고 물가는 앙등하면서 나라의 경제사정이 혼란스러웠다.[1] 이것을 해결하기 위해 조선 정부는 농촌사회의 재편과 농업진흥정책을 실시하지 않으면 안 되었다. 그리하여 1883년 10월 1일에 고종은 중앙과 지방 관아에 전교를 내려 농촌사회를 정비하고, 농업을 진흥시키는 정책을 추진하였고, 이를 널리 알리기 위해 『한성순보』에 '내아문포시'의 명목으로 공포하였다. 조선 정부는 그 정책 기조 하에 농업진흥정책을 추진하였다.

조선 정부가 중점적으로 추진한 농업정책은 세 가지였다. 첫째는 진전 혹은 한광지를 개간하여 경작지를 확대하는 일이었다. 이것은 수리시설을 축조하고 황무지나 진전을 개척하면서 경작지를 확대하는 일이었다. 나아가 밭을 논으로 변화시켜 생산력을 증대시키는 노력을 하기도 하였다. 둘째는 당시 국제적 무역품이었던 생사(生絲)를 만들어 수출하여 국부를 확대하고자 하는 일이었다. 그를 위해 뽕나무를 심고 누에를 키워 생사를 양산하고, 나아가 직조업을 발전시키고자 하였다. 셋째는 서양의 선진적 농업기술을 수용하여 조선의 농업을 발달시키고자 하였다. 서양의 농서를 번역하여 선진농법을 소개하거나 서양의 농기구를 들여와 조선 재래의 농법을 바꾸고자 하였다. 나아가 외국의 농업기사나 교사를 초빙하여 서양의 농업기술을 수용하는 노력을 기울이기도 하였다.[2]

이 글에서는 1876년 개항 이후부터 1894년 갑오개혁 이전 시기까지 조선 정부가 개방정책을 추구하면서 어떻게 농업진흥정책을 실시해갔고 그 농업정책의 역사적 의의와 한계를 살펴보고자 한다.

---

1) 『漢城旬報』 제7호, 1883. 12. 1. 內衙門布示, "比年以來 旱荒相仍 民食不敷 困苦顚連 有不忍聞 況當港務肇開 貿易漸旺 民心日淆 物價日昂 若不務本重農 內積外售則 民國之憂 寧有極哉".

2) 이영학, 「개항기 조선의 농업정책」 『한국 근현대의 민족문제와 신국가건설』(김용섭교수정년기념한국사학논총 3), 지식산업사, 1997.

2. 통리기무아문의 설치와 농업진흥정책의 시도

1873년 11월에 고종은 친정을 선포하면서 대원군을 멀리 하고, 대원군 세력을 숙청하기 시작하였다.[3] 1874년 1월에 고종은 청전(淸錢)을 혁파하여 대원군 세력에게 정치자금이 유입되는 것을 막고, 6월에 무위소를 설치하여 군권을 장악해갔다.[4] 나아가 대원군 집권기에 강화된 강화 진무영의 군사력을 약화시키고, 그 대신 무위소를 무위영으로 확대 개편하면서 고종 친위의 군사력을 강화해갔다.

그 후 고종은 대외정책을 수정하였다. 대원군의 쇄국정책을 수정하여 개방정책을 추구하였다. 일본이 1875년 운양호사건을 일으키고 무력행사를 하자, 고종은 문호개방을 결정하고 1876년 2월 병자수호조약을 맺었다. 그 결정과정에서 일본의 무력시위에 대해 고종은 "부국강병을 이루었다면 무력시위를 막을 수 있었을 것"[5]이라고 개탄하였다. 1876년 병자수호조약은 내부의 요구도 있었지만 일본의 무력에 의한 강요의 측면이 컸다.

병자수호조약 체결 이후, 그 해 4월에 조선 정부는 일본에 수신사를 파견하였다. 일본을 시찰한 수신사는 일본이 추구하는 바를 부강(富强)이라 특징지웠고, 그 내용을 보고하자 고종은 전선, 화륜, 농기에 관심을 표명하였다.[6] 하지만 고종은 아직 일본의 정치적 변화에 관심을 기울이지 못하였다.

그러나 1880년에 들어서면서 고종의 입장이 변하였다. 1880년에 김홍집을 대표로 하는 제2차 수신사를 일본에 파견하였다. 김홍집은 일본에

---

3) 연갑수, 『고종대 정치변동 연구』, 일지사, 2008, 69~78쪽.

4) 은정태, 「고종 친정 이후 정치체제 개혁과 정치세력의 동향」 『한국사론』 40, 서울대 국사학과, 1998, 164쪽.

5) 『일성록』 1876년 1월 20일.

6) 『일성록』 1876년 6월 1일.

다녀온 뒤, 고종에게 『조선책략』을 제출하면서 개방을 권고하였다. 고종은 일본의 변화상을 보고받으면서 조선도 변화해가야 한다고 인식하였다.

1880년 고종의 친정체제가 안정되자, 1880년 12월에 의정부와 동일한 위상을 갖는 정1품 아문인 통리기무아문을 설치하면서 개방정책을 실시해갔다. 그 후 1881년에 청에 영선사를 파견하고, 일본에는 조사시찰단을 파견하였다. 조사시찰단의 일원인 어윤중은 일본을 둘러본 뒤 "지금의 국세(局勢)를 보건대 부강하지 않으면 나라를 보전할 수 없다"[7]라고 보고하였다.

그리하여 고종은 통리기무아문을 중심으로 부국강병한 나라를 만들기 위해 개화정책을 실시해갔다. 통리기무아문에는 그 산하에 사대사·군무사·통상사 등 12개사를 설치하였다.[8] 각 기구들은 외교·통상·기계수입·군사·교육 등의 업무들을 수행하도록 하였다. 처음에 고종 등의 정권담당자층은 당시의 경제문제를 해결하기 위해서 외교나 통상 등의 문제를 중시하였고, 서양의 새로운 문물을 수용하기 위하여 적극적으로 노력하였다. 그리하여 12개의 산하기구 중 사대사·교린사·통상사 등이 중시되었다.

통리기무아문의 총리대신은 영의정이 맡도록 하고, 통리기무아문 당상에는 김보현을 임명하였으며,[9] 통리기무아문 낭청에는 송병준, 이조연, 한용원 등을 임명하였다.[10] 통리기무아문에서는 여러 명목의 잡세를 징수하면서 경제적 기반을 확보하고, 그를 바탕으로 개혁정책을 실시해갔다.

---

7) 『從政年表』 1881년 12월 14일.

8) 사대사, 교린사, 군무사, 변정사, 통상사, 군물사, 기계사, 선함사, 기연사, 어학사, 전선사, 이용사 등 12개의 기구이다.

9) 『일성록』 1880년 12월 22일.

10) 『내각일력』 1881년 1월 10일.

통리기무아문을 중심으로 개혁정책을 실시하자, 그 정책을 둘러싸고 개화와 척사의 대립이 심화되었다. 즉 개화승 이동인이 살해되는 등 그 대립이 격화되었다. 그런 와중에 구식군인들이 개화정책에 따른 곡물가격의 상승과 그들의 처우에 불만을 품고 폭동을 일으켰다. 1882년 6월에 임오군란이 발발하였다. 구식군인들은 선혜청 당상인 민겸호를 살해하고 궁궐을 기습하여 민비를 살해하고자 하였다. 민비는 궁녀복을 입고 변신하여 피신하였다. 구식군인들은 그들의 의견을 들어줄 인물로 대원군을 옹위하였다. 고종은 구식군인들에 의해 옹위된 대원군에 권력을 양위하였다. 이에 대원군은 고종이 실시한 개화정책을 정지시키고 정치체제를 이전으로 되돌렸다. 그에 따라 개혁정책의 핵심기구였던 통리기무아문을 폐지하고 의정부를 복설하였다.[11]

그러나 청나라의 군대가 들어와 대원군을 중국의 보정부(保定府)로 납치해가고 구식군인들의 반란을 진압하였다. 이에 고종은 7월 25일에 국가의 중대사안을 신속히 결정하고자 대궐안에 기무처(機務處)를 설치하고,[12] 기무처를 중심으로 정책을 집행하였다.[13] 그 해 8월에 고종은 진주사(陳奏使)로 청에 간 조영하(趙寧夏)로 하여금 청 조정에 "선후사의육조(善後事宜六條)"를 제출하게 하여 조선의 총체적 반성과 개혁방향을 제시하였다.[14] "선후사의육조"에는 정민지(定民志), 용인재(用人才), 정군제(整軍制), 이재용(理財用), 변율제(變律制), 확상무(擴商務)를 행할 것을 서약하였다. 그 해 8월에 고종은 동도서기론의 입장에서 서양의 종교를 배척하되, 그들의 농상, 의약, 무기, 주차(舟車) 등의 제조기술을 전습하여 부국강병을 이루겠다고 천명하였다.[15] 즉 개화정책을 공개적

11) 『비변사등록』 1882년 6월 10일.
12) 『비변사등록』 1882년 7월 25일.
13) 한철호, 『한국 근대 개화파와 통치기구 연구』, 선인, 2009, 177쪽.
14) "선후사의육조" 1882년 8월 1일.
15) 『승정원일기』 고종 19년(1882) 8월 5일.

으로 추진하고자 하였던 것이다.

고종은 11월 17일과 18일에 통리아문과 통리내무아문을 설치하여 각각 외교·통상과 내무를 담당하도록 하였다가,[16] 12월 4일에 통리교섭통상사무아문과 통리군국사무아문으로 명칭을 변경하였다.[17] 고종은 1882년 12월 4일에 통리군국사무아문을 설치하면서 개화정책을 본격적으로 추진하였다.[18] 고종은 기존의 의정부와 6조를 형해화하면서, 내정은 통리군국사무아문, 외교와 통상은 통리교섭통상사무아문에서 담당하도록 하였다. 그리고 12월 12일에 고종은 교지를 내려 '통리군국사무아문 신설절목'을 공포하면서 내정의 최고기구로 명하였다.[19] 통리군국사무아문은 정1품아문으로 국내의 주요 사항을 협의하여 고종에게 보고하거나 재가를 받기로 되어 있었지만, 실질적으로 고종이 국정을 총괄하는 최고의 행정기구이었다.[20] 고종은 통리군국사무아문을 정일품과 종일품의 독판, 정이품과 종이품의 협판, 정삼품의 참의 등의 당상관과 당하관인 주사, 그리고 사무직원인 서리와 도예로 구성하였다.[21] 그 후 10일 뒤에 삼군부와 기무처도 통리군국사무아문에 합설시킴으로써 통리군국사무아문의 기능이 크게 확대되었다.[22]

통리군국사무아문의 조직은 초기에는 승정원의 예에 따라 이무(吏務)·호무(戶務)·예무(禮務)·병무(兵務)·형무(刑務)·공무(工務) 등 6무로 나뉘어졌는데, 1883년 8월에 이르러 '분사장정(分事章程)'과 '사무규칙(事務規

16) 『비변사등록』 1882년 11월 17일 ; 11월 18일.
17) 『비변사등록』 1882년 12월 4일.
18) 『승정원일기』 고종 19년(1882) 12월 4일.
19) 『비변사등록』 1882년 12월 12일 "統理軍國事務衙門 新設節目".
20) 통리군국사무아문의 기구에 대해서는 한철호, 「통리군국사무아문의 조직과 운영(1882~1884)」 『한국 근대 개화파와 통치기구 연구』, 선인, 2009를 참조하였다.
21) 『비변사등록』 1882년 12월 12일.
22) 『비변사등록』 1882년 12월 22일 ; 12월 24일.

則)'을 마련하여 조직을 체계적으로 정비하였다.[23] 그리하여 6무 조직은 이용사(理用司)·군무사(軍務司)·감공사(監工司)·전선사(典選司)·농상사(農商司)·장내사(掌內司) 등의 6사로 개편되었다.[24] 이 6사 조직은 통리기무아문의 7사 중 대내적 업무 부서였던 이용사·군무사·감공사·전선사 등 4사의 명칭과 기능을 그대로 계승하고 농상사와 장내사를 추가로 신설하였다.[25]

이용사는 각 관청에서 소요되는 재정을 수급 처리하는 재정담당부서이며, 군무사는 중앙과 지방의 군대를 통솔하는 군사담당부서이며, 전선사는 관리들의 신분 및 인사를 총괄하는 인사담당부서였다.[26] 감공사는 근대식 무기·기계·선박·군함 등을 구입·제조하고 관리하는 부서였다.[27]

또한 농상사는 국가 재정을 충실히 하기 위해 통호(統戶)·농상(農桑)·다(茶) 등을 담당함으로써, 농촌경제의 생산력 증대에 관한 제반 사무와 이를 권장 육성하기 위해 민호를 통제하는 부서였다.[28] 장내사는 왕실에 관한 모든 사무를 관할하는 동시에 6사 전체의 사무를 총괄하는 통리군국사무아문의 최고 부서였다.[29] 통리군국사무아문 6사(司)의 인사 배치는 〈표 2-1〉과 같다.

고종은 통리군국사무아문의 농상사를 통하여 농업진흥정책을 실시해 갔다. 〈표 2-1〉에서 보듯이, 농상사와 이용사에 가장 많은 수의 관료를

23) 『승정원일기』 고종 20년(1883) 8월 20일 "統理軍國事務衙門 啓曰 分司章程 事務規則 磨鍊 書入之意 致啓 傳曰知道".

24) 한철호, 앞의 책, 2009, 183쪽.

25) 한철호, 앞의 책, 2009, 184쪽.

26) 『비변사등록』 1880년 12월 20일 "一. 軍務司, 掌統率中外軍旅等事. 一. 典選司, 掌擇取才藝 各司需用等事. 一. 理用司, 掌經理財用等事".

27) 한철호, 위의 책, 2009, 184쪽.

28) 『農課規則』(국립중앙도서관 조 80-30) 1883년 11월 29일.

29) 『일성록』 1883년 9월 30일 ; 1884년 4월 3일.

〈표 2-1〉 통리군국사무아문 6사의 인사 배치(1883년 10월 3일)[30]

부서	독판(督辦)	협판(協辦)	참의(參議)	주사(主事)
장내사	민태호			
이용사	김병시	이교익, 조준영	민응식	이중하, 윤태일, 서상교
군무사	김병시	윤태준, 한규직	조동희	홍재정, 임교상
전선사	김유연	한장석, 어윤중	신기선	박재영
감공사	정범조	김윤식, 박정양	이중칠	이수홍, 김명균
농상사	조영하	민종묵, 구완식, 윤태준	조동희, 신기선, 민응식, 왕석창	권소, 홍승운, 서광조, 한용원

출전 : 독판·협판·참의는 『일성록』 1883년 9월 30일 ; 주사는 『일성록』 1883년 10월 3일

배치한 것은 통리군국사무아문이 '부국'에 비중을 두고 있음을 알 수 있다. 농상사에는 독판 조영하, 협판에는 민종묵, 구완식, 윤태준, 참의에는 조동희, 신기선, 민응식, 왕석창이 업무를 담당하고 있었다.[31]

고종은 통리군국사무아문의 조직을 정비한 후, 본격적으로 농업진흥 정책을 실시해갔다. 고종은 당시의 시대적 문제를 해결하기 위해서 산업의 근간인 농업을 발달시켜가고자 했다. 농업을 발전시켜가지 않고서는 당시의 국가 재정과 농민의 생활을 향상시킬 수 없었다. 그리하여 고종은 농업을 발전시키는 정책을 추진하였다.

고종은 1883년 10월 1일에 통리군국사무아문을 통하여 중앙아문과 지방아문에 전교를 내려 농업을 발달시키는 정책을 추진하였다.[32] 통리군국사무아문에서는 각 지방관청에 원 관문(關文)과 「통호규칙」 「농무규칙」 「잠상규칙」을 포함한 전교를 내려보내 농촌사회의 향상을 도모하고자 하였다. 그중 원 관문을 소개하면 다음과 같다.

---

30) 한철호의 저서(2009), 185쪽의 〈표〉에서는 군무사의 협판에 이조연(李祖淵)이 임명되었다고 정리되어 있지만, 실제 자료에는 찾을 수 없어 오류이다.

31) 청나라 관료 왕석창이 담당하고 있다는 점에서 청나라 간섭이 행해지고 있다는 사실을 알 수 있다.

32) 『農課規則』(국립중앙도서관 朝80-30) 1883년 11월 29일.

> 10월 1일자로 전교(傳敎)를 받들어 본 아문(통리군국사무아문 : 필자 주)에 6개사(司)를 설치하였는데, 농상사(農商司)가 그중 하나이다. 농상사의 업무는 통호(統戶)·농상(農桑)·다(茶) 등의 일이다. (중략) 무릇 농상(農桑)의 일은 나라의 근본으로 그렇지 않은 때가 없었다. 근래에 가뭄과 흉년이 계속되면서 백성들은 먹을 것이 넉넉하지 못하고 곤궁함이 이어지고 있다고 하니 차마 들을 수 없다. 더욱이 개항 후 무역은 성행하고 민심은 어지러우며 물가는 날로 치솟고 있다. 만약 농업을 중시하여 축적을 배가하지 않으면, 백성들의 근심은 끝이 없을 것이다. (중략)
>
> 제언을 수축하여 황무지를 개간하고 진전을 기경하는 것이 농정의 급무이다. 우리 백성들이 소홀히 하여 오랫동안 강구하지 못하였다. (중략) 각 면리의 집강(執綱) 및 농과장(農課長) 성명과 제언의 유무(有無) 및 수축(修築)방략을 별도로 성책하여 이번 달 25일까지 즉시 보고하며, 그것을 모두 모아 본 아문(통리군국사무아문 : 필자 주)에 보고하라.
>
> 원 관문(關文)과 규칙의 모든 조항을 반드시 해서(楷書)와 언문(한글 : 필자 주)으로 번역하여 각 리(里)에 알리고 각 리로 하여금 등문(謄文) 1부를 비치하여 한 사람도 알지 못하는 폐단이 없도록 하라.[33]

즉 농상사(農商司)에서 통호(統戶)·농상(農桑)·다(茶) 등의 업무를 담당하고, 수령들은 각 읍의 농상(農桑)에 대한 상황과 개간·제언 수축에 대한 상황을 아문에 보고하도록 하였다. 그리하여 그것을 수령의 고과에 반영할 것을 공표하였다.[34] 원 관문(關文)과 규칙의 모든 조항을 반드시 해서와 언문으로 번역하여 각 리(里)에 알리게 하였다. 1883년 11월에는 원 관문과 「통호규칙」「농무규칙」「잠상규칙」이 해서체로 쓰여진 원문과 한글 번역이 병기된 안산의 '감결(甘結)'로 미루어 당시 지방관청에 통리

---

33) 위와 같음.
34) 위와 같음.

군국사무아문의 관문이 전달되었을 것으로 여겨진다.[35]

나아가 그 해 12월에는 통리군국사무아문에서는 "내아문포시(內衙門布示)"로 박문국에서 발간한 『한성순보』에 그 내용을 게시하여 지방관청에 다시 한번 고지하였다.[36] 이를 통해 농업진흥에 대한 고종의 의지를 엿볼 수 있다.

고종은 윈 관문을 통하여 농업진흥정책을 실시하게 되는 현실적 배경을 설명하고 「통호규칙」 「농무규칙」 「양상규칙」을 공포하면서 농촌사회의 재편, 진전의 개간, 양잠업 진흥에 대한 구체적인 정책을 제시하였다. '통호규칙(統戶規則)'에서는 오가작통법을 원용하여 5가(家)가 한 통(統)이 되고 매 통에는 통수(統首)를 두고, 마을에서 성실하고 근면한 자를 부정(副正)으로 삼아 마을 내에 농사를 권장하고 술 주정을 금지하며 도둑질을 막는 일을 맡기도록 하였다.[37] 또한 각 읍에서 공평하고 성실하며, 농사를 깊이 이해하는 사람 중 백성들이 추천하는 자를 농과장(農課長)으로 삼아 마을의 농업을 담당하도록 하였다.[38] '농무규칙(農務規則)'에서는 정부에서 행정적 지원과 제도적 장치를 보완하여 황폐한 땅을 개간하도록 하였으며, 아울러 제언·보 등의 수리시설을 수축하거나 보수하도록 지방 관아에 명령하였다. '양상규칙(養桑規則)'에서는 뽕나무 심는 것을 적극 권장하고, 누에 기르는 방법과 고치에서 실을 켜는 방법 등을 잠서(蠶書)의 보급을 통하여 알리고자 하였다.

이러한 권농정책을 바탕으로 고종은 1884년 1월 1일 「권농윤음」에서 "먹을 것을 풍족하게 하는 방법을 널리 묻고 권민의 도리를 다하기

35) 『甘結安山』(古4255.5-10) 1883년 11월 17일.

36) 『漢城旬報』 제7호, 1883. 12. 1. 內衙門布示.

37) 『漢城旬報』 제7호, 1883. 12. 1. 內衙門布示, "每里五家作統 每統各置統首 里吏另擇誠勤老練者 一人爲副正 掌里內勸課耕種 申禁酗賭盜竊等事".

38) 『漢城旬報』 제7호, 1883. 12. 1. 內衙門布示, "各邑另擇公平誠勤 深解農理爲衆望所推者 一人爲農課長 委任一邑農桑等事".

위해 이제 처음으로 농상사(農商司)를 두고 농사에 관한 사무를 전담하게 하여 앞으로 풍년을 만들어 고루 잘 살기를 바라는 것이다"[39]라고 하면서 농업을 적극적으로 권장해가고자 하였다. 구체적으로 그 해(1884) 봄에 농상사에서 각 도에 명령하여 보(洑)를 쌓거나 뽕나무 심기를 적극 권장하였다.[40]

1884년 9월에 고종은 더욱 적극적으로 농업진흥정책을 추진하였다. 1883년 10월의 농업진흥정책을 계승하여 통리군국사무아문의 장내사(掌內司) 산하에 국(局)을 설치하여 구체적인 농업진흥정책을 실시해가고자 하였다. 고종은 1884년 9월 12일에 장내사(掌內司)의 주관으로 이른바 '부국이민(富國利民)'에 관계되는 농상(農桑)·조직(造織)·자전(瓷甎)·목축(牧畜)·지(紙)·다(茶) 등 6국을 신설하고 그 절목을 마련하는 등 근대적인 농업진흥정책을 강구하였다.

> 농상(農桑)·조직(造織)·자전(瓷甎)·목축(牧畜)·지(紙)·다(茶) 부문에 국(局)을 설치하고 관료를 배치하도록 명하였다.
>
> "왕이 명하기를 '농사, 누에치기, 천 짜는 일, 사기그릇과 벽돌 굽는 일, 목축, 종이와 차를 만드는 일 같은 것은 모두 경상 비용과 관계되는 것으로서 나라를 부유하게 하고 백성들을 이롭게 할 수 있기 때문에, 이미 장내사(掌內司)에서 어느 정도 경영하고 있으나 장사(掌事)하고 간무(幹務)하는 원역(員役)이 없어서는 안 될 것이다. 국(局)을 설치하고 관리를 두는 것과 여러 가지 조처할 문제들을 군국아문(軍國衙門)에서 절목을 마련하여 들이게 하라. 이밖에 백성들을 가르치고 산업을 부흥시킬 일이 있으면 장내사(掌內司)에서 규례대로 초기(草記)하여 품처(稟處)

39) 『日省錄』 275책, 고종 21년 1월 1일, "博詢足食之道 要盡勸民之方 農桑之司纔已創始 而專管桔槹之制 亦將興作而均頒".

40) 『漢城旬報』 제17호, 1884. 3. 11. 國內私報 '農桑新法'.

하도록 하라'고 하였다."[41]

고종은 적극적으로 통리군국사무아문의 장내사(掌內司)로 하여금 산하에 농상(農桑)·조직(造織)·자전(瓷甎)·목축(牧畜)·지(紙)·차(茶)의 국(局)을 설치하여[42] 산업진흥정책을 펼쳐가도록 하였다. 1884년에 이르러 고종은 농상뿐 아니라 직조업, 도자기, 목축, 제지업 및 차 산업의 진흥을 도모하고자 노력하였다.

또한 고종은 통리군국사무아문으로 하여금 적극적인 농업진흥정책을 실시해가기 위해 산하의 전문기구를 설치하게 하였다. 1883년 12월 20일에 홍영식이 미국에 보빙사로 다녀온 뒤, 고종에게 시찰 보고서를 제시하면서 근대적 농업시험장에 대한 필요성을 언급하자, 고종은 경기지방 망우리 일대의 토지를 할당하여 근대적 농업시험장을 설치하도록 허락하였다. 1884년 초에 농무목축시험장을 설치하고, 그 관리관으로는 보빙사의 일원이었던 최경석을 임명하였다. 최경석은 무관출신으로 농업문제에 관심이 많았으며, 시험장의 관리관으로 임명된 뒤 열성적으로 일하였다.[43] 그러나 1886년에 시험장의 관리인인 최경석이 사망하자, 시험장을 통한 농작물재배사업은 난관에 부딪치게 되었다. 1886년에 이 시험장은 내무부 농무사에 속하게 되었고, 명칭도 종목국(種牧局)으로

41) 『일성록』 1884년 9월 12일, 命農桑造織瓷甎牧畜紙茶 設局置官, "敎日, 農桑造織之務, 瓷甎牧畜紙茶之屬, 皆關係經用, 可以裕國利民, 故已有掌內司多少經紀, 而不可無掌事幹務之屬員, 設局置官及(後)諸般措處, 令軍國衙門磨鍊節目以入, 此外更有敎民興業之事, 掌內司依例草記稟處".

42) 『대한계년사』, 26쪽, 1884년 1월, "置農桑 織造 瓷甎 牧畜 紙 茶 等局 凡六局 皆設官 以主之"라고 기록하고 있다. 이것은 1884년 9월 12일의 기록을 잘못 적은 것이다. 통리군국사무아문의 장내사 산하에 6국이 설치되어 산업육성정책을 실시하였음을 알 수 있다.

43) 이광린, 「농무목축시험장의 설치에 대하여」 『(개정판) 한국개화사연구』, 일조각, 1969.

바뀌었다.

고종은 1884년 8월에 통리군국사무아문에서 잠상공사(蠶桑公司)를 설립하도록 하였다. 8월 말경에 통리군국사무아문은 독판 조영하, 협판 민영익과 이조연, 그리고 통상교섭통상사무아문의 독판 김홍집과 전환국 총관 묄렌도르프 등으로 하여금 잠상공사의 설치 업무를 상의하게 하여 상해에 머물고 있던 독일인 메르텐스(Maertens, 한국명 麥登司)를 잠상공사 경리에 내정하였다.[44] 잠상공사는 양잠업을 발달시키는 일을 담당하였으며, 통리군국사무아문으로 하여금 관리하도록 하였다.[45]

나아가 정부는 1883년부터 정부 주도 하에 조직 및 회사를 설립하여 농업 및 제조업을 발달시키고자 하였다. 1883년에는 기기창, 연화연무국(蓮花烟務局), 박문국(博文局), 전운국(轉運局), 전환국(典圜局)을, 1884년에는 농무목축시험장, 잠상공사(蠶桑公司), 광무국(礦務局)을, 1885년에는 직조국(織造局), 조지국(造紙局)을, 1886년에는 전보국(電報局)을 설립하여 농업 및 제조업을 발달시키고자 하였다.[46]

이러한 움직임 속에서 1884년 9월 12일에 고종의 전교로 농업진흥을 위한 기구가 설립된 것이었다. 1885년에 설립된 직조국(織造局)은 생사(生絲)를 바탕으로 비단을 제조하고 나아가 외국에서 생사를 수입하여 비단을 제조하는 역할을 수행하였다.[47] 1887년에 설립된 조지국(造紙局)은 종이를 만드는 업무를 수행하였다.

1884년 9월 12일에 공포한 고종의 농업진흥에 대한 전교는 지방 관청에도 전달되어 지방 단위의 조직별로 시행되도록 하였다. 지방에서 향청과 비슷한 조직이 결성되어 풍속을 교화하면서 농업을 진흥시키는 노력이

---

44) 『上諭』(규 18094), 1884년.

45) 『舊韓國外交文書』 15권, 德案1, 문서번호 269.

46) 전우용, 『한국 회사의 탄생』, 서울대 출판문화원, 2011, 42~42쪽.

47) 『統署日記』 고종 22년(1885) 12월 19일.

진행되었다. 예를 들면, 1885년에 경기도 교하에서는 '교하농상사(交河農桑社)'라는 회사를 설립하여 저수지를 축조하고 뽕나무를 심고 개간을 하는 노력을 기울였다.[48] 또한 경성에서도 '경성농상회(京城農桑會)'를 만들어 농업을 진흥시키는 노력을 기울였다. 회원들이 각각 50냥씩 출자하여 경성농상회를 만들어 그를 바탕으로 개간을 하거나 외국의 농기를 구입하여 농업을 발달시키는 노력을 기울이자는 절목을 작성하였다.[49]

통리군국사무아문은 처음에 개화 자강정책을 포함한 국정의 현안을 협의 집행하는 기구로 설치되었으나, 점차 민씨척족세력이 자신의 권력기반을 공고히 하는 정치적 중추기구로 변화시켜 갔다. 이에 급진개화파들은 갑신정변을 일으켜 민씨척족세력의 실권기구로 되어가는 통리군국사무아문을 폐지하고 의정부를 복권시키는 급진적인 정치개혁을 단행하였다. 개화파들은 1884년 10월 17일 갑신정변을 일으킨 후, 개혁정책을 펴나갔던 통리군국사무아문을 폐지하고, 그 기능을 의정부에 이양하도록 하였다.[50] 그리하여 통리군국사무아문을 바탕으로 실시하였던 산업진흥정책은 일시 중단되었다.[51]

3. 내무부 설치와 농업진흥정책의 전개

1884년 10월 17일 갑신정변이 일어나고, 청나라 군대가 갑신정변의 개화파를 진압한 이후, 청의 내정간섭은 더욱 심하게 되었다. 갑신정변을

48) 『交河農桑社節目』(古4256-44), 1885년, "自明春爲始築堰植桑墾起等節 依本衙門關飭 各別擧行事".

49) 『京城農桑會章程』(古4256-44), 1885년, "會中 諸員 各出股錢 伍什兩 以爲資用事" "中國與各國 農器 緊要者 買來倣造事".

50) 『日省錄』 285책, 고종 21년 10월 21일.

51) 한철호, 『한국 근대 개화파 통치기구 연구』, 선인, 2009, 209~211쪽.

진압한 청은 조선에 대한 소극적인 견제정책을 버리고 적극적인 간섭정책을 실시하였다.[52]

우선 조선 정부 내에 김옥균·박영효 등 반청 개화파 세력이 제거된 상황에서 김홍집·김윤식·어윤중 등 친청 개화파 인사들을 정부 내 주요 직위에 임명케함으로써 청국의 입지를 공고히 하고자 하였다. 이는 갑신정변 직후 고종이 10월 20일부터 10월 23일까지 하도감(下都監)에 진주한 청군의 영무처(營務處)에 머물면서 원세개의 권고에 따라 단행했을 것으로 여겨지는 일련의 제도와 인사 개편에 잘 반영되어 있다. 즉 고종은 10월 21일에 정변 당시 반포된 모든 전교(傳敎)를 환수하는 동시에 우정국을 혁파하고 통리군국사무아문을 의정부에 합부시켰다.[53]

특히 통리군국사무아문을 폐지한 것은 청국이 조선의 개화 자강사업을 통제하는 한편 이 기구를 통해 실권을 행사하고 있던 민씨척족세력을 약화시키는 데 그 목적이 있었다고 판단된다. 이어 11월 30일에 고종은 김윤식이 대찬한 윤음을 반포하여 모든 국정을 의정부에 위임한다는 뜻을 밝혔다.[54] 또한 10월 19일부터 10월 21일에 걸친 인사 개편을 통해 청국의 후원을 받은 친청 개화파 인사들이 의정부 중심의 전통적 행정기구의 요직을 차지하였다. 청국의 입장을 반영해가면서 그들을 중심으로 정책을 집행하였다.

이에 고종은 청국의 간섭을 벗어나고자 친청파 관료인 김윤식과 어윤중을 정부의 요직에서 축출하고 민씨척족을 등용하였다. 나아가 고종은 통리군국사무아문의 체제를 계승한 내무부를 신설하면서 조선의 자강을 도모하고자 개화정책을 수행해가려고 하였다. 고종은 1885년 5월 25일에 명령을 내려 국가기무를 총찰하는 기구인 내무부를 설립하였다.

---

52) 한철호, 위의 책, 2009, 217쪽.

53) 한철호, 위의 책, 2009, 217쪽.

54) 김윤식, 「상참윤음」『김윤식전집』 2, 아세아문화사, 82~83쪽.

내무부는 궐내에 설치하고 "국가기무를 총찰하고 궁내사무를 관장"[55]하는 최고의 국정 의결 집행기구로 기능하도록 하였다. 내무부는 설치 당시 이무·호무·예무·병무·형무·공무(工務) 등 6무로 나누어 업무를 처리하다가, 1885년 6월 20일 경에 직제국·수문국·군무국·사헌국·지리국·공작국·농무국 등 7국의 편제를 갖추게 되었다.[56] 그리고 관료로는 독판에 김기석을 임명하고, 11명의 협판과 4명의 참의를 임명하였다.[57] 그리고 다음날 20명의 주사를 임명하였다.[58](〈표 2-2〉 참조)

〈표 2-2〉 내무부의 기구와 참여 관료

산하 기구	독 판	협 판	참의	주사
군무국(軍務局)	김기석	임상준, 이교헌, 이규석, 민응식	홍승헌	윤태일, 김학우, 남정필
사헌국(司憲局)	김기석	조준영	홍승헌	서병수, 조백승
수문국(修文局)		심이택	정하원	김필수, 정문섭
지리국(地理局)		김영수, 민응식	정하원	서상교, 임교상, 유기준, 조성일
공작국(工作局)		김영수, 민영환	김명규	윤창대, 이철의
직제국(職制局)		민종묵	김명규	김춘희, 고영철, 신낙균, 엄주흥
농무국(農務局)		이교익, 민병석	왕석창	홍승운, 유성준, 김영문
인원수	1명	11명	4명	20명

출전 : 『일성록』 1885년 6월 20일 ; 6월 21일

〈표 2-2〉에서 보듯이, 농무국에는 협판으로 이교익과 민병석을 임명하였고, 참의로는 왕석창, 주사로는 홍승운, 유성준, 김영문을 임명하면서 농업에 대한 업무를 수행해가도록 하였다.

그 후 1885년 8월 1일에 7국을 이전의 통리군국사무아문과 비슷하게 7사로 개편하였다. 다른 관아의 명칭은 국(局)에서 사(司)로 바뀌었지만, 사헌국(司憲局)은 전헌사(典憲司)로 명칭 자체가 변경되었다.(〈표 2-3〉

55) 『일성록』 1885년 5월 25일 ; 『東萊府啓錄』 9책, 1885년 8월 1일.
56) 『일성록』 1885년 6월 20일.
57) 위와 같음.
58) 『일성록』 1885년 6월 21일.

참조) 그 기관은 〈표 2-3〉과 같이 업무를 담당하도록 하였다.

〈표 2-3〉 내무부 산하 기구와 그 기능

산하 기구	담당 업무
직제사(職制司)	관직, 천찬, 상훈, 계문, 승선, 외무에 관한 일
수문사(修文司)	전례, 학교, 도서, 수사, 천문, 시의, 기부 등에 관한 일
지리사(地理司)	각도 산천, 도리, 치수, 감선, 전지, 상무, 세무, 재무, 조운, 광산, 조폐, 전함 등에 관한 일
농무사(農務司)	재종(栽種), 수양(收養), 제언, 어렵, 자염, 개척에 관한 일
군무사(軍務司)	각도 수육군병 연조, 참모, 병기, 진보, 운량, 측량, 군마 등에 관한 일
전헌사(典憲司)	호적, 각도 인구, 법률, 경찰, 사송 등에 관한 일
공작사(工作司)	각도 공장, 토목, 금석기기, 조선, 철도, 전선, 우편, 교량, 제지, 영선, 직조 등에 관한 일

출전 :「내무부분사장정」『동래부계록』 1885년 8월 1일(국사편찬위원회, 『각사등록』 12권, 598쪽)[한철호, 『한국 근대 개화파와 통치기구 연구』, 선인, 2009, 227쪽 재인용]

〈표 2-3〉에서 보듯이 농무사가 농업에 관한 일을 담당하였으며, 농업·목축·제언·어업·제염업·개간에 관한 일을 담당하도록 하였다. 그중에서 정부는 개간에 관한 일을 중시하며 추진하였다.

1886년 3월 26일 고종은 "부국은 강병에 있고, 강병은 족식(足食)에 있나니, 족식지도(足食之道)를 이루려면 농사에 힘써야 하는 것이 우선이다"[59]라고 명령을 내리면서 농업진흥정책을 실시하려고 하였다.

내무부 농무사의 활동 중에 두드러진 부분은 서양의 농업기술을 수용하면서 조선의 지질 개량과 목축 및 개간에 힘쓴 것이었다. 조선 정부는 1884년 초에 농무목축시험장을 설치하여 최경석을 관리관으로 임명하고 서양의 농업을 받아들이기 위한 실험과 개량사업을 진행하였다.[60] 최경석이 2년 동안 농무목축시험장을 잘 운영하다가, 그가 갑자기 사망

59) 『승정원일기』 고종 23년(1886) 3월 26일, "上曰 富國在於强兵 兵强在於足食 而足食之道 務農爲先".

60) 이광린, 「농무목축시험장의 설치에 대하여」 『(개정판) 한국개화사연구』, 일조각, 1969.

하자 농무목축시험장을 내무부 농무사가 관리하게 되었고, 그 명칭도 종목국(種牧局)으로 변경하였다.

4. 농업진흥정책의 내용

1) 수리시설의 축조와 진전의 개간

조선후기에도 조선 정부의 농업진흥정책은 국가의 중요 관심사였으며, 조선 정부는 농업을 진흥시키는 다양한 노력을 기울였다.[61] 특히 영·정조시기에는 개간 장려책이 적극적으로 실시되기도 하였다.[62] 그러나 19세기 세도정권 시기에 중앙집권체제가 이완되면서 제언 등 수리시설이 기능을 제대로 하지 못하고, 농지는 황폐화되었다. 19세기 중엽 조선 정부가 해결해야 할 시급한 과제는 수리시설을 정비하고 진전과 황무지를 개간하여 농지를 확보하는 일이었다.[63] 이 과제는 조정의 대신 회의에서 자주 거론되는 안건이었다.

개항 무렵 조선은 가뭄과 이른 서리로 인하여 큰 흉년을 맞게 되었다. 1876년과 1877년에는 가뭄의 정도가 매우 심하여 삼남지방과 경기도에 큰 흉년이 닥쳤다. 1876년 9월에 영의정 이최응(李最應)은 "금년의 농사는 대단한 가뭄이 시작되고, 나아가 이른 서리를 만나 경기지방과 삼남지방은 가장 혹심한 재해를 입게 되었다"[64]고 고종에 보고하였다. 1877년에

61) 최윤오, 「조선후기 권농책의 추이와 실학」『사학연구』 109, 2013.

62) 염정섭, 『18~19세기 농정책의 시행과 농업개혁론』, 태학사, 2014, 71~81쪽.

63) 최원규, 「조선후기 수리기구와 경영문제」『국사관논총』 39, 국사편찬위원회, 1992.

64) 『備邊司謄錄』 고종 13년(1876) 9월 10일(국편 27책, p.13), "又所啓 今年穡事 始因亢旱 又値早霜 畿甸三南 被灾最酷".

도 가뭄이 극심하였다.

- "병자년(1876)과 정축년(1877) 이래 백성과 읍의 형세가 막히고 다하게 되었다."[65](영광군수 홍대중)
- "병자년과 정축년의 흉년 후에 유망이 매우 심하고 세를 징수할 길이 없다"[66](무안현감 홍재정)
- "병자년과 정축년의 기근과 전염병으로 인하여 인구는 감소하고 토지의 지력은 다하였으니, 그렇지 않은 읍(邑)이 없었다."[67](전라도 암행어사 박영교)

당시의 기록에 의하면, 병자년(1876)과 정축년(1877)에는 가뭄이 매우 심하여 인구가 감소하고 토지가 대단히 황폐하게 되었다. 이에 조선 정부는 백성들을 편안하게 하고, 사회를 안정시키기 위해서는 가뭄으로 인한 토지의 황폐화를 극복해야 했다. 그리하여 고종은 수리시설을 정비하고 진전을 개간하여 농지를 증가시켜야만 하였다.

고종은 당시의 특별기구인 통리군국사무아문을 통하여 한편으로 내정개혁을 도모하면서, 다른 한편으로 수리시설의 축조와 진전의 개간을 적극적으로 추진해갔다. 1882년 말 통리군국사무아문을 정비하면서 내정개혁을 도모하고, 1883년 10월 1일에 전교를 공포하면서 농촌사회의 재편과 한광지의 개간을 통한 농업 진흥을 도모하였다. 그 전교는 본 관문과 「통호규칙」「농무규칙」「잠상규칙」으로 구성되었는데, 그것

65) 『備邊司謄錄』 고종 16년(1879) 4월 10일(국편 27책, p.299), "靈光郡守 洪大重 牒呈 以爲 丙丁以來 民邑事勢 窮到極處".

66) 『備邊司謄錄』 고종 16년(1879) 4월 10일(국편 27책, p.299), "務安縣監 洪在鼎 牒呈 以爲 丙丁歉荒之後 流亡甚多 稅捧無路".

67) 『備邊司謄錄』 고종 20년(1883) 9월 23일(국편 27책, p.754), "全羅道 暗行御史 朴泳敎 別單 (중략) 其一 丙丁飢癘 人耗地盡 無邑不然".

을 지방 군현에 전달하여 시행하도록 하였다. 그중 「농무규칙」에는 수리시설을 정비하고 진전을 개간하는 구체적 방법이 제시되었다.

「농무규칙」에는 한광지와 진황지가 개간되지 않는 4가지 이유를 제시하고, 그것의 해결 방법을 설명하였다. 진황지가 개간되지 않는 4가지 이유는 "첫째 민력이 부족하기 때문이고, 둘째 관과 토호들이 침탈하기 때문이고, 셋째 진황지는 주인이 있거나 입안권을 가진 자가 있어 개간한 후에 빼앗길 염려가 있기 때문이고, 넷째 보를 축조하여 농지에 관개하고자 해도 하보(下洑)를 금지하기 때문이다"[68]라고 하였다. 그것의 해결방법은 첫째, 민력이 부족하여 개간하지 못하는 경우에는 부유한 집에서 노동력을 제공하여 개간하거나, 공동으로 개간하도록 권장하였다. 둘째, 황무지를 개간하였다가 관가나 호족에게 빼앗길 염려가 있어서 개간하지 않는 경우를 막기 위해, 진전 혹은 한광지를 개간하였을 경우 3년 이내에는 절대로 세금을 징수하지 못하도록 명령하였다. 또한 3년 이전에 관속이 세금을 징수하면 엄단하도록 하였고, 3년 이후에 호민이 늑탈(勒奪) 모점(冒占)하면 엄히 형벌을 가해 귀향 보내도록 하였다. 셋째, 황무지인데 개간한 후 주인이 나타나 주인의 소유가 될 것을 염려하여 개간하지 않는 경우를 대비해, 주인이 있는 땅이라도 끝까지 버려두는 것은 주인이 없는 것과 같으므로 버려진 황무지를 개간하면 영읍(營邑)과 본 아문(衙門)에서 입지(立旨)를 만들어 배포하도록 하였다. 넷째, 보(洑)를 쌓아 물을 대어오려 해도 아래 보의 작인들이 금하기 때문에 개간하지 않는 경우, 수리의 이익을 잘 나누도록 하였다. 그리고 아래 보의 민들이 세력을 믿고 어지럽히거나 새로 개간한 민들이 기회를 틈타 이익을 모두 빼앗는다면 엄히 처벌하도록 하였다.[69] 「농무규칙」에서는 이 네 가지 조항을 잘 지킨다면, 진황지는 저절로 개간될 것이라고

68) 『農課規則』(국립중앙도서관 조 80-30) 1883년 11월 29일.

69) 위와 같음.

하였다. 나아가 예전에 제언을 중수(重修)하여 효과를 거둔 곳은 이제 마땅히 힘을 다하여 수축하고 모든 읍에서 제언의 유무와 수축방법을 조사하여 책을 만들어 11월 내에 통리군국사무아문에 보고하도록 하였다.[70]

이와 같이 「농무규칙」에는 수리시설을 축조하고, 한광지와 진전을 개간하여 농사를 지을 수 있는 경지로 만드는 내용을 중심으로 기술하고 있었다. 이로 미루어 보아 당시의 농촌사회에서 제언과 보를 수축하는 수리시설의 정비와 황무지를 개간하여 경작지로 만드는 것이 가장 시급한 일이었던 것이다.

고종은 수리시설의 정비와 황무지 개간 정책을 더욱 적극적으로 추진하였다. 1년 후인 1884년 9월 12일에 고종은 전교를 내려 통리군국사무아문의 장내사(掌內司)를 통하여 농업 등의 산업을 담당하는 국(局)을 설치하고,[71] 그를 바탕으로 농업을 장려해가는 정책을 추진하였다. 즉 정부가 주도하면서 민이 참여하는 새로운 방식을 만들어 각 지방에서 관독상판형 회사를 만들어 황무지의 개간을 추진하도록 하였다. 그러한 사례의 대표적 예가 1885년 2월에 정부 주도하에 만들어지는 '교하농상사(交河農桑社)'와 '경성농상회(京城農桑會)'였다.

『교하농상사절목』을[72] 살펴보면, 첫머리에 1884년 9월 12일에 공포한 전교가 실려 있고, 다음으로 정부가 발급한 완문이 있고, 끝에 '교하농상사'가 실행해야 하는 절목이 있다. 즉 고종의 전교에 의해 '교하농상사'가 허가를 받아 설립되어 경기도 교하지방에서 민을 취합하여 풍속을 교정하고 제언을 수축하여 농지를 개간하는 일을 추진한다는 내용이었다. '절목'의 앞 부분에 다음과 같이 적고 있다.

---

70) 위와 같음.

71) 『일성록』 고종 21년 9월 12일.

72) 『交河農桑社節目』 古4256-44(서울대 규장각), 1885년 2월.

일. 내년 봄부터 제언을 수축하고 뽕나무를 심고 개간하는 일 등은 본 아문의 관칙에 따라 각별히 시행할 것[73]

일. 젊은이가 노인을 능멸하거나 상민이 양반을 능멸하는 일은 각별히 엄징할 것

일. 잔민(殘民)이 밭을 논으로 만들 때 품질이 좋은 토지 혹은 유력자가 환롱(幻弄)의 폐단을 저지르면 일체 엄단할 것

일. 농민 중 빈곤한 호는 매번 농사를 지을 때 혹시 종자가 떨어지고 양식이 곤궁한 사람이 있는데, 해당 마을에 가정 형편이 넉넉한 사람이 적당히 대여해 주어 그로 하여금 농사를 짓게 하고 추수한 후에 해당 마을의 동칙에 따라 갚을 일[74]

'교하농상사'의 업무 중 가장 중요한 일은 제언 수축, 뽕나무 심기, 개간이었다. 양반과 상민이 서로의 위치를 지키면서 농사를 짓도록 하였다. 나아가 농촌사회에서 빈곤한 농민이 종자가 떨어지거나 양식이 없을 때, 가정 형편이 넉넉한 사람이 대여해 준 후 추수 뒤에 상환하도록 권장하였다. 이것은 예전의 계나 향약의 전통을 계승하면서 농지개간, 농업진흥을 모색하는 새로운 형태였던 것이다.[75] 이러한 사례는 교하 옆 지역인 경기도 장단에서도 행해지고 있어서,[76] 이것을 모방하여 '교하농상사'를 만들었던 것이다.

이러한 사례는 경성에도 확대되었다. 경성에서도 자금을 모아 "경성농

73) 『交河農桑社節目』 '節目', "一. 自明春爲始築堰 植桑 墾起等節 依本衙門關飭 各別擧行事".

74) 『交河農桑社節目』 '節目'.

75) 김용섭, 「갑신·갑오개혁기 개화파의 농업론」 『증보판 한국근대농업사연구(하)』, 일조각, 1988.

76) 『交河農桑社節目』 古4256-44(서울대 규장각), 1885년 2월, "交河亦依長湍例 境內大小民之齊會 講究期布".

상회"를 설립하고 농지를 개간하는 일을 추진하였다. 『경성농상회장정』에서는 회원들이 각자 50냥을 출자하여 모임을 구성하고, 그 모임의 가장 중요한 일은 농지를 개간하는 일로 규정하였다. 그 장정의 첫머리에는

> 우리나라 경작지는 넓지 않은데, 사람은 많고 땅은 좁은 것 같다. 산과 들은 아직 개척되지 않은 곳이 많고, 강과 바다는 아직 개간되지 않은 곳이 있다. 또 논의 이익은 밭의 그것에 비해 수익이 몇 배나 되는 데도 밭을 논으로 만들지 못하고 있다. 그 이유는 민의 재력이 부족한 데서만 기인하는 것이 아니라 기술[智巧]이 미치지 못하는 데서도 연유하는 것이다.[77]

라고 하면서, 우리나라에는 개간되지 않은 곳이 많은데 그 이유는 자본의 부족뿐 아니라 기술의 부족에서도 연유하는 것이라고 언급하였다. 그리하여 정부에서 주도하여 사람들에게 자금을 모아 회사를 만들고 그것을 중심으로 개간을 주도해갈 것을 권장하였다. 『경성농상회장정(京城農桑會章程)』에는

> 동지 몇 사람이 모여서 자금을 모아 회(會)를 설립하고 장정을 만들며 농기를 준비하여 간사 몇 명을 택하여 형편을 살펴보고 혹은 저수지를 쌓아 물을 담고 혹은 보(洑)를 만들어 관개를 하며, 혹은 물이 낮고 땅이 높은 곳은 수차를 사용하여 물을 끌어올려서 개간하면 그 효과가 크다.[78]

77) 『京城農桑會章程』 古4256-44(서울대 규장각 소장).
78) 위와 같음.

라고 하면서 농지개간회사를 만들어 수리시설을 축조하고 농지를 개간하면 국가가 큰 이익을 얻을 것이라고 적고 있었다.

이와 같이 경성, 교하, 장단에서 농상회 혹은 농회사를 설립하여 저수지를 축조하거나, 황무지를 개간하여 뽕나무를 심는 일을 조직적으로 수행하였던 것이다. 이러한 조직체는 근대적인 회사 형태를 띤 것은 아니었고, 아직 구래의 계나 향약의 기반 위에 서구 자본주의의 회사 개념을 도입하여 만든 농상회사(農桑會社)였다.[79] 이 회사는 농지개발을 담당하는 농지개발회사였다. 그것은 설립목적에 뚜렷이 명시되어 있다. 회사의 설립자들은 우리나라에서는 아직도 개발해야 할 농지가 많으므로, 이를 개발하면 백성과 나라가 모두 부강하게 될 터인데도 그렇지 못한 실정에 있으니 그들이 이러한 일을 담당한다고 하였다.

1885년에 조선 정부의 내무부 농무사에서도 토지를 개간하고 토질을 개량하는 데 힘을 기울였다. 정부는 1884년에 설치한 농무목축시험장을 1886년에 내무부 농무사로 이관하면서 농업을 발달시키는 여러 가지 방법을 모색하였는데, 그중 토지를 개간하고 토질을 개량하는 방법을 모색하였다. 구체적으로 1887년 7월에 영국인 농업교사를 초빙하여 서양의 농업기술과 농학을 수용하고, 그것을 바탕으로 토지를 개간해가고자 하였다. 즉 지질을 영국 농법에 따라 비료를 투여하여 개량해보고자 하였고, 영국인 농업기사를 지방에 파견하여 황무지를 개간하는 일을 독려하도록 계획하였다.[80]

개간과 토지의 개량은 당시의 지식인들 사이에서도 중요한 관심사였다. 한 예로 그것은 당시 편찬된 농서에서도 드러난다. 안종수는 『농정신편』(1881)에서 토질과 개간에 대해 언급하였다. 총 4권 가운데 1권에서

79) 전우용, 『한국회사의 탄생』, 서울대 출판문화원, 2011, 40~43쪽.

80) 『舊韓國外交文書』 13권(英案 1), 문서번호 445, 農學教師의 雇聘合同(고종 24년 7월 14일) 一. 本司農務 分爲改良地質·牧畜·廣墾等科.

토질과 개간에 대해 구체적이면서 세밀하게 언급하고 있었다. 정병하도 『농정촬요』(1886)에서 토질과 수리에 대하여 언급하였다. 이종원은 『농담』(1894)에서 수리시설의 축조방법에 대해 주로 언급하였다. 제언의 중요성과 수리사업의 이로운 점을 언급하면서 수리시설을 축조하는 근대적인 방법 등을 소개하였다.[81)]

이와 같이 정부에서는 공식적인 정부기관을 통하여 황무지를 개간하고, 수리시설을 수축하는 정책을 집행하였으며, 나아가 정부가 주도하면서 민의 참여를 유발하는 농상회사를 조직하여 개간과 저수지 축조 등의 정책을 추진함으로써 농업을 발달시켜가려고 하였다.

황무지의 개간 문제는 19세기 중엽 이후 조선 정부의 중요한 과제였다. 이 문제는 19세기 말까지 지속적으로 제기되었으며, 조선 정부가 해결해야 할 당면과제였다. 1906년 통감부가 설치된 이후에는 일제가 황무지 개간을 매개로 조선을 침투해 들어왔으며, 조선 정부와 지식인들은 이에 대항하기도 하였다.[82)]

2) 양잠업의 장려

양잠업은 조선시기 이전부터 진행된 산업이었다.[83)] 왕이나 관료들이 비단으로 된 옷을 입기 때문에 양잠업은 지속되고 있었다. 왕비는 잠실에서 양잠을 시험 경작하면서, 부녀자들에게 양잠을 권장하였다. 1876년 개항 이후 외국과의 문물 교류가 확대되면서 생사(生絲)의 수출이 점차 늘어갔고, 그에 따라 뽕나무의 재배가 권장되었다. 개항 후 양잠업이

---

81) 제5장 제3절 참조.

82) 이영호, 「일제의 식민지 토지정책과 미간지 문제」『역사와 현실』 37, 한국역사연구회, 2000.

83) 남미혜, 『조선시대 양잠업 연구』, 지식산업사, 2009.

조선사회에서 촉진되게 된 계기는 일본과 청의 문물시찰단으로부터 보고된 견문기 때문이었다.

1881년 일본에 가는 조사시찰단에 참여하였던 개화파 관료들은 그들이 일본에서 견문한 내용을 조정에 보고하였다. 그 시찰보고서에 의하면, 박정양은 일본의 농상무성을 시찰하면서 그 산하 농무국에서 양잠을 관장한다는 사실을 알게 되었고,[84] 민종묵은 일본의 농무국 축종지에 대해 소개하면서, 일본 관료와의 대담 중에 일본이 농업과 잠상으로 부유한 국가를 이루어가고 있다는 사실을 기록하였다.[85] 또한 강문형과 엄세영은 일본이 직포(織布)와 제사(製絲)를 행하는데 윤전기(輪轉機)와 직기(織機) 등을 사용하고 있다고 보고하였다.[86]

또한 1881년 영선사로 청에 갔던 김윤식의 보고는 고종과 조정의 관료들의 생각을 변화시켰다. 김윤식은 청의 실권자인 이홍장과 나눈 대화 내용을 고종에게 보고하였는데, 그 내용은 다음과 같다.

> 이홍장이 말하기를 "구미에서는 차를 심거나 양잠을 할 수 없다. 차와 뽕나무를 많이 재배한다면 큰 이익을 얻을 수 있다. 귀국(貴國)의 왕에게 이것을 신속히 알려서 나라에 차와 뽕나무를 많이 심도록 명령을 내리는 것이 좋다."라고 하였다. (중략) 내가 묻기를 "우리나라의 생사(生絲)는 품질이 열악하기 때문에 다른 나라에 팔 수 없을까 염려가 된다"라고 하였다. 이에 이홍장은 "염려할 필요가 없다. 중국의 관동과 산동 등지에서는 생사(生絲)의 품질이 열악하고 비단을 짤 수 없는데, 그런데도 불구하고 서양사람들은 다투어 그것을 사들인다"라고 답변하였다.[87]

---

84) 『日本內務省及農商務省視察書啓』 1책(규2577)(김영희, 「대한제국시기의 잠업진흥정책과 민영잠업」 『대한제국연구』 5, 1986, 15쪽 재인용).

85) 『日本聞見事件②』 1책(규1311의 2) ; 『日本聞見事件草①』 1책(규7767의 2).

86) 『日本聞見事件①』 1책(규15250) ; 『日本聞見事件⑤』 1책(규1311의 4).

87) 『陰晴史 上』 고종 1881년 12월 24일, "中堂曰 泰西不能種茶與養桑 多種桑茶 可獲大利

이러한 내용을 전해들은 조정에서는 양잠업에 대해 관심을 기울이기 시작하였다. 이와 같이 일본과 청을 다녀왔던 문물시찰단들이 양잠업이 국가에 큰 이익이 된다는 사실을 조정에 보고하자, 조정에서는 양잠업의 장려를 모색하게 되었다.

당시 생사는 세계적인 무역품이었다. 유럽뿐만 아니라 미국은 생사를 수입하여 직조하는 직조업이 흥성하였다. 그리하여 일본과 청나라에서도 양잠업을 진흥하여 생사(生絲)를 적극적으로 수출하여 국부를 축적해 가고 있었다.[88]

당시 개화 지식인들은 서양의 새로운 농학과 양잠에 큰 관심을 가지고 있었다. 1882년 3월에 김옥균, 서광범, 강위, 김용원, 정병하, 변수 등이 일본을 방문하였는데, 김옥균의 주선으로 김용원과 변수는 일본 교토에 있는 실업학교에서 화학을 연구하고 양잠 기술을 학습하였다.[89]

이에 조선 조정에서도 관료들이 뽕나무 재배의 권장을 주장하였다. 1883년에 영의정 홍순목은 "이용후생에 농상보다 중요한 것이 없다. 전국의 수령들에게 뽕나무를 심도록 권장하고 뽕나무 그루수[株數]를 관에 보고하여 많이 심은 곳은 포상하고, 적게 심은 곳은 권유하도록 하면 그 이익이 클 것"[90]이라고 주장하여 고종이 허락하기도 하였다. 또한 개화파들도 서구의 산업을 소개하는 글에서,[91] 중국과 일본이

速達貴國王 傳諭國中多種桑茶 爲好 (중략) 余問曰 敝邦蚕絲脆劣 恐不能售於他國 中堂曰 無傷也 中國關東山東等處 蚕絲亦劣 不能織造錦緞 洋人亦爭買之 爲其入用毯氈之屬 且轉買於各國也".

88) 須川英德, 「朝鮮開港後1880年代における生糸輸出の試みについて－內衙門布示と蚕桑公司－」 『朝鮮史研究會論文集』 26, 1989.

89) 「金鏞元·邊燧兩君 留我京或研究化學之事 或學習養蠶之術」, 宮武外骨, 『壬午鷄林事變』, 東京, 1932, 45쪽(이명화, 「19세기말 변수의 근대적 농업 인식」 『역사교육논집』 73, 2020, 298~299쪽 재인용).

90) 『비변사등록』 264책, 고종 20년 1월 25일.

91) 『漢城旬報』 제5호, 1883년 11월 10일. 各國近事. 미국의 부녀가 의사를 결성하다.

뽕나무를 재배하고 잠사를 생산하여 수출함으로써 큰 이익을 얻고 있고, 미국 잠사제조공장도 잠사를 생산하여 이익을 얻고 있다고 하면서, 간접적으로 뽕나무의 재배를 권장하였다.

1883년 10월 1일에 고종은 전교(傳敎)의 형식으로 농업진흥정책을 공포하였다. 나아가 12월 1일자 『한성순보』에 '내아문포시(內衙門布示)'의 형태로 게재하여 중앙관아뿐 아니라 지방관아에서도 적극적인 농업진흥정책을 실시해가도록 명하였다. 이 전교는 원 관문(關文)과 「통호규칙」「농무규칙」「양상규칙」으로 이루어졌다. 그중 「양상규칙(養桑規則)」에서 적극적으로 양잠진흥정책을 제시하였다.[92] 「양상규칙」에는 총 12개 항목을 제시하였는데, 그중 중요한 내용을 소개하면 다음과 같다.

一. 내년부터 뽕나무의 열매를 비롯하여 혹은 산뽕나무[山桑]를 채취하거나 혹은 뽕나무 가지를 꺾어 토지의 성질에 따라 심도록 한다. 또한 중국으로부터 새로 구입한 뽕나무가 도착하기를 기다려 적당히 분송(分送)하여 심는다.

一. 민호(民戶)를 상중하 3등으로 구분하여 상호는 50주, 중호는 30주, 하호는 20주를 심으며, 추가하여 많이 심는 사람은 비록 만주(萬株)에 이르더라도 장려할 일이지 금지하지는 않는다. 혹시 이 숫자에 미치지 못하면 해당 민과 해당 이정(里正)은 함께 벌을 받는다.

一. 누에를 키우는데 1차에 그치지 않고, 2차와 3차에 이르며, 쉬지 않고 누에를 키운다. 양잠법(養蠶法)과 제사법(製絲法)은 모두 중국의 것을 모방하는 것이 좋으며, 노동력은 적게 들고 효과는 배가 된다. 『상잠집요(桑蠶輯要)』 책자를 번역·인쇄하여 배포한다.

一. 뽕나무를 1만 그루 이상 심는 사람은 당연히 포상하고, 나무 3만

---

92) 『漢城旬報』 제7호, 1883년 12월 1일. 內衙門布示 '養桑規則'.

그루 이상을 심는 사람도 똑같다. 그 나머지 우수한 사람은 적당하게 시상한다. 혹시 그 령에 게을리하여 심지 않는 사람과 그루 수를 채우고 재배에 힘쓰지 않는 사람은 벌을 준다.

一. 이 규칙을 준수한다면, 2~3년 후에는 효과가 나타나고, 주직(紬織)이 성행할 뿐 아니라 생사(生絲)의 판매로 이익이 막대할 것이다. 관찰사와 수령은 종상(種桑)의 실태를 조사하여 읍마다 『상주성책(桑株成冊)』을 만들어 매년 말에 본 아문(필자 주 : 통리군국사무아문)에 보고하라.

즉, 민호를 상호(上戶), 중호(中戶), 하호(下戶)로 3등분하여 상호는 뽕나무 50주, 중호는 30주, 하호는 20주씩 심도록 하였고, 수령들은 각 읍에서 심은 뽕나무 그루수를 정확히 파악하여 아문에 보고하도록 하였으며, 그것을 바탕으로 많이 심은 자는 포상하고 적게 심거나 뽑아버린 자는 벌을 내리도록 하였다. 또한 『상잠집요(桑蠶輯要)』라는 양잠서적을 번역하고 인쇄하여 배포하도록 함으로써 양잠업의 확장을 도모하였다.

1884년 봄에는 정부가 중국으로부터 수만 주의 상묘(桑苗)를 들여다가 전국에 나누어주어 심도록 하였다.[93] 그와 함께 뽕나무 재배를 실험하기도 하였다. 1884년에 설립한 근대적 농업시험장인 '농무목축시험장'에서 여러 곡물과 채소 및 가축의 품종을 재배하였는데, 그 가운데 뽕나무도 7천 그루를 재배하면서[94] 종자 개량 및 재배방법 등을 강구하고자 하였다.

한편 정부에서는 뽕나무의 재배를 권장하고 양잠업을 전국적으로 확대하기 위하여 양잠서를 편찬하여 보급하고자 하였다. 예를 들면 1883년에 통리군국사무아문에서 공포한 '양상규칙(養桑規則)' 제3조에서

---

93) 『漢城旬報』 제21호, 1884년 4월 21일. 國內私報 錄申報我國近事一則, "惟養蠶一事 頗爲盡力 今春由中國 運來桑苗數萬株 分植各所".

94) 『농무목축시험장소존곡채종』(규 11507).

양잠법과 실을 켜는 방법을 중국의 선진적인 방법을 통해 배워야 한다고 하면서 『상잠집요(桑蠶輯要)』라는 책을 번역 출판하여 배포하고자 하였다.[95] 그러나 정부에서 직접 잠서를 편찬하지는 못하였다. 정부는 당시의 지식인이나 관리들이 잠서를 만드는 것을 후원하였고, 편찬된 잠서를 알리거나 보급하는 역할을 담당하였다. 즉 정부에서는 민간에서 편찬된 『잠상집요』라는 책을 소개하거나,[96] 혹은 내아문 농상사가 각국에서 입수한 잠서를 널리 권하여 양잠기술을 발전시키려는 역할을 하였다.[97]

그런 분위기 속에서 이 시기에 3권의 양잠서가 나오게 되었다. 『증보잠상집요(增補蠶桑輯要)』(1884), 『잠상촬요(蠶桑撮要)』(1884), 『잠상집요(蠶桑輯要)』(1886)가 그것이었다.[98] 먼저 『증보잠상집요』는 이우규와 통리교섭통상사무아문의 주사였던 김사철이 중국에서 가져온 새로운 잠서들을 검토하면서 중요한 사항들을 추출하여 1884년 5월에 편집 간행한 것이다.[99] 이 책의 내용은 크게 3부분으로 구성되어 있는데, 첫 부분은 17세기부터 1880년대까지 중국에서 양잠에 얽힌 시(詩)나 기록 등을 열거하였고, 둘째 부분에서는 본론에 해당되는 것으로 뽕나무를 심는 방법과 기르는 방법 등의 양잠법을 서술하였다. 셋째 부분에서는 청나라 심병진이 지은 악부(樂府) 20수를 그대로 수록하고 끝에 이우규의 발문(跋文)이 덧붙어져 있다.[100]

『잠상촬요』는[101] 이우규가 『증보잠상집요』를 펴내면서, 동시에 농민

---

95) 『漢城旬報』 제7호, 1883년 12월 1일. 內衙門布示 '養桑規則'.

96) 『漢城旬報』 제11호, 1884년 1월 11일. 國內私報 '蠶桑輯要'.

97) 『漢城旬報』 제17호, 1884년 3월 11일. 國內私報 '農桑新法'.

98) 김영진, 『농림수산고문헌비요』, 한국농촌경제연구원, 1982 참조.

99) 1884년 1월 11일에 발간된 『한성순보』에 그 책의 내용이 소개된 것을 보면, 이우규가 발문을 써서 편찬해낸 것은 1884년 5월이지만, 이미 그 이전에 편찬되어 책의 내용이 시중에 소개되고 있었다고 여겨진다..

100) 『增補蠶桑輯要』(장서각 소장).

101) 『漢城旬報』 제27호, 1884년 윤5월 21일. 蠶桑撮要.

들에게 양잠법에 대한 내용만 간단명료하게 전달하기 위하여 『증보잠상집요』 본론 내용만 발췌하여 만든 것이다. 잠서의 내용은 '뽕나무 재배', '누에 기르기', '고치에서 실뽑기'의 세 부분으로 구성되었다. 먼저 '뽕나무 재배'는 뽕나무 품종, 뽕나무를 접붙이는 방법, 뽕나무 심는 방법과 이랑 만드는 방법, 지상(地桑) 재배와 수상(樹桑) 재배, 뽕나무 가지를 삽목하는 방법과 묻어서 재배하는 방법 등이 기록되었다. '누에 기르기'는 누에씨를 씻고 깨는 법, 아기누에 관리방법, 누에 기르는 방법, 먹이 주고 자리갈이 하는 방법, 누에를 섶에 올리는 방법 등이 기록되었다. 끝으로 '고치에서 실 뽑기'는 12가지 순서에 의해 조리있게 기술되어 있다.

정부에서도 『잠상촬요』의 내용이 간결하고 충실하다고 인정함으로써 『한성순보』에 본문 전체를 그대로 소개하였고,[102] 이우규의 공과 실력을 인정하여 다음 해(1885) 8월에 내무부 농상사의 부주사(副主事)로 임명하였다.[103]

이 시기에는 농민이나 부녀자들이 쉽게 읽을 수 있도록 한글로 된 잠서도 나왔다. 1886년에 이희규가 편찬한 『잠상집요』[104]가 그것이다. 이 책은 뽕나무 재배와 양잠(養蠶)의 필요성을 강조하고 백성들이 그 방법을 알기 쉽도록 하기 위해 번역한 것으로 보인다. 본문에는 '뉘에치은법' '상술니나무로야잠길우은법' '야잠길우은법' '야잠고치실만드은법'으로 구성되었다. '뉘에치은법'은 누에의 일반적인 습성과 처음 누에를 먹이는 법, 온도관리, 누에 집짓는 방법, 누에에게 뽕잎을 먹이는 요령을 설명하고 누에고치를 고르고 누에를 관리하는 요령을 설명하였다. 그리고 '상수리나무 기르는 법'과 '야잠 기르는 법'에서는 처음 누에 새끼를 만드는 방법을 설명하고 '야잠 고치실 만드는 법'에서는 고치실 만드는

102) 위와 같음.

103) 『日省錄』 295책, 고종 22년 8월 1일.

104) 이희규, 『蠶桑輯要』(규4622), 1886.

방법을 소상히 설명하였다. 후반부에는 뽕나무를 기르고 양잠을 하는 데 필요한 도구를 그림으로 보이고 그 도구를 만드는 요령을 자세히 설명하였다.

한편 통리군국사무아문은 1884년 11월에 독일인 메르텐스(Maertens, 한국명 麥登司)를 초빙하여 잠상공사의 운영을 맡겼다.105) 메르텐스는 그의 주관하에 양잠장려정책을 적극적으로 펼쳐갔다. 그는 1886년 봄에 세창양행에서 돈을 빌려 중국에서 뽕나무 50만 주를 수입하여 부평과 인천 등에 대규모 뽕나무밭을 만들어 뽕나무를 심고 재배하였다.106) 나아가 그는 같은 국적의 고살기(Gorschalki, 한국명 高率基)를 고용하고 통역인은 물론 청나라 사람 19명을 고용한 것을 비롯하여 많은 사람을 채용하면서 업무를 집행해갔다. 뿐만 아니라 농우를 구입하거나 비료 및 농기구를 구입하여 뽕나무를 재배해갔다.107)

그러나 정부가 의도하는 만큼 효과적인 성과를 얻지는 못하였다. 정부는 1889년 5월에 독일인 메르텐스를 해고하고,108) 직접 양잠진흥정책을 추진해갔다.

3) 근대적 농업시험장의 설립과 서양 농학의 소개

(1) 근대적 농업시험장의 설립

이 시기의 농업정책은 동도서기파나 개화파들에 의해 주도되었다. 고종은 이들의 견해를 수용하면서 농업정책을 추진해갔다. 특히 개화파

---

105)『舊韓國外交文書』15권(德案 1), 문서번호 269, 951, 1104(附 7).

106)『舊韓國外交文書』15권(德案 1), 문서번호 292, 841, 1104(附 7).

107) 위의 책, 문서번호 862.

108)『舊韓國外交文書』15권(德案 1), 문서번호 857.

들은 서양의 농업기술을 적극적으로 수용하면서 조선의 농업을 발전시켜가려고 하였다. 구체적으로 서양의 농기구나 서양의 곡물 품종 및 가축을 들여오고자 하였고, 그와 함께 이들을 운용할 전문적인 농업기사를 초빙하고자 하였다. 나아가 그것을 실제로 실험하고 운영해볼 근대적인 농업시험장과 교육할 농학교를 설립하고자 하였다. 또한 서양의 농업기술을 체계화한 서구 농학을 받아들여 이를 농서로 요약 정리하여 보급시키고자 하였다.

당시의 신진관료들은 1880년의 수신사, 1881년의 신사유람단·영선사, 1883년의 보빙사 등을 통하여 외국문물을 관람하고, 서양의 문물을 적극적으로 수용하고자 하였다. 그러한 현상은 농업부문에서도 마찬가지로 나타났다. 그들은 서양의 농업기술이나 농학의 체계를 적극적으로 수용하여 조선의 그것들을 발전시키고자 하였다.

개화파들은 『한성순보』에서 서양의 국가들은 많은 농학교와 농업시험장이 있다고 소개함으로써, 우리나라에도 농학교나 농사시험장이 필요하다는 사실을 간접적으로 시사하였다.[109]

그러면 먼저 이 시기에 근대적 농업시험장을 설치하여, 서양의 농업기구 등을 사용하면서 서양의 품종과 종자를 들여와 시험 재배하며 농업기술을 발달시킨 사례를 살펴보자.[110] 조선에 근대적인 농업시험장인 '농무목축시험장'을 설치하게 된 것은 보빙사 일행이 미국을 유람하고 난 이후였다. 1883년 9월에서 10월에 걸쳐 40여 일간 민영익, 홍영식 등 보빙사 일행이 미국의 도시를 순회하면서 공공기관의 공장들을 시찰하였다. 그곳에서 미국의 문물이 매우 발달하였음을 목격하고 그를 본받고자 그러한 문물들을 조선에 수입해오려고 하였다. 그 가운데는

---

109) 『漢城旬報』 제5호, 1883년 11월 10일. 各國近事 泰西農學校.

110) 이광린, 「농무목축시험장의 설치에 대하여」 『한국개화사연구(개정판)』, 일조각, 1969.

농업기술도 포함되었다.

보빙사는 미국 농무성으로부터 농작물의 종자를 얻었고, 이에 농업기술도 필요하다고 여겼다. 전권대사 민영익은 미국무장관 프렐링휴젠(F. T. Frelinghuysen)에게 농업기술자의 파견을 요청하였고, 이에 미국무장관이 모든 원조를 해주겠다고 약속하여, 그들은 국내에 돌아와서 농업시험장을 설치할 구상을 하게 되었다.[111]

1883년 12월 20일에 홍영식이 국왕에게 미국시찰에 대한 보고를 하였고, 고종은 시찰단의 의견을 수용하여 1884년 초에 농무목축시험장을 설치하였다. 고종은 망우리 일대에 넓은 토지를 농무목축시험장에 할당하였으며, 재정적으로도 풍족하게 지원하였다. 시험장의 관리관으로는 보빙사의 일원이었던 최경석을 임명하였다. 최경석은 무관 출신으로 농업문제에 관심이 많았으며, 시험장의 관리관으로 임명된 뒤 열성적으로 일하였다.

농무목축시험장에서는 농업 발달을 위한 여러 가지 실험과 사업을 행하였다. 먼저 외국에서 구입한 농기구를 이용하여 농업을 행하였다. 민영익이 1883년 뉴욕에 체류하고 있을 때 미국인 프레이자(Everett Frazar, 한국명 厚禮節)를 통해 농기구를 주문하였고, 1884년 봄에 농기구를 인수하여[112] 시험장에서 이용하였다. 그 농기구에는 벼 베는 기계(割禾器), 벼 터는 기계(打禾器), 심는 기계(裁植器), 인분 뿌리는 기계(灑田糞器具), 서양 저울(洋秤), 보습과 쇠스랑(犁耙) 등이 있었다.[113] 최경석은 농무목축시험장에서 재래의 농기구와 함께 수입 농기구를 사용하면서 각종 농작물과 야채 및 과수를 재배하였다.

농업시험장에서는 조선의 곡물 품종뿐만 아니라 외국의 곡물과 채소

---

111) 이광린, 위의 책, 1969, 203~207쪽.

112) 『舊韓國外交文書』 10권(美案 1), 문서번호 52, 53, 63.

113) 그 가격이 운송비와 보험료를 합하여 751달러 33센트였다.

의 품종을 수입하여 실험 재배함으로써 우량품종을 개발해내는 시도를 하였다. 당시 시험장에서 재배하였던 품종들을 기록한 목록에 의하면,[114] 344종의 곡물종자를 재배하고 64마리의 가축을 사육하고 있었다. 농업시험장에는 미국 농무성에서 준 것과 구입해온 것 등을 포함하여 국내의 품종 등도 재배되었다. 예를 들면, 미국 조(美毛粟), 미국 메밀(美蕎麥), 미국 감자(美藷), 미국 옥수수(美玉蜀), 미국 가지(美茄子), 캐비지(cabbage), 셀러리(celery), 케일(kale) 등 외국의 곡물과 채소의 품종도 다수 재배되고 있었다.[115] 즉 농무목축시험장에서는 외국의 품종을 국내 품종과 함께 실험 재배함으로써 품종을 개량하고 재배방법을 개선해가는 노력을 하고 있었다.

최경석은 농작물뿐만 아니라 가축도 외국의 우량종을 수입하여 사육함으로써 가축의 종을 개량하고 사육방법의 개선 등을 모색하였다. 그는 두 차례에 걸쳐 미국인 훠크(George C. Foulk)를 중개로 우량종에 속하는 캘리포니아의 가축을 수입하였다. 첫 번째는 주문한 지 1년이 지난 1885년 2월(양력 4월)에 소와 말 각 3마리와 곡물 채소의 종자가 미국에서 들어왔다.[116] 두 번째는 7월에 가축이 들어왔으며, 그중에는 두 마리의 암말, 한 마리의 훌륭한 종마, 두 마리의 저지(Jersey)종 암소와 한 마리의 황소, 왕세자를 위한 세 마리의 쉐트랜드(Shetland)종 조랑말, 여덟 마리의 돼지와 스물다섯 마리의 양이 포함되어 있었다.[117] 고종은 목장을 위해 특별히 주위 약 8리의 땅을 시험장에서 사용하도록 하였다. 이와 같이 시험장에서는 농작물의 재배와 품종의 개량뿐만 아니라 가축의 품종개량과 사육방법의 개선 등을 모색하였다.

---

114) 『농무목축시험장소존곡채종』(규 11507).

115) 위와 같음.

116) 『통서일기』 고종 22년 4월 3일 ; 『舊韓國外交文書』 10권(美案 1), 문서번호 171.

117) U.S.F.R. No.247. Foulk to Bayard, Sep. 4, 1885(이광린, 앞의 책 212쪽에서 재인용).

초기에 농무목축시험장의 경영은 잘 이루어졌다. 관리관 최경석이 열심히 작물을 재배하고 정부에서도 적극 후원해주었기 때문에 첫해(1884)에는 대풍작을 이루었다. 이에 시험장에서는 재배법과 사용법을 소개하는 해설서를 첨부하여 수확물의 종자를 305개의 지방군현에 보내어 재배하도록 권장하였다. 다음 해(1885)에도 풍작을 이루었고, 그 수확물 가운데 많은 야채류는 궁중과 외국인 거주자에게 분배해주기도 하였다.[118] 이와 같이 초기에는 농업시험장의 사업이 순조롭게 진행되었다. 정부에서도 일정한 기대를 하고 있었다. 1886년 2월 15일에 『한성주보』에는 다음과 같은 글이 실렸다.

> **외국 농사를 시험하는 것이라**
>
> 갑신년(1884) 봄에 나라에서 외국 농사를 시험하려고 최경석으로 하여금 남대문 밖에 밭을 개간하고 미리 밭에 각종 종자를 구하여 심어 우리나라 토지에 적부(適否)를 알아서 만일 적당한 것이 있거든 점차 각 처에 전하여 심으라고 하고 또한 말·소·돼지·양을 구하여 빈 밭에 두어 길러 그 새끼를 얻으려고 하니 미국 우마는 우리나라 우마에 비교하면 몸이 크고 힘이 강하니 이것 또한 우리나라에 유익한 일이라.[119]

외국의 종자와 가축이 우리나라 토양에 맞는지 시험하는 일은 우리나라에 유익한 일이라고 언급하고 있었다. 그러나 1886년에 시험장의 관리인인 최경석이 사망하자 시험장을 통한 농작물 재배사업은 난관에 부딪치게 되었다.

한편 조선 정부에서는 서양의 농기구나 곡물의 품종 및 가축 등을 수입할 때부터 그것의 사용방법과 효율적인 이용을 위해서 외국인 농업

118) 위와 같음.

119) 『漢城周報』 제3호, 1886년 2월 15일.

기사를 초빙하고자 하였다. 그리하여 정부사절단인 보빙사가 미국에 갔을 때, 외국의 농기구나 가축을 주문하였을 뿐만 아니라, 미국의 농업기사도 초빙하였던 것이다. 미국은 적극적으로 고려해보겠다고 답변하였으나, 농업기사를 파견하지 못하였다. 정부에서는 몇 차례 더 미국공사를 통하여 농업기사의 파견을 요청하였으나,[120] 미국에서 농업기사가 오지 않았다.

농업기사도 없었고, 시험장의 관리인인 최경석이 사망하자 시험장은 더 이상 유지할 수가 없었다. 그리하여 시험장을 1886년 8월에 내무부 농무사에 속하게 하였고, 명칭도 시험장을 종목국으로 바꾸었다.

내무부 농무사에서는 종목국의 운영에 큰 관심을 기울이면서, 서양의 농업기사를 초빙하여 조선의 농업을 발달시켜가려는 노력을 기울였다. 1887년 2월에 외아무 독판 김윤식은 미국대리공사 록힐(W. W. Rockhill, 한국명 柔克義)에게 육군 교관과 함께 농업기사를 파견해달라고 또 다시 요청하였다.[121] 그러나 미국 정부는 1888년 4월에 다이 장군 등 육군 교관 4명은 파견하였으나, 농업기사를 파견하지 않았다.[122]

조선 정부는 미국인 농업기사의 고용이 불가능하게 되자, 영국인 농업기사를 초빙하였다. 1887년 7월 14일에 내무부 농무사에서 영국인 농학교사 재프리(R. Jaffray, 한국명 爵佛雷)를 고용하였다.[123] 조선 정부는 재프리를 통하여 서구의 농학을 수용하고자 하였다. 내무부 농무사에서는 지질을 개량하고, 목축과 개간을 목적으로 활동하였다. 첫째, 지질개량은 영국농법에 따라 행하였고, 좁은 땅에서 수확을 많이 하는 것을

120) 『舊韓國外交文書』 10권(美案 1), 문서번호 199, 231.

121) 위의 책, 문서번호 387.

122) 이광린, 앞의 책, 215쪽.

123) 『舊韓國外交文書』 13권(英案 1), 문서번호 445, 農學敎師의 雇聘合同(고종 24년 7월 14일) ; 재프리는 연봉 2천원이었고, 양력 9월 1일(음력 7월 14일)부터 계산하여 고용기간은 3년이었다.

목적으로 하였다. 지질개량은 비료를 통하여 이루도록 하였다. 둘째, 말·소·양·돼지는 목장을 만들어 널리 키우고, 병이 나면 치료를 하여 번식하도록 하였다. 셋째, 황무지를 개간하는 일을 농무사에서 수시로 개간지방에 재프리를 파견하여 확인하도록 하였다.

나아가 농무사 내에 농무학당이라는 농학교를 설립하고 학생들을 모집하여 재프리로 하여금 학생들에게 근대적 농업교육을 실시하도록 하였다. 재학기간은 2년이었고, 과목(학과)은 실시(實施)와 시험(試驗)의 두 과로 나누었다. 실시는 직접 농사일을 하는 것이었고(현재의 실험실습에 해당), 시험은 농업이론을 연구하는 것이었다. 학생들에게 가르치는 과목은 농학, 경포학, 농업화학 등 근대적인 학문들이었다.[124] 이러한 근대적 농학교육을 받은 학생들로 하여금 조선의 농학을 발달시켜가도록 할 의도였다. 이와 같이 정부에서는 농무목축시험장을 설치 운영하고, 아울러 서양인 농업기사를 초빙하여 서양의 근대적 농업기술을 수용하고자 하였다. 그러나 재프리는 불행하게도 1년 만인 1888년에 사망하였다. 내무부 농무사에서는 영국인 농학교사 재프리를 통하여 서양의 농업기술을 수용하면서 근대적 농학 교육과 개간을 행하려고 하였지만 1년 만에 사망한 탓에 그 계획을 충실히 실행할 수 없었다.

(2) 서양 농학의 소개

개항 후 달라진 국제적 여건과 정세 속에서, 조선 정부와 지식인들은 농업기술을 발전시키기 위하여 노력하였다. 그러나 당시의 지식인들은 외국을 유람하면서 외국 문물의 우수성에 경도되어 외국 농업기술을 수용하는 데 중점을 두었다. 그리하여 그 이전의 농서적 전통을 중요시하

---

124) 위와 같음.

지 않고 외국의 농서를 수용하는 데 열중하였다. 당시 지식인들은 서구의 문물뿐만 아니라, 농서도 서구의 것을 받아들이려고 노력하였다.

그러한 대표적인 예가 이 시기에 만들어진 『농정신편』(1881), 『농정촬요』(1886), 『농담』(1894) 등의 농서이다. 『농정신편』은 안종수가 1881년에 지은 근대적인 농서였다. 그는 1881년 22세에 신사유람단의 일원으로 조병직을 수행하여 일본에 갔다가, 일본의 대표적 농학자인 쓰다센[津田仙]을 만나 영향을 받았다. 1881년 7월에 귀국한 후, 그는 집안에 칩거하면서 일본에서 가져온 농서들을 5개월 동안 발췌하여 책을 만들었는데, 그것이 『농정신편』이다.[125]

그것은 4권 분량의 책인데, 1권에는 '토성변(土性辨)'으로 흙의 성질과 개간, 재배법 등을 기술하였고, 2권은 '분저법(糞苴法)'으로 비료의 종류와 만드는 방법을 기록하고 비료의 성능을 설명하였다. 3권과 4권은 '육부경종'으로 뿌리, 줄기, 껍질, 잎, 꽃, 열매의 생태와 그 재배법을 설명하였다.[126]

그 책은 당시의 개화파 인사들로부터 농업에 관한 훌륭한 책으로 인정을 받았고, 지석영도 근대적인 농서로 추천하였다.[127] 정부에서도 그 책이 간행되었을 때 반포하여 보급하도록 지방관아에 협조를 요청하였다.[128]

『농정촬요』는 온양군수였던 정병하가 1886년에 편찬한 책으로 3권 24장으로 되어 있으며, 비료, 토성, 수리, 농기, 재배법 등 다양한 항목들이 간단하게 설명되었다.[129] 그는 서문에서

---

125) 이광린, 「안종수와 농정신편」 『(개정판) 한국개화사연구』, 일조각, 1969.
126) 안종수, 『농정신편』, 1881 ; 이성우, 『한국식경대전』, 향문사, 1981, 188~190쪽.
127) 『승정원일기』 고종 19년 3월 23일.
128) 『통서일기』 고종 22년 10월 29일.
129) 이성우, 앞의 책, 190~193쪽.

지구의 나라들이 통상으로 치부하였으나, 내정에서는 농사를 가장 중요시하고 있다. 개척과 관개를 하는 데 막대한 비용을 들이고, 토성을 파악하여 27등분으로 나누고, 36가지의 비료를 사용하고 있다. (중략) 나도 (우리나라의) 농업발전이 급하다고 여겨 좁은 소견을 헤아리지 않고 동양과 서양의 여러 책들을 수집하고 편집하여서, 3편으로 만들어 세상에 내놓으니 농정에 만에 하나 도움이 되었으면 좋겠다.[130)]

라고 책을 펴낸 동기를 밝히고 있다. 특히 그는 그 책을 농민들에게 쉽게 읽히도록 하기 위하여 국한문 혼용체로 썼다.

『농담』은 이종원이 1894년에 제언의 중요성과 제언의 수축방법을 서술한 매우 간략한 농서이다. 그 책은 서문, 본문, 발문으로 구성되어 있고, 본문은 다시 '제언사회설', '석홍예철망철구론', '도수제법'으로 구성되어 있다. '제언사회설'에서는 제언이 국가에 미치는 영향을 언급하였고, '석홍예철망철구론'에서는 제언의 근대적 수축방법에 대하여 설명하였으며, '도수제법'에서는 물을 유도하는 방법을 간단히 언급하고 있다.[131)]

5. 맺음말

1876년 개항 이후 조선은 세계자본주의체제에 편입되면서, 세계자본주의의 흐름에 영향을 받지 않을 수 없었다. 개항 이후 조선 정부는 일본과 청에 수신사, 영선사, 조사시찰단 등을 파견하여 일본과 청의 변화상을 파악하였다. 이에 조선 정부도 새로운 변화를 모색하지 않으면 안되었다. 조선 정부는 기존의 사회체제를 유지하면서 변화를 추구해가

130) 정병하, 『농정촬요』, 1886, 서문.

131) 이종원, 『농담』(규 4166), 1894 ; 이성우, 앞의 책, 195~196쪽 참조.

는 동도서기적 정책을 추진해갔다.

1880년 12월에 통리기무아문을 설치하여 새로운 변화를 시도하였지만, 개화를 둘러싼 개화와 척사의 대립이 극심하였다. 이에 구식군인들이 임오군란을 일으켜 정부의 개화정책은 잠시 중단되기도 하였다. 고종은 임오군란이 진압된 후, 1882년 말에 내정은 통리군국사무아문에서, 외정은 통리교섭통상사무아문에서 담당하도록 하였다. 1883년 10월 1일에는 통리군국사무아문을 통하여 전교를 내려 농업진흥정책을 적극적으로 실시해가도록 하였다. 통리군국사무아문의 농상사(農商司)에서 통호(統戶)·농상(農桑)·다(茶) 등의 업무를 담당하게 하고, 수령들은 각 읍의 농상(農桑)에 대한 상황과 개간·제언 수축에 대한 상황을 아문에 보고하도록 하였다. 그 후 1884년 9월 12일에는 전교를 통하여 각 지방에 농상회사를 조직하고 제언을 수축하여 황무지를 개간하도록 하였다.

1885년 설립된 내무부에서도 조선의 농업진흥정책을 실시하였다. 이 시기에는 서양의 농업기술을 수용하면서 지질 개량과 황무지 개간에 심혈을 기울였다. 아울러 외국인 농학교사를 초빙하여 '농무학당'이라는 농학교를 설치하여 학생들에게 근대적 농업교육을 실시하고, 그것을 배운 학생으로 하여금 근대적 농업을 실시해가도록 유도하였다. 그러나 영국인 농학교사인 재프리(R. Jaffray, 한국명 爵佛雷)가 부임한 지 1년 만에 사망하는 탓에 계획대로 진행하지 못하였다.

당시 조선 정부가 농업정책 가운데 중점을 두었던 부분은 수리시설의 축조와 황무지의 개간, 양잠업의 진흥, 서양을 통한 새로운 농업기술의 도입 등이었다. 조선 정부에서는 1883년부터 통리군국사무아문의 농상사를 통하여 전국의 수령들에게 제언을 수축하고 황무지를 개간할 것을 명령하였다. 고종의 전교를 원 관문(關文)과 규칙의 모든 조항을 해서와 언문으로 번역하여 각 리의 농민들에게 알리고, 수령은 제언의 수축 현황과 농상에 대한 상황을 내아문에 보고하도록 하였다. 또한 1884년

9월에는 각 주요 지방에 농상회사를 설립하여 황무지를 개간하도록 하였다. 구체적인 사례로는 경기도 교하, 장단과 경성의 농상회가 설립되어 황무지의 개간을 시도하였다.

또한 조선 정부는 당시 국제적 무역품인 생사(生絲)를 제조하여 수출하고자 하였다. 1881년 청에 영선사로 간 김윤식이 이홍장의 충고를 고종에게 보고하고, 이를 바탕으로 고종은 1883년 10월 1일에 전교의 형태로 「양상규칙」을 공포하여 민호에 뽕나무를 심도록 하였고, 양잠법과 제사법을 중국의 것을 모방하여 시행하도록 하였다. 그리하여 중국의 『상잠집요(桑蠶輯要)』라는 양잠서적을 번역 인쇄하여 전국의 농촌에 배포하도록 하였다. 아울러 관찰사와 수령은 각 지방의 뽕나무 재배 실태를 『상주성책(桑株成冊)』으로 만들어 매년 말에 내아문에 보고하도록 하였다.

1880년대 초반 수신사, 영선사, 조사시찰단, 보빙사를 통하여 외국을 시찰하였던 지식인들은 외국의 농업 발전상을 목도하고 서양의 농업기술 및 농법·농업체계를 수용하려고 노력하였다. 그리하여 고종에게 건의하여 농무목축시험장을 설치하고 외국인 농업교사를 초빙하여 농업학교를 운영하면서 서양의 농업기술을 실험하고 채택하려고 노력하였지만, 농무목축시험장장인 최경석의 급사, 서양 농학교사인 재프리의 사망 등 주도적 인물의 사망과 자본의 부족 등으로 인하여 계획대로 추진하지 못하였다. 개항 이후 조선 정부의 농업진흥정책은 많은 시행착오를 겪으며 우여곡절을 거치면서 추진되었다.

제3장 갑오정권의 농업정책

1. 머리말

갑오정권은 넓은 의미에서 1894년 6월 25일부터 1896년 2월 11일 아관파천을 단행할 시기까지의 정권을 말한다. 그것은 다시 정권의 특성에 따라 크게 두 시기로 구분할 수 있다. 제1차 갑오정권은 1894년 6월 25일부터 1894년 11월 17일까지이다. 이 시기는 갑오정권이 5개의 정치세력이 연합하여 개혁을 추진해갔던 때이다.[1] 제2차 갑오정권은 1895년 1월부터 1896년 2월 아관파천까지이다.[2] 제2차 갑오정권의 시기는 청일전쟁에서 승리한 일본이 조선의 내정간섭을 본격화해간 시기이다.

제1차 갑오정권에서 권력의 핵심기구는 군국기무처였다. 군국기무처에서 행한 개혁으로는 정치제도와 경제제도의 개혁이 가장 두드러졌다. 정치적으로 내각 중심의 입헌군주제를 지향하였고, 경제적으로는 일본에서 차관을 도입하면서 새로운 정책을 추진하고자 하였으며, 정책기조로는 자유주의적 방임정책을 추구하고자 하였다.

제2차 갑오정권은 청일전쟁에서 승리한 일본이 조선의 갑오정권에

1) 유영익, 「갑오경장」『한국사』 40, 국사편찬위원회, 2000.

2) 유영익, 『갑오경장연구』, 일조각, 1990, 180쪽.

압력을 가하여 대원군 세력을 몰아내고, 일본의 의견을 잘 수용할 수 있는 정치세력을 내세운 것이다. 그리하여 갑신정변 실패 후에 일본에 머무르고 있었던 박영효를 한국에 귀국하도록 하여 김홍집과 함께 갑오정권을 맡아 정국을 운영하도록 하였다.

갑오정권에서는 정치·행정제도의 개혁에 집중하였다. 먼저 왕권을 제약하는 일련의 조치들을 행하였다. 군국기무처가 실권을 장악하였고, 국왕의 전통적인 인사권, 재정권, 군사권 등을 축소하거나 제약하였다. 나아가 정부 재정을 왕실 재정과 분리시키는 제도를 만들었다. 그리하여 왕실 재정을 관할하는 궁내부를 신설하고, 정부 재정은 탁지아문이 관할하도록 하였다.

경제정책으로는 당오전 혁파와 「신식화폐발행장정」으로 대표되는 화폐개혁, 재정기관의 통일, 조세의 징수와 지출 제도의 개선, 부세의 금납화, 환곡 철폐와 갑오승총으로 대표되는 재정개혁, 공물제도의 혁파와 시가무용(時價貿用), 육의전 폐지, 상리국 혁파, 특권회사와 수세도고 혁파, 잡세 철폐 등의 자유주의적 상업정책이 실시되었다.[3)]

갑오정권은 1880년대 산업정책을 계승하면서 내지의 통행세와 도고상인의 독점권 철폐를 통하여 자유주의적 상업정책을 추구하였다. 이것은 특권상인의 독점권을 철폐하여 중소상인들에게 영업권을 확대하는 기회를 주기도 하였지만, 반면에 외국상인들에게 국내 시장 침투를 용인하는 길을 열어주기도 하였다.[4)]

이 글에서는 갑오정권의 농업정책을 중심으로 살펴보고자 한다. 그동안 갑오정권의 개혁정책에 대해서 정치적 측면과 경제적 측면이 주로 연구되었지만, 농업정책에 대한 연구는 경시되었다. 그리하여 이 글에서는 갑오정권의 농업정책을 살펴보고 그 역사적 의미를 고찰하고자 한다.

---

3) 전우용, 『한국 회사의 탄생』, 서울대 출판원, 2011, 113쪽.

4) 이헌창, 「갑오·을미개혁기의 산업정책」 『한국사연구』 90, 1995.

2. 농상아문의 설치와 농업정책

1894년 6월 25일에 출범한 갑오정권은 군국기무처가 실권을 장악하고 왕권을 견제하면서 사회개혁정책을 추진해갔다. 6월 25일에 군국기무처에 참가할 수 있는 위원을 칙령으로 공포하고, 6월 26일에 조직과 관장 업무를 명시한 「군국기무처장정」을 공포하였다.[5)]

이 장정에 의하면, 군국기무처는 경외(京外) 모든 아문의 직제를 관장하고, 행정과 사법 및 재정을 모두 장악하도록 하였으며, 나아가 "식산흥업(殖産 興業) 및 영상(營商)에 관한 일체의 사무"[6)]를 관장하도록 하였다. 즉 산업 진흥 및 상업 등을 관장하도록 함으로써 군국기무처가 농업 및 상업 진흥의 책임적 역할을 수행하도록 하였다.

갑오정권은 1894년 6월 28일 관제 개혁을 단행하면서 개혁정책을 추구해갔다. 의정부와 육조 체제를 새로이 의정부와 8아문 체제로 개편하였다. 즉 의정부와 그 산하에 이조, 호조, 예조, 병조, 형조, 공조체제로부터 8개 아문체제로 개편하였다. 8개 아문은 내무아문, 외무아문, 탁지아문, 법무아문, 학무아문, 공무아문, 군무아문, 농상아문 등이었다. 새로운 관제는 〈표 3-1〉과 같이, 이전의 육조를 확충한 6개 아문 외에 통리교섭통상사무아문을 계승한 외무아문과 산업을 관할하는 농상아문을 신설한 것이 특징이었다.[7)]

개화파는 1885년에 설립한 내무부를 계승하여 산업을 발달시키기 위해 농상아문을 신설하였다.[8)] 농상아문은 "농업·상무·예술·어렵·종

---

5) 『章程存案』 開國五百三年 6월 25일, 6월 26일(『議案·勅令(上)』, 서울대 규장각 자료총서, 65~67쪽).

6) 위와 같음 "殖産興業及營商所關一切事務".

7) 이헌창, 「갑오·을미개혁기의 산업정책」 『한국사연구』 90, 1995, 42쪽.

8) 내무부는 산하에 농무국, 공작국 등 7국을 두었고, 그 후 상리국과 광무국을 관하 부서로 두었다(유승주, 「개항 전후 지식인들의 산업관에 대한 일고찰」

목·광산·지질 및 영업회사 등의 사무를 담당하도록"[9] 하였다. 즉 농상아문에서는 농업을 비롯한 1차산업과 민간공업 및 상업·회사를 비롯한 3차산업을 관장하도록 하였고, 공무아문에서는 규모가 큰 공업을 관장하도록 하였다.

〈표 3-1〉 제1차 갑오정권(1894. 6. 28)의 중앙부처 부서와 업무분장

각부아문	담당 업무	관할부서	이전의 관서와 비교
의정부(議政府)	백관을 총괄하고, 서정을 평정하며, 방국을 경영한다.	군국기무처, 도찰원, 중추원, 기록국, 전고국, 관보국, 편사국, 회계국, 기로소	의정부
내무(內務)	지방 인민의 제치(制治)사무를 총괄	총무국, 판적국, 주현국, 위생국, 지리국, 사사국, 회계국	이조
외무(外務)	교섭통상사무와 공사 영사 등 관료의 감독	총무국, 교섭국, 통상국, 번역국, 기록국, 회계국	통리교섭통상사무아문을 계승
탁지(度支)	전국 재정의 양계(量計)·출납과 조세 국채 및 화폐 등 일체 사무를 총괄, 각 지방재무 감독	총무국, 주세국, 주계국, 출납국, 국채국, 저치국, 기록국, 전환국, 은행국, 회계국	호조
법무(法務)	사법 행정경찰 사유(赦宥) 관리, 고등법원 이하 각 지방 재판 감독	총무국, 민사국, 형사국, 회계국	형조
학무(學務)	국내 교육·학무(學務) 등의 행정 관장	총무국, 성균관급상교서원사무국, 전문학무국, 보통학무국, 편집국, 회계국	예조
군무(軍務)	전국 육해군정 통제, 군인·군속 감독, 관내 제부 관장	총무국, 친위국, 진방국, 해군국, 의무국, 기기국, 군수국, 회계국	병조
공무(工務)	국내 일체의 공작(工作)·영선(營繕) 사무 관장	총무국, 역체국, 전신국, 철도국, 광산국, 등춘국, 건축국, 회계국	공조
농상(農商)	농업 상무 예술 어렵 종목 광산 지질 및 영업회사 등의 일체 사무 관장	총무국, 농상국, 공상국, 산림국, 수산국, 지질국, 장려국, 회계국	신설

출전 : 『議案』(규20066) 「各衙門官制」 甲午六月二十八日

『서암조항래교수화갑기념한국사학논총』, 1992, 464~465쪽).

9) 『議案』 甲午 6월 28일 "農商衙門 管理 農業商務 藝術漁獵 種牧礦山 地質及營業會社等一切事務"(『議案·勅令(上)』, 서울대 규장각 자료총서, 5쪽).

〈표 3-1〉을 통해서 살펴보면, 농상아문 산하에는 농상국과 공상국 및 장려국 등이 존재하였다. 농상국에서는 농업, 양잠업, 목축업을 담당하였으며, 공상국에서는 "상업, 도량형과 각 제조품의 심사, 권공(勸工), 흥공(興工)"[10]의 기능을 수행하였고, 장려국에서는 "식산 장려와 전매특허 사무를 담당"[11]하였다. 즉 농상아문은 농업 및 민영 공업과 상업을 장려하기 위한 주무기구였다. 한편 공무아문 산하에는 역체국, 전신국, 철도국, 광산국을 두어 국가 사업 내지는 국가가 주도해야 할 대사업을 추진하게 하였다. 곧 농상아문에서는 민영공업과 상업·농업을 진흥시키고, 공무아문에서는 철도, 체신, 광산 등 규모가 큰 국가적 사업을 추진하고자 계획하였던 것이다.[12]

이제 농업에 관한 부문을 본격적으로 살펴보자. 의정부 산하의 기관 중에는 농상아문(農商衙門)이 농업을 관장하였다. 농상아문 밑에는 〈표 3-2〉와 같이, 농상국(農桑局) 외에 총무국(總務局), 공상국(工商局), 산림국(山林局), 수산국(水産局), 지질국(地質局), 장려국(獎勵局), 회계국(會計局) 등 8개 국을 설치하였다.[13]

그중 농상국이 개간(開墾)·종수(種樹)·잠다(蠶茶)·목축(牧畜) 및 편찬(編纂) 사무를 담당하도록 하였다.[14] 공상국에서는 상업과 민간공업의 심사 및 진흥을 담당하였으며, 산림국에서는 삼림업을, 수산국에서는 수산업을, 지질국에서는 지질 검사 및 광물 분석을, 장려국에서는 산업 장려와 특허를 관장하도록 하였다.

---

10) 『議案』 甲午 6월 28일(서울대 규장각 자료총서, 5쪽).

11) 위와 같음, 6쪽.

12) 이헌창, 「갑오·을미개혁기의 산업정책」 『한국사연구』 90, 1995, 42쪽.

13) 『議案』 甲午 6월 28일(서울대 규장각 자료총서, 5쪽).

14) 『議案』 甲午 6월 28일 "農桑局 掌開墾種樹 蠶茶 牧畜及 編纂事務"(서울대 규장각 자료총서, 5쪽).

〈표 3-2〉 농상아문 산하 국(局)의 임무

국 명	임무	참의 수	주사 수
총무국	각 국의 서무	1	2
농상국	개간, 나무심기, 양잠, 다(茶), 목축 및 편찬	1	8
공상국	상무, 도량형 및 제조 물품의 심사, 권공, 흥공	1	8
산림국	산림 경제, 사유 산림 통계 및 산림학교	1	2
수산국	어채, 선구, 해산의 번식, 어류 제조, 수산회사	1(산림국장 겸직)	2
지질국	지질 검사, 토성 비척, 식물과 화학비료, 광물분석, 지형측량, 제도	1(산림국장 겸직)	2
장려국	식산 장려, 전매 특허	1(산림국장 겸직)	2
회계국	본 아문의 재부 출납	1	2
계		5	28

출전 :「草記 議案」(1894년 6월 28일) 『議案』(규20066)

농상아문에는 대신 1명, 협판 1명, 참의 5명, 주사 28명이 분담하여 업무를 추진하도록 하였다. 참의는 총무국, 농상국, 공상국, 회계국은 각 1명이었으며, 산림국의 참의가 수산국, 지질국, 장려국을 겸임하였다.(〈표 3-2〉 참조)

농상아문의 중심은 농상국과 공상국에 있었다. 그리하여 각각 참의 1명과 주사 8명을 배치하여 업무를 수행하도록 하였다. 그 외 다른 국은 주사 2명을 배치하여 업무를 수행하였다.

1894년 7월 16일에 각 아문의 관료 임용이 이루어졌다. 농상아문에는 대신에 엄세영(嚴世永), 협판에 정병하(鄭秉夏)를 임명하였다. 엄세영(1831~1900)은 1881년 2월에 조사시찰단의 일원으로 일본에 가서 일본 사법성(司法省)을 시찰하였고, 시찰한 후 『일본문견록(日本聞見錄)』, 『일본문견별단초(日本聞見別單草)』, 『일본사법성시찰기(日本司法省視察記)』를 편찬한 사람이었다.

협판에 임용된 정병하(1849~1896)는 대표적인 개화론자이다. 그는 고종 18년(1881)에 정부가 일본에 조사시찰단을 보낼 때, 통리기무아문 관리로 광산·조폐·제철·피혁 등에 관련된 기계의 구입을 위해 오사카(大

阪]에 파견되었다. 그 뒤 1886년 주사에서 사관으로, 1889년 협판으로 승진하였다.[15)]

갑오정권은 농상국·공상국·산림국·장려국 등을 겸비한 농상아문을 신설하고, 역체국·전신국·철도국·광산국·등춘국 등으로 구성된 공무아문을 설치하여 근대적 상공업을 일으킬 구상을 드러냈다는 점에 의의가 있다.

3. 농상공부의 설치와 농업정책

1) 농상공부의 설치와 조직 구성

일본은 갑오정권을 통하여 일본의 이해관계를 관철시켜가려고 하였으나 대원군 등의 세력이 그에 반대하며 독자적 지향을 띠게 되자, 청일전쟁에서 승리한 후 대원군 세력을 몰아내고 김홍집과 박영효를 내세워 새 정권을 출범하게 하였다. 일본은 청일전쟁에서 승리한 후, 조선에 대한 간섭을 본격화해갔다.[16)]

1895년에 군국기무처가 해산되고 내각제로 되면서 관제가 개편되었다. 8개 아문에서 7개 부로 개편되었으며, 그 요체는 농상아문과 공무아문을 합병하면서 농상공부로 개편한 것이었다. 이는 일본의 요구에 따른 관제 개편의 성격을 띠고 있었다. 일본은 공무아문이 별설(別設)되어 제조업의 발달을 추구하는 것을 못마땅하게 생각하여 농상아문과

---

15) 1886년에는 『농정찰요』를 편찬하여 서양의 농학기술을 수용하고자 하였다. 책 서문에서 "동양과 서양의 여러 책들을 수집하고 편찬하여서 (중략) 농정에 도움이 되기를 바란다"고 하면서, 비료, 토성, 수리, 농기 및 재배법 등 다양한 항목을 소개하였다.

16) 유영익, 『갑오경장연구』, 일조각, 1990.

공무아문을 합치도록 강요하였다. 이노우에 가오루[井上馨] 공사는 조선 관료의 반대를 무릅쓰고 공무아문을 둘 필요가 없다는 주장을 적극적으로 주장하여, 이에 개화파 정권은 그 요구를 수용하였다.[17] 그리하여 농상아문과 공무아문을 통합하여 농상공부를 설립하였던 것이다.

1895년 3월에 「농상공부관제」를 공포하고,[18] 동년 4월에는 「농상공부분과규정」을 공포하였다.[19] 「농상공부관제」에서 농상공부 대신은 "농업, 상업, 공업, 우체, 전신, 광산, 선박, 해원(海員) 등에 관한 업무를 관장한다"[20]고 규정하였다. 농상공부 대신은 김가진(金嘉鎭)이 새로 임용되었으며, 협판은 정병하가 그대로 임용되었다.[21] 농상공부 대신 김가진은 갑오정권의 실권자이며,[22] 협판 정병하는 농업에 조예가 깊은 개화파 인물이었다.

농상공부 산하에는 농무국, 통신국, 상공국, 광산국, 회계국 등 5개 국을 두었다. 그중 농무국과 통신국이 중요시되어 2등국(二等局)으로 삼았고, 나머지 국은 3등국(三等局)으로 삼았다.[23] 새로운 관제는 1895년

17) 『일본외교문서』 27권 2책(1894)[이헌창, 「갑오·을미개혁기의 산업정책」 『한국사연구』 90, 1995, 60~66쪽 재인용].

18) 「勅令제48호 農商工部官制(1895.3.25)」(『한말근대법령자료집』 1권, 214쪽).

19) 「農商工部分課規程」 『官報』 1895년 4월 22일(『한말근대법령자료집』 1권, 228쪽).

20) 「勅令제48호 農商工部官制(1895.3.25)」(『한말근대법령자료집』 1권, 214쪽).

21) 농상공부 대신은 김가진(1895.1)→ 대신서리겸 협판 정병하(1895.9)→ 대신 정병하(1896.1)→ 대신 조병직(1896.2)으로 변경되었다. 농상공부 협판은 정병하→ 고영희(1896.1)→ 이채연(1896.2)으로 변경되었다[출처 : 『농상공부청의서』(규 17719), 『농상공부래거문』(규 17802)].

22) 김가진(1846~1922)은 1886년 정시문과 병과에 급제하였고 이후 홍문관 수찬(修撰)이 되었다. 1887년부터 판사대신 주일공사(辦事大臣 駐日公使)로 4년간 동경(東京)에 주재하였으며, 1891년부터 안동대도호부 부사를 지냈다. 1894년에는 군국기무처회의원(軍國機務處會議員)이 되어 내정개혁에 참여했고, 병조참의·외무독판서리(外務督辦署理)·전우국총판(電郵局總辦)·공조판서 등을 역임하였다. 그러다가 1895년 4월 1일에 농상공부대신이 되어 농업의 개혁을 추진하게 되었다.

23) 「勅令제48호 農商工部官制(1895.3.25)」(『한말근대법령자료집』 1권, 214쪽).

4월 1일부터 출범하게 되었다.

〈표 3-3〉에서 보듯이, 농상공부 산하의 농무국에서 농업·임업·수산업에 관한 일을 담당하고, 상공국에서는 상업과 공업 및 영업회사에 관한 일을, 통신국에서는 우체·전신·전화 및 육운과 해운을, 광산국에서는 광산에 관한 일을 담당하도록 하였다. 즉 농무국에서 농업 및 농업진흥에 관한 일을 담당하도록 하였다.

〈표 3-3〉 농상공부 산하의 조직과 국장(1895, 1896년)

	업 무*	국 장(局長)**
농무국(農務局)	농업, 삼림, 수산, 목축, 수렵, 잠다(蠶茶) 및 농사에 관한 일	이종원→ 이의정(95.윤5. 3) → 이도익(96.6.1)
통신국(通信局)	우체, 전신, 전화, 선박, 해원, 항로 표시, 수운회사 및 수운 육운에 관한 감독	조병교→ 오세창(95.9.4)→ 변종헌(96.5.30)
상공국(商工局)	상업, 공업, 도량형, 영업 회사에 관한 일	송헌빈
광산국(鑛山局)	광산의 조사, 관민업에 속하는 광산, 지질 및 분석	왕제응→ 김시제(95.6.8)→ 손봉구(96.4.19)
회계국(會計局)	본부의 경비, 예산, 결산, 회계, 본부의 관유재산 및 물품, 장부 조제	유성준→ 이윤종(95.윤5.6) → 이도익(96.4.21)

출전 : 업무*는 「勅令제48호 農商工部官制(1895. 3. 25)」(『한말근대법령자료집』 1권, 214쪽) ; 국장**은 『농상공부청의서』(규 17719), 『농상공부래거문』(규 17802)

당시의 자료인 『농상공부청의서(農商工部請議書)』와[24] 『농상공부래거문(農商工部來去文)』을[25] 살펴보면, 농상공부에서는 통신국의 소관 업무인 우체와 전신에 관한 업무를 가장 활발히 수행하고 있었다.

곧이어 1895년 4월에 공포한 「농상공부분과규정」에는 농무국 산하에 3과를 두어 업무를 분장하여 추진해가도록 하였다. 즉 농무국 산하에 농사과(農事課), 삼림과(森林課), 산업과(産業課)를 두었다.[26] 〈표 3-4〉에

24) 『農商工部請議書』, 1895, 1책. 이 책은 농상공부대신이 內閣 總理大臣에게 제출한 請議書를 內閣 編錄課에서 필사한 것이다.

25) 『農商工部來去文』, 1895~1906, 11책. 이 책은 농상공부와 外部 사이에 오고 간 조회, 조복, 통첩을 모아 놓은 것이다.

〈표 3-4〉 농무국 산하 각 과의 업무

각 과	업 무
농사과 (農事課)	1. 농업 및 농업토목에 관한 사항 2. 농산물의 충해 예방 및 구제와 기타 농산물에 관계되는 일체 손해 예방에 관한 사항 3. 수의(獸醫) 및 제철공(蹄鐵工)에 관한 사항 4. 축산에 관한 사항 5. 수렵에 관한 사항
삼림과 (森林課)	1. 삼림시업과 삼림구역 및 경계의 조사에 관한 사항 2. 삼림의 보호와 이용 및 처분에 관한 사항 3. 삼림 편입 및 제거에 관한 사항 4. 삼림의 통계 및 그 장부에 관한 사항 5. 삼림의 수입 및 경비에 관한 사항 6. 임산물품 및 삼림에 속하는 토지건조물에 관한 사항
산업과 (産業課)	1. 어업 어선 및 어구에 관한 사항 2. 염전 및 염정에 관한 사항 3. 양잠 침업 및 제다(製茶)에 관한 사항 4. 앞 두 개 과(課)의 주무에 속하지 아니한 사항

출전 :「農商工部分課規程」 1895년 4월 22일(『한말근대법령자료집』 1권, 228쪽)

서 보듯이, 농사과에서는 농업 및 농업 토목, 농산물의 충해 예방, 축산, 수렵에 관한 사항을 담당하였으며, 삼림과에서는 삼림의 보호 및 이용, 삼림의 경비, 임산물품에 관한 사항을 담당하도록 하였고, 산업과에서는 어업, 염업, 양잠에 관한 사항을 담당하도록 하였다. 즉 농사과에서는 농업과 축산을, 삼림과에서 삼림을, 산업과에서 어업·염업·양잠업을 담당하였다. 농무국에서는 산하에 3과를 두어 농업을 비롯하여 산림업·어업·염업·양잠업의 발달을 도모하고자 하였던 것이다.

2) 정부의 농업정책

정부는 1895년 3월에 「농상공부관제」를 공포하고, 동년 4월에는 「농상

26) 「農商工部分課規程」 『官報』 1895년 4월 22일.

공부분과규정」을 공포하면서 새로운 농업정책을 시도하였다. 농상공부는 먼저 일본의 새로운 산업 동향을 파악하고자 하였다. 그리하여 일본에서 개최하는 박람회에 농상공부 직원을 파견하여 새로운 산업 동향을 파악하고자 하였다. 1895년 4월에 농상공부 주사 손영길(孫永吉), 이윤고(李允杲), 정희환(鄭憙煥) 등 3명과 5명의 학원(學員) 및 통역관 1명 등 9명의 관료를 파견하여 일본의 산업동향을 시찰하게 하였다.[27]

조선 정부에서 인삼은 중요한 수출원이었고, 세금을 징수할 수 있는 주요 상품이었다. 갑오정권은 인삼업을 진흥시키면서, 그에 따른 이익을 취하고자 하는 정책을 집행하였다. 군국기무처는 1894년 7월에 홍삼을 탁지아문에 영원히 귀속시키고 조규(條規)를 별도로 정하기로 하였는데,[28] 9월에 가서야 탁지아문에서 포삼규칙(包蔘規則)을 제정하여 관리 방식을 정하였다.[29] 이것에 의하면 탁지아문에서 포삼공사(包蔘公司)를 설립하여 채삼(採蔘)·조삼(造蔘) 사무를 감독하도록 하였다. 종전에 행하여진 남채(濫採), 억매(抑買)의 폐단을 엄금하여 일정한 보호조치를 취하면서 동시에 종삼(種蔘)·무삼(貿蔘)·조삼 후 화매(和賣)에 대한 관리를 강화하고 사조(私造)·잠매(潛賣) 등의 폐단을 엄금하였다.[30]

1895년 9월 1일에 농상공부 대신은 홍삼에 관한 규정을 정비하기 위해 내각에 농상공부령(農商工部令)을 제출하였다.[31] 내각에서 논의하

---

27) 『農商工部來去文』(규 17802) 권1, 1895년 4월 22일, 4월 28일, 4월 29일. 농상공부에서는 농상공부 주사(主事) 손영길 등 3명, 농상공부 학원 정극경(丁克慶), 류당(劉堂), 김상연(金祥演), 채형묵(蔡亨默), 이태중(李泰中) 등 5명, 통역관으로 인천항 서기관 김창한(金彰漢) 등 총 9명을 파견하여, 일본박람회를 시찰하고, 일본의 산업 동향을 살피게 하였다.

28) 「議案 紅蔘을 度支衙門에 永付하는 건」(1894년 7월 24일)(『한말근대법령자료집』 1권, 78쪽).

29) 「度支衙門制定 包蔘規則」(1894년 9월 6일)(『한말근대법령자료집』 1권, 105~108쪽).

30) 위와 같음.

31) 『農商工部請議書』(규 17719), 1895년 9월 1일.

여 9월 4일에 '농상공부령 제7호'로 '홍삼(紅蔘)을 증조(蒸造)하는 규례'를 공포하였다.[32] 그리하여 농상공부에서 증조를 바탕으로 홍삼을 통할하고, 그에 따른 이익을 수세하였다. 즉 홍삼을 증조하고자 하는 사람은 허가를 받도록 하였고, 증조 1백 근을 1포(包)로 포장하고, 매 1포마다 증조표지 1장씩을 첨부하도록 하였다.[33] 다음 날 '포삼규칙(包蔘規則)'을 개정하여 탁지부에서 매 1백 근에 세금 10원을 징수하도록 하였다.[34]

한편 농상공부에서는 농사시험장인 종목국(種牧局)을, 그 설립에 심혈을 기울였던 고종의 직할기관인 궁내부에 돌려주고자 하였다. 1895년 4월 1일에 농상공부 대신이 된 김가진은 이 일을 추진하였다. 궁내부에서 종목국의 환부를 요구하였던 것이다. 1895년 5월 26일에 김가진은 내각총리대신 박정양에게 종목국을 궁내부에 이관하자는 청의서를 제출하였다.

[청의서] 東南兩種牧局이 本部에 悉屬하얏더니 南局은 宮內府로 還付하였는데, 東局 所存馬匹羊口가 自內私貿하신게니 開單入鑑홈이 可타하난 照會를 接하였으니 所存畜類와 廨舍牧場을 幷交付홈이 可한 줄로 閣議에 提出하나이다.

開國五百四年(1895) 五月二十六日

農商工部大臣 金嘉鎭[35]

---

32) 「農商工部令第7號 紅蔘을 蒸造하는 規例」(1895년 9월 4일)(『한말근대법령자료집』 1권, 559쪽).

33) 위와 같음.

34) 「法律第14號 包蔘規則中 改正에 관한 件」(1895년 9월 5일)(『한말근대법령자료집』 1권, 560쪽).

35) 『農商工部請議書』(규17719) 1895년 5월 26일.

1884년에 설립한 농무목축시험장이 1886년에 내무부 농무사 종목국으로 명칭이 변경되었는데, 그 종목국이 동종목국과 남종목국으로 2지역에 존재하였다. 동종목국은 망우리 근처에,[36] 남종목국은 남대문 밖에[37] 존재하였다. 이 2개의 종목국은 농상공부에 소속되어 있었는데, 1894년 이후 궁내부가 신설되면서 남종목국은 환부되었고, 이제 동종목국도 궁내부로 환부할 것을 요청한 것이다. 이것은 궁내부로부터 농상공부에 "고종께서 사사로이 돈을 들여 수입하신 것이기 때문에 돌려달라는 궁내부의 조회(요청)가 있어서"[38] 이를 청의한다는 내용이다. 이는 농무목축시험장을 개설할 때 왕실 직속이었고, 운영비용 일체를 고종이 직접 지불하였다는 뜻으로 풀이된다.[39]

이 청의서는 다음날 총리대신 명의로 각의에 상정되어 의결을 거친 후 국왕의 재가를 거쳐 1895년 5월 29일에 궁내부로 이관되었다.[40] 종목국을 이관받은 궁내부는 농사실험활동을 활발히 전개하였다. 1896년 10월 3일에 「포달 제17호」로 궁내부관제가 개정되어 궁내부대신 직속의 종목과가 신설되면서 종목과의 활동이 활발해졌다.[41] 종목과장에 5품인 오영렬이 주임관 6등으로 임명되고, 주사에 9품인 장용진과 김창진이 판임관 7등으로 임명되면서 활발한 활동을 벌이게 되었다.[42]

---

36) 이광린, 「농무목축시험장의 설치에 대하여」 『김재원박사회갑기념논문집』, 1969(『(개정판) 한국개화사연구』 수록, 일조각, 207쪽).

37) 『漢城周報』 제3호(1886년 2월 15일).

38) 『農商工部請議書』(규17719).

39) 김영진·홍은미, 「농무목축시험장(1884~1906)의 기구변동과 운영」 『농업사연구』 제5권 2호, 2006, 77쪽.

40) 『農商工部請議書』(규17719) 1895년 5월 29일.

41) 「布達제17호 宮內府官制改正(1896.10.3)」(『한말근대법령자료집』 2권, 186쪽).

42) 『官報』 1896년 10월 6일.

4. 농상회사의 설립과 진전의 개간

국가를 '자강하는 길은 농정보다 앞선 것이 없다(自强之道 莫先於農政)'[43] 라고 하였듯이, 갑오정권에서도 농업을 발달시키는 것이 급선무였다. 개화파의 경제정책은 서구열강이 그러하듯이 기본적으로 상업입국을 꾀하는 것이며, 상업의 발전, 무역의 융성을 통해서 부국강병을 기하면서 근대국가를 수립하려는 것이었으나, 그 상업의 발전은 농업이나 공업 등 산업의 발전이 전제되지 않으면 안되는 것이었다.[44] 전근대 사회에서는 산업 중 농업의 발전이 농촌사회를 안정시키고, 국가의 발전을 도모하는 근간이었다.

갑오정권이 개혁을 제대로 수행하기 위해서 농업의 발달은 필수적인 일이었다. 농업을 발달시키는 일에는 진전의 개간, 수리시설의 수축, 농서의 발간 및 보급, 농기구의 개량, 양잠업의 진흥 등의 다양한 분야에 걸쳐 있었다. 이 시기는 자연재해를 슬기롭게 극복할 만한 수리시설 및 제방시설이 잘 갖추어져 있지 못하였다. 약간의 홍수와 가뭄을 맞아도 농토가 망가지고 재해를 입은 채 흉년을 맞이하였다. 이 시기는 자연재해로 인하여 경지의 황폐화가 자주 발생하였다.

개항 이후 가뭄과 홍수가 심하였다. 1876년과 1877년에 큰 흉년이 들었다.[45] 1876년에는 가뭄과 서리로 인하여 흉년이 들었고, 1877년에는 홍수로 인하여 농사가 훼손되었다. 두 해의 재해로 인하여 농지가 훼손되

---

43) 『官許農桑會社章程』(1894년 10월) 告示.

44) 김용섭, 「갑신·갑오개혁기 개화파의 농업론」 『증보판 한국근대농업사연구(하)』, 일조각, 1988, 72쪽.

45) 『備邊司謄錄』 고종 16년(1879) 4월 10일(국사편찬위원회[이하 '국편'으로 약칭] 27책, 299쪽) "靈光郡守 洪大重 牒呈 以爲 丙丁以來 民邑事勢 窮到極處" ; 『備邊司謄錄』 고종 16년(1879) 4월 10일(국편 27책, 299쪽) "務安縣監 洪在鼎 牒呈 以爲 丙丁歉荒之後 流亡甚多 稅捧無路".

었을 뿐 아니라 인구마저 감소하는 현상이 일어났다. 당시 암행어사 박영교(朴泳敎)는 "병자년(1876)과 정축년(1877)의 가뭄으로 인하여 인구는 감소하고 지력은 소진하였으니 그렇지 않은 읍이 없을 정도이다."[46] 라고 보고하였다. 당시 전라도에서는 전체 56개 읍 중 초실읍(稍實邑)이 병자년에는 6개읍, 정축년에는 18개 읍에 불과하였다. 전라도 출세실결수 214,000결 중에[47] 부족재(不足災)가 병자년에는 87,212결이었고, 정축년에는 41,656결이 되어 각각 출세결수의 40%와 20%가 재결(災結)이 될 정도로 재해가 심하였다.[48]

두 해의 흉년이 복구되지 않은 상황에서, 1886년과 1888년에 이르러 다시 큰 흉년을 맞게 되었다. 특히 1888년의 흉작은 혹심한 것이었다. 이 해의 흉작은 긴 가뭄으로 인한 것으로 1876년의 그것보다 더 심하였다. 당시의 기록에는 "오랜 가뭄으로 인해 재해가 되었으니, 병자년(1876)에 못지 않다. 올해는 대부분 병자년보다 심하다"[49]라고 적고 있었다. 그런 가운데 1890년에 재해가 되풀이되었고, 특히 전라도의 피해가 심하였다.[50]

개항 이후 조선 정부에게 진전과 황무지 개간은 해결해야 할 중요한 시대적 과제였다. 농지를 한 뼘이라도 늘려 곡식을 증산해야 농민생활이 나아지고, 나아가 국가 재정도 호전되는 것이었다. 그러나 조선 정부는 개간에 필요한 자금과 인력을 충분히 투여할 수 없었다. 정부는 우회적

46) 『備邊司謄錄』 고종 20년(1883) 9월 23일(국편 27책, 754쪽) "丙丁飢癘 人耗地盡 無邑不然".

47) 『朝鮮田制考』 附錄, 12쪽.

48) 『備邊司謄錄』 고종 13년(1876) 10월 18일(국편 27책, 30쪽) ; 고종 14년(1877) 10월 26일(국편 27책, 139쪽).

49) 『備邊司謄錄』 고종 25년(1888) 11월 14일(국편 28책, 328쪽) "久旱爲灾 莫如丙子 而今年則殆有甚於丙子".

50) 김용섭, 「고종조 왕실의 균전수도문제」 『증보판 한국근대농업사연구(하)』, 일조각, 1988, 444~454쪽.

방법을 구사하였다. 정부는 여유를 지닌 부농과 농민을 규합하여 농회사를 만들게 하고 그들로 하여금 진전을 개간하게 하는 방식을 취하였다. 정부에서 그러한 사례를 실시한 적이 있었다. 1885년의 「경성농상회」와 「교하농상사」의 농상회사들이 그것이었다.[51] 즉 정부에서 주도하여 양반과 민들에게 자금을 모아 회사를 만들게 하고 그것을 중심으로 개간을 주도해가도록 하였다.[52] 당시에는 경성, 교하, 장단 등에 농상회(農桑會)를 설립하고 농업을 개량시켜 나갔다.

갑오정권에서는 그 사례를 더욱 발전시켜 1894년 10월에 '관허농상회사(官許農桑會社)'를 설립하였다.[53] 즉 농업을 주관하는 농상아문에서 주도하여 서울과 지방에서 사원을 모집하고 농상회사를 설립하여 농업을 발달시키는 정책을 추진하였다. 농상회사를 설립하여 농업을 개량시키고자 하는 목적은 동도서기적 인식에서 비롯되었다.

> 무릇 지극히 올바르며 지극히 큰 것은 만세에 변할 수 없는 것으로 공자의 도(道)이다. 공자의 도(道)는 유도(儒道)이다. 그러나 지금 변개(變改)하고자 하는 것은 법(法)이지, 도(道)가 아니다.[54]

즉 당시 정권 담당자들은 사회체제나 사상은 도(道)로서 변할 수 없는 것이고, 농업은 기(器)로서 변화·발전을 모색해가야 하는 분야로 인식하

---

51) 『京城農桑會章程』;『交河農桑社節目』(古4256-44, 서울대 규장각 소장).

52) 이영학, 「1880년대 조선 정부의 농업정책」 『한국학연구』 40, 인하대 한국학연구소, 2016, 355~358쪽.

53) 『官許農桑會社章程』(1894년 10월)(규 15322).
이 장정을 살펴보면, 고시(告示)·장정(章程)·규칙(規則)의 세 부분으로 구성되어 있는데, 고시에서는 회사의 취지를 설명하고, 장정에서는 회사의 사업방침을 열거하고, 규칙에서는 회원의 준수사항을 규정하고 있었다.

54) 『官許農桑會社章程』(1894년 10월)(규 15322) 告示, "盖至正至大 萬世而不可變者 孔子之道也 孔子之道儒道也 而今所變者法也 而非道也".

였다. 정부에서는 농상회사의 설립 취지를 다음과 같이 설명하였다.

지금 조정에서는 농상아문(農商衙門)을 설립하여 농상(農桑)사무를 통할하고 그것을 장려하고 보호하는 데 힘써 노력하면서 그것을 이루지 못할까 전전긍긍하고 있다. 농상(農桑)은 실로 나라의 기초이며, 모든 산업의 근원이다.

바라는 바 초야의 제 군자(君子)들은 옛 것에 빠지지 말고 새 방책에 힘써서, 한결같이 회사에 뜻을 두어 사원을 초청하고 자금을 모집하여 기기(機器)를 구입하고 제방을 쌓아 관개를 하며, 황무지를 개척하거나, 수분(水糞)의 법을 채용하는 등 일체를 개혁한다면 재원이 풍부해지고 백성이 편안해지며 노동력이 절감되고 비용이 줄어들어 장차 국가가 성장하고 백성의 재산이 더욱 풍부해질 것이다. 어찌 기쁘지 않겠는가?[55]

즉 조정에서는 농상아문을 설립하여 농상에 힘쓰고 있으니 재야의 군자들이 자금을 모아 회사를 설립하여 기기를 구입하고, 수리시설을 수축하며, 황무지를 개척하고, 새로운 시비법을 채용하여 조선의 농정을 개혁해가자고 주장하였다.

'관허농상회사'의 규칙에 의하면, 농상아문은 서울과 지방의 농민 중에 회사에 참여하고자 하는 사람을 모아서 '호표(護票)'를 발급하였으며, 호표를 발급받은 사람만이 농상회사의 구성원으로 활동할 수 있었다. 만약 호표가 없이 활동하면 벌금 10냥을 물리도록 하였다.[56]

---

55) 『官許農桑會社章程』(1894년 10월)(규 15322) 告示, "況今 朝家另設農商衙門 統轄農桑事務 獎勵之 保護之 汲汲營營 猶懼不及 盖農桑一事 實邦國之基礎 而百業之根源也 所望草野諸君子 亟 泥古之見幡 然圖新之策 一意會社 招員集款 凡在購辦機器之術 修築灌漑之制 開拓荒蕪之政 採用水糞之法 一切修擧 先以裕財便民 且獲省工祛費 將使國脉滋長民産殷富矣 豈不休哉".

56) 『官許農桑會社章程』(1894년 10월)(규 15322) 規則 第二條.

농상회사는 서울을 본사로 하고, 지방에 지사를 설립하여 전국적 조직을 갖추게 하였다. 농상회사의 조직을 구체적으로 살펴보면 다음과 같다. 경도사(京都社)를 '원사(原社)'로 삼고, 그곳에는 총헌(摠憲)을 1명 두어 경외(京外)의 대소제사(大小諸社)와 감독, 출척 등 사무를 통할케 하고, 도사장(都社長) 1명을 두어 경외 대소사무를 관장케 하되 반드시 총헌의 윤허를 받아서 시행하도록 하였다. 또한 사장(社長) 2명을 두어 본사의 서무를 맡도록 하고, 그 외에 장서(掌書), 장화(掌貨), 장무(掌務)를 두어 각기 사무를 집행케 하였다. 아울러 각 청에 파분(派分)된 '향사(鄕社)'를 지사(支社)로 삼고, 경도사의 절제를 받아 수행하도록 하였다.[57]

즉 서울의 경도사에는 총헌 1인, 도사장 1인, 사장 2인을 두어 본사의 업무를 관장하도록 하였고, 지방에는 지사를 두어 경도사의 지휘를 받도록 하였다. 농상아문에서는 농상회사를 허가하여 서울뿐 아니라 지방에도 지사를 설치하여, 전국적으로 개혁적인 농업정책을 추진하도록 하였던 것이다.

관허농상회사의 운영은 농상아문이 전적으로 주도해가면서 추진하였다. 농상아문에서는 농상회사를 통하여 서울과 지방에서 사원을 모집하고 자금을 모으도록 하였다. 그러나, 그것으로 충분하지 않은 경우에는 국채를 발행하거나 외국차관을 얻어 개혁적 농업정책을 추진하고자 하였다.[58]

구체적 농업 정책을 살펴보면 다음과 같다. 먼저 개간을 적극 권장하였다. 개간을 위해 서양의 기기(機器)를 구입하거나,[59] 유민(遊民)을 모아 임금을 주면서 개간을 하여 개간지에 뽕나무, 감자, 인삼, 연초 등을

---

57) 『官許農桑會社章程』 章程 第十款.

58) 『官許農桑會社章程』 章程 第一款, "今宜招募社員 均集股資 或告貸國債 或借款外國 購辦機器 首從畿甸 按法施行 俾民試習 利益逐次推 廣".

59) 위와 같음.

심어 이용후생하게 된다고 하였다.[60] 다음으로 제방을 수축하고 수리시설을 정비하도록 하였다. 수리시설로는 서양의 풍차를 도입하여 이용할 것을 권장하였다. 사람의 힘보다 풍력을 이용하여 관개를 행하면 훨씬 효율적이라고 권장하였다.[61] 셋째로 시비법을 개선하여 농사를 짓도록 권장하였다. 서양의 수분법(水糞法)을 소개하고, 분지(糞池)를 수축하여 농사를 행할 것을 권장하였다.[62] 넷째로 사원 중에 총명한 장정을 선발하여 기술자로 양성하도록 하였다. 구체적으로 전문교사를 초빙하여 넉넉한 급여를 지불하고 사원 중 총명한 정장(丁壯)을 선발하여 그 기술을 습득하게 하고 나아가 미래의 기술자가 되어 기술을 전파하도록 하였다.[63] 이곳의 전문교사란 서양의 전문교사를 의미하였다. 다섯째로 서양의 농경직조기계를 빌려 쓰거나,[64] 혹은 회사에서 여러 가지 농기를 구비하여 회사의 구성원들이 빌려쓰게 하기도 하였다.[65]

이 관허농상회사는 향약의 관행을 이어받은 공동체적 성격도 지니고 있었다. 이 회사에서는 "사원 중에 병에 걸리거나 사망자가 생기면 그 사장과 회원이 상의하여 서로 도와주며, 힘을 합쳐 경작해준다. 부모가 없고 남녀가 시기를 놓쳐 결혼을 하지 못한 자와 빈한하여 상을 치를 수 없는 자는 회사에서 비용을 도와주어 때를 놓치지 않도록 할 것"[66]을 규정하였다.

아울러 매 지사에서는 농업을 개량하는 일뿐 아니라, "매 지사마다 가숙(家塾)을 설치하고 사장(師長)을 세워서 아이들을 교육하되, 사장의

60)『官許農桑會社章程』章程 第三款.
61)『官許農桑會社章程』章程 第四款.
62)『官許農桑會社章程』章程 第五款.
63)『官許農桑會社章程』章程 第二款.
64)『官許農桑會社章程』規則 第六條.
65)『官許農桑會社章程』規則 第三條.
66)『官許農桑會社章程』規則 第五條.

봉급과 의식 비용은 사계(社禊) 중에서 마련할 것"[67]이라고 하여 각 지사마다 교육을 담당하도록 하였다. 나아가 지방의 사원이 분란을 일으키거나 범죄를 저지르면 당해 사장이 처벌을 받도록 하였다.[68] 이는 농상아문이 향약의 사례에 근거하여 농상회사를 설립하고, 서울과 지방에 지사를 설치하고 그것을 운영하고자 하는 방식에서 비롯된 것이었다.[69]

이 관허농상회사는 관이 주도하면서 일반회원을 모집하여 회사를 설립함으로써, 진전 개간, 수리 시설 정비, 시비법 개량, 기술자 양성, 기기 구입 및 대여 등을 행하려고 하였다. 장정(章程)에서는 그것의 구체적인 실현방법 즉 사업방침을 서술하였다. 즉 자금의 모집은 사원의 투자뿐 아니라 국채와 외국의 차관 등을 통하여 모집하고자 하였으며,[70] 그것을 바탕으로 농기구나 직조기 등의 기계를 구입하고 아울러 서양의 전문교사까지도 초빙하여 기구의 사용법을 익혀 개간사업, 수리시설의 축조 등을 행하여 농업을 발달시키고자 하였다. 이것을 미루어 보아, 관허농상회사는 백성도 부유하고 국력도 충실하게 하는 것을 목적으로 삼고 있었다. 이 회사는 향약의 구례를 바탕으로 조직되었지만, 예전의 신분제적인 틀을 벗어난 근대적인 회사의 형태를 띠어가고 있었다.[71]

이와 같이 정부에서는 공식적인 정부기관을 통하여 황무지를 개간하고, 수리시설을 수축하는 정책을 집행하였으며, 나아가 정부가 주도하면서 민의 참여를 유발하는 농상회사를 조직하여 개간과 저수지 축조 등의 정책을 추진함으로써 농업을 발달시켜가려고 하였다.

---

67) 『官許農桑會社章程』(1894년 10월)(규 15322) 規則 第七條.

68) 『官許農桑會社章程』 規則 第八條.

69) 『官許農桑會社章程』 規則 第一條.

70) 『官許農桑會社章程』 章程 第一款..

71) 김용섭, 『증보판 한국근대농업사연구(하)』, 일조각, 1988, 74~80쪽 ; 한우근, 『한국개항기의 상업연구』, 일조각, 1970, 226~232쪽.

5. 역토조사와 소유권 인식

갑오정권의 경제정책은 조세 수입을 확대하면서 금융·화폐·상업 부문을 개혁하려고 하였다.[72] 탁지아문을 통하여 재정의 일원화를 도모하였고, 탁지아문과 농상아문이 힘을 합하여 조세 수입을 확대하고자 하였다. 농상아문에서는 산업을 진흥시키면서도 재정 수입을 증가하는 데 심혈을 기울였다. 이 장에서는 농상아문이 역토조사사업을 실시하면서 각 궁의 유토(有土)는 물론이거니와 무토(無土)도 역토(驛土)로 편입시키면서 재정 수입을 확대하고자 하는 일과 그에 따른 소유권 인식을 살펴보고자 한다.

1894년 6월에 출범한 갑오정권은 정치제도와 경제제도의 개혁을 시도하고자 하였다. 경제적 측면에서는 재정기관의 통일, 조세의 징수와 지출 제도의 개선, 부세의 금납화, 환곡 철폐와 갑오승총으로 대표되는 재정 개혁을 시도하였다. 그 개혁을 위해서는 재원이 필요하였다.

1894년 6월 25일에 출범한 갑오정권에서 실제 권력은 군국기무처가 장악하고 있었다. 군국기무처에서 논의하여 결정한 사항은 고종이 형식적으로 추인하여 공포하였는데, 그것은 '의안(議案)'의 형식으로 공포되었다. 군국기무처에서는 6월 28일에 '의안'의 형식으로 관제를 개편하고, 다음 날 "각 궁, 각 사, 각 영으로 하여금 도장(導掌), 전답, 제언, 시장(柴場)에서 수세하고 있는 내용을 각 항목별로 조사·보고하도록"[73]하였다. 즉 각 정부기관에서 소유하고 있는 도장, 전답, 제언, 시장이 얼마나 되며, 그 소유처에서 어떤 항목으로 얼마나 수세하고 있는 지를 각 항목별로 조사하여 보고하도록 하였다. 갑오정권에서는 정부기관의

---

72) 전우용, 『한국 회사의 탄생』, 서울대 출판문화원, 2011, 113쪽.

73) 「議案」 草記 開國五百三年(1894) 六月二十九日 『議案·勅令(上)』(서울대총서) 6쪽, "各宮各司各營 導掌田畓堤堰柴場及 收稅各目査明開單".

재산과 그를 통하여 얼마나 수세하고 있는지 상황을 파악하고자 하였던 것이다.

그 2개월 후에는 군국기무처에서 "각 궁에서 관리하고 있는 토지의 지세는 새 규정에 따라 납부하도록 하고, 각 역토(驛土)와 둔토(屯土)에서도 마호(馬戶)와 작인(作人)에게 결세를 더 징수하도록"[74] 하였다. 그리하여 군국기무처에서는 각 역토와 둔토에서 결세를 추가하여 징수하도록 하였다.

나아가 1894년 12월에는 갑오정권에서 지세를 제대로 정확하게 징수하기 위하여 양전사업을 행하고자 하였다. 김홍집·박영효·어윤중 등이 연명으로 양전사업을 청하여 이듬해 봄부터 시행하도록 결정하였으나,[75] 양전사업 시행을 위한 재원 마련과 전문 인력 문제로 실제로는 시행하지 못하였다.

한편 1894년 6월 중앙관제의 개정으로 역(驛) 제도는 공무아문의 역체국(驛遞局)에서 관장하게 되었고, 1895년 3월에 공무아문과 농상아문이 병합하여 농상공부로 개편되면서 통신국 사무로 이속되었다. 그 해 6월부터 한성·인천지역에 우체사관제를 시행하고, 기타 지역에서도 체전(遞傳) 인부(人夫)를 고용하게 됨에 따라 1896년 1월부터 종래 마호수(馬戶首)의 입마(立馬)의 역은 폐지되었다. 역 제도의 변화에 따라 역에 부속된 토지의 관리도 변경하게 되면서 농상공부에서 전국의 역토를 조사하게 되었다.[76]

그 해 9월에 농상공부는 전국의 역토에 사판위원(査辦委員)을 파견하여

74) 「議定存案」 開國五百三年(1894) 八月二十六日 『議案·勅令(上)』(서울대총서) 59쪽, "各宮所有田土收穫等節 如前歸各宮所管 便地稅依新定式 准出如有各驛之從前薄稅者 各屯土之賭租 而不出稅者 皆依新定式徵出 於作人及馬戶事".

75) 『舊韓國官報』 개국503년 12월 27일.

76) 박진태, 「갑오개혁기 국유지조사의 성격－역토조사과정을 중심으로－」 『성대사림』 12·13 합집, 1997, 254쪽. 이 절의 내용은 박진태의 논문에 크게 의존하였다.

전국에 있는 역토를 조사하도록 하였다. 농상공부대신 서리 겸 농상공부 협판인 정병하는

> 본부[농상공부] 소관 각 역전답(驛田畓)을 원래 각 마호수(馬戶首)에게 배급하여 경작 수확하고 입마응역(立馬應役)하게 하였더니, 올해 6월부터 입마구규(立馬舊規)는 폐지하고 인부를 대립(代立)하여 각 부군에 공문을 전달하되 올해 12월 이후에는 모두 폐지할 터인즉 당해 전답을 조사 개정하고자 하므로 규례를 정하여 각 부군(府郡)에 사판위원을 아래와 같이 파견한다.[77]

는 공문을 발송하였다. 즉 농상공부에서 역 제도를 관장하게 되자, 마호수가 입마응역하던 종래의 규정은 모두 폐지하고, 내년부터 역토의 새로운 경영을 위하여 전국의 역전답(驛田畓)을 조사하게 한 것이었다.[78] 이 사실은 중앙행정기관에 의해 전국의 역전답을 최초로 일괄 조사하게 된다는 획기적 의미를 지닌 것이었고, 이후 역토조사 과정에서 민유지가 역토로 편입됨으로써 토지분쟁이 일어나는 시발점이 되기도 하였다.[79]

한편 1895년 6월 18일에 지방행정제도가 개편되었다. 종래의 8도(道) 5유수부(留守府)로 대표되는 지방제도가 23부(府) 337군(郡)을 근간으로 하는 새로운 지방행정제도로 개편되었다. 그리하여 한성부, 인천부를 비롯하여 전국 22지역에 1명 내지 2명의 사판위원을 파견하여 전국의 역토를 조사하도록 하였다.[80] 제주부를 제외한 22개부에 33명의 사

---

77) 「농상공부령제8호 驛田畓 調査에 관한 건」(1895년 9월 26일)(『한말근대법령자료집』 1권, 585쪽) ; 『구한국관보』 개국504년 9월 26일.

78) 박진태, 앞의 논문, 1997.

79) 최원규, 「한말 일제초기 공토 정책과 국유민유 분쟁」 『한국민족문화』 45, 2012.

80) 전국 22개 지역은 다음과 같다. 한성부, 인천부, 충주부, 홍주부, 공주부, 전주부, 남원부, 나주부, 진주부, 동래부, 대구부, 안동부, 강릉부, 춘천부, 개성부, 해주부,

〈표 3-5〉 농상공부 역토조사위원

부명(관할 군수)	사판위원(査辦委員)	비 고
한성부(11)	장제영	
인천부(12)	김용하	→ 이도래 교체(1895.11)
충주부(20)	이운영, 한성교	
홍주부(22)	이석진, 손승용	
공주부(27)	공승탁, 이종익	
전주부(20)	백봉수, 김일하	
남원부(15)	강태현, 김종만	
나주부(16)	민건호, 정량선	
진주부(21)	김병억, 김도근	김도근 → 노상설 교체(1896. 1)
동래부(10)	윤희모	
대구부(23)	원세성, 손홍원	원세성 → 이병철 교체(1896. 3)
안동부(17)	유 당, 정희환	
강릉부(9)	김익제	
춘천부(13)	이국범	
개성부(13)	현제강	
해주부(16)	김영표, 강윤희	김영표 → 김영모 교체(1896. 5)
평양부(27)	최창두, 이석원	
의주부(13)	김상봉	
강계부(6)	이노수	
함흥부(11)	전용묵	
갑산부(2)	김하성	함흥부 전용묵 겸임(1896.1) → 박규원 교체(1896.5)
경성부(10)	이일형	

출전 : 『官報』 1895년 9월 26일.『驛土所關文牒去案』(규17898-2), 『驛土所關文牒來案』(규17898-3), 『驛土所關査員質報存檔』(규17896), 『驛訓指』(규17898-1)
[박진태, 「갑오개혁기 국유지조사의 성격－역토조사과정을 중심으로」『성대사림』 12·13 합집, 1997, 255쪽 재인용]

판위원을 파견하여 각 관찰부에 도착하여 문부(文簿)조사를 행하였다.(〈표 3-5〉 참조)[81]

역토조사사업은 각 부에 파견된 1~2명의 사판위원들이 각 군의 군수와

평양부, 의주부, 강계부, 함흥부, 갑산부, 경성부[「농상공부령제8호 驛田畓 調査에 관한 건」(1895년 9월 26일)].

81) 박진태, 「갑오개혁기 국유지조사의 성격－역토조사과정을 중심으로－」『성대사림』 12·13 합집, 1997.

협의하여 진행하였고, 각 군의 이속들이 각 역 찰방의 협조를 받아 실무를 담당하였다. 역토조사는 「농상공부역답사판규례」에[82] 규정된 사항에 따라 실시되었으며, 각 역전답의 결부원수, 탁지부에 승총한 결수, 작인 성명 등을 조사하였다.

그리하여 1896년 3월 내지 4월에는 지역에 따라 역토조사사업이 종료되고, 6월에는 역토조사사업이 일차적으로 마무리되었다. 그 결과 역토의 토지 등급에 따라 정도(定賭) 내용이 재조정되고 두락(斗落)·일경(日耕) 수에 따라 결수(結數) 배정을 현실적으로 조정하였다. 8월과 9월에는 각 사판위원들은 수정·정리한 각 역토성책과 역에 관한 모든 조사 문부(文簿)를 농상공부로 상송(上送)하였다.[83]

그런데 이 역토조사사업으로 인하여 농상공부에 대항하여 민 및 역리의 토지소유 분쟁이 발생하게 되었다. 왜냐하면, 역토조사사업으로 유토인 역전답뿐 아니라 결세를 역에 획급한 공수위전답(公須位田畓)과 역수리(驛首吏)의 전답[長急走位田] 및 복호결(復戶結) 등 역과 관련된 일체의 토지가 역토로 포함되었던 것이다.[84]

즉, 이 역토조사사업에 의해 유토뿐 아니라 무토도 역토로 편입되었다. 무토는 토지의 소유권이 농민에게 있는 것인데, 국가에 지세를 납부하는 대신에 각 역에 결세를 납부하도록 획급된 것이었다. 유토는 1종 유토와 2종 유토가 존재하였다. 1종 유토는 급가매득지로 역과 궁방의 완전한 소유지이지만, 2종 유토는 절수사여지로 소유분쟁이 일어난 토지였다. 절수사여지인 토지는 농민이 조200두를 내는 토지와 조100두를 내는 토지가 존재하였다.[85]

---

82) 「農商工部驛畓查辦規例」『驛土所關文牒去案』(규17898-2) 훈령 별지.

83) 박진태, 위의 논문, 1997.

84) 박진태, 위의 논문, 1997, 259~261쪽.

85) 이영호, 「한말 일제초기 근대적 소유권의 확정과 국유 민유의 분기－경기도 안산 석장둔 사례－」『역사와 현실』 77, 2010.

1894년 농민전쟁이 갑오정권에 의해 진압되고, 정부의 위력이 강화되면서 농민의 경작권 등 토지 권리가 약화되고, 지주의 권한 및 국가의 토지 권리가 강화되었다.[86] 그런 과정에서 갑오정권의 역토조사사업은 국가의 토지 권리가 강화되면서 제2종 유토뿐 아니라 무토까지도 역토로 편입되면서 민들의 토지소유 분쟁이 일어나게 되었다. 토지소유 분쟁의 과정에서 무토는 민에게 귀속되기도 하였지만, 제2종 유토에 해당하는 절수사여지의 경우는 토지소유 분쟁이 지속되었다.[87] 분쟁의 경우는 이청에 부속되는 공유지, 역리 및 역수리의 전답 및 복호결 등에서 지속되었다. 그 토지소유 분쟁은 수조액의 감하로 국가와 민이 일시적으로 타협해가기도 하였지만, 대한제국을 거쳐 통감부 시기에 이르러 일물일권적 토지소유권만 인정하는 시기에는 사생결단의 방식으로 충돌할 수밖에 없었다.[88]

갑오정권에 의한 역토조사사업은 지주경영의 강화와 정부의 토지소유권을 강화하는 계기가 되었으며, 이 조사사업의 과정에서 일반 민전이 역둔토로 편입되게 되어 소유권분쟁이 계속 지속되어 1910년대 토지조사사업까지 이어지게 되었다.

6. 맺음말

1894년 6월에 출범한 개화파들의 갑오정부는 6월 28일에 관제를 개편하면서 통리교섭통상사무아문을 계승한 외무아문과 산업을 관할하

86) 박찬승, 「한말 역토 둔토에서의 지주경영의 강화와 항조」 『한국사론』 9, 서울대 국사학과, 1983.

87) 배영순, 「한말 역둔토조사에 있어서의 소유권분쟁」 『한국사연구』 25, 1979.

88) 최원규, 「한말 일제초기 공토 정책과 국유민유 분쟁」 『한국민족문화』 45, 2012.

는 농상아문을 신설하는 새로운 시도를 행하였다. 갑오정권은 농상국·공상국·산림국·장려국 등을 구비한 농상아문(農商衙門)을 신설하고 역체국·전신국·철도국·광산국 등으로 구성된 공무아문(工務衙門)을 설립함으로써 근대적 상공업을 일으킬 의지를 드러냈다. 즉 농상아문에서는 민영공업과 상업·농업을 진흥시키고, 공무아문에서는 철도, 체신, 광산 등 규모가 큰 국가적 사업을 추진하고자 계획하였던 것이다.

당시 갑오정권은 1880년대의 농업진흥정책을 계승하여 민간자본을 유치하여 회사를 만들어 진전을 개간하는 정책을 추진하였다. 그리하여 1894년 10월에 농상아문 주도 하에 관허농상회사(官許農桑會社)를 설립하여, 서울에 본사를 두고 지방에 지사를 두면서 전국적인 농업진흥정책을 추진하고자 하였다. 즉 농상아문의 주도 하에 양반과 평민이 참여하여 자본을 투자하면서 농상회사의 회원이 되어 진전 개간, 수리 시설 정비, 시비법 개량, 기술자 양성, 기기 구입 및 대여 등을 행하려고 하였다.

그러나 1894년 청일전쟁에서 승리한 일본은 조선 내정에 깊숙이 개입하게 되었고, 이에 일본 이노우에 가오루[井上馨] 공사는 개화파 정부에게 강요하여 1895년에는 농상아문과 공무아문을 합병하여 농상공부로 개편하게 되었다. 농상공부는 산하에 농무국, 상공국, 통신국, 광산국, 회계국을 두어 산업 발달을 도모하였다. 농무국 산하에 농사과, 삼림과, 산업과를 두었고, 농사과에서는 농업과 축산을, 삼림과에서 삼림을, 산업과에서 어업·염업·양잠업을 담당하도록 하였다.

농상공부에서는 일본의 새로운 산업동향을 파악하기 위해 농상공부 직원을 일본박람회에 파견하였다. 1895년 4월에 농상공부 주사 등 9명의 인원을 파견하여 일본의 산업동향을 시찰하게 하였다. 아울러 조선 정부의 중요한 세원이며 국가의 수출원인 인삼업의 현황을 파악하고 세금 부과를 위한 기초 작업을 실시하기도 하였다.

갑오정권은 농민전쟁을 진압한 후에는 역토의 지주경영을 강화해갔다. 1895년에 역토가 농상공부에 귀속되고, 그 해 6월부터 우체사관제가 시행되면서 1896년 1월부터 역의 마호제는 폐지되었다. 이에 농상공부에서 역토 관리를 변경하게 되면서 전국의 역토를 조사하게 하였다. 역토조사사업을 행하면서, 유토인 역전답뿐 아니라 결세를 역에 획급한 공수위전답과 역수리의 전답[長急走位田] 및 복호결 등 역과 관련된 일체의 토지가 역토로 포함되었던 것이다. 갑오정권의 역토조사사업은 국가의 토지권리를 강화하면서 지주경영을 강화해가는 방향을 띠고 있었다. 이에 민유지와 공유지 등으로 존재하였던 소유자들이 토지소유분쟁을 벌이게 되었다. 1894년 갑오개혁을 실시한 개화파들은 지주제를 유지·보호하는 바탕 위에서 농민경제의 안정과 부국강병한 국가를 수립해가려는 구상하에 농업정책을 실시해갔다.

개화파 관료들이 갑오정권 출범 초기에 구상하였던 근대적 산업 진흥을 촉진시키고, 그를 통해 근대국가를 만들어 가는 구상을 실현해가기 쉽지 않았다. 먼저 당시 한반도를 둘러싼 시대적 상황이 녹록치 않았다. 일본은 6월 30일에 청에 선전포고를 하면서, 한반도는 전쟁의 소용돌이에 휘말려 들어갔다. 청일전쟁이 끝난 후, 9월에는 전라도에서 동학농민군이 다시 거병하면서 한반도는 다시 내전에 휩싸였다. 그런 상황에서 개화파 관료들이 차분히 농업진흥정책을 펼쳐가기 어려웠다.

다음으로 농업진흥정책을 적극적으로 추진해 갈 전문인력과 자금이 충분치 못하였다. 갑오정권은 개혁정책을 추진해 갈 재원으로 일본으로부터 차관을 얻어 충당하려고 하여, 1894년 9월에 유길준이 일본을 방문하여 일본 정부에 차관을 요청하여 1895년 3월에 300만 원을 도입하였다. 그 후 1895년 말에 다시 500만 원의 차관을 요청하였지만 원활히 이루어지지 않았다. 당시 개혁정책을 추진해 갈 만한 충분한 재원과 전문인력이 뒷받침되지 못하여, 갑오정권이 계획한 대로 추진하지 못하였다.

셋째로 갑오정권은 근대적 산업을 추진할 마스터 플랜을 제시하지 못하였다. 농업진흥정책을 효과적으로 추진해가기 위해서는 그것을 추진해 갈 법령과 의안을 정비하여야 하였다. 국내외 상황 속에서 갑오정권은 그럴만한 여유를 갖지 못하였다.

제4장 대한제국의 농업정책

1. 머리말

1894년 개화파의 갑오정권은 조선사회의 체제를 크게 변화시켰다. 갑오정권은 정치적으로 전제왕권을 제한하고, 경제적으로 조세제도를 개선함과 아울러 근대적 화폐제도를 시행하고자 하였으며, 사회적으로 신분제의 철폐 등을 수행하면서 근대사회를 모색해갔다. 반면에 갑오정권의 정책은 일본의 경제적 침투를 용이하게 하는 성격도 지닌 양면적인 것이었다.[1)]

1896년 2월에 고종이 러시아공사관으로 피신하면서, 개화파 정권은 무너지고 고종은 러시아에 의존하면서 정치를 행하였다. 그러나 국내 정치세력의 환궁 요구가 빗발치고, 러시아의 지원이 고종의 기대에 훨씬 못 미치자, 1년 만인 1897년 2월에 고종은 정동의 러시아공사관으로부터 경운궁으로 환궁하였다. 그 후 10월에 유생들의 자주의식이 고조되는 가운데 제국주의 열강 간에 세력균형을 이용하면서, 고종은 황제로의 승격 열망을 외화시켜 대한제국을 건립하게 되었다. 고종은 대한제국을 공포한 뒤, 조선의 부국강병을 모색하게 되었다.

---

1) 이헌창, 「갑오·을미개혁기의 산업정책」『한국사연구』 90, 1995.

1898년에 고종은 자신의 아버지인 대원군이 죽고, 자신의 권력을 견제했던 독립협회를 해산시킨 후 황제권을 강화해가는 정책을 추진하였다. 고종은 먼저 황실 재정을 맡고 있었던 궁내부의 재정을 확충해갔고, 아울러 국가 재정의 집행에서는 황제권을 뒷받침하는 정책을 우선적으로 실시하였다.[2] 먼저 황제권을 강화하기 위한 군사제도의 개편과[3] 경찰제도의 재편에[4] 예산을 집행하였고, 반면에 내각의 권위를 약화시켰다.

고종은 먼저 황제권을 강화해갔고, 호구조사의 실시, 양전사업의 실시,[5] 근대적 화폐제도의 모색,[6] 우체·전신사업의 실시, 전차·전기사업의 실시,[7] 서북철도의 부설,[8] 서울의 신도시 건설[9] 등을 통하여 조선사회의 변화를 시도하였다.

또한 고종은 대한제국을 부국강병한 나라로 만들기 위해서 산업을 발달시켜가야 했다. 그중 부국강병한 나라를 만들고 농촌사회를 안정시

---

2) 양상현, 「대한제국기 내장원 재정관리 연구」. 서울대 국사학과 박사학위논문, 1997 ; 이윤상, 「1894~1910년 재정제도와 운영의 변화」, 서울대 국사학과 박사학위논문, 1996.

3) 조재곤, 「대한제국기 군사정책과 군사기구의 운영」 『역사와 현실』 19, 1996 ; 서인한, 「대한제국 군사제도 연구」, 국민대 국사학과 박사학위논문, 1996.

4) 차선혜, 「대한제국기 경찰제도의 변화와 성격」 『역사와 현실』 19, 1996.

5) 한국역사연구회 토지대장연구반, 『대한제국의 토지조사사업』, 민음사, 1995 ; 왕현종, 『대한제국의 토지조사와 토지법제』, 혜안, 2017 ; 김건태, 『대한제국의 양전』, 경인문화사, 2018 ; 최원규, 『한말 일제초기 토지조사와 소유권 분쟁』, 동북아역사재단, 2022..

6) 오두환, 『한국개항기의 화폐제도 및 유통에 관한 연구』, 서울대 경제학과 박사학위논문, 1984 ; 나애자, 「이용익의 화폐개혁과 일본제일은행권」 『한국사연구』 45, 1984 ; 도면회, 「갑오개혁 이후 화폐제도의 문란과 그 영향」 『한국사론』 21, 1989.

7) 김연희, 「대한제국기의 전기 사업」, 서울대 석사학위논문, 1996 ; 노인화, 「대한제국시기의 한성전기회사에 관한 연구」 『이대사원』 17, 1980.

8) 정재정, 『일제침략과 한국철도』, 서울대출판부, 1999.

9) 이태진, 「18~19세기 서울의 근대적 도시발달 양상」 『서울학연구』 4, 1995.

키기 위해서는 농업의 발달이 꼭 필요하였다. 이 글에서는 대한제국의 산업진흥정책 중 농업진흥정책이 어떠하였으며, 어떠한 성과를 거두었는가를 살펴보고자 한다. 즉, 대한제국의 농업진흥정책이 어느 정도 성과를 거두었으며, 나아가 그 정책이 지닌 의의와 한계는 무엇인지를 검토해보고자 한다.

2. 정부 주도의 농업정책

1) 농상공부 주도의 농업정책

1897년 10월에 대한제국을 선포한 고종은 왕권을 강화해가면서 부국강병정책을 실시해갔다. 정치적으로 왕권을 강화해가는 방향을 취하였지만, 사회·경제적 측면에서는 갑오정권의 개혁정책을 계승하였다. 부국강병을 위해서는 군사력 강화, 경찰력 강화, 사회신분제의 개혁, 경제제도의 개혁을 이루어야 했지만, 전근대사회에서 농촌생활을 안정시키고, 농민의 생활을 향상시키기 위해서는 먼저 농업의 발달을 이루어야 했다. 대한제국 정부는 농상공부를 중심으로 농업진흥정책을 실시해갔고, 다른 한편으로 왕권을 강화해가면서 확대되어간 궁내부를 바탕으로 농업진흥정책을 펼쳐갔다. 아울러 두 정부기구가 허가권한과 수세권을 둘러싸고 경쟁을 벌이기도 하였다. 대한제국 정부는 농상공부와 궁내부 등 두 기구를 중심으로 농업진흥정책을 실시해갔다. 먼저 이 절에서는 농상공부가 중심이 되어 실시한 농업진흥정책을 살펴보고자 한다.

고종은 1897년 10월 12일에 원구단에서 백관을 거느리고 고천지제(告天地祭)를 행한 후 황제위에 올랐는데, 그 다음날 백관들에게 관리의 부정부패 방지, 황무지의 개간, 빈민 구휼, 도로망 수리 등을 정책의 지침으로 반포하였다.[10] 또한 농상공부에서 정책을 적극적으로 추진하기 위해 그 인원을 증원하였다. 1899년 7월 12일에는 참서관은 4인에서 5인으로, 주사는 18인에서 20인으로 증원하였다.[11]

대한제국기에 농상공부에서 정책을 펴가는데 중점을 둔 분야는 통신과 농업이었다. 특히 중점을 둔 정책은 통신국이 주관이 되면서 행하였던 우체(郵遞)와 전신(電信)사업이었다. 농상공부는 전국적으로 중요도시를 기점으로 우체사를 설치해갔고, 1896년부터 실시한 우체사업은 몇 년 동안 계속되어 1900년에는 전국 40개 도시에 우체사가 설치되어[12] 우체와 전신사업을 활발히 행해갔다. 그 후 우체사업은 어느 정도 성과를 거두어 재정수입을 올리기도 하였다. 그러나 1900년 7월에 황제 직속기구로 통신원이 설치되면서 우체·전신사업은 궁내부 산하로 이관되었다.

대한제국시기 농상공부에서는 농업의 발달에 주의를 기울였다. 먼저 제언 수축에 노력을 기울였다. 1897년 7월에 농상공부대신이 의정부에 함경남도 함흥군의 제언을 수축하는 데 필요한 예산을 신청하여 제언을 수축하였다. 함흥의 제언은 크기가 매우 커서 둘레가 19,000파(把)가 되어, 2,118냥을 지원받아 수축하였다.[13] 그 후 1899년에는 2,118냥(423원 60전, 1원은 5냥)을 예산 외로 지원받아 함흥군의 오대천(五大川) 제언을 수축하였다.[14] 1901년에는 농상공부대신이 의정부에 청의하여 1,150냥(230원)의 금액을 지원받아 충청북도 괴산군의 제언을 수축하였

10) 『일성록』 광무원년 9월 18일(양력 10월 13일).

11) 「칙령 32호 농상공부관제 개정」, 1899년 7월 12일(『한말근대법령자료집』[이하 『법령집』으로 약칭] 2권, 529~530쪽).

12) 「칙령 28호 우체사 관제」, 1900년 7월 25일(『법령집』 3권, 130쪽).

13) 議政府, 1897 「咸鏡南道咸興郡堤堰修築에 關한 請議書」 『奏本』 8책(보경문화사 1권, 326쪽) ; 議政府, 1897 「農商工部所管咸興郡堤堰修築費를 豫算外支出請議書」 『奏本』 9책(보경문화사 1권, 392쪽).

14) 議政府, 1899 「咸興五大川堤堰修築費를 豫算外支出 請議書」 『奏本』 25책(보경문화사 3권, 36쪽).

다.[15] 이러한 제언의 수축은 농업에서 근간되는 일이기 때문에 기본적으로 행해야 할 일이었다. 그리하여 농무국에서는 예산을 마련하여 제언을 수축해갔다.[16]

정부에서는 양잠진흥에도 노력을 기울였다.[17] 1900년에 농상공부 농무국에 잠업과(蠶業課)를 설치하면서 양잠업 진흥에 힘을 쏟았다. 1900년에 농상공부의 관제를 개정하여,[18] 농무국의 업무에서 '양잠업의 시험 및 전습(傳習)과 잠종(蠶種) 검사'를 추가하도록 하였고, 그 일을 적극적으로 추진하기 위하여 농무국 산하에 존재하였던 농사과·삼림과·산업과의 3과 외에 잠업과(蠶業課)를 신설하였다. 잠업과에서는 〈표 4-1〉에서 보듯이, 뽕나무를 심고, 누에를 키우며, 제사(製絲) 작업을 관장하도록 하고 나아가 양잠시험장을 설치하여 선진 기술을 수용하면서 양잠을 실험하도록 하였다. 뿐만 아니라 선진적 잠업기술의 전승을 위해 잠업교육도 담당하도록 하였다.[19]

당시 동아시아에서는 양잠업이 크게 부흥하였다. 이에 대한제국에서도 양잠업 진흥에 심혈을 기울였다. 1900년 이후 정부에서는 양잠업 진흥에 심혈을 기울였으며, 그것이 전국적으로 확대되면서 크게 부흥하자, 1902년 8월에 궁내부 산하 수륜원에 공상과(公桑課)를 설치하여 양잠업을 통할하는 정책을 추진하였다.

---

15) 議政府, 1900「槐山郡堤堰修築費 豫備金中 支出件 請議書」『奏本』50책(보경문화사 5권, 23쪽).

16) 농상공부에서 제언수축비로 쓰는 예산은 연 400원 정도로 적은 편이었다(이윤상, 앞의 논문, 1996, 148~150쪽).

17) 오진석,「대한제국기 인공양잠회사와 잠업과시험장」『향토서울』85, 2013 ; 김영희,「대한제국시기의 양잠진흥정책과 민영잠업」『대한제국연구』5, 이화여대 한국문화연구원, 1986.

18)「칙령제50호 농상공부관제 개정(1900.12.19)」『법령집』3권, 254쪽.

19)「農商工部分課規程 改正(1900.12.26)」『법령집』3권, 267쪽.

〈표 4-1〉 농상공부 분과규정 중 농무국 사항

과	업무	출전
농사과(農事課)	1. 농업 및 농업토목에 관한 사항 2. 농산물의 충해예방 및 구제와 기타 농산물에 관한 일체의 손해 예방에 관한 사항 3. 수의 및 제철공에 관한 사항 4. 축산에 관한 사항 5. 수렵에 관한 사항	「농상공부분과규정」 1895년 4월 22일 (『한말근대법령자료집』 1권, 228쪽)
삼림과(森林課)	1. 삼림시업과 삼림구역 및 경계의 조사에 관한 사항 2. 삼림의 보호와 이용 및 처분에 관한 사항 3. 삼림 편입 및 제거에 관한 사항 4. 삼림의 통계 및 그 장부에 관한 사항 5. 삼림의 수입 및 경비에 관한 사항 6. 임산물품 및 삼림에 속하는 토지건조물에 관한 사항	
산업과(産業課)	1. 어업 어선 및 어구에 관한 사항 2. 염전 및 염정에 관한 사항 3. 양잠 침업 및 제다(製茶)에 관한 사항 4. 앞 두 개 과(課)의 주무에 속하지 아니한 사항	
잠업과(蠶業課)	1. 양잠에 관한 사항 2. 양잠시험장에 관한 사항 3. 식상(植桑)에 관한 사항 4. 제사(製絲)에 관한 사항 5. 잠업교육 및 전습에 관한 사항	「농상공부분과규정개정」 1900년 12월 26일 『한말근대법령자료집』 3권, 267쪽

고종은 정부 예산을 군대의 설치와 내장원의 확대에 주로 사용하였기 때문에 농상공부에 예산을 충분히 할당하지 못하였다. 농상공부에 할당된 예산도 주로 통신과 우체사업을 수행하는 데 소요되었기 때문에 농업부문에는 투자할 여력이 적었다.[20)]

농상공부에서는 통신사업·제언수축·양잠진흥·광산경영·회사설립을 중심으로 업무를 수행하였다. 농상공부의 예산이 부족하여 그 이외의 사업에는 힘을 쏟지 못하였다. 또한 대한제국 시기에는 고종은 각 부의 대신들이 책임감을 가지고 지속적으로 일할 수 있는 여건을 만들지 못하였다. 고종은 농상공부 책임자인 대신을 자주 교체함으로써, 농상공

20) 이윤상, 앞의 논문, 1996 참조.

부 대신이 실질적 권한을 갖고 업무를 수행할 수 없었다. 농상공부 대신의 평균 재임기간은 1년이 채 되지 못하였다. 농상공부 대신의 임기가 몇 개월밖에 되지 않았기 때문에 책임감을 갖고 정책을 집행해갈 수 없었다. 나아가 고종은 산업정책을 농상공부를 통하여 실시하려고 하기보다는, 내장원을 통하여 실시하려고 하였기 때문에 농상공부를 통한 농업정책은 활발하지 못하였다.

2) 궁내부 주도의 농업정책

1894년 갑오정권의 주도층인 개화파들은 왕의 권한을 약화시키기 위하여 왕실 재정과 국가 재정을 분리하고자 하였다. 그러한 의도로 설립된 것이 궁내부였다.[21] 그러나 고종은 1897년 10월에 대한제국을 건립하면서 오히려 황제권을 강화해가는 노력을 기울였고, 그 과정에서 궁내부의 권한과 재정을 크게 강화해갔다.[22]

고종은 궁내부 산하에 개혁사업을 담당하는 기구를 설립하고 그것을 중심으로 정책을 펴나갔다. 특히 1899년 8월에 궁내부 산하기구인 내장사(內藏司)를 내장원(內藏院)으로 개칭하면서 그 기구를 크게 확대해갔으며, 고종이 내장원을 중심으로 한 궁내부를 그의 물적 기반으로 확보해가면서 그가 중점을 두는 방향대로 정책을 집행해갔다.

이러한 측면은 농업부문에서도 마찬가지였다. 1899년 8월에 내장사가 내장원으로 확대 개편된 이후 내장원에서 대부분의 농업정책을 추진해갔고, 그에 따른 수세도 행하였다. 즉 농업부문에서 농상공부는 형식적인 기구로 남게 되고 내장원이 그 역할을 주도해갔다. 궁내부 산하의 하부기구였던 내장사를 내장원으로 개칭하면서 그 조직을 크게 확대하였다.

---

21) 서영희, 「1894~1904년의 정치체제 변동과 궁내부」 『한국사론』 23, 1990.
22) 서영희, 「광무정권의 형성과 개혁정책 추진」 『역사와 현실』 26, 1997.

고종은 내장원을 중심으로 정책을 집행하면서 그에 따른 과실로서 세금을 징수하였다. 내장원 설립 당시 그 산하에는 장원과(莊園課)·종목과(種牧課)·수륜과(水輪課)를 두었는데, 그 후 삼정과(蔘政課 : 1899년 12월에 신설)·공세과(貢稅課 : 1900년 9월에 신설, 1902년 4월에는 공업과로 개칭됨)·기록과(記錄課 : 1900년 9월에 신설)·전생과(典牲課 : 1902년 4월에 신설됨) 등이 증설되었다. 그중 종목과·수륜과·삼정과·장원과 등이 중심이 되어 농업정책을 수행해갔다.

종목과(種牧課)에서는 가축의 품종 및 곡식의 품종을 개량해가는 시도를 하였다. 1884년에 설립된 농무목축시험장이 1886년에 종목국으로 변경이 되었고, 이 종목국이 궁내부에 이속된 것은 1895년이었다. 종목국에는 동종목국(東種牧局)과 남종목국(南種牧局)이 있었는데, 남종목국은 이미 궁내부에 환속되었고, 동종목국은 1895년 5월에 궁내부에 이속되었다. 즉 동종목국의 말·양 등 가축류와 축사 등을 모두 궁내부에 부속시켰다.[23] 이에 1896년 10월에는 궁내부에 종목과를 증설하고 장(長) 1인과 주사(主事) 2인을 두어 사무를 관장하도록 하였다.[24] 실제로 종목과장에는 5품인 오영렬(吳永烈)을 주임관(奏任官) 6등으로 임명하고, 주사(主事)에는 9품인 장용진(張瑢鎭)과 김창진(金昌鎭)을 판임관(判任官) 7등으로 임명하였다.[25]

그 후 1899년 8월에 내장사가 내장원으로 확대 개편되면서 내장원 산하에 장원과·종목과·수륜과의 3과를 두게 되자, 이전의 종목과를 내장원으로 편입하였다.[26] 그 후 내장원 종목과에서 담당하는 일이 많아지자 1900년 1월에는 기수(技手)를 2명 증원하였으며,[27] 실제로 손윤근(孫允

---

23) 『법령집』 奏本(1895.5.26.) ; 『농상공부청의서』(규17719) 第5호.

24) 「포달제17호 宮內府官制 改正(1896.10.3.)」 『법령집』 2권, 186쪽.

25) 『관보』 1896년 10월 6일.

26) 「포달제50호 궁내부관제 개정(1899.8.22.)」 『법령집』 2권, 545~546쪽. 이때에도 종목과에는 종목과장 1인(주임관), 주사 2인(판임관)이 근무하였다.

根)을 종목과 기수(技手) 판임관 6등으로, 박홍석(朴弘錫)을 종목과 기수(技手) 판임관 8등으로 임명하였다.[28] 그 뒤에도 종목과의 업무가 많아지게 되자 인원을 증원하였다. 그리하여 동년 11월에는 기사(技師) 1인을 증치하고 주사도 2인에서 3인으로 1인을 증원하였다.[29] 종목과 주사 장용진(張溶鎭)과 기수 손윤근(孫允根)은 면직시키고, 그 대신 주사로 박우용, 변승화, 김상수, 채수언 등 4인을 임명하였다.[30]

수륜과(水輪課)는 황폐한 땅을 개간하여 경지로서 이용 가능하게 하는 역할을 수행하였다. 1899년 1월에 내장사 내에 수륜과를 증설하였고, 직원은 수륜과장 1인, 기사 3인, 주사 7인, 기수 4인을 임명하도록 하였다.[31] 곧이어 2월에는 '수륜과장정(水輪課章程)'을 마련하여,[32] 각 궁이나

---

27) 「포달제54호 궁내부관제 개정(1900.1.6)」『법령집』3권, 6~7쪽.

28) 『관보』 1900년 1월 9일.

29) 「포달제66호 궁내부관제 개정(1900.11.5.)」『법령집』3권, 239쪽.

30) 『관보』 1900년 11월 6일 인사란.

31) 「포달제45호 궁내부관제 개정(1899.1.23.)」『법령집』2권, 441쪽.

32) 「궁내부소속내장사수륜과장정」(1899.2.7.)『법령집』2권, 443쪽.
제1조 국내 건조하고[高燥] 황폐한 땅에 수륜을 설치하여 축동(築垌) 굴포(掘浦) 개척 관개할 것
제2조 과장(課長)은 해당 과사무를 감독하며 개척하는 각 곳을 수시로 순시할 것
一. 과장이 순시할 때는 해당 과사무를 기사가 담당할 것
제3조 기사(技師)는 과장의 지휘를 받아 목공 석공 철공과 함께 토양을 살피고[相土], 물을 측량하며[測水], 산술 등의 업무를 전담할 것
제4조 주사(主事)는 과장의 명을 받아 수륜 기술업무와 일체 장부를 살펴볼 것
제5조 수륜과 사무소는 상의사(尙衣司) 조방(朝房)에 둘 것
제6조 원액 직원 외에 각 부군(府郡)에는 위원 약간명을 기술 전문가로 과장이 추천하여 임명할 것
一. 위원은 각 부군에 토지 형편을 검사하여 본 과에 보고하며 개척 사무를 감독할 것
二. 위원이 각 부군의 전임(前任)할 때는 본부 훈령을 휴대하고 사무가 지방관에게 연관이 있는 경우에는 조회하여 처리할 것
제7조 개척할 때에 분묘 50보 이내에는 침범하지 말 것
제8조 각 궁, 각 영, 각 사, 각 부, 각 군 소속 공토 등 황폐지는 편의에 따라

관청의 공토(公土) 가운데 황폐하여 버려진 땅을 개간하여 수륜원에 부속시키도록 하였다.[33] 아울러 민간인이 출자하여 공토를 개간하려고 할 때는 수륜과의 허락을 받고 시행하도록 하였으며, 그 개간지는 수륜과에서 직원을 파견하여 세금을 징수하도록 하였다.[34]

궁내부 수륜과의 업무가 확대되면서 관제를 개정하게 되었다. 「수륜과장정」 제6조에서 규정한 각 부군의 위원을 폐지하고 내외과장(內外課長) 제도를 마련하여 외과장(外課長) 13명과 주사(主事) 13명을 새로이 신설하여 각 도에 파견함으로써 업무를 관할하게 하였다. 중앙의 업무는 내과장(內課長) 1명과 주사(主事) 1명을 배치하였다.[35]

수륜과의 할 일이 많아지자 감독(監督) 2명을 증치하였으며,[36] 1902년에는 수륜과를 수륜원(水輪院)으로 확대 개편하였다. 그리하여 수륜원은 내장원 다음으로 비중이 큰 기구가 되었다.[37] 수륜원 산하에는 수륜과(水輪課)·제언과(堤堰課)·공상과(公桑課)·사계과(査計課) 등의 기구를 설치하였다. 수륜원은 국내의 황폐한 땅을 개간하고 축언개보(築堰開洑)하여 경지를 관리하였으며, 추용(碓舂 : 방앗간)과 종상(種桑) 등의 사무도 모두 관장하였다.[38] 수륜원에서는 1902년 11월에 '수륜원장정(水輪院章程)'과 '수륜원규칙(水輪院規則)'을[39] 마련하여 관리의 역할을 규정하고,

---

개척하여 본 과에 부속시킬 것
제9조 한광 등 버린 땅은 모두 기간할 것
제10조 인민이 출자하여 개척할 경우에는 본과에 허락을 받은 후에 시행할 것
제11조 개척 관개한 곳의 수세는 과장이 과원을 파견하고, 본과 세칙에 의거하여 저렴하게 정하여 본사에 납부할 일

33) 위 장정 제8조.

34) 위 장정 제10조, 제11조.

35) 『황성신문』 1900년 3월 21일.

36) 「포달제76호 궁내부관제 개정」(1901.7.9.) 『법령집』 3권, 321쪽.

37) 「포달제80호 궁내부관제 개정」(1902.4.11.) 『법령집』 3권, 364~365쪽.

38) 「포달제91호 궁내부관제 개정」(1902.11.18.) 『법령집』 3권, 469쪽.

39) 『관보』 1902년 11월 26일.

수륜원의 사업과 업무를 상세히 규정하였다.

'수륜원규칙'에는 황무지를 개간하여 수세하는 원칙을 상세히 규정하였다. 황폐한 관유지의 경우 개간하여 소출의 반을 수륜원에 바치게 하였으며, 민유지의 경우도 황폐한 경우 개간하면 5년 동안은 소출을 모두 걷고 그 이후에는 작인과 반분한 가운데 그중 절반(1/4에 해당)은 지주에게 주고 나머지 절반(1/4에 해당)은 수륜원에 바치게 하였다. 수륜원에서는 개간을 통하여 많은 세를 징수할 수 있었다.[40] 그 후 1904년 1월에 수륜원은 폐지되었다가, 5월에 어공원(御供院)을 증치하여 황무지를 개간하고 제언을 수리하게 하였다. 그러다가 7월에 다시 어공원을 폐지하였다.[41]

삼정과(蔘政課)는 1899년에 12월에 내장원 산하에 신설되었다.[42] 삼정과에서는 '삼정사장정(蔘政社章程)'을 만들어 인삼업을 권장하는 역할을 담당하였다. 고종은 가장 신임하는 신하인 내장원경(內藏院卿) 이용익으로 하여금 삼정감독을 겸임케하여 인삼의 제조 및 판매에 따른 이익을 독점하게 하였다. 삼정과에서는 삼포농업을 관리하고 홍삼을 제조하여 판매함으로써 큰 이익을 얻도록 하였다. 즉 삼정과를 통하여 인삼 재배와 홍삼 제조를 담당하도록 하였고, 그를 바탕으로 인삼세를 징수하고 매매이익까지 확보하려고 하였다.[43]

---

40) 내장원에서 제언을 수축하여 새로이 개간하게 됨으로써 세금을 징수하는 사례는 많다(『훈령조회존안』(규19143) 참조).

41) 「포달제110호 궁내부관제 개정」(1904.1.11.) 『법령집』 3권, 567쪽 ; 「포달제115호 궁내부관제 개정」(1904.5.19.) 『법령집』 3권, 604쪽 ; 「포달제121호 궁내부관제 개정」(1904.7.30.) 『법령집』 3권, 632쪽.

42) 인삼업은 1895년 3월에 농상공부 관제가 제정되면서 그곳에서 관리하게 되었고, 홍삼은 탁지부가 관리하였다. 그 후 1898년 6월에 궁내부관제가 개정되면서 내장사가 삼정을 관할하게 되었고, 이용익이 내장사장(內藏司長)이면서 삼정감독(蔘政監督)을 겸임하였다.

43) 양정필, 『근대 개성상인과 인삼업』, 푸른역사, 2022 ; 양상현, 「대한제국기 내장원 재정관리 연구」, 서울대 국사학과 박사학위논문, 1997 ; 원윤희, 「한말·일제강점초 삼포농업의 변동과 홍삼정책」 『역사교육』 55, 1994.

대한제국기의 농업정책은 정부의 공식적인 기관인 농상공부를 통해서 발달시켜가기보다는 고종이 자신의 직속기구인 내장원을 통하여 농업을 발달시켜가고 그에 따라 수세하여 부를 축적하고자 하였다. 고종은 축적한 부를 바탕으로 황제권을 강화해가면서 황제가 중심이 되어 근대화를 지향해가는 '위로부터의 근대화'를 추구해갔다.

3. 정부의 토지조사 실시

대한제국 정부가 개혁사업을 적극적으로 펼쳐가기 위해서는 재원이 필요하였다. 나아가 당시는 토지소유권에 대한 분쟁이 심하고, 토지문기를 훔쳐서 매매를 행하는 등 토지소유권 문제가 문란하였기 때문에 정부가 해결해야 했다. 이러한 문제를 해결하기 위해서 토지조사사업은 필수적이었다. 즉 대한제국 정부가 개혁정책을 실시할 재원을 마련하고, 당시 도매(盜賣)와 토지소유권 분쟁이 심한 농촌사회의 모순을 해결하기 위해서는 토지조사를 실시해야 했다.

그러나 토지조사가 지니는 의미와 파급력은 가볍지 않았다. 19세기 이후 토지조사에 대한 논의가 조정에서 있을 때마다 찬반에 대한 논의가 끊이질 않았다.[44] 찬성하는 견해는 1720년 경자양전 이후에 토지의 형상과 비옥도 및 지목이 변화하였음에도 불구하고, 그 뒤에 전국적인 양전이 실시되지 않아 그것을 제대로 파악하지 못함으로써 지세 부과나 지세량 등에서 불공평하므로 실시해야 한다는 것이었다.

반면에 반대하는 의견은 토지조사를 행하는 양전사업을 행하기 위해서는 많은 재원과 전문 인력이 필요한데 그것이 갖추어져 있지 않았기

44) 김용섭, 「순조조의 양전계획과 전정이정 문제」 『증보판 한국근대농업사연구(상)』, 일조각, 1988.

때문에 시기 상조라는 의견이 주였다. 그러나 반대하는 의견의 본 의도는 양반층과 서리·수령 등의 은결과 누결이 발각될 우려가 있었고, 나아가서는 토지조사사업에 의한 토지소유관계의 확인은 생산관계의 변화를 유발하는 잠재력을 지닌 것이고 사업이 진행되면서 많은 시행착오를 거칠 것이기 때문이었다.

이런 복합적인 측면이 있음에도 불구하고 개혁정책을 펴가기 위해서는 국가 재부의 근원인 토지에 대한 조사를 실시하지 않을 수 없었다. 고종은 1898년 6월 23일 내부대신 박정양과 농상공부대신 이도재에게 의정부에 양전사업에 관한 건을 청의하도록 하였다.[45] 이에 박정양과 이도재가 의정부에 「토지측량에 관한 청의서」를 제출하였다.

> 전국에 지방을 나누어 구역을 정하고 구역에 지질을 측량하야 조리가 밝게 함은 나라에 있어 커다란 정사이라. 대저 우리나라에 구역이 크지 않음이 없고, 토지가 아름답지 않음이 없다. 강계가 나누어져 있지만, 지질에 대한 측량이 자세하지 않고, 들판의 넓고 협착함과 천택의 길고 짧음과 산 고개의 고저와 수풀의 넓고 좁음과 바닷가의 넘침과 너울, 밭이랑과 두락의 비척(肥瘠)과 가옥의 점거한 거리, 토지 성질의 마름과 습함, 도로의 거침과 험함이 가히 준거하기 어렵다 하니, 정치 유신한 시기에 이르러 가히 일대 흠전(欠典)이 아니리오. 지금 금일의 급무가 토지측량보다 더한 것이 없기로 이때에 회의에 올립니다.
>
> 광무 2년 6월 일
>
> 의정부찬정 내부대신 박정양
> 의정부찬정 농상공부대신 이도재
> 의정부참정 윤용선 각하 사조(査照)[46]

45) 『농상공부거첩존안』 3책 「토지측량에 관흔 사건」 광무2년(1898) 6월 22일 ; 『주의』 17책(광무 2년 6월 23일).

위의 청의서에서는 전국의 토지조사를 하는데, 단지 농지뿐 아니라 삼림과 천택 및 도로에 이르기까지 확대하는 것을 목표로 하고 있었다. 대한제국에서는 토지조사의 대상을 이전과 달리 크게 확대하고 있음을 알 수 있다.

이 안건을 심의한 의정부회의에서는 토지조사에 반대하는 대신들의 의견이 다수를 이루면서 격렬한 논쟁이 이루어졌다. 토지측량에 반대하는 사람들은 전국적인 토지측량은 매우 큰 사업이며 관리의 임명 등 쉽지 않은 일이라고 하였다.[47] 즉 많은 재원이 들어가며, 토지측량 등 전문 인력이 투여되어야 하며, 그 일을 감독할 전문관료들을 임명 파견하여야 하는 큰 사업이어서 간단히 할 수 없는 일이라고 하였다. 의정부회의에서 격렬한 토의 결과, 의안에 찬성한 대신은 청의서를 낸 두 대신을 비롯하여 의정부회의를 주재했던 참정 윤용선 및 궁내부 대신서리 윤정구 등 4명에 불과했고, 나머지 대신 6명은 모두 반대하여 그 안건은 부결되었다.[48]

그러나 고종은 이러한 대신들의 논의에 구애되지 않고, '청의대로 시행할 것'이라는 비답을 내리면서 양전사업의 실시를 결정하여 집행하도록 하였다.[49] 이후 7월 2일에는 고종이 직접 조서를 내려 "토지측량사는 이미 정부가 상주하여 결정한 것이므로 별도로 양지아문처무규정을 정하여 정부로 하여금 논의하여 결정하여 들이라"[50]고 명하였다. 나아가 고종이 직접 양전을 재가하고 양전을 담당할 아문과 그 처무규정을

46) 『農商工部去牒存案』(규18152) 3책, 1898년 6월 22일.

47) 왕현종, 「양지아문의 양전사업과 토지조사의 특징」 『대한제국의 토지조사와 토지법제』, 혜안, 2017, 174~177쪽.

48) 의정부, 「전국토지측양건 회의부결사」(1898년 6월 23일) 『주본』 17책(보경문화사 간행).

49) 왕현종, 「대한제국기 양전·지계사업의 추진과정과 성격」 『대한제국의 토지조사사업』, 민음사, 1995.

50) 『일성록』 광무 2년 5월 14일(양 7월 2일).

마련하라는 조칙을 내렸다.

이에 1898년 7월에 「양지아문직원급처무규정(量地衙門職員及處務規定)」이 반포되고, 주관기관인 양지아문(量地衙門)을 설립하였다. 고종은 양지아문이라는 특별기구를 설치하고, 내부·탁지부·농상공부와 동등한 위치에 있으면서 서로 밀접한 관련을 맺게 하였다. 내부의 토목국(土木局), 판적국(版籍局)과 탁지부의 사세국(司稅局), 농상공부의 농무국(農務局) 광산국(鑛山局) 등이 협조하여 진행하도록 하였다.[51] 양지아문에서 양전조례(量田條例) 등 각종 법령을 정비하면서 준비작업을 행하다가 1899년 여름부터 양전사업을 본격적으로 실시하였다.

양지아문의 직제는 본부의 임원과 양전사업에 종사하는 실무진으로 구성되었다. 본부의 임원은 총재관 3명(내부대신 박정양, 탁지부대신 심상훈, 농상공부대신 이도재), 부총재관 2명(이채연과 고영희), 기사원 3명, 서기 6명 등이었고, 양전사업에 종사하는 실무진은 양무감리, 양무위원, 조사위원, 기술진 등이었다.

1899년 3월 10일 양지아문은 한성우체사 주사인 오병일의 양전에 대한 청의서를 양전사업의 원칙으로 채용하여 양전사업을 실시하였다. 양전사업을 처음 실시한 곳은 충청남도 아산군이었다. 1899년 5월 29일 충청남도 양무감리로서 전의군수 정도영(鄭道永)을 임명하고, 6월 5일 정3품 이종대(李鍾大), 9품 이기(李沂), 이교혁(李喬赫), 송원섭(宋遠燮) 등을 양무위원으로 임명하였으며, 이외에도 22명의 학원을 선발하여 아산군에서 처음으로 양전을 시작하였다. 아산군의 양전은 6월 20일부터 9월 13일까지 이루어졌다. 그 지역에서 양전에 종사했던 담당자들은 이후 경기도·전라남도·전라북도·충청남도 양무위원으로 파견되어 양전사업을 확대 실시하였다.

---

51) 왕현종, 「양지아문의 양전사업과 토지조사의 특징」 『대한제국의 토지조사와 토지법제』, 혜안, 2017.

그러나 양전을 실시한 지 2년 만인 1901년에 큰 흉년이 들어 양전사업을 계속할 수가 없었다. 그 해 12월에 양지아문에서 양전사업을 당분간 중지할 것을 선포하였다. 그때까지 양전사업을 마친 곳은 경기 15개군, 충북 17개군, 충남 22개군, 전북 14개군, 전남 16개군, 경북 27개군, 경남 10개군, 황해 3개군으로 총 124개군이었다.

한편 양전사업으로 토지소유권자를 확인하여 양안에 기재함으로써 그 토지의 소유권을 확인해주었지만, 그후의 변동관계에 대한 아무런 제도적 확인장치가 마련되어 있지 않았다. 당시에는 농민층분화현상의 진전을 바탕으로 매매 등을 통한 소유권 변동과 궁방의 민전 침탈, 도매(盜賣), 외국인의 잠매(潛賣) 등의 부정한 방법을 통한 소유권 변동이 빈번히 일어나고 있었다. 이에 토지소유권자나 관리들은 이러한 폐단을 막기 위해 토지소유권의 확인과 변동사항의 공인(公認)을 요구하였고, 정부는 그 요구를 수렴하여 1901년 10월 20일에 지계아문을 창설하고 그곳에서 토지소유권을 관에서 확인한 관계(官契)를 발행하였다. 관계의 발급대상은 농지만이 아니라 전국의 모든 산림과 가사까지 포괄하였다. 토지소유권의 관인(官認)인 관계(官契)는 국내인에게만 발급해주었다. 외국인이 토지를 소유하는 것은 법적으로 인정하지 않았으며 관계도 발급해주지 않았다.

1902년 1월부터 지계아문은 양지아문의 양전과 양안작성의 업무를 인수하는 작업을 수행하였으며, 그해 3월 17일에 정부에서는 지계아문과 양지아문의 사업이 병행되어야 한다는 것을 인식하고, 두 기구를 통합하여 지계아문을 토지의 측량과 관계의 발급기관으로 설정하였다. 지계아문의 초대 총재서리부총재는 고종의 총애를 받고 실권을 장악하고 있었던 이용익이었다.

지계사업을 담당할 관리는 지계감독, 지계감리, 지계위원 등으로 이루어지게 되었다. 지계감독은 각 도의 관찰사가 맡아 양전과 관계발급사업을 통할하였고, 지계감리는 양전과 관계 발행의 실무 책임자로서 각 도에 1명씩 파견되어 각 군의 지방관에게 지령을 내리면서 양전을 실시하고 관계를 발행하는 모든 업무를 실질적으로 관장하였다.

이러한 관계발급사업은 1902년 4월에 강원도부터 시작되어, 11월에는 경기도, 충청도를 비롯하여 전라도, 경상도 및 함경도에 이르기까지 확대되고 있었다.[52] 이것은 국가경영의 단초를 이루는 작업이었다. 그러나 지계아문의 사업은 1904년 1월에 중지되었다. 지계아문에서 1902년부터 2년간 94개군에서 양전사업을 마침에 따라 종래 양지아문에서 양전한 지역까지 합하면 218개군에 이르렀다. 이것은 전국 군(郡)의 2/3에 해당하였다.

그런데 국가 재정의 압박과 국제정세의 변화에 의해 대한제국의 국가 권력이 불안정해짐에 따라 1904년 1월에 기구 개편으로 지계아문을 포함한 관청을 혁파하고, 대신 그 기구를 축소하여 탁지부에 편입시켰다. 그 후 탁지부 양전국(量田局)에서 관계발행을 중지하고 양전사업만 담당하게 되었으나 그마저도 제대로 실시되지 못하였다.

대한제국의 양전사업의 결과 양전사업을 실시한 지역에서 30% 정도의 지세가 증가하였고, 1년의 지세액은 170만 원 정도였다.[53] 나아가 그것은 국가가 토지가격을 바탕으로 지세를 책정하는 근대적 조세제도를 이루는 기반을 마련하였다.

대한제국의 양전사업이 거둔 가장 큰 성과는 국가가 토지소유권을

---

52) 최원규, 「대한제국기 양전과 관계발급사업」『대한제국의 토지조사사업』, 민음사, 1995.

53) 地稅가 1898년에는 173만원, 1899년에는 177만원, 1900년에는 237만원, 1901년에는 439만원, 1902년에는 406만원, 1903년에는 586만원, 1904년에는 708만원이었다(지세는 갑오개혁기에 1결당 평야지대(沿郡)는 30냥, 척박한 지역(山郡)에는 25냥이었다가, 1900년에 1결당 50냥으로 증가하였고, 1902년에는 1결당 80냥으로 증가하였다.).

공인(公認)해준 것이었다.[54] 이전에는 매매문기를 통하여 사적으로 인정되었던 소유권을, 국가가 관에서 발급해주는 문기인 관계(官契)를 통하여 확실하게 인정해줌으로써 토지소유주들은 확실한 토지소유권을 행사하게 되었다. 즉 대한제국의 양전사업은 근대적 소유권을 확립하는 계기가 되었다. 근대적 소유권의 확립은 전주들의 토지매매를 활성화시켰으며, 그것은 지주의 산업자본가화를 촉진하는 요인도 되었다. 물론 지주의 산업자본가화는 근대적 화폐경제의 성립, 상공업의 발달 등 사회적 여건의 성숙과 함께 이루어질 수 있는 일이었다.

대한제국의 양전사업에서는 외국인에게 토지소유를 인정해주지 않았다. 대한제국 정부는 외국인의 토지 잠매(潛賣)를 불법으로 규정하면서 적극적으로 막고자 하였으며, 그것을 매개로 한 외국인의 경제적 침투를 저지하고자 하였다. 또한 국가 재정적 측면에서는 지세의 증수(增收)를 도모하였고, 징세방식에서는 근대적인 지세제도를 이룰 수 있는 발판을 마련하였다. 즉 관계(官契)에 지가(地價)를 기입하도록 함으로써 지가에 근거한 근대적인 지세제도를 시행할 수 있도록 하였다.

4. 농업회사의 설립과 농업 장려

대한제국 시기에는 정부뿐 아니라 지식인들도 농업 진흥이 절실하다고 주장하였다. 지식인들은 백성을 살리고 나라를 부강하게 하기 위해서는 농업을 발달시켜야 한다고 주장하였다. 당시의 지식인들은 농업 진흥을 위한 다양한 방안을 제시하였다. 『황성신문』의 편집주간은 '논설'에서 "백성을 살리는 방법에는 10가지가 있는데 그중 하나가 황무지를

54) 이영학, 「대한제국기 토지조사사업의 의의」 『대한제국의 토지조사사업』, 민음사, 1995, 32~35쪽.

개간하는 것"[55]이라고 하였다. 또한 "농상(農桑)을 권장하여 근본을 키워야 나라가 발전한다"[56]고 하였다. 나아가 "서양의 농법을 번역하여 소개하고 농학을 일으켜 물산을 풍부히하고 백성들을 편안케하여야 한다"[57]고 서양의 농법을 소개하고 서양의 신학문을 배울 것을 권장하기도 하였다.

『황성신문』에서는 정부뿐만 아니라 지식인들도 당시의 농업개량에 노력을 기울여야 한다고 언급하였다. 『황성신문』에서 "오늘날 나라를 부강하게 하는 방법은 농업을 개량하는 것이 진실로 제일의 긴급한 일(寔爲第一要務)이라고"[58] 하면서 '농업개량책'을 12회에 걸쳐 논설로 제시하였다.[59] 그 내용을 요약하면 다음과 같다. 농업 개량의 방법은 5가지가 있다. 황무지 개간, 제언 수축, 농기구 개량, 서구 농학 수용, 자본 모집이다.[60] 먼저 황무지 개간이 현재 시급한 일이라고 하였다.[61] "조선 건국 초에는 전답결수가 100여만 결이었으나, 현재 탁지부의 전결은 역둔토까지 합쳐도 겨우 94만 결에 이른다.[62] 이는 은누결(隱漏結)이 있기도 하지만 대부분은 진황지 때문이다. 나라가 번성할 때에는 인구가 증가하여 산곡 구릉이 모두 개간되었다. 전쟁 후 사람이 줄고 전답이 황폐하여 지금 산곡에는 진황지가 줄지어 있다. (중략) 동남 연안을 모두 개척하고 개간하면 국가 조세는 팽창하고 백성들이 이익을

55) 『황성신문』 1898년 12월 16일 논설.
56) 『황성신문』 1898년 10월 6일 논설.
57) 『황성신문』 1899년 3월 4일 논설.
58) 『황성신문』 1904년 4월 11일 논설.
59) 『황성신문』 1904년 4월 11일~1904년 4월 23일 논설.
60) 『황성신문』 1904년 4월 13일 논설.
61) 『황성신문』 1904년 4월 13일 논설.
62) 그 후에 다시 조사하여 "전답결수가 200만결이었는데, 선조 이전에는 160만결, 숙종조 개량시에는 140만결이었다가 현재는 불과 94만결에 불과하니 황무지 개간이 중요하다"(『황성신문』 1904년 7월 4일 논설) 고 하였다.

얻을 수 있으니, (중략) 이것이 현재의 급무이다"[63]라고 주장하였다.

나아가 제언을 수축하여 천수답을 개선하고,[64] 농기구를 개량하여 농사기술을 발전시켜가야 한다고 하였다.[65] 또한 일본의 신농학교육을 소개하면서, 발달된 서양의 농학을 수용하여 농업을 진흥시켜야 한다고 하였다.[66] 이 모든 것을 위해 정부는 자본이 필요한데, 자본 모집 방안으로 정부가 주무 관청과 회사를 설립하여 국채와 자본을 모집하고, 또한 지주들에게 권유하여 자본을 조달케하자고 제언하였다.[67]

이러한 사회적 분위기 속에서 광무정권에서도 농업회사를 설립하여 농업을 권장하려고 하였다. 대한제국시기 이전(以前)에도 정부는 농업회사를 설립하여 농업을 장려하는 사업을 벌이기도 하였다. 1885년에는 정부가 주도하여 '교하농상사'와 '경성농상회'를 설립하여 수리시설 축조, 황무지 개간, 뽕나무 재배 등의 일을 추진하였으며,[68] 1894년에는 '관허농상회사'를 설립하여 수리시설 수축, 황무지 개척, 시비법 채용 등을 통하여[69] 조선 농업을 진전시키고자 하였다.

대한제국시기에 들어서 농업회사의 설립이 더욱 다양해졌다. 정부가 주도하여 농업을 진흥하는 회사를 설립하기도 하였지만, 관료와 지주를 비롯한 평민들이 현재의 위기를 극복하고 국가를 부흥·발달시키기 위해서 농업회사를 설립하기도 하였다. 1897년 이후 대한제국 시기에는 각 지방에서 다양한 농업회사들이 출현하였다. 그 농업회사를 살펴보면 다음 〈표 4-2〉와 같다.

---

63) 『황성신문』 1904년 4월 13일 논설.
64) 『황성신문』 1904년 4월 14일 논설.
65) 『황성신문』 1904년 4월 15일 논설.
66) 『황성신문』 1904년 4월 16일 ; 4월 18일 ; 4월 19일 논설.
67) 『황성신문』 1904년 4월 20일 논설.
68) 이 책의 제2장 참조.
69) 이 책의 제3장 참조.

〈표 4-2〉 대한제국 전기 농업회사 일람(1897~1905년)

	회사명	설립	영업목적	지역	대표자	비고
1)	농상회사	1899	농림업	통진	서상칠	설립
2)	개간회사	1900	개간	경상도	오평묵	인허
3)	목양사	1900	농경	부평	민영환	설립
4)	농업회사	1901	농경	부평	민병석, 김석환	청원
5)	농상회사	1903	개간, 식종	안악	김효찬	청원
6)	개간회사	1904	개간	서울		활동, 일진회 부설
7)	농광회사	1904	개간	서울	이도재	활동
8)	농상회사	1904		황해도	전국환	
9)	보민회사	1904	개간	논산	신현구	활동
10)	기보회사	1905	개간	해미	박영대	인허
11)	한일합자농업사	1905	개간, 관개		박기환 등	청원
12)	농업회사	1905	개간	진위	민홍기	인허
13)	농업회사	1905	채석	서울, 충남 문의	김윤혁	청원
14)	농업회사	1905	채석, 개간	서울, 평남 양덕	김효진	청원
15)	농업회사	1905	개간	평안도 의주	원세기	인허
16)	농업주식회사	1905	농경	서울	송병준	인허

출전 : 1)『독립신문』 1899년 10월 2일 ; 2)『황성신문』 1900년 12월 5일 ; 3)『황성신문』 1900년 10월 24일, 1902년 3월 7일 ; 4)『황성신문』 1901년 9월 21일 ; 5)『황성신문』 1903년 5월 9일 ; 6)『황성신문』 1905년 8월 23일 ; 7)『황성신문』 1904년 8월 12일 ; 8)『황성신문』 1904년 8월 16일~8월 19일 ; 9)『황성신문』 1904년 10월 18일 ; 10)『황성신문』 1905년 3월 20일 ; 11)『황성신문』 1905년 6월 10일 ; 12)『황성신문』 1905년 8월 23일, 『대한매일신보』 1905년 8월 25일 ; 13)『황성신문』 1905년 11월 14일, 1906년 8월 20일, 『대한매일신보』 1905년 11월 16일, 1906년 8월 19일 ; 14)『대한매일신보』 1905년 12월 17일, 『황성신문』 1906년 3월 30일, 4월 3일 ; 15)『대한매일신보』 1906년 10월 5일, 『황성신문』 1906년 10월 5일 ; 16)『황성신문』 1907년 11월 6일.

당시의 농업회사들은 설립주체에 따라 두 부류로 나누어진다. 관이 주도하면서 지주 등 민간인의 자본을 모집하여 설립하는 회사가 있고, 반면에 순수 민간인들이 설립하는 회사가 있었다. 1894년에 설립한 '관허농상회사'는 전자에 속한다. 대한제국시기에 들어오면서 관 주도의 농업회사로부터 민간 주도의 농업회사들이 점차 증가하게 되었다.[70]

70) 전우용, 『한국 회사의 탄생』, 서울대 출판원, 2011, 184~203쪽.

농업회사의 영업목적을 살펴보면 크게 두 부류로 나누어진다. 하나는 농업회사를 설립하여 농기구 개량, 수리시설의 개량, 농법의 교수 등 농업개량을 통하여 농촌사회의 발전을 꾀하고자 한 것이다. 다른 하나는 황무지 개간을 목적으로 설립하는 회사이다. 당시는 농업환경이 자연재해에 취약하였기 때문에 가뭄과 홍수가 닥치면 농지가 황폐화되는 경우가 다반사여서, 그로 인한 진전과 황무지를 개간하기 위해 농업회사를 설립하는 경우가 많았다. 황무지 개간은 개항 이후 정부가 노력을 기울인 분야이기도 하였다.

먼저 농업회사를 설립하여 농기구 개량, 수리시설의 개량 등을 행하고자 하는 경우를 살펴보자. 〈표 4-2〉에서 보듯이, 1899년의 '농상회사'와 1900년의 '목양사(牧養社)' 및 1901년 '농업회사(農業會社)' 1903년의 '농상회사'는 농기계의 도입, 수리시설의 개량, 농잠업의 개량 등으로 농경을 발전시키려고 설립한 농업회사의 대표적 사례이다.

1899년의 '농상회사'는 경기도 통진군에 사는 서상칠이 "한 사람이 한 해에 뽕나무 20주씩을 심어 양잠업을 확대해가려고 하는데, 가난하여 농사를 짓지 못하는 사람은 자금을 주어 농사에 보태게 하려는"[71] 취지에서 설립하였다고 한다.

'목양사(牧養社)'는 1900년에 민영환이[72] 주도하여 실립한 농장회사(農場會社)이다. 민영환은 1896년 4월에 러시아 황제 대관식에 특명 전권공사로 파견되어 일본, 캐나다, 미국, 영국, 독일, 러시아 등을 거쳐 귀국한 적이 있고, 1897년 1월에는 영국, 독일, 러시아, 프랑스, 이탈리아, 오스트리아 등 6개국 특명 전권공사가 되어 영국 여왕의 즉위 60년 축하식에

71) 『독립신문』 1899년 10월 2일 「롱샹회사」.

72) 민영환은 여흥민씨 민겸호의 아들이다. 개항 이후 정부의 개화정책에 참여하였으며, 1895년에는 주미전권대사에 임명되는 등 2차례 서양 일주를 하여 견문을 넓혔고, 1898년 이후에는 대신을 역임하기도 하였다. 1905년 을사조약에 비분강개하여 자결하였다..

참석하고 귀국한 적이 있다. 두 차례의 해외여행에서 외국의 문물을 접하고 농업의 중요성을 깨닫고, '목양사'를 설립하여 농업의 발달을 시도한 것이었다. 민영환은 1900년에 자신의 자금으로 '목양사'를 설립하고 농상공부 산하 해관에 존치해있는 농기구를 요청하여 발급받아 농사를 짓고자 하였다.[73] 나아가 1902년에는 부평군에 '목양사'를 설립하고 "농사와 목축을 확장하니 인허해달라"[74]고 요청하였다.

1901년에 설립한 '농업회사(農業會社)'는 민병석(閔丙奭), 김석환(金碩桓) 등이 설립한 것으로 "우리들이 자금을 모아 편리한 농기구로 각종 농업을 확장하고자 경기도 부평군의 한 구역을 매입하여 농업회사를 건설하고 인허를 청하였다. 해당 회사에서 농잠기계(農蠶器械)를 일본에서 구입하고 총민(聰敏)한 자를 선발하여 농잠법을 교육"[75]하는 것을 지향하였다. 즉 이 회사는 부평군에서 토지를 매득하고 일본에서 농기구를 수입하는 한편, 젊은 농민을 뽑아 농잠법(農蠶法)을 교수하는 등 근대적인 농업회사로 발전하려는 노력을 기울였다. 민병석은 1898년과 1900년에 농상공부대신을 역임하기도 하였다.

1903년의 '농상회사'는 안악(安岳)에 사는 김효찬이 설립하고 농상공부에 청원하였다. 그는 농상회사를 설립하여 개간·농사·양잠 등을 장려하면서 빈민에게 자금을 대여해주면서 농사를 짓도록 하고, 농민이 관령을 어기면서 사적으로 곡식을 매매하는 것을 금지하고, 돼지와 소의 거래를 농상회사가 주관하게 하여, 농민이 농업을 원활하게 하도록 하니 허가해달라고 요청하였다.[76] 즉, 위와 같은 회사들은 농기계의 도입과 대여, 자금의 대여 등을 통하여 농경 및 양잠업의 진흥을

73) 『황성신문』 1900년 10월 24일.

74) 『황성신문』 1902년 3월 7일.

75) 『황성신문』 1901년 9월 21일 잡보.

76) 『황성신문』 1903년 5월 9일.

도모하였다.

다음으로 진전과 황무지의 개간을 위하여 설립한 농업회사의 활동을 살펴보자. 당시는 제언과 보 등 수리시설의 축조가 미흡하였기 때문에 천수답이 많아 자연재해에 취약하여 가뭄과 홍수가 발생하면 농지가 황폐화되는 경우가 많았다. 이러한 진전과 황무지 개간을 목적으로 회사들이 많이 설립되었다. 예를 들면 〈표 4-2〉에서 보듯이, 1900년 오평묵의 '개간회사', 1904년 이도재의 '농광회사', 신현구의 '보민회사', 1905년 박영대의 '기보회사', 민홍기의 '농업회사' 등이 개간을 목적으로 설립되었다. 1900년에 서울에 사는 오평묵은 '개간회사'를 설립하고 경상도 성주, 상주, 대구, 의흥 등지에서 농상공부에 개간 허가를 신청하였다.[77]

1903년의 농상회사는 안악군민 김효찬 등이 공한지(空閒地)를 개간하여 뽕나무를 심을 목적으로 창립하여 농상공부에 인허를 신청한 사례이다.[78] '농광회사(農鑛會社)'는 1904년 이도재(李道宰)가 내장원 인허를 얻어 설립한 회사로 일본인들의 황무지 개간권 요구에 대응하여 외자를 도입하여 국유 황무지를 개간할 계획을 세웠다.[79] 특히 1904년 이후에는 일본이 '황무지개척권'을 요구하면서 조선에 침투해 들어왔기 때문에,[80] 이에 반발하여 조선인 관료나 지식인들이 황무지를 개간하기 위한 농업회사를 많이 설립하였다. 1904년과 1905년에 설립한 농업회사들은 그러한 목적으로 설립한 것이 많았다.

---

77) 『황성신문』 1900년 12월 5일.

78) 『황성신문』 1903년 5월 9일 잡보 「請認設社」.

79) 『황성신문』 1904년 8월 12일 잡보.

80) 윤병석, 「일본인의 황무지개척권 요구에 대해」 『역사학보』 22, 1964 ; 이영호, 「일제의 식민지 토지정책과 미간지 문제」 『역사와 현실』 37, 2000.

5. 양잠진흥정책의 실시와 민간 양잠업의 발달

1) 양잠진흥정책의 실시[81)]

대한제국의 농업정책 가운데 일정한 성과를 거둔 분야는 양잠업이었다. 1899년말에 개화 인사들이 "대한제국인공양잠합자회사"를 설립하고, 그 설립자들이 정부에 건의하면서 1900년에 농상공부 농무국에 잠업과가 신설되었고, 그 산하에 잠업과시험장(蠶業課試驗場)이 개설되면서 양잠교육이 실시되었다. "대한제국인공양잠합자회사"의 '인공양잠전습소'와 '잠업과시험장'에서 교육을 받은 인사들이 지방에 내려가 사립양잠학교 혹은 양잠회사를 설립하면서 전국에 양잠업이 확대되었다. 이러한 사실을 자세히 규명한 이는 오진석이다.[82)] 이 장에서는 오진석의 논문을 많이 참조하였다.

서구 유럽의 양잠업이 쇠퇴하고, 청일전쟁 이후 미국으로의 생사수출길이 열리면서 일본의 잠사업이 크게 부흥하였다.[83)] 이에 일본 정부는 민간에 잠사업을 적극 권장하고, 잠업진흥정책을 적극적으로 추진하였다. 구체적으로 1884년에 일본 농상무성 직속의 잠병시험장(蠶病試驗場)을 설치하고, 1887년에 잠업시험장(蠶業試驗場)으로 확대 개편하였고, 1896년에 동경잠업강습소 개설 등을 통해 잠사업 진흥을 적극 추진하였다.[84)] 당시 견사는 세계적인 무역 거래품이었다. 특히 일본은 견사를

---

81) 대한제국의 양잠업에 대해서는 오진석의 다음과 같은 뛰어난 업적이 있다. 오진석, 「대한제국기 농정관료 서병숙의 관직활동과 농업근대화 구상」『동방학지』 201, 2022 ; 「대한제국 후기 양잠정책과 양잠서적」『민족문화연구』 94, 2022 ; 「대한제국 전기 인공양잠법의 도입과 양잠서적」『동방학지』 197, 2021 ; 「대한제국기 인공양잠회사와 잠업과시험장」『향토서울』 85, 2013. 이 부분은 이 논문들을 참조한 것이다.

82) 오진석, 「대한제국기 인공양잠회사와 잠업과시험장」『향토서울』 85, 2013.

83) 일본농학회, 『일본농학오십년사』, 1980, 117쪽.

수출하여 많은 국가적 이익을 획득하고 있었다. 이에 일본에 유학을 갔던 조선인 관료나 지식인들은 이러한 사실을 알고, 일본에서 근대적 양잠업을 수학하고 귀국한 후 조선 정부에 양잠업 진흥을 적극 요구하였다.

일본에서 인공양잠을 배운 인사들은 1899년 하반기에 귀국하여 조선의 양잠업 진흥을 위해 11월 경에 "대한제국인공양잠합자회사"(인공양잠회사로 약칭함)를 설립하였다.[85] 일본에서 인공양잠전습소를 졸업한 김한목(金漢睦), 방한영(方漢永), 윤수병(尹壽炳), 한의동(韓宜東), 강홍대(姜鴻大) 등의 인물들이 1899년 후반기에 조선에 들어와 개화파인 김가진을 설득하여 1899년 말에 "인공양잠회사"를 설립하였다. 그 회사의 임원은 사장 김가진(金嘉鎭), 평의장 박기양(朴箕陽), 간사 서상면(徐相勉)과 서병숙(徐丙肅), 기술자는 위에 언급한 5인의 유학생들이었다. 회사 설립 발기가 이루어진 후 1900년 2월 20일부터 약 1달간 『황성신문』과 『제국신문』에 1고(股)에 10원을 받고 주식을 발행한다는 광고를 게재하여 4월 초에 1천여 원의 자본금을 모집하였다.[86] 4월 말에는 고종도 "인공양잠회사"의 취지에 동감하고 격려하면서 내탕금 1천 원과 상목(桑木)까지 하사하여 자본금이 2천 원으로 증가하였다.[87]

"인공양잠회사"는 크게 두 가지 활동을 전개하였다.[88] 하나는 양잠과 제사에 종사하였고, 다른 하나는 "인공양잠전습소"를 개설하여 학원들에게 인공양잠을 교육시키는 일이었다. 전자는 영등포정거장 부근 토지

---

84) 김영진·이길섭, 「개화기 농서의 편찬배경과 편찬동기」『농업사연구』 제7권 2호, 한국농업사학회, 2008, 278~279쪽.

85) 『제국신문』 1900년 11월 9일 廣告, "본양잠회샤 실시된지가 지금 일년인대(중략)".

86) 『황성신문』 1900년 4월 3일 雜報.

87) 『제국신문』 1900년 4월 25일.

88) "대한제국인공양잠합자회사"의 활동에 대해서는 오진석, 앞의 논문, 2013 참조.

4~5일경을 매득하고,[89] 경기도 양주에 거주하는 김의명이 중국에서 수입해온 노상(魯桑) 1만여 그루를 재식(栽植)함으로써 뽕나무밭을 조성하였다. 후자는 "인공양잠회사"를 중서 수진동 농잠소 자리(현재의 종로구 수송공원 일대)로 이전하고, 그 사무소 내에 "인공양잠전습소"를 개설하여 학원을 모집하고 양잠업의 교육을 시작하였다. 전습소의 소장은 현직 농상공부대신인 민병석(閔丙奭)에게 의뢰하였고, 전습소감은 서병숙(徐丙肅), 교사는 일본유학생 김한목, 방한영, 윤수병, 한의동, 강홍대에게 부탁하였다. 1900년 4월 29일에 "인공양잠회사"에서는 "인공양잠전습소"를 개설하였다. 그 후 『황성신문』과 『제국신문』에 광고를 내어 5월 1일부터 절기에 따라 학원을 모집하였다.[90] 그리하여 전습생으로 춘잠때 30명, 하잠때 50명, 추잠때 70~80명을 모집하였다.[91] 그 결과 1900년 10월 21일에는 제1회 졸업생 21명을 배출하는 성과를 거두었다.[92]

한편 "인공양잠회사"에서 설립한 "인공양잠전습소"는 교육을 효율적으로 행하기 위하여 농서를 간행하여 보급하였다.[93] 당시에는 주로 일본의 선진적 인공양잠법을 소개한 농서를 번역하여 발간하였다. 인공양잠전습소에서는 당시 소감이었던 서병숙과 서상면에게 의뢰하여 일본에서 인공양잠장치를 고안한 요코타 가쓰조[横田勝三]가 1900년 2월에 개정판으로 발간한 『인공양잠감』을[94] 번역하여 전습소 소장인 민병석

89) 『황성신문』 1900년 4월 21일.

90) 『황성신문』 1900년 5월 1일~5월 5일, 6월 19일~6월 21일, 8월 14일~8월 20일 ; 『제국신문』 1900년 5월 1일~5월 4일, 6월 19일~6월 21일, 8월 14일~9월 5일.

91) 『황성신문』 1900년 8월 30일 ; 『제국신문』 1900년 8월 30일.

92) 『제국신문』 1900년 10월 22일 ; 『황성신문』 1900년 10월 22일.
졸업식에는 양잠회사장 김가진, 전습소장 민병석, 학부대신 김규홍(황성신문), 농무국장 이도익씨가 참석하였다(제국신문).

93) 오진석, 앞의 논문, 2013, 139~140쪽 참조.

94) 요코타 가쓰조는 일본에서 인공양잠법을 창시한 인물로 1898년 2월 『人工養蠶

에게 서문을 받아 유인본(油印本)으로 찍어 1900년 중반에 『인공양잠감』[95]이라는 서명으로 간행하였다. 그 후 서상면과 김한목으로 하여금 위의 번역본을 이해하기 편리하도록 교열하여 1901년에 활자본으로 『인공양잠감』을[96] 인쇄하여 발간하였다.[97]

신해영(申海永, 1865~1909)은 1901년에 마쓰나가 고사쿠[松永伍作]의 『양잠실험설』을 번역하여 『잠상실험설』이라는[98] 양잠서를 출간하였다. 신해영은 1895년 4월에 관비유학생으로 게이오의숙에 파견되었는데,[99] 그곳에서 서양 학문을 수학하다가 서양의 농학에 관심을 가졌고, 양잠업에도 관심을 기울였다. 이 『잠상실험설』의 서문은 대한제국인공양잠회사의 대표인 김가진이 작성하였고, 교열은 인공양잠회사의 간사이며 인공양잠전습소의 소감인 서병숙이 담당하였다.

요약하면, 이 시기에는 일본에 유학갔던 개화인사들이 일본에서 유행하였던 인공양잠기술을 배우거나 혹은 일본인의 양잠서를 번역하여 소개하는 분위기가 주류를 이루었다. 특히 일본의 요코타 가쓰조[横田勝三], 마쓰나가 고사쿠[松永伍作] 등의 양잠서를 번역 소개하는 것이 유행이었다. 1901년에 발간된 두 양잠서는 일반 양잠농민에게 널리 이용되는

鑑：一名 横田養蠶器の栞』(人工養蠶法傳習事務所)(http://dl.ndl.go.jp/info:ndljp/pid/ 841009/1)을 발간하고, 1900년 3월에 개정판으로 『人工養蠶鑑：一名 特許養蠶裝置の栞』(人工養蠶事務所)(http://dl.ndl.go.jp/info:ndljp/pid/841010/1)를 발간하였다.

95) 『인공양잠감』 1900, 서병숙·서상면 공역(국립중앙도서관 소장, 古9458-1).

96) 『인공양잠감』 1901, 서상면·김한목 공역(국회도서관 소장, 古639.2 ㅎ275).

97) 이 책에는 1900년 번역본인 민병석의 서문을 싣고, 그 뒤에 농상공부대신인 권재형의 서문을 추가하였으며, 서병숙의 발문이 게재되어 있다.

98) 『잠상실험설』, 신해영 번역(국립중앙도서관 소장, 한古朝80-25).
이 책의 서문은 김가진이 작성하였고, 그 뒤에 당시 농상공부대신 김규홍의 서문을 추기하였다.

99) 박찬승, 「1890년대 후반 관비유학생의 도일유학」 『근대교류사와 상호인식 I』, 아연출판부, 2000, 76~80쪽.

양잠서이었으며, 심지어 출판서에서 인쇄하여 시중에 판매하기도 하였다.[100]

〈표 4-3〉 대한제국기 선진 농학을 소개한 양잠서(1897~1905)

책명	역자	편찬연도	책 소개	비고
인공양잠감(人工養蠶鑑)	서병숙·서상면	1900	요코타 가쓰조[橫田勝三] 의 개정본 번역, 민병석의 서문, 유인본	국립중앙도서관 고(古)9458-1
인공양잠감(人工養蠶鑑)	서상면·김한목	1901	위의 번역본을 교열하여 활자본으로 발간. 민병석 서문, 권재형의 서문, 서병숙의 발문	국회도서관 古 639.2 하275
잠상실험설(蠶桑實驗說)	신해영	1901	마쓰나가 고사쿠[松永伍作] 저서 번역, 김가진의 서문, 김규홍의 서문, 서병숙 교열	국립중앙도서관 한古朝80-25

인공양잠회사가 짧은 시간에 성과를 내면서, 양잠전문가들은 양잠업이 국가를 부강하게 하는 일의 근간이라는 사실을 내세워 민간회사를 뛰어넘어 대한제국 정부가 나서서 양잠업의 진흥과 그를 위한 교육을 실시해야 한다고 설득하였다. 인공양잠전습소의 소감인 서병숙은 정부에서 시험장을 설립하고 각 부군에 훈칙하여 뽕나무를 심고 양잠법을 전파할 것을 정부에 공식적으로 건의하였다.[101]

이에 대한제국 정부는 이 건의를 수용하여, 1900년 12월에 농상공부의 관제를 개정하여, 양잠업의 진흥을 적극 추진하였다.[102] 즉 농상공부의 분과를 개정하여 농무국 산하에 잠업과를 신설하도록 하고,[103] 신설된 잠업과에서 양잠업(養蠶業), 양잠시험장(養蠶試驗場), 잠업교육 및 전습

100) 1903년에 朱翰榮冊肆에서 『人工養蠶鑑』과 『蠶桑實驗說』을 인쇄하여 황성신문과 제국신문에 광고를 게재하여 판매할 정도로 대중화되었다(『황성신문』 1903년 2월 5일~3월 14일 ; 『제국신문』 1903년 2월).

101) 『황성신문』 1900년 9월 29일(오진석, 앞의 논문, 2013, 142쪽 재인용).

102) 「勅令제50호 농상공부관제 개정(1900.12.19)」 『법령집』 3권, 254쪽

103) 기존에는 농상공부 농무국 산하에 농사과·삼림과·산업과의 3과(課)만 존재하였다.

(傳習)에 관한 사항을 적극 추진하도록 하였다.[104)]

농상공부 농무국 잠업과의 관리는 앞에서 언급한 인공양잠회사의 임원과 교사들로 충원되었다. 잠업과의 관리로는 참서관에 서병숙(徐丙肅)을, 주사에 서상면(徐相勉)·이석하(李錫夏)를, 기수에 강홍대, 방한영, 윤수병, 김한목, 권재민 등을 임명하였다.[105)]

한편 광무정권에서는 조선을 부국강병한 나라로 만들기 위해서 농업·공업·상업 등 산업을 발달시켜가고자 했다. 그를 위한 하나의 방법으로 학교를 세워 실업교육을 전개하여 전문기술자를 양성하고자 했다. 당시 지식인들도 "부강의 근본은 농공상(農工商)의 교육에 있다"[106)]고 하면서 실업교육의 강화를 주장하였다. 광무정권에서는 농공상업의 학교를 세워 실업교육을 행하여 전문적인 기술자를 양성하고자 하였다. 1898년 5월에는 농상공부 상공국(商工局)이 주관하여 직조권업장을 설립하였고, 1899년 4월에는 관립상공학교를 세웠으며, 1900년에는 관립으로 광무학교(礦務學校)를 세웠다. 1899년에는 우무학당(郵務學堂)과 전무학당(電務學堂)을 설립하여 우체와 전신에 관한 교육을 시키기도 하였다.[107)]

이러한 분위기 속에서 1901년 농상공부 산하에 잠업과시험장(蠶業課試驗場)을 설립하여 양잠업 교육을 실시하였다. 1901년 4월 15일에 양잠업을 배우기 원하는 학생을 모집하는 공고를 냈다.[108)]

> 본부(농상공부 : 필자) 잠업과시험장을 남서(南署) 필동(筆洞)에 설립하고 내외사(內外舍)를 따로이 만들어 남녀학도를 모집하여 인공(人工)과 천연(天然)의 양법(兩法)으로 교수할 터이니 원하는 학생은 음력 3월

104) 「농상공부분과규정 개정(1900.12.26)」『법령집』3권, 267쪽.
105) 『황성신문』 1900년 12월 21일 ; 『제국신문』 1900년 12월 21일
106) 『황성신문』 1900년 3월 7일 論說 「富强之本在乎敎育農工商」.
107) 이영학, 「대한제국의 경제정책」『역사와 현실』 26, 1997, 84~87쪽.
108) 『농상공부래문』(규17781) 3권 중 3책.

7일내로 본 시험장을 방문하여 응시규칙(應試規則)과 개학일자를 문의하시오.[109]

즉 잠업과시험장에서는 내외사(內外舍)를 별설하여 남녀학도를 모집하고 인공과 천연의 양법으로 양잠법을 교수하는 공고를 내어 학생들을 모집하였다. 그 후 잠업과의 관료들은 학생들을 열심히 교육하였으며, 1901년 첫해에는 82명의 졸업생을 배출하였고, 1902년에는 29명의 졸업생을 배출하였다.[110] 잠업과시험장에서 교육을 받은 학생들은 각 지방에 가서 양잠학교나 시험장을 설치하여 양잠기술을 보급하는데 큰 역할을 담당하였다.[111]

1902년 1월에는 농상공부에서 각 도에 양잠업을 권장하는 훈칙을 공포하면서 양잠업을 적극 권장하였다.[112] "잠상은 농정의 핵심이며, 나라를 부강하게 하는 훌륭한 방법[桑蠶卽農政要務富國良術]"이라고 하면서 만약 1만 주 이상의 뽕나무를 심는 민가가 있으면 포상하는 장려사항을 제시하였다. 아울러 구체적인 사항을 장정(章程)으로 열거하여 제시하였다.[113] 그 후 농상공부에서는 각 군에 뽕나무를 심으라는 명령을 자주 내리고 위원(委員)을 파견하여 현지 상황을 조사시키기도 하였다.[114]

정부가 농상공부 농무국 산하에 잠업과를 신설하면서 양잠진흥정책을 추진시켜 성과를 내자, 궁내부에서도 양잠업에 관심을 가지게 되었다.

---

109) 『官報』 1901년 4월 17일 廣告.

110) 『농상공부내문』(규17781) 잠업시험장에서는 1년에 춘기와 하기 및 추기 3번에 걸쳐 졸업생을 배출하였다.

111) 『황성신문』 1901년 8월 28일 ; 9월 12일 ; 1902년 7월 3일 ; 1903년 4월 9일.

112) 『황성신문』 1902년 1월 25일 別報 "農商工部各道訓飭全文".

113) 위와 같음.

114) 『황성신문』 1902년 11월 22일 雜報 「公桑廣栽」. "農部에셔各郡에植桑訓飭을屢發하고委員을派送調査ᄒᆞ더니".

그리하여 1902년 8월에 궁내부에서는 수륜과를 수륜원으로 격상시키고 그 산하에 공상과(公桑課)를 신설하여 양잠업을 관장하게 하였다. 공상과에는 과장 1인, 기사 5인, 주사 3인, 기수 10인을 배치하는 규모가 큰 기구로 출범시켰다.[115]

아울러 수륜원 공상과에서는 13도 관찰사에게 명령을 내려 각 군에 훈령을 보내 황무지를 조사하여 보고하라고 하면서, 그 황무지에 뽕나무를 심고자 계획하였던 것이다.[116] 그 해 11월에는 수륜원 공상과장에 농상공부 농무국 잠업과의 과장이었던 서병숙을 발령하였다.[117] 아울러 궁내부 대신이었던 이용익은 궁내부 예산을 대거 집행하여 용산에 대규모 잠농소를 설치하여 양잠업을 관할하고자 하였다.[118]

2) 민간양잠업의 발달과 양잠회사의 설립

인공양잠회사와 농상공부 잠업과시험장에서 교육을 받은 졸업생들은 다수가 농상공부 농무국 잠업과와 수륜원 공상과의 관리로 임명되기도 하였다.[119] 그러나 그것은 실직(實職)이 아니었고, 1~2일 만에 그만두는 명예직이었다.[120] 그 경력을 바탕으로 지방에 내려가 사립양잠학교 혹은 양잠회사를 설립하여 인공양잠과 천연양잠법을 농민들에게 전수하고자 하는 의도였다.

1900년 4월에 설립된 "대한제국인공양잠합자회사"의 '인공양잠전습

115) 『황성신문』 1902년 8월 8일 ; 『제국신문』 1902년 8월 8일.

116) 『황성신문』 1902년 8월 19일 雜報 「桑課訓飭」.

117) 『황성신문』 1902년 11월 28일 「叙任及辭令」.

118) 『제국신문』 1903년 3월 28일.

119) 농상공부 잠업과시험장에서 교육을 받고 졸업한 학생들의 60%가 관료가 되었다는 분석도 있다(오진석, 앞의 논문, 2013, 146~150쪽).

120) 오진석, 앞의 논문, 2013, 146~150쪽.

소'와 1901년 4월에 설립된 농상공부 산하의 잠업과시험장에서 교육을 받은 졸업생들은 그들이 배운 지식을 바탕으로 지방에 내려가 사립양잠학교 혹은 양잠시험장을 설립하여 양잠농민들에게 신지식과 기술을 전수하고자 하였다. 각 지역의 양잠학교 혹은 양잠시험장 설립을 청원한 내용을 살펴보면 〈표 4-4〉와 같다. 〈표 4-4〉에서 보듯이 설립의 붐을 이룬 시기는 1901년과 1902년이었다. 전국적으로 사립양잠학교와 잠업시험장이 설립되었겠지만, 『황성신문』의 기사로 확인할 수 있는 지역은 함경도 함흥, 평안도의 강동과 자산, 충청도의 청풍과 공주, 전라도의 익산, 경기도의 수원 등이었다. 그 외 『황성신문』 1902년 7월 5일 기사에 의하면, 사립양잠학교는 밀양(민영학), 상원(김영수), 이천(천응석), 춘천(유기석) 등에도 설립되었다.[121)]

〈표 4-4〉 사립양잠학교

	명 칭	설립연도	관련자	비고
1	함흥(咸興)양잠학교	1901	서병덕, 이회관	경비를 김의석이 부담
2	청풍(淸風)양잠학교	1901	한태교	잠업과 졸업생 ; 권도상이 교비(校費) 담당
3	공주(公州)사립양잠학교	1901	이철재	양잠학교 졸업생
4	강동(江東)사립양잠학교	1901	이규영	양잠학교 졸업생
5	잠엄시험장(豐德郡)	1901	이소영	양잠학교 졸업생
6	랭동 사립양잠학교	1901		
7	영평(永平) 잠업시험장	1902	이한설	양잠학교 졸업생
8	익산(益山) 양잠시험장	1902	남필우	양잠학교 졸업생
9	자산(慈山) 양잠시험장	1903	이응목	양잠학교 졸업생
10	수원 사립인공양잠학교	1903		

출전 : 1) 『황성신문』 1901년 8월 28일 ; 9월 2일 ; 2) 위의 책, 1901년 9월 12일 ; 3) 위의 책, 1901년 10월 17일 ; 4) 위와 같음 ; 5) 위의 책, 1901년 11월 21일 ; 6) 『제국신문』 1901년 3월 26일 ; 7) 『황성신문』 1902년 4월 1일 ; 8) 위의 책, 1902년 4월 17일 ; 9) 위의 책, 1903년 4월 9일 ; 10) 위의 책, 1903년 6월 18일

121) 오진석, 앞의 논문, 2013, 152쪽 〈표 3〉 참조.

〈표 4-4〉의 비고란에 적혀 있듯이 양잠학교나 잠업과시험장의 졸업생들이 각 지방에 내려가 양잠학교 혹은 잠업시험장 설립을 청원하였음을 알 수 있다.

또한 양잠학교에서 양잠농민들에게 새로운 양잠기술을 전수하는 역할을 수행하였지만, 그와 함께 새로운 품종의 뽕나무와 누에를 구입하여 양잠농민에게 알선 판매하기도 하였다. 예를 들면 '수원 사립인공양잠학교'에서는 새로운 품종을 구입하여 양잠농민에게 알선 판매하기도 하였다.[122)]

한편 관료와 지식인들은 양잠회사를 설립하여 새로운 뽕나무를 수입하여 판매하거나, 새 잠종을 도입하여 소개 판매하거나, 혹은 양잠기계를 도입하기도 하였다. 대한제국시기에는 서양의 새로운 사조가 들어오면서 자금을 모집하여 회사를 설립하고 산업을 진흥시키면서 이익을 수취하고자 하는 것이 유행이었다. 특히 대한제국시기에 회사의 설립이 붐을 이루었다.[123)] 그러한 사회적 분위기 속에서 견사의 판매에 따른 이익이 보장되자 양잠회사의 설립은 붐을 이루게 되었다. 대한제국시기에 설립된 양잠회사를 살펴보면 〈표 4-5〉와 같다.[124)] 그 외 『황성신문』 1902년 7월 5일 기사에 의하면, 양잠회사에 준하는 업체가 전국적으로 20여 곳이나 되었다.[125)]

앞에서 설명하였듯이, 1899년에 설립된 "대한제국인공양잠합자회사"는 최초의 양잠회사였다.[126)] 이 회사는 김가진, 박기양, 서상면, 서병숙, 김종한 등의 관리가 외국 유학생 출신인 김한목, 방한영, 한의동, 윤수병 등과 함께 설립하였다. 이 회사는 잠견(蠶繭)의 제조, 판매라는 목적을

---

122) 『황성신문』 1904년 7월 4일 광고.

123) 전우용, 『한국회사의 탄생』, 서울대 출판부, 2011.

124) 이 양잠회사들은 『황성신문』과 『제국신문』의 기사에서 확인한 것이다.

125) 오진석, 앞의 논문, 2013, 152쪽 〈표 3〉 참조.

126) 전우용, 『한국회사의 탄생』, 2011, 136쪽.

〈표 4-5〉 대한제국시기 양잠회사

	연대	회사명	관련자	영업내용	회사형태 (자본금)	비고
1	1899	대한제국인공양잠합자회사	김가진, 박기양 서상면, 서병숙	외국유학기술자에 의한 잠업, 잠사업	합자회사 1고 10원	교육도 담당
2	1900	양잠회사	김동규		주식회사	전곡
3	1901	농업회사	민병석, 김석환	농잠기계수입	합자회사	교육도 담당
4	1902	양잠회사	서상돈, 조중은	청·일본 상목의 수입 판매		경북 칠곡에 설립
5	1902	잠상합자회사	심상옥	잠업 담당	합자회사	양잠졸업생 경주에 설립
6	1902	잠업회사	박병용, 최기환 최규영		합자회사	양잠졸업생 가평에 설립
7	1903	농상회사	김효찬	개간 후 식상(植桑)		안악에 설립
8	1904	안의황산잠상회사	김병우, 신종순	상목, 노상 판매	합자회사	
9	1904		현공렴, 남필우	노상종자, 양잠종자, 상목 판매	합자회사	

출전 : 1)『황성신문』 1900년 2월 26일 광고 ; 2) 위의 책, 1900년 12월 11일 잡보, 『제국신문』 1900년 12월 12일 ; 3) 위의 책, 1901년 9월 21일 잡보 ; 4) 1902년 5월 20일 잡보 ; 5) 1902년 7월 1일 잡보 ; 6) 1902년 7월 3일 잡보, 『제국신문』 1902년 6월 11일 ; 7) 1903년 5월 9일 잡보 ; 8) 1904년 3월 7일 광고 ; 9) 1904년 6월 30일 광고

세우고 활동하였으며, 나아가 회사 안에 '인공양잠전습소'를 설치하여 양잠 기술자를 육성하기도 하였다. 그 졸업생들이 지방 각지로 가서 뽕나무를 심고 양잠기술을 전습케 하는 등의 성과를 거두기도 하였다.[127]

민간 양잠회사를 설립한 사람들은 대부분 관료이거나 자본가들이었다. 이들 중에 일부는 해외로 유학을 갔다오거나 신식교육을 받기도 하였다. 양잠회사의 영업내용은 주로 새로운 품종의 뽕나무를 수입해서 판매하거나, 새로운 누에품종을 구입하여 판매하는 일이 대부분이었다. 일부는 잠사기계를 구입하여 알선하기도 하였다. 그러다가 시기가 내려오면서 평민들도 회사를 설립하면서 양잠업에 참여하기도 하였다.

127) 『통상휘찬』 218호(1902.7.3) 「京城養蠶業情況」.

예를 들면 1901년에 농상공부대신인 민병석이 세운 농업회사에서는 농업과 잠업의 기계를 수입하여 판매하기도 하였다.[128] 그 외 1902년에 서상돈이 경북 칠곡에 세운 양잠회사는 청나라와 일본에서 뽕나무를 수입하여 판매하는 업무를 벌였다.[129] 대체로 양잠회사는 뽕나무와 누에를 구입하여 판매하는 기능을 수행하였다.[130] 1903년의 농상회사(農商會社)는 안악군민(安岳郡民) 김효찬 등이 설립하여 그 마을 사람들이 공한지(空閑地)를 개간하여 식상(植桑)하면서 양잠업을 추진하고자 농상공부에 인허를 신청하기도 하였다.[131]

이와 같이 전국 각 지역에는 양잠학교 졸업생들이 양잠학교 혹은 잠업시험장을 설립하여 농민 혹은 양잠농민들에게 새로운 양잠기술을 전수하고자 하였다. 또한 관료 혹은 신지식인들은 양잠회사를 설립하여 양잠기계를 수입하여 판매하거나 외국(주로 일본과 청)에서 뽕나무와 누에의 신 종자를 수입하여 판매하기도 하였다. 대체로 양잠회사는 뽕나무와 누에 종자를 마련하여 양잠농민에게 판매하는 역할을 수행하였으며, 아울러 양잠교육을 실시하기도 하였다.

6. 맺음말

고종은 1897년 2월 러시아공사관으로부터 경운궁으로 환궁한 이후 그 해 10월에 대한제국을 공포하고 개혁정책을 펴나갔다. 정치적으로 고종은 자신의 경쟁세력인 독립협회와 전통적인 양반관료들을 약화시

---

128) 『황성신문』 1901년 9월 21일 잡보.
129) 『황성신문』 1902년 5월 20일 잡보.
130) 『황성신문』 1904년 3월 10일 잡보.
131) 『황성신문』 1903년 5월 9일 잡보 「請認設社」.

켜가는 한편 자신의 친위세력을 구축해가면서 황제권을 강화하여 갔다. 경제적으로는 호구조사, 토지조사사업의 실시, 중앙은행의 설립, 근대적 화폐제도의 시도, 재정의 확대, 산업의 발달 등을 바탕으로 근대사회를 만들어가려고 하였다.

고종은 토지조사사업을 행하였다. 1898년 6월에 의정부에서 대신들이 논의하여 부결시켰지만, 고종이 적극적으로 주장하여 1898년 7월에 양지아문을 설립하여 8월부터 양전사업을 실시하였다. 대한제국시기에 행한 토지조사사업은 토지소유권을 확립하였을 뿐만 아니라 지세를 합리적으로 징수한다는 측면에서 사회적·재정적으로 큰 의미를 지닌 것이었다.

대한제국의 농업정책은 1899년 이후에 정부의 공식적인 기구인 농상공부보다는 내장원이 중심이 되어 집행해갔다. 내장원 산하에 종목과·수륜과·삼정과·장원과를 중심으로 농업을 발달시키면서, 다른 한편으로 그에 대한 수세를 행하는 정책을 펴나갔다. 그것은 내장원 및 지주층을 중심으로 한 농업정책의 실시였다.

농촌사회를 재건하고 농민의 생활을 개선하기 위해서는 농업생산력의 발전에 따른 부의 재분배가 필요하였다. 대한제국 정부에서는 이전 정부의 농업정책을 계승하면서 농업을 발달시키고자 하였다. 하나의 사례가 농업회사를 설립하는 일이었다. 농업회사는 정부가 주도하기도 하고 혹은 민간이 주도해가며 만들기도 하였다. 이 시기 농업회사는 기능에 따라 두 종류로 구분되었다. 하나는 농기구 개량, 수리시설의 개량, 농업기술의 교육 등을 통하여 농업을 발달시키고자 하는 농업회사였다. 다른 하나는 황폐한 농지를 개간하여 농사를 지을 수 있는 경지를 만들고자 하는 회사였다. 특히 농지개간을 위한 농업회사의 설립은 1904년 일본이 황무지 개간권을 요구한 이후 크게 증가하였다.

또한 이 시기에는 세계적으로 견사가 중요한 무역물품이었다. 일본에서는 견사의 수출로 큰 이익을 얻고 있었고, 그에 따라 양잠업이 크게 융성하고 있었다. 조선의 관비유학생과 지식인들이 일본에 유학을 가서, 이 사실을 알고 일본의 선진적 양잠기술을 교육받았다. 선진적 양잠기술을 전수한 지식인들이 조선에 귀국한 후, 1899년에 "대한제국인공양잠합자회사"를 설립하여 양잠과 제사 업무에 종사하고, 인공양잠전습소를 설립하여 인공양잠에 관심이 있는 학원들에게 그 기술을 교육하였다. 당시에는 인공양잠기술이 큰 관심을 끌고 있었다. 그러한 일은 일정한 성과를 거두고 있었다. 그리하여 양잠전문가들이 대한제국 정부에 건의하여 농상공부 농무국에서 양잠과를 신설하여 양잠교육을 적극적으로 실시하였다. 양잠교육을 받은 전습생들은 전국 각 지역에 양잠학교와 양잠회사를 설립하여 양잠업의 진흥에 크게 기여하였다.

그러나 대한제국의 농업과 양잠업 진흥 노력은 1905년 러일전쟁에서 승리한 일본이 조선을 침략해오면서 좌절되었다. 일본이 1906년 조선에 통감부를 설치하면서 대한제국의 자주적 내재적 발전 노력은 무산되게 되었다.

제5장 서양 농학의 수용과 전개

1. 머리말

1876년 개항 후 조선은 문호개방을 하면서 일본과 청 및 서양 등 여러 나라와 무역을 행하고 문물을 교류하기 시작하였다. 아울러 조선 정부는 일본과 청 및 미국에 사신단을 파견하였다. 조선의 관료와 지식인들은 1876년 제1차 수신사, 1880년 제2차 수신사, 1881년 청의 영선사 및 일본의 조사시찰단, 1883년 미국의 보빙사를 통하여 서양의 문물을 접하게 되었다. 문물시찰단의 견문기 및 보고서가 조정에 보고되고 논의되기 시작하자, 조정뿐 아니라 유학자들 사이에서 서양의 문물을 배우고 수용하자는 분위기가 나타나기 시작하였다. 즉 서양의 발달된 문물을 수용하여 국리민복해야 한다는 인식을 지닌 지식인들이 등장하였다.[1)]

조선 정부는 이 견해를 수용하여 1880년 12월에 정1품 아문인 통리기무아문을 설치하고 본격적인 문호개방정책을 실시하였다. 정부는 통리기무아문을 중심으로 산업진흥정책을 추진해갔고, 나아가 정부가 주도하여 공장과 회사를 설립하였으며 농업 부문의 진흥정책을 실시하였다.

1) 노대환, 『동도서기론 형성과정 연구』, 일지사, 2005.

정부는 1883년 10월에[2] 전국의 수령들에게 농업을 권장하는 권농교를 내리면서, 구체적인 지침으로 「통호규칙」 「농무규칙」 「양상규칙」을 공포하기도 하였다.[3] 1884년에는 농업의 각 부문을 관장하는 특별기구를 설치하여 구체적 농업진흥정책을 실시하였다.[4] 1883년에는 연화연무국, 권연국 등을, 1884년에는 농무목축시험장, 잠상공사 등의 정부조직을 설립하면서 농업진흥을 도모해갔다. 이에 발맞추어 당시의 지식인들은 일본과 청 및 미국 등을 방문하면서 서양의 농학 및 농법을 접하고, 새로운 농기계를 수입하거나 혹은 농학을 번역·소개하는 역할을 수행하였다.

이 글에서는 개항 후부터 1910년까지 한국의 개명 지식인들이 서양의 농학을 어떻게 소개하고 수용하려고 하였으며, 그것을 농서로 편찬하면서 어떠한 내용을 소개하려고 하였는가를 살펴보고자 한다.[5]

1881년부터 1910년까지 조선의 개명 지식인들이 서양의 농학을 어떻게 소개하였는가를 세 시기로 나누어 살펴보려고 한다. 첫 번째는 통리기무아문 설치 후부터 1894년 갑오정권 설립 이전까지 지식인들이 서구의 농법과 농학을 소개한 시기이다. 두 번째는 갑오정권부터 1905년 통감부 설치 이전까지이다. 갑오정권과 대한제국 정권이 농업을 비롯한 산업진흥정책을 적극적으로 실시해갔는데, 그 시기에 지식인들의 서구 농학 수용 노력을 살펴보고자 한다. 세 번째는 일제가 을사조약 이후 설치한 통감부시기부터 조선이 패망한 1910년 무렵까지이다. 이 시기는 일제가

---

2) 『농과규칙』(국립중앙도서관 조80-30) 1883년 11월 29일, 1쪽.

3) 위와 같음.

4) 이영학, 「1880년대 조선정부의 농업정책」 『한국학연구』 40, 인하대 한국학연구소, 2016.

5) 이 글은 김영진·김이교, 「개화기 한국의 구미 농업과학기술도입에 관한 종합연구」 『농업사연구』 제10권 2호, 한국농업사학회, 2011의 개괄적 연구를 바탕으로 깊이있게 고찰하고자 한 글이다.

통감부 설치 후 조선에 정치적·외교적 간섭을 본격적으로 추진해간 시기이다. 각 시기마다 지식인들의 서구 농학 수용의 특징을 살펴보고자 한다.

2. 동도서기론의 등장

19세기 중엽 서양 국가들은 산업혁명을 거친 후 동아시아로 식민지를 획득하기 위해 진출해오기 시작하였다. 1840년 아편전쟁과 1842년 남경조약에 의한 중국의 문호개방, 1860년의 영국과 프랑스 연합군에 의한 청의 북경 함락과 청 황제의 피신은 동아시아 국제질서에 큰 충격을 주었다. 동아시아는 중국 중심의 중화질서를 벗어나 새로운 체계를 모색하기 시작하였다. 산업혁명을 이룬 서양 국가들의 무기 기술, 천문학, 농업 등이 우세하다는 사실이 알려지면서 중국, 일본, 조선의 지식인들이 서양의 선진적 문물을 수용하고자 하는 움직임이 일어나게 되었다. 중국의 중체서용, 일본의 화혼양재, 조선의 동도서기는 그러한 움직임의 표현들이었다.

1876년 문호개방 이후 서양의 새로운 문물이 들어오게 되고, 조선의 지식인들은 세계의 변화를 인식하면서 동도서기적 입장을 지니게 되었다. 동도서기론의 입장을 지닌 지식인들은 고종에게 적극적으로 상소하여 조선의 정책 방향이 그러한 것이 되기를 주장하였다. 즉 당시의 지식인들은 정부에서 농업주무기관을 설치하여 서양의 발달된 농업기계와 농업품종을 수입해오고, 서양의 선진적 농업기술을 번역·소개하여 농업의 발달을 도모해야 한다고 주장하였다. 1882년에 유학(幼學) 김영효(金永孝)는 "농사(農司)를 설치하여 농사에 관한 책과 정밀하고 편리한 농기계를 각 나라에서 구입하여 사용하자"[6]고 고종에게 건의하여 "전달한 의견이 시세의 요구에 부합하니 매우 가상하다. 유념하겠다."[7]고 답변을 얻기도 하였다.

1882년에 유학 윤선학은 다음과 같은 상소를 올렸다.

> 아! 서법(西法)이 나오게 되자 그 기계의 정밀함과 부국의 방법에 있어서는 비록 주(周)를 일으킨 여상(呂尙)이나 촉(蜀)을 다스린 제갈량(諸葛亮)이라 할지라도 그 사이에 간여하여 논의할 수 없게 되었다. 군신(君臣)·부자(父子)·부부(夫婦)·장유(長幼)·붕우(朋友)는 하늘로부터 얻어서 본성에 부여된 것인데, 천지에 통하고 만고에 뻗치도록 변하지 않는 이치로 위에서 도(道)가 된 것이다. 배·수레·군사·농업·기계는 백성에게 편하고 나라에 이로운 것으로 밖에 드러나 국가가 되는 것이니, 제가 변화시키고자 하는 것은 기(器)이지 도(道)가 아닙니다.[8]

유학 윤선학은 도(道)를 군신(君臣)·부자(父子)·부부(夫婦)·장유(長幼)·붕우(朋友)의 윤리라 보고, 대신 기(器)는 배·수레·군사·농업·기계·전선 등 백성과 국가에 편리한 것으로 이해하였다. 윤선학은 동양의 도를 유지시켜 나가는 한편 서양의 과학기술을 조속히 배워 조선을 부국강병한 나라로 만들기를 청하였다. 그러한 측면에서 서양의 농업기술을 배워 조선에 적용시키고자 하였던 것이다.

1881년 6월에 곽기락도 서양의 농업기술을 조선에 도입하는 것이

---

6) 『승정원일기』 고종 19년(1882) 11월 19일, "設一農司於都下, 農篇之要輯, 器械之利用, 求諸外國, 農篇則利行器械則摸製, 當使行市遠播".

7) 위와 같음, "所陳深得時宜, 甚庸嘉尙, 當留念矣".

8) 『승정원일기』 고종 19년(1882) 12월 22일, "嗚呼, 西法出而其於器械之精, 富國之術, 則雖有興周之呂尙, 治蜀之諸葛, 不復與論於其間矣. 君臣父子夫婦朋友長幼之倫, 此得於天而賦於性, 通天地亘萬古所不變之理, 而在於上而爲道也, 舟車軍農器械之便民利國者, 形於外而有國也. 臣之欲變者, 是器也, 非道也".

국가와 백성들에게 도움이 될 것이라고 주장하였다. 황해도 출신으로 사헌부 장령을 역임한 곽기락은 "서양의 기계 기술과 농업서적과 같이 국가와 백성에 이익이 되는 것들을 반드시 선택하여 수용해야 한다"[9]는 내용의 상소를 올렸다.

그러한 동도서기론의 주장은 이 시기에 급속하게 관료 및 지식인들에게 퍼져 나갔다. 김윤식은 1882년에 다음과 같이 주장하였다.

> 논의하는 자들은 또 서양과 수호(修好)를 하면 장차 사교(邪敎)에 전염된다고 말하니 이것은 진실로 사문(斯文)을 위하고 세교(世敎)를 위하여 깊이 생각한 것이다. 그러나 수호는 수호대로 행하고 금교(禁敎)는 금교대로 할 수 있으며, 조약을 맺어 통상을 하는 것은 다만 공법(公法)에 의거하여 할 뿐이다. (중략)
>
> 저들의 교(敎)는 사특하니 마땅히 음탕한 소리나 치장한 여자를 멀리하듯이 해야 하지만, 저들의 기(器)는 이로우니 진실로 이용후생을 할 수 있다면 농업·양잠·의약·병기·배·수레의 제도는 무엇을 꺼려서 피하겠는가. 그 교(敎)는 배척하되, 그 기(器)는 본받는 것이 진실로 병행하여 거스리지 않는 것이다. 하물며 강약의 형세가 이미 현격한 차가 벌어졌는데, 만일 저들의 기(器)를 본받지 않는다면 어떻게 저들의 모욕을 받고 저들이 엿보는 것을 막을 수 있겠는가.[10]

즉 서양의 종교는 배척하되, 저들의 기술은 발달하였으니 서양의 농업·양잠·의약·병기·배·수레의 제도는 적극적으로 받아들이자고 김윤식은 주장하였다. 나아가 저들의 기(器)를 본받지 않는다면, 나중에

9) 『승정원일기』 고종 18년(1881) 6월 8일, "若其器械之藝, 農樹之書, 苟可以利國益民, 亦擇而行之, 不必以其人, 而竝斥其良法也, 審矣".

10) 『승정원일기』 고종 19년 8월 5일.

저들의 침략을 받았을 때 막아낼 수 없을 것을 걱정하고 있었다. 조선의 일부 지식인들은 동도서기론의 입장에서 서양의 문물을 적극적으로 수용하자고 주장하였다. 특히 서양의 농업이 발달하였으니, 적극적으로 소개하고 이용하자는 주장을 하게 되었던 것이다.

그리하여 일본에 수신사 혹은 조사시찰단으로 갔던 지식인들이 서양의 농학이 우수하다는 사실을 인지하고, 그것을 받아들이려는 노력을 기울였다. 당시의 지식인들은 서양의 농서 및 서양의 문물 서적을 적극적으로 수용하고자 하였다.

이와 같이 지식인 사회의 동도서기적 분위기 속에서 지식인들이 가장 먼저 구현한 분야가 무기 기술과 농업분야였다. 정부는 청의 기기창에서 무기 기술을 습득하고자 했다. 아울러 지식인들은 청과 일본에서 서양의 농업 기술을 수용하고자 했다. 이 사실은 당시 편찬된 농서에서 확인할 수 있다.

이 시기에 서양 농학을 정리하여 소개한 농서로는 안종수(1859~1895)의 『농정신편』(1881), 정병하(1849~1896)의 『농정촬요』(1886), 지석영(1855~1935)의 『중맥설』(1888), 이종원의 『농담』(1894) 등이 있다. 이 책들의 서문을 살펴보면 동도서기적 인식에서 책을 편찬하였음을 알 수 있다.

안종수의 『농정신편』(1881)의 서문은 신기선이 작성하였다.[11] 신기선은 서문에서 "일부에서 이 농법은 서양의 기독교에서 나온 농법이라 하여 사교가 침범할 우려가 있다고 하나 이는 도(道)와 기(器)를 모르는 탓이니, 도는 만고에 바꿀 수 없으나 기는 시대 변천에 따라 바꿀 수 있는 것이다. 오랑캐의 법이라도 모방하여 이용후생에 적용하여야 한다"[12]라고 적고 있다. 즉 신기선은 세상 이치를 도(道)와 기(器)로 구분한

11) 권오영, 「신기선의 동도서기론 연구」 『청계사학』 1, 한국정신문화연구원, 1984.
12) 안종수, 『농정신편』(1881) 序文.

후, 동양의 도와 서양의 기를 결합시켜야 한다고 주장하였다. 그는 동도(東道)에 어떠한 영향도 초래하지 않고 서기(西器)만을 선택적으로 수용할 수 있다고 보았다.[13)]

정병하는 자신이 편찬한 농서 『농정촬요』(1886)의 서문에서 다음과 같이 밝히고 있다.

> 부국(富國)의 방책에는 중요한 것이 세 가지가 있다. 지리(地利)와 인공(人功)과 자본(資本)이다. 대개 지리(地利)로 기인하고, 인공(人功)을 사용하여 자본을 거쳐 이루는 것이 농업보다 큰 것이 없다. 내가 생각하기에, 우리나라 재정에서 오직 농업이 가장 중요하다. (중략)
>
> 진실로 우리 인민으로 하여금 사람들이 스스로 분발하게 하고 농학에 밝게 하여 토성을 분별하고 분뇨(糞料)를 베풀고 경작하고 수확하는 방법을 모두 서양 사람들처럼 인공과 자본으로 그것을 마무리한다면, 노동력을 반을 들여도 이익은 배가 되고 곡식은 넘쳐나 다 먹을 수 없을 것이다.[14)]

정병하는 우리나라 재정에서 농업이 가장 중요하다고 하였다. 그러면서 우리나라는 농업개발이 급선무인데, 지리는 천시한난(天時寒暖)으로 적당하나 인공과 자본이 결여되어 있다. 이제 서양 농학을 수용하고 인공과 자본을 더한다면 노동력을 반만 들여도 이로움은 배가 될 것이라고 주장하였다.[15)] 정병하도 동도서기론의 입장에서 농서를 편찬하였던

13) 노대환, 「19세기 후반 신기선의 현실인식과 사상적 변화」 『동국사학』 53, 동국대학교, 2012, 325쪽.

14) 정병하, 『농정촬요』(1886) 序, "是故富國策 其要有三曰 地利 人功 資本是已 盖因地之利 用人之功 由資本而成之者 莫大乎農利 而窃爲我國計者 亦惟以農爲急先務 苟使我民人 人自奮 明於農學 辨土性施糞料 耕穫等法 悉如西人之爲濟之 以人功資本 則必將功半利倍 而穀不可勝食矣".

것이다.

이 동도서기론의 입장은 개명적 지식인들이 서로 공유하고 있었다. 그 입장을 본받아 서로 전파하기도 하였다. 이러한 사실은 지석영의 상소문에서도 나타난다. 1880년 수신사 김홍집의 일행으로 일본에 갔다 와서 우두 보급에 힘쓴 지석영은 1882년 8월에 고종에게 시무서를 올렸다.

> 오늘날 나라의 정치에서 민심을 안정시키는 것이 무엇보다도 먼저 해야 할 일인 줄 압니다. 왜냐하면 우리나라가 해동에 치우쳐 있어서 종래에 외교를 해본 일이 적으므로 견문이 넓지 못하고 시국에 어두워 이웃 나라와 사귀며 조약을 맺는 것이 모두 무엇 때문에 하는 일인지 몰라 외교에 마음을 쓰는 사람을 보기만 하면 대번에 사(邪)에 물들었다 하여 비방하며 더럽다고 욕하여 왔는 바, 무릇 백성이 서로 의심하며 꺼리는 것은 시세를 알지 못하기 때문입니다. 백성이 만일 안정되지 않는다면 나라를 어찌 다스릴 수 있사오리까.
>
> <u>신의 생각으로는 각국 인사들이 지은 『만국공법』, 『조선책략』, 『보법전기(普法戰紀)』, 『박물신편』, 『격물입문(格物入門)』, 『격치휘편(格致彙編)』</u> 같은 책과 우리나라 교리(校理) 김옥균이 편집한 『기화근사(箕和近事)』, 전 승지 박영교(朴泳教)가 편찬한 『지구도경』, <u>진사 안종수(安宗洙)가 번역한 『농정신편』</u>, 전 현령 김경수(金景遂)가 기록한 『공보초략(公報抄略)』 같은 책들은 모두 굴곡된 바를 개발하고 시무를 밝게 이해하기에 족합니다.[16]

지석영은 개화에 관계된 국내외 인사들의 서적들을 소개하고 그 서적

---

15) 정병하, 『농정촬요』(1886) 序.

들이 시무를 밝게 해주는 책이라고 규정하였다. 즉 그는 이 서적들에 소개된 서양의 기술을 익혀 개명된 사회를 이룩할 것을 주장하였다.

그는 자신의 농서 『중맥설』(1888)의 서문에서 다음과 같이 적고 있다.

> 보리는 흙의 종류를 가리지 않을 뿐만 아니라 가을에 파종하여 여름에 수확하고 비, 가뭄, 해충, 서리 등에 강하며 제초의 노력도 적게 들기 때문에 농가의 중요한 작물임에도 우리나라에는 보리 재배를 중요시 않고 있다. 저자는 일본의 쓰다센[津田仙]이 지은 『농업삼사(農業三事)』라는 책을 통해 여러 가지 신비로운 농법과 더불어 보리 재배법을 읽고 일본인들이 보리를 중요시하는 것을 알았을 뿐만 아니라 중국과 서양인들이 수많은 음식을 밀가루로 만든다고 들었으니 맥류가 얼마나 중요시되는가를 알 수 있었다. 쌀밥을 싫어할 리 없지만 쌀은 생산과정에서 노력이 많이 들고 재해가 많아 우리도 쌀만큼 보리를 중요시한다면 국부(國富)를 이룩하는 데 용이할 것이며 이런 뜻에서 중맥설이 틀림없다는 사실을 밝히기 위하여 이 책을 저술한다.[17)]

지석영은 일본의 선진적 농학자 쓰다센[津田仙, 1837~1908]에게 영향을 받았으며, 그의 농서 『농업삼사(農業三事)』를 통해서 서양의 선진적 농학과 농법을 알게 되었다. 즉 그 책을 통하여 보리와 밀 등 맥류의 중요성과 효용성을 알게 되었다. 쌀은 생산과정에서 노력이 많이 들고 홍수와 가뭄 등 자연재해에 취약한 약점이 있는 데 반해, 보리와 밀은 생산과정에서 노력이 적게 들고, 홍수와 가뭄 등 자연재해를 견딜 수 있으므로 재배 이익이 클 것이라고 말하였다.

이상으로 1880년대 지식인들의 동도서기적 지향을 살펴보았고, 그러

---

17) 지석영, 『중맥설』(1888) 序文.

한 인식을 바탕으로 서양과 일본의 농서를 정리하여 조선 근대의 농서를 편찬하게 된 사상적 배경을 고찰하였다. 이제 구체적으로 1880년대 이후 조선의 농서를 살펴보도록 하자.

3. 서양 농학의 소개(1881~1894)

조선 정부는 1880년 12월에 통리기무아문을 설치하여 개방정책을 실시하였고, 지식인계에는 동도서기론이 유포되면서 서양의 문물을 도입하고자 하는 움직임이 확대되었다. 그러한 분위기 속에서 1876년의 제1차 수신사, 1880년의 제2차 수신사, 1881년의 조사시찰단과 영선사, 1883년의 보빙사 등 일본과 청 등 외국을 다녀온 개명 관료들은 서양 농학 및 일본과 청의 선진 농학을 소개하려고 하였다.

1) 일본 농학의 사정

먼저 일본 농학의 사정을 살펴보자. 일본 정부는 1868년 메이지유신[明治維新] 이후 서구의 농학을 적극적으로 수용하기 시작하였다. 1869년에는 민부관(民部官)을 설치하여 농업에 관한 업무를 수행하면서 목초·사탕무·순무의 미국 종자를 도입 배포하기 시작하였으며, 다음 해에는 민부관을 민부성(民部省)으로 개칭하면서 잠종제도 및 개간규칙을 공포하였다. 1872년에는 동경 신주쿠[新宿]에 내무성의 권업요출장소(勸業寮出張所)를 두어 농사시험장 구실을 하면서 각종 도입작물과 과수종을 시험하고 배포케 하였다.[18)]

---

18) 구자옥·김장규·한상찬·이길섭, 「쓰다센(津田仙)의 『농업삼사(農業三事)』가 지니는 의의」 『농업사연구』 제9권 2호, 한국농업사학회, 2010, 131쪽.

1874년에는 내무성(內務省) 내에 권업료(勸業寮)를 처음으로 설치하여 농업에 관한 업무를 시작하였고, 1879년에는 권농국(勸農局)으로 승격시켰다가, 1881년에 와서 농상무성(農商務省)으로 독립시키면서 농업과 상업의 체계적 발전을 도모하였다.[19]

한편 일본은 농서편찬에도 적극적이었다. 1870년에 중앙 정부 주도로 '양잠방법서'를 편찬한 데 이어, 1871년까지 37종의 국내 농서를 편찬하였고, 아울러 16종의 서양 농서를 번역 출판하였다.[20] 또한 1887년에 일본농학회(日本農學會)를 창립하고, 민간부문에서 농업의 전문적 발전을 도모하였다.

민간부문에서 서구 농학을 적극적으로 수용했던 농학자들이 존재하였다. 쓰다센과 사토가[佐藤家]의 인물들이 대표적이었다. 쓰다센은 1873년 오스트리아 빈에서 개최된 만국박람회와 일본측 실무책임자 다나카[田中芳男]의 통역겸 실무자로 3개월간 그곳에 머물면서 네덜란드 농학자 후이부랭크(荷衣伯連, Daniel Hooibrank)로부터 서양 농학을 배우고 돌아왔다.[21] 그는 귀국한 후, 후이브랭크로부터 배운 내용을 『농업삼사(農業三事)』라는 책으로 엮어 1874년 5월에 출판하였다.[22] 또한 그는 1876년부터 농업잡지를 발행하여 일본인에게 서양의 농업기술을 알리는 역할을 하였다. 그는 1883년에는 '학농사(學農社)'라는 사립농업학교를 설립 운영하여 신농학을 교육하는 역할을 수행하기도 하였다.[23]

사토가(佐藤家)는 일본에서 농학 가문으로 알려져 있는 집안이었다.

---

19) 김영진·홍영미, 「개화기의 농학사상」『농업사연구』 창간호, 한국농업사학회, 2002, 3~4쪽.

20) 齋藤之男, 『日本農學史』, 1968, 135쪽.

21) 구자옥·김장규·한상찬·이길섭, 앞의 논문, 2010.

22) 內田和義, 「開化期における日本の西洋農學の受容－津田仙(1837~1908)を中心に－」『농업사연구』 창간호, 한국농업사학회, 2002.

23) 김영진·김이교, 「개화기 한국의 구미 농업과학기술도입에 관한 종합연구」『농업사연구』 제10권 2호, 한국농업사학회, 2011, 5쪽.

그중 사토 노부히로[佐藤信淵, 1769~1850]는 대표적 인물이었다. 사토 노부히로의 가문은 노부요시[信邦] 이래, 노부마사[信榮], 노부가케[信景], 노부스에[信季] 등 4대에 걸쳐 농학 연구에 종사한 집안이었다. 사토 노부히로는 어린 시절에 아버지 노부스에의 손에 이끌려 홋카이도 등지를 편력하며 견문을 넓혔다. 그는 원래 의사(1811~1814)였으나, 의사의 일을 접고 경세가로 나서면서 『우내혼동비책(宇內混同秘策)』(1823), 『천주기(天柱記)』(1825), 『경제요록(經濟要錄)』(1827), 『농정본론(農政本論)』(1832), 『내양경위기(內洋經緯記)』(1833) 등의 저서를 편찬하였다. 그의 학문은 농정, 병학, 천문, 국학 등 광범위하였으며, 경세가이며 농정가로 활동하였다.[24] 그는 "백성은 국가의 근본, 농업은 정사(政事)의 기원(基源)"이라는 취지아래 『농정본론』을 저술하였다. 그는 이 책에서 지도(地圖), 기후(氣候), 토성(土性), 수리(水利), 경종(耕種) 등 5개 항목을 농업의 기초라고 설명하고, 이를 위정자가 농민에게 잘 교화하고 노력하게 하는 것이 농정학의 핵심이라고 주장하였다.[25]

한국 근대 초기 농학서인 안종수의 『농정신편』(1881)과 정병하의 『농정촬요』(1886) 및 지석영의 『중맥설』(1888)은 쓰다센의 『농업삼사』와 사토 노부히로의 『농정본론』 등의 일본 농서를 참고하면서 발췌하여 편찬한 것이었다.

2) 조선의 근대적 농서와 양잠서

1880년부터 1894년까지 조선의 개명관료들이 일본과 청 및 서구의

24) 羽仁五郎, 『佐藤信淵に關する基礎的考察』, 岩波書店, 1929 ; 尾藤正英·島崎隆夫校注, 『日本思想大系45-安藤昌益 佐藤信淵』, 岩波書店, 1977.

25) 최원규, 「근대전환기 조선정부의 농정책과 서양농학의 수용」『동양과 서양의 문화교류』, 부산대학교출판문화원, 2022, 255~260쪽.

농학을 소개한 농서를 살펴보면 다음의 〈표 5-1〉과 같다.

〈표 5-1〉 개화기 서구 농학을 소개한 농서(1880~1894)

분야	책 명	저 자	편찬연도	문체	비고
농업 총론	농정신편	안종수	1881	한문체	서울대 규장각
	농정촬요	정병하	1886	국한문혼용체	국립중앙도서관
	중맥설	지석영	1888	한문체	성균관대 도서관
양잠	증보잠상집요	김사철 이우규	1884	한문체	장서각
	잠상촬요	이우규	1884	한문체	서울대 규장각
	잠상집요	이희규	1886	한글체	서울대 규장각
수리	농담	이종원	1894	한문체	서울대 규장각

이 시기는 농업과 양잠에 관한 농서 발간이 중심을 이루었다. 먼저 농업 부문은 안종수가 1880년에 일본에 조사시찰단으로 갔다가 귀국하여 6개월 만에 편찬한 『농정신편』(1881)을 효시로 하여 정병하의 『농정촬요』(1886), 지석영의 『중맥설』(1888), 이종원의 『농담』(1894) 등이 농서로 발간되었다.

한편 당시 세계적인 무역품인 잠사와 견직물을 생산·제조해내려는 양잠업을 권장하는 농서들이 발간되었다. 김사철의 『증보잠상집요』(1884), 이우규의 『잠상촬요』(1884), 이희규의 『잠상집요』(1886) 등이 그것이었다. 농서의 저자들은 일본의 선진적 농학에 영향을 받아 그것을 발췌하여 수용하였지만, 양잠서의 저자들은 중국의 선진적 양잠업을 선택하여 수용하였다.

이 시기 최초로 서양의 농학을 소개한 사람은 1881년에 일본에 조사시찰단에 참여하였다가 일본의 발전상을 견문하였던 안종수(1859~1895)였다. 안종수는 1881년 22세의 나이에 조사(朝士) 12명을 포함한 62명의 시찰단 일원인 조병직의 수행원으로 일본에 갔다가,[26] 일본의 신진농학

26) 허동현, 「1881年 朝鮮 朝士 日本視察團에 관한 一研究 ; "聞見事件類"와 《隨聞錄》을 중심으로」 『한국사연구』 52, 1986.

자 쓰다센과 사귀면서 큰 영향을 받았다. 안종수는 쓰다센으로부터 『농업삼사』와 농업잡지 그리고 일본의 농학가문인 사토가의 여러 농서들을 얻어 가지고 돌아왔다. 그는 귀국하자마자 5개월간 두문불출하고 일본에서 가져온 농서들을 기초로 신종 농법을 연구하여 1881년에 『농정신편』[27]이라는 신농서를 편찬하였다.[28] 그는 이 책을 곧바로 인쇄할 수 없었다. 당시의 상황은 서양 문명에 대한 우려가 컸기 때문에, 서양의 학문을 전파하려 한다는 의혹을 받기 쉬웠다. 그러나 개화파 인사들의 건의로 약 4년이 지난 1885년에 가서야 농상사(農桑司)의 주선으로 광인사(廣印社)에서 활자본(신식활자본)으로 초판 500부가 인쇄되어 전국 방방곡곡에 배포되게 되었다.[29]

『농정신편』은 4권으로 구성되었다. 1권은 '토성변(土性辨)'으로 흙의 성질과 경간(耕墾)과 재배법 등을 기술하였고, 2권은 '분자법(糞苴法)'으로 비료의 종류와 만드는 방법을 기록하고 비료의 성능을 설명하였다. 3권과 4권은 '육부경종(六部耕種)'으로 뿌리, 줄기, 껍질, 잎, 꽃, 열매의 생태와 그 재배법을 설명하였다.[30] 이 책은 당시의 지식인들에게서 농업에 관한 훌륭한 책으로 인정을 받았고, 지석영도 근대적인 농서로 추천하였다.[31] 정부에서도 그 책이 간행되었을 때 반포하여 보급하도록 지방관아에 협조를 요청할 정도로,[32] 농업 개량의 표본서로 권장되었다.

이 『농정신편』은 당시 농업지식인과 지도층에게 농학사상으로 큰 영향을 미쳤다. 식물도 수분(受粉)이 되어야 결실을 맺으므로 생산량을 증가하기 위해서는 작물도 수분매조(受粉媒助, 인공수분)를 하여야

---

27) 안종수, 『농정신편』, 1881.

28) 이광린, 「안종수와 농정신편」 『개정판 한국개화사연구』, 일조각, 1969.

29) 김영진·김이교, 앞의 논문, 2011, 5~6쪽.

30) 안종수, 『농정신편』, 1881 ; 이성우, 『한국식경대전』, 향문사, 1981, 188~190쪽.

31) 『승정원일기』 고종 19년(1882) 3월 23일.

32) 『통서일기』 고종 22년(1885) 10월 29일.

한다는 사실, 식물도 호흡을 할 뿐 아니라 뿌리에서조차 숨을 쉬므로 토양 통기(通氣)가 필요하다는 사실 등을 알려주었기 때문이다.[33] 이러한 사실들은 전통적인 조선 농서에서는 알려주지 못하였던 내용들이었다.

『농정촬요』는[34] 온양군수였던 정병하(1849~1896)가 1886년에 편찬한 책이다. 정병하는 1881년 일본공사 하나부사 요시모토[花房義質]의 권고로 광산, 조폐, 제철, 피혁 등에 관련된 기계를 구입함에 통상사무아문의 관리로서 일본 오사카[大板]에 파견된 적이 있다. 그때 그는 일본에서 몇 권의 일본 농서를 구해와서 1886년 5월 국한문혼용의 『농정촬요』를 편찬하였다. 당시는 모든 공문서와 저서를 한문체로 작성하는 것이 일반적이었는데, 그 농서를 국한문혼용체로 작성하였다는 사실은 농사를 짓는 농민들이 쉽게 읽을 수 있도록 배려한 것이다.

『농정촬요』는 3권 24장으로 구성되어 있다. 상권(上卷)에는 농업의 대의, 연중행사와 시후, 경운 적정시기, 비료의 효과, 공기와 비료의 효능으로 구분하여 설명하고 있었다. 중권(中卷)은 토성을 중점적으로 다루고 있는데 토양의 특성을 나누어 설명하고 있는 것이 특징이었다. 즉 양토(壤土), 식토(埴土), 분토(糞土) 등으로 나누어 토양의 특성을 설명하고 있다. 하권(下卷)은 전답의 척도, 농기구 등과 함께 이앙, 제초, 관수, 수확 등을 설명하고 있다.[35]

『중맥설』(1888)은[36] 지석영(1855~1935)이 특별히 보리만을 다룬 농서이다. 지석영은 일본 농학자 쓰다센의 『농업삼사』를 읽고 감명을 받아 보리의 중요함을 인식하여 『중맥설』을 저술하게 되었다고 서문에

33) 김영진·김이교, 앞의 논문, 2011, 6쪽.

34) 정병하, 『농정촬요』, 1886.

35) 이성우, 『한국식경대전』, 향문사, 1981, 190~193쪽.

36) 지석영, 『중맥설』, 1888.

적고 있다.37) 이 책은 보리 재배에 관한 내용만 정리하여 순한문으로 정리한 농서이다. 이 책은 저자의 서문, 목차, 본문으로 구성되어 있으며 15장 1책의 인본(印本)으로 되어 있다. 이 농서에서는 서문에 이어 총론(總論), 공기(空氣), 치전(治田), 명품(名品), 성능(性能), 택종(擇種), 종예(種藝), 토의(土宜), 비료(肥料), 서운(鋤耘 : 제초), 언매(偃媒), 배양(培養), 예확(刈穫), 비지(肥地), 회요(灰窯), 산계(算計) 등 모두 16개 항목으로 구분하여 설명하고 있다.38)

19세기에는 수리시설을 제대로 정비하는 일이 매우 중요하였다. 19세기 세도정치 시기에 제언과 보 등의 수리시설이 많이 훼손되거나 쇠락하여 그 정비 필요성이 고양되었음에도 불구하고 제대로 정비되지 못하였다.39) 개항 이후 농업 진흥의 필요성이 높아져서 수리시설의 정비가 필요하였다. 그를 위해 이종원은 서양의 선진적 수리시설을 소개하였다. 이종원은 『농담』에서 제언의 필요성을 설명하였고, 제언의 수축방법을 소개하였다.

『농담』은 이종원이 1894년에 제언의 중요성과 제언의 수축방법을 서술한 매우 간략한 농서이다. 그 책은 서문, 본문, 발문으로 구성되어 있고, 본문은 다시 '제언사회설', '석홍예철망철구론', '도수제법'으로 구성되어 있다. '제언사회설'에서는 제언이 국가에 미치는 영향을 언급하였고, '석홍예철망철구론'에서는 제언의 근대적 수축방법에 대하여 설명하였으며, '도수제법'에서는 물을 유도하는 방법을 간단히 언급하고 있다.40)

---

37) 위의 책, 序文.

38) 김영진·홍은미, 「1880년대 한국농서에 기록된 서양농업과학」『농업사연구』 제5권 1호, 한국농업사학회, 2006.

39) 최원규, 「조선후기 수리기구와 경영문제」『국사관논총』 39, 국사편찬위원회, 1992.

40) 이종원, 『농담』, 1894(규 4166) ; 이성우, 앞의 책, 195~196쪽 참조.

한편 이 시기에는 양잠진흥을 위한 양잠서들이 많이 편찬되었다. 당시 잠사와 견직물이 세계적 무역품이었기 때문에 조선 정부에서도 양잠을 권장하였다. 정부에서는 뽕나무의 재배를 권장하고 양잠업을 전국적으로 확대하기 위하여 양잠서를 편찬하여 보급하고자 하였다. 예를 들면 1883년에 통리군국사무아문에서 공포한 '양상규칙(養桑規則)' 제3조에서 양잠법과 실을 켜는 방법을 중국의 선진적인 방법을 통해 배워야 한다고 하면서 『상잠집요(桑蠶輯要)』라는 책을 번역 출판하여 배포하고자 하였다.[41] 그러나 정부에서 직접 양잠서를 편찬하지는 못하였다. 정부는 당시의 지식인이나 관리들이 양잠서를 만드는 것을 후원하였고, 편찬된 양잠서를 알리거나 보급하는 역할을 담당하였다. 즉 정부에서는 민간에서 편찬된 『잠상집요』라는 책을 소개하거나,[42] 혹은 내아문 농상사에서 각국에서 입수한 양잠서를 널리 권하여 양잠기술을 발전시키려는 역할을 하였다.[43]

그런 분위기 속에서 이 시기에 3권의 양잠서가 나오게 되었다. 『증보잠상집요(增補蠶桑輯要)』(1884), 『잠상촬요(蠶桑撮要)』(1884), 『잠상집요(蠶桑輯要)』(1886)가 그것이었다.[44] 먼저 『증보잠상집요』(1884)는 통리교섭통상사무아문의 주사였던 김사철(1847~1935)이 중국에서 가져온 새로운 잠서들을 검토하면서 중요한 사항들을 추출하여 1884년 5월에 편집하고, 이우규가 교정하여 간행한 것이다.[45] 이 책의 내용은 크게 3부분으로 구성되어 있는데, 첫 부분은 17세기부터 1880년대까지 중국

41) 『한성순보』 제7호, 1883년 12월 1일. 內衙門布示 '養桑規則'.

42) 『한성순보』 제11호, 1884년 1월 11일. 國內私報 '蠶桑輯要'.

43) 『한성순보』 제17호, 1884년 3월 11일. 國內私報 '農桑新法'.

44) 김영진, 『농림수산고문헌비요』, 한국농촌경제연구원, 1982 참조.

45) 1884년 1월 11일에 발간된 『한성순보』에 그 책의 내용이 소개된 것을 보면, 이우규가 발문을 써서 편찬해낸 것은 1884년 5월이지만, 이미 그 이전에 편찬되어 책의 내용이 시중에 소개되고 있었다고 여겨진다.

에서 양잠에 얽힌 시(詩)나 기록 등을 열거하였고, 둘째 부분에서는 본론에 해당되는 것으로 뽕나무를 심는 방법과 기르는 방법 등의 양잠법을 서술하였다. 셋째 부분에서는 청나라 심병진이 지은 악부(樂府) 20수를 그대로 수록하고 끝에 이우규의 발문(跋文)이 덧붙어져 있다.[46)]

『잠상촬요』(1884)는[47)] 이우규가 『증보잠상집요』를 펴내면서, 동시에 농민들에게 양잠법에 대한 내용만 간단명료하게 전달하기 위하여 『증보잠상집요』 본론 내용만 발췌하여 만든 것이다. 양잠서의 내용은 뽕나무 재배, 누에 기르기, 고치에서 실 뽑기의 세 부분으로 구성되었다. 먼저 '뽕나무 재배'는 뽕나무 품종, 뽕나무를 접붙이는 방법, 뽕나무 심는 방법과 이랑 만드는 방법, 지상(地桑) 재배와 수상(樹桑) 재배, 뽕나무 가지를 삽목하는 방법과 묻어서 재배하는 방법 등이 기록되었다. '누에 기르기'는 누에씨를 씻고 깨는 법, 아기누에 관리방법, 누에 기르는 방법, 먹이 주고 자리갈이하는 방법, 누에를 섶에 올리는 방법 등이 기록되었다. 끝으로 '고치에서 실 뽑기'는 12가지 순서에 의해 조리있게 기술되어 있다.

정부에서도 『잠상촬요』의 내용이 간결하고 충실하다고 인정함으로써 『한성순보』에 본문 전체를 그대로 소개하였고,[48)] 이우규의 공과 실력을 인정하여 다음 해(1885) 8월에 내무부 농상사의 부주사(副主事)로 임명하였다.[49)]

이 시기에는 농민이나 부녀자들이 쉽게 읽을 수 있도록 한글로 된 양잠서도 나왔다. 1886년에 이희규가 편찬한 『잠상집요』가[50)] 그것이다.

46) 『증보잠상집요』, 1884(장서각, K3-319).

47) 『한성순보』 제27호, 1884년 윤5월 21일, 蠶桑撮要.

48) 위와 같음.

49) 『일성록』 295책, 고종 22년 8월 1일.

50) 이희규, 『잠상집요』, 1886(규4622).

이 시기에는 양잠업을 남성보다는 여성들이 주로 담당하였고, 여성들은 한문보다는 한글을 많이 이해하고 있었기 때문에 여성들을 계몽하기 위해 한글로 편찬하였다.

이 책은 뽕나무재배와 양잠(養蠶)의 필요성을 강조하고 백성들이 그 방법을 알기 쉽도록 하기 위해 번역한 것으로 보인다. 본문은 '뉘에치은법' '상술니나무로야잠길우은법' '야잠길우은법' '야잠고치실만드은법'으로 구성되었다. '뉘에치은법'은 누에의 일반적인 습성과 처음 누에를 먹이는 법, 온도관리, 누에 집짓는 방법, 누에에게 뽕잎을 먹이는 요령을 설명하고 누에고치를 고르고 누에를 관리하는 요령을 설명하였다. 그리고 '상수리나무 기르는 법'과 '야잠 기르는 법'에서는 처음 누에 새끼를 만드는 방법을 설명하고 '야잠 고치실 만드는 법'에서는 고치실 만드는 방법을 소상히 설명하였다. 후반부에는 뽕나무를 기르고 양잠을 하는데 필요한 도구를 그림으로 보이고 그 도구를 만드는 요령을 자세히 설명하였다.

이와 같이 1880년대는 정부도 본격적으로 농업진흥정책을 실시하였던 시기이고, 관료 및 지식인들도 서구 농학을 공부하여 그것을 일반 농민들에게 전달하기 위하여 농서를 번역하거나 편찬하여 보급하려고 했던 시기이다.

이 시기 농업에 관심을 가진 선진적 인사들은 일본과 청을 통하여 서양의 선진적 농학과 양잠업을 수용하고 있었다. 선진적 인사들은 일본을 통하여 서양의 선진적 농학을 수용하였다. 반면에 양잠업 전문가들은 청의 선진적 양잠업을 수용하여 조선에 보급하고자 하였다. 안종수, 정병하, 지석영 등은 일본의 선진적 농학자인 쓰다센, 사토가의 농서들을 가져와 그중 중요한 부분을 선택하여 농서를 편찬하여 보급하고자 하였다. 반면에 이우규, 김사철 등 양잠업 전문가들은 청의 양잠서를 검토하여 중요한 사항을 추출하여 새 양잠서를 편찬하였다.

4. 서구 농학의 도입과 실험(1894~1905)

1894년 청일전쟁에서 일본의 승리는 조선 지식인들의 동아시아관을 바꾸어 놓았다. 동아시아의 중심은 청이라고 인식하였는데, 청일전쟁에서 일본이 승리하자 일본에 대한 인식이 크게 변하였다. 조선인의 입장에서 서양의 근대 문명을 수용하는 루트는 청과 일본이었는데, 청일전쟁에서 일본이 승리한 후 근대문명의 도입 루트는 일본으로 향하게 되었다. 1894년에 들어선 개화파 정부는 일본의 메이지유신 정부를 벤치마킹하여 조선을 통치하고자 하였다. 그리하여 일본의 메이지 정부의 통치제도를 모방하고, 나아가 일본의 문명을 받아들이기 위하여 젊은 양반 자제들을 일본에 유학 보냈다.

당시 갑오정권에서는 1895년에 정책기조로 홍범 14조를 공포하였다. 그중 11조에 "나라 안의 총명하고 뛰어난 인재들을 널리 외국에 파견하여 외국의 학문과 기예(技藝)를 습득시킨다"[51]라고 하면서 관비(官費)로 유학생을 파견하여 외국의 학문과 기술을 습득시키고자 하였다. 아울러 1895년 2월 2일에는 "교육에 관한 조칙"을 공포하여,[52] 교육을 중시하는 방침을 시달하였다. 그리하여 개화정권은 동년 3월에 114명을 일본 게이오의숙[慶應義塾]의 후쿠자와 유키치[福澤諭吉]에게 유학을 보내 신학문을 배우도록 하였다.[53] 같은 해에 38명을, 1896년에는 몇 명 더 일본에 유학을 보내기도 하였다. 개화정권이 관비로 유학을 보낸 학생들은 개화정권의 자제, 친척 등 양반 자제들이 다수였으며, 서얼들도 참여하였

51) 『고종실록』 32권, 고종 31년 12월 12일, "國中聰俊子弟, 廣行派遣, 以傳習外國學術技藝".

52) 「詔勅」 1895년 2월 2일(『詔勅·法律』, 서울대 규장각자료총서 금호시리즈 근대법령편, 40~41쪽).

53) 박찬승, 「1890년대 후반 관비유학생의 도일유학」 『근대교류사와 상호인식 I』, 아연출판부, 2000.

다. 1896년 고종이 아관파천을 단행하면서 관비 유학이 일시 중단되었다가 다시 진행하는 등 우여곡절을 겪었다.[54] 그 외 다수의 지식인들도 일본에 유학을 갔다.

관비로 유학을 가거나, 자비로 유학을 간 학생들은 일본의 근대적 학문을 수학하였다. 그들은 정치, 군사, 법률, 재정, 항해, 측량, 의학, 공업, 농업 등의 근대적 학문을 수학하였으며,[55] 그중 서양의 농학도 섭렵하게 되었다.

그중 농학과 잠업을 수학한 예를 들면 다음과 같다. 1895년 관비유학생으로 일본에 유학을 갔던 신해영(1865~1909)과 현공렴은 일본의 양잠업 발전에 감명을 받고 일본인 양잠서를 번역 발간하였다(〈표 5-2〉 참조). 김한목과 서상면도 일본에 유학을 갔다가 일본의 양잠업에 감명을 받아 일본인 양잠서를 번역 발간하였다. 그 외 일본에 유학 가서 일본의 양잠기술을 배웠던 강홍대, 방한영, 윤수병, 김한목, 권재민 등이 대한제국 농상공부 잠업과의 관료가 되어 조선의 양잠업 교육과 진흥에 중심적 역할을 수행하였다.[56]

일본으로의 관비 유학과 청으로부터 문물 유입을 통하여 조선의 지식인들은 서양 농학이 동양 농학보다 우수하다는 사실을 알게 되었다. 한 예로 『제국신문』의 기자는 "(서양 농학이) 우리 동양 사람이 농사하는 법보다 백배나 용이(容易)하기 때문에 전국 농민의 일년 농사가 그 나라(서양) 전국 인민의 여러 해 양식을 지어서 백성이 흉년을 모르고 지나는 고로 저렇게 부강하다"[57]고 평하였다.

그리하여 대한제국시기에는 서구의 농학을 적극적으로 수용하는 분

54) 박찬승, 위의 논문.
55) 박찬승, 위의 논문, 107쪽.
56) 오진석, 「대한제국기 인공양잠회사와 잠업과시험장」『향토서울』 85, 2013, 142~144쪽.
57) 『제국신문』 1899년 11월 24일. '서병숙씨가 학부에 한 농학교 설시 청원서'.

위기가 활발하였다. 그러한 분위기는 관료사회뿐 아니라 양반 지식인 사회에 전파되면서 확대되었다. 당시 정부뿐 아니라 지식인 사회에서 서구의 농학을 수용하여 조선의 농업을 발달시키자는 움직임이 점차 확산되었다. 『황성신문』의 '논설'에서 논설자는 서양의 농학과 농법을 열심히 배워 우리나라 농업을 발달시켜가자고 주장하였다.

> 오늘날에 이르러 농업이 더욱 곤궁하고 나라가 더욱 빈한하게 되었다. 이에 서양인의 농법과 신발명한 대략(大略)을 번역하여 소개하니 농업에 관심있는 자는 농학을 흥기하여 물자가 풍성하고 백성들이 편안하게 하기를 기원하노라.[58]

당시의 경제를 부흥하기 위해서는 산업의 근간인 농업을 진흥시켜야 하고, 그를 위해서는 서양의 선진 농학과 농업기술을 수용하여 조선의 농업을 발달시켜야 한다고 주장하였다.

위의 취지로 서양의 새로운 화학비료, 새로운 농법, 새로운 농기구의 편리함을 설명하면서 서양의 농학을 배워서 토지를 개량하고 생산량을 증가시키자는 주장을 하였다. 이 시기에 편찬된 농서와 양잠서를 정리한 것이 〈표 5-2〉이다.

〈표 5-2〉에서 보듯이, 이 시기에는 많은 양잠서가 출간되었으며, 농업총론으로는 『농학신서』가 있고, 축산 분야에 『양계법촬요』와 『마학교정』이 출간되었다는 점이 특징이다. 농업총론으로 집필된 것은 장지연의 『농학신서(農學新書)』가 있다. 이 농서는 농업 일반을 다룬 책이나, 필사본이 남아 있고, 활자로 인쇄하지는 않았다. 그리하여 주변의 지인들에게 필사로 전해졌기에 널리 전파되지는 못하였다.[59]

---

58) 『황성신문』 1898년 3월 4일, 論說 '歐洲農政新法節略'.
59) 『장지연전서』, 단국대출판부.

〈표 5-2〉 갑오정권과 대한제국기 서양의 농학을 소개한 농서(1894~1905)

분야	책 명	저자	편찬연도	비고(출처)
농업	농학신서(農學新書)	장지연	1904	
축산	양계법촬요(養雞法撮要)	?	1897	독립신문
	마학교정(馬學敎程)	군부(軍部)	1900	국립중앙도서관
양잠업	양잠감(養蠶鑑)	김한목	1900	요코타 가쓰조[橫田勝三] 저서 재판본 번역, 민병석의 서문
	양잠요람(養蠶要覽)	김한목	1900	活字本, 직접 저술
	인공양잠감(人工養蠶鑑)	서상면 김한목	1901	요코타 가쓰조[橫田勝三] 저서 번역, 활자본
	잠상실험설(蠶桑實驗說)	신해영	1901	마쓰나가 고사쿠[松永伍作] 저서 번역, 서병숙 교열
	잠상휘편(蠶桑彙編)		1904	국한문혼용체, 황성신문
	재상전서(栽桑全書)	현공렴	1905	1895 일본 유학, 황성신문
	인공양잠표준(人工養蠶標準)	미상	미상	국립중앙도서관, 丙午 閏四月初七日來, 국한문

또 이 시기에는 축산 분야에 관한 전문서가 등장하였다. 축산 분야에는 양계 방법을 기록한 『양계법촬요』[60]와 군마에 관한 내용을 적은 『마학교정』이 있다. 『양계법촬요(養雞法撮要)』(1897)는 우리나라 최초의 양계에 관한 책이다. 우리나라에는 양계를 하는 기술적 축적이 이루어져 있었다. 그 근거로는 다음을 들 수 있다. 첫째는 15세기 후반에 편찬된 『사시찬요초(四時纂要抄)』 이래 양계에 관한 기술이 각종 농서에 계속 기록된 것으로 보아 우리나라 농가의 양계기술이 일정 수준 기술적 축적이 이미 되어 있었다. 둘째로 양계는 비교적 큰 자본이나 시설이 없이도 사업을 행할 수 있고 실패할 가능성이 비교적 적다고 할 수 있다.[61]

1897년 『독립신문』에는 다음과 같은 광고가 실렸다.

60) 『양계법촬요』.

61) 김영진, 「농서해제 : 양계신론」 『농업사연구』 제7권 1호, 한국농업사학회, 2008, 177~178쪽.

닭 기르는 법을 외국 학문가에서 신발명하여 각국에 지금 성행하는 요법을 국한문으로 번역하여 출판하였는데, 이 책에 있는 방법대로 하면 적은 자본을 가지고 크게 닭을 길러 큰 리가 있을 터이니 누구던지 이런 사업에 유의하는 이는 이 책을 사서 보시요.62)

외국 학문가에서 닭 기르는 법을 신발명하였는데, 그것을 번역하여 『양계법촬요』라는 책을 발간하였으니, 이 책에 있는 방법으로 적은 자본을 가지고 닭을 키우면 큰 이익을 볼 것이라고 광고하였다. 즉 일본을 통한 서양의 새로운 양계 기술을 도입한다면 시장성이 높은 양계 산업을 한 단계 향상시킬 수 있으리라 전망한 것이다.

『마학교정(馬學教程)』은 1900년 전후 군부(軍部)에서 편찬한 군마(軍馬) 관계 교재로서, 국한문 혼용의 필사본 3책으로 구성되어 있다. 이 책은 서문, 발문, 범례 등이 없으며, 목차와 내용만으로 되어 있다. 제1책은 말의 구조학(構造學)과 외모학(外貌學)의 일부, 제2책은 말의 외모학(外貌學), 제3책은 위생학(衛生學)을 설명하고 있다. 제1책 말의 구조학에서는 말의 생체 구조의 대강을 설명하고, 말의 골격 및 감각기관·소화기관 등을 체계적으로 설명하고 있다. 제2책 말의 외모학에서는 말의 외모를 미격(美格), 실격(失格), 손징(損徵)의 세 가지로 구분하여 말의 신체를 설명하고 있다. 제3책 말의 위생학에서는 말의 위생과 마굿간 및 사료에 관한 내용을 설명하고 있다.63)

이 시기에는 양잠서가 많이 출간되었다. 일본에 유학을 갔던 지식인들이 일본의 양잠업 진흥과 그로 인한 부국의 실상을 보고 큰 영향을 받아 일본의 양잠서를 번역 발간한 때문이었다.64) 일본은 서구 유럽의

62) 『독립신문』 1897년 7월 20일 광고 '양계법촬요'.

63) 陸軍豫科士官學校 편, 『馬學教程』, 1908(국립중앙도서관 9-32-52-1-3).

64) 오진석, 「대한제국 후기 양잠정책과 양잠서적」 『민족문화연구』 94, 2022 ; 同,

양잠업이 쇠퇴하고, 청일전쟁 이후 미국으로의 생사수출 길이 열리면서 잠사업이 크게 진흥하였다.[65] 이에 일본 정부는 잠사업 진흥을 적극적으로 추진하였다. 1884년 농상무성 직속의 잠병시험장(蠶病試驗場) 설치, 1887년 잠업시험장(蠶業試驗場)으로 확대 개편, 1896년 동경잠업강습소 개설 등을 통해 잠사업 진흥을 크게 추진하였다.[66] 이에 일본에 유학을 가거나, 유람을 갔던 조선인 관료나 지식인들이 양잠업 진흥을 조선 정부에 적극 요청하였다.

대한제국 정부는 이를 수용하여 양잠업을 크게 진흥시키고자 하였다. 1900년 정부는 농상공부 관제를 개정하여 농상공부 농무국 산하 농사과·삼림과·산업과의 3과 외에 잠업과(蠶業課)를 신설하였다.[67] 잠업과에서는 양잠(養蠶), 양잠시험장(養蠶試驗場), 식상(植桑), 제사(製絲), 잠업교육 및 전습(傳習)에 관한 사항을 맡아서 집행하도록 하였다.

이 시기에는 외국으로 유학을 가서 양잠업을 공부한 인물들이 많았다. 그 지식인들은 일본의 양잠서를 소개하거나, 번역하여 출간하기도 하였다. 또한 일본의 양잠업기술을 배워와 양잠회사를 세워 잠사업 진흥을 통한 이윤 창출과 양잠시험장에서 양잠기술을 보급하는 역할을 하기도 하였다.[68]

이 시기에 출간된 양잠서에 대해 살펴보자. 김한목(金漢睦, 1872~1941)은[69] 1895년 8월부터 1897년 3월까지 대구우체사 주사로 근무하다가,

---

「대한제국 전기 인공양잠법의 도입과 양잠서적」『동방학지』 197, 2021 ; 同, 「대한제국기 인공양잠회사와 잠업과시험장」『향토서울』 85, 2013.

65) 日本農學會, 『日本農學五十年史』, 1980, 117쪽.

66) 김영진·이길섭, 「개화기 농서의 편찬배경과 편찬동기」『농업사연구』 제7권 2호, 한국농업사학회, 2008, 278~279쪽.

67) 「農商工部分課規程 改正」(1900.12.26) 『법령집』 3권, 267쪽.

68) 오진석, 「대한제국기 인공양잠회사와 잠업과시험장」『향토서울』 85, 2013 ; 김영희, 「대한제국시기의 잠업진흥정책과 민영잠업」『대한제국사연구』, 이화여대 한국문화연구원, 1999.

1899년 일본에서 양잠을 배우게 되었다. 일본의 요코타 가쓰조[横田勝三]의 인공양잠법에 큰 영향을 받아, 요코타의 재판본을 번역하여 『양잠감(養蠶鑑)』과 『인공양잠감(人工養蠶鑑)』을 편찬하였다. 『인공양잠감』은 활자로 인쇄하여 출간하였다.[70]

『인공양잠감』을 김한목과 공동 편찬한 서상면(徐相勉, 1867~1920)은[71] 외국 유학에서 양잠업을 배워 왔으며, 1900년 2월에는 대한제국인공양잠합자회사(大韓帝國人工養蠶合資會社)에서 간사를 역임하였고,[72] 농상공부 농무국에서 신설한 잠업과에서 주사로 근무한 양잠업 전문가였다.[73] 그가 농민들에게 양잠업을 대중화하려는 목적으로 편찬한 것이 『인공양잠감』이다. 이 책은 일본인 요코타 가쓰조의 저술을 번역한 것이다.[74]

신해영(申海永, 1865~1909)은 1895년 4월에 관비유학생으로 게이오의숙에 파견되었다[75] 그는 그곳에서 서양 학문을 수학하다가 서양의

---

69) 1895년 8월부터 1897년 3월까지 대구우체사 주사로 근무했으며 1899년 일본에서 양잠을 배우고 귀국했다. 1900년 12월부터 1901년 5월까지 농상공부 기수, 1901년 5월부터 6월까지 중추원 의관을 역임했고 1904년 4월 농상공부 광산국장, 1904년 10월 내부 참서관을 역임했다. 1910년 11월부터 1912년 3월까지 조선총독부 취조국 위원으로 근무했으며 구관조사에 관한 사무 촉탁(1912년 4월), 조선총독부 중추원 촉탁(1914~1920)을 역임하면서 일제의 한국 식민통치에 일정한 역할을 수행하였다.

70) 오진석, 「대한제국기 인공양잠회사와 잠업과시험장」 『향토서울』 85, 2013.

71) 조선총독부 중추원 참의를 역임했던 서상훈의 동생이며 1890년 6월 성균관 진사가 되었다. 1897년 12월 대한제국인공양잠합자회사(大韓帝國人工養蠶合資會社) 대주주로 참여했으며 1899년 12월 향연합자회사(香烟合資會社) 중역, 1900년 2월 대한제국인공양잠합자회사 간사를 차례로 역임했다. 1900년 12월 20일 농상공부 주사로 임명되었으며, 1902년 8월 7일 농상공부 임시박람회 사무간사를 겸임했다.

72) 『황성신문』 1900년 2월 20일 광고.

73) 『황성신문』 1900년 12월 21일 잡보.

74) 김영진·이길섭, 「개화기 한국농서의 특징과 신농업기술」 『농업사연구』 제6권 2호, 한국농업사학회, 2007, 112쪽.

농학에 관심을 가졌고, 1901년에는 마쓰나가 고사쿠[松永伍作]의 『양잠실험설』을 번역하여 『잠상실험설』이라는 양잠서를 출간하였다. 이 양잠서를 교열한 서병숙은 당시의 농업 전문가였다.

현공렴은 『재상전서(栽桑全書)』(1905)를 편찬하였다. 현공렴은 역관 현채(玄采)의 아들로서 배재학당을 다니며 영어를 배웠고, 일본 관비유학을 통해 일본어를 습득하였으며, 협성회·광무협회·독립협회 등에서 활약했던 개화파였다.[76] 수륜원(水輪院)의 주사를 지낸 그는 일찍이 부친의 영향을 받아 일본에 유학하여 교육을 받았다.[77] 현공렴은 산업발달의 필요성을 인식하였으며, 양잠업에 대해서는 특별한 관심을 가지고 『재상전서』를 번역하였다. 이 책은 총 11장으로 구성되어, 뽕나무 재배에 적합한 토양부터 병충해에 이르기까지 상세하게 기록하고 있다.[78] 그는 이 책에서 뽕나무를 효율적으로 재배하고자 재배방법을 소개하는 데 목적을 두었다.[79] 그 외에 현공렴은 수륜원(水輪院) 기수로 재직하는 남필우와 함께 양잠업에서 실제의 생산 및 기술을 도입하기 위하여 회사를 설립하고, 외국으로부터 사들여 온 뽕나무 및 잠종을 판매하기도 하였다.

이 시기에는 일본에 유학갔던 개화인사들이 일본에서 유행하였던 인공양잠기술을 양잠서를 편찬하여 소개하는 분위기가 대세였다. 일본의 요코타 가쓰조, 마쓰나가 고사쿠 등의 양잠서를 번역 소개하는 책이 다수 발간되었다. 또 하나 주목할 점은 양계와 말을 다루는 『양계법촬요』

---

75) 박찬승, 「1890년대 후반 관비유학생의 도일유학」 『근대교류사와 상호인식 I』, 고려대학교 아세아문제연구소, 2001, 76~80쪽.

76) 오진석, 「대한제국기 인공양잠회사와 잠업과시험장」 『향토서울』 85, 2013, 145~146쪽.

77) 노수자, 「백당 현채연구」 『이대사원』 8, 이화여대 사학회, 1969.

78) 김영희, 「대한제국시기의 잠업진흥정책과 민영잠업」 『대한제국연구』 V, 이화여대 한국문화연구원, 1999, 223~224쪽.

79) 『재상전서(栽桑全書)』 제1장 총론, 1쪽.

(1898), 『마학교정』(1900) 등의 서적이 출간되었다는 점이다. 즉 농업 총론과 양잠서 이외에 축산서가 발간되었다는 점은 농업이 세분화, 전문화되어가는 사실을 반영하는 것이다.

5. 서구 농학의 수용(1906~1910)

일본은 1904년 러일전쟁을 일으키고, 1905년 승리한 이후 그 해 11월에 을사조약을 조선에 강요하였고, 12월에 통감부를 설치하여 조선을 보호국화하였다. 일제는 통감부를 설치한 이후, 이토 히로부미[伊藤博文]가 통감이 되면서 조선의 통치권을 잠식해가기 시작하였다. 통감부는 을사조약 이후 조선의 외교권을 빼앗고, 조선의 내정권도 잠식해가기 시작하였다. 1907년 고종의 강제 퇴위와 순종의 양위를 통하여 고종의 저항을 잠재우고, 정미조약에 의해 조선인의 군대해산과 차관정치를 통한 내정권 장악을 진행했다. 나아가 조선의 농업상황을 조사하고 그를 바탕으로 일본인의 식민화를 통한 조선 침략을 본격화해갔다. 곧 '만한이민집중론'을 바탕으로 조선과 만주에 대한 '진출'을 본격화해간 것이다.[80)]

통감부 시기에 일본인 관료들은 조선의 농업상황을 파악하여 조선을 식민지화해가는 노력을 기울였지만,[81)] 반면에 조선의 지식인들은 이전의 농업진흥을 위한 노력을 계승하여 조선의 농업을 발달시키기 위한 노력을 기울였다. 이 시기에는 농업과 양잠업뿐 아니라, 원예업과 축산업에 관한 서적들이 편찬 발간되었으며, 비료학과 임업학에 대한 전문서들도 많이 출간되었다.

---

80) 정연태, 『식민권력과 한국농업』, 서울대 출판문화원, 2014, 15~51쪽.

81) 이영학, 「통감부의 농업조사와 농업정책」 『역사문화연구』 49, 2014, 83~91쪽.

〈표 5-3〉 통감부시기 서양 농학을 소개한 농서

분야	책 명	저 자	편찬연도	비 고 (출 처)
농업 총론	농학범론(農學凡論)	손붕구	1906	국립중앙도서관
	농림시찰일기(農林視察日記)	서병숙	1906	장서각
	농학입문(農學入門)	보성관	1908	국립중앙도서관
	농학초계(農學初階)	보성관	1908	
	농업신론(農業新論)	권보상	1908	국립중앙도서관
	농방신편(農方新編)	이각종	1909	국립중앙도서관
양잠	양잠실험설(養蠶實驗說)	이석열	1908	국립중앙도서관
	작잠사양법(柞蠶飼養法)	이병현	1909	국립중앙도서관
	잠업대요(蠶業大要)	문석완	1909	국립중앙도서관
	상수재배법(桑樹栽培法)	정우상	1911	
축산	양계신론(養鷄新論)	선우예	1908	국립중앙도서관
	가정양계신론(家庭養鷄新論)	신규식	1908	
	가축사양학(家畜飼養學)	보성관	1909	
	가축사육학(家畜飼育學)	?	1909	
원예	과수재배법(果樹栽培法)	김진초	1909	국립중앙도서관
	접목신법(接木新法)	장지연	1909	원광대 도서관
	소채재배법(蔬菜栽培法)	장지연	1909	
	실용과수재배서(實用果樹栽培書)	전재억	1910	국립중앙도서관
	위원화훼지	장지연	?	
	위암화원지	장지연	?	
비료	신선응용비료학(新選應用肥料學)	김달현	1910	국립중앙도서관
임학	삼림학(森林學)	의진사	1909	국립중앙도서관

김달현은 『신선응용비료학』을[82] 편찬했고, 다른 한편 『삼림학』에 관한 저서도 출간되었다. 김진초(1883~?)는 도쿄제국대학에서 4년간 청강생으로 이수하면서 과수학을 공부하여, 그를 바탕으로 26세에 『과수재배법』(1909)을 편찬하였다.[83] 〈표 5-3〉에서 보듯이 원예와 축산에 관한 저서들도 많이 출간되었다.

〈표 5-3〉에서 보듯이 이 시기에는 22권의 서적이 출간되었다. 농업과 원예에 관한 것이 각각 6종, 양잠과 축산업에 관한 것이 각각 4종,

82) 金達鉉, 『新選應用肥料學』, 東洋學院, 1910(국립중앙도서관 古9135-1).

83) 김영진, 「개항기 농서의 특징과 농업기술」 『농업사연구』 제6권 1호, 한국농업사학회, 2007, 173쪽.

비료학과 임학에 관한 것이 각각 1종이다. 이 시기 농서의 특징은 경험농학의 측면이 아니라 실험농학의 측면의 책이 많았다. 조선시대 전통적인 농서들은 다년간의 영농경험을 기초로 엮어진 경험농학의 성격이 컸던 데 반해, 이 시기의 농서들은 서양 농학을 소개한 실험농학의 성격이 더 많았다.[84)]

이 시기의 농서들 중 우선 농업부문부터 살펴보자. 『농림시찰일기』는[85)] 통감부시기 농상공부 농무국장(農務局長) 서병숙(徐丙肅, 1855~?)이[86)] 1906년 10월 9일부터 11월 24일까지 일본 각지의 농림산업 현황을 시찰한 내용의 기록으로 일종의 시찰보고서이다. 서병숙은 당시 원예모범장장(園藝模範場長)과 농림학교장(農林學校長)을 겸직하였고 선진화된 농업시설을 조선에 도입하기 위하여 한 달 반 가량의 여정을 계획하였다. 1906년 10월 9일 서울을 출발하여 10월 13일 일본에 도착하였고 한 달여의 일정 동안 방직회사, 비료회사, 맥주회사, 농사시험장과 제실박물관, 목장, 동물원, 박물관, 연초제조소(煙草製造所)를 비롯하여 도쿄이과대학교(東京理科大學校)와 도쿄공업고등학교를 시찰하였다. 또한 인쇄국, 염무국(鹽務局), 조폐국, 조선소 등의 시설을 탐방하는 일정을 마치고 11월 25일 서울에 도착하였다. 그 뒤 그 기록을 정리하여 책으로 출간하였다.[87)]

『농학초계』는 농업을 배우는 이들을 위한 기초 교과서로서, 농업, 축산, 양잠, 재배법 등에 대해 종합적으로 서술하였다. 『농방신편(農方新編)』은 이각종(李覺鍾)이 편찬한 것이며, 문건호(文建鎬)의 서문이 있다. 이 책은 이각종이 일본인 나카시로[中城]가 쓴 『실지농학서(實地農學書)』

84) 김영진·김이교, 앞의 논문, 2011, 5쪽.

85) 서병숙, 『농림시찰일기』, 1906(장서각 K3-314).

86) 오진석, 「대한제국기 농정관료 서병숙의 관직활동과 농업근대화 구상」 『동방학지』 201, 2022.

87) 김영진, 『농림수산고문헌비요』, 한국농촌경제연구원, 1982, 456~457쪽.

중 우리나라 실정에 적합한 것을 골라 농가나 농업초보자의 교재로 작성한 것이다. 우리나라 중부지방의 계절에 관계된 것을 기준으로 편찬하였다.[88)]

양잠에 관한 저서는 1900년대 양잠서의 성과를 이어 받아 이 시기에 많이 편찬되었다.[89)] 1908년 이석열(李錫烈)이 편찬한 『양잠실험설(養蠶實驗說)』은 일본인 쓰지야 아키라[土屋泰]의 구연(口演)을 초록한 것이다.[90)] 이 책은 이석열이 각종 양잠서를 번역하고 정우상(鄭宇相)이 편집하였으며 김병선(金秉先)이 교정을 본 것이라고 적혀 있으나, 편자인 정우상의 자서(自序)에는 본인이 동경잠업강습소(東京蠶業講習所)에서 몇 년 공부를 하면서 그곳의 강사인 일본인 쓰지야 아키라[土屋泰]의 강의를 듣고 자신이 편집한 것으로 적고 있다.[91)]

『작잠사양법(柞蠶飼養法)』은 이병현이 편찬한 것으로 작잠합자회사(柞蠶合資會社)에 의해 간행되었다. 1908년 수원권업모범장을 비롯한 양주(楊州), 의주(義州), 창성(昌城) 지방의 시험 또는 예비조사를 바탕으로 작잠의 보급을 위해 편찬한 것이다. 저자는 수원권업모범장의 시험결과를 지적하면서 의주·창성 지역이 작잠 사육의 적지라고 기록하고 있다.[92)]

이 시기에는 1897년에 출간된 『양계법촬요』에 이어 다수의 축산 전문서들도 출간되었다. 선우예의 『양계신론』(1908), 신규식의 『가정양계신론』(1908)이 출간되었으며, 보성관에서 출간한 『가축사양학』(1909), 『가

---

88) 김영진, 위의 책, 91~92쪽.

89) 오진석, 「대한제국 후기 양잠정책과 양잠서적」 『민족문화연구』 94, 2022 ; 「대한제국 전기 인공양잠법의 도입과 양잠서적」 『동방학지』 197, 2021.

90) 김영진·이길섭, 「개화기 한국농서의 특징과 신농업기술」 『농업사연구』 제6권 2호, 한국농업사학회, 2007, 112쪽.

91) 김영진, 앞의 책, 1982, 160쪽.

92) 김영진, 위의 책, 162~163쪽.

축사육학』(1909)이 있다. 『양계신론(養鷄新論)』은 평양사람 선우예(鮮于叡)가 일본인 농학사(農學士) 이노우에 마사가[井上正賀]가 저술한 양계전문서를 1908년에 국한문 혼용으로 번역한 책이다.[93] 이 농서는 개화기농서 중 양계에 관한 책으로는 1897년에 출판된 『양계법촬요(養鷄法撮要)』에 이은 두 번째의 농서로 세 번째로 출판된 신규식(申奎植)의 『가정양계신론(家庭養鷄新論)』과 같은 해에 출판된 것이다. 『양계신론』은 모두 15개항에 걸쳐 풀이되고 있는데 그 내용은 계란의 부화에서부터 육추, 사양, 닭의 분류, 닭의 검사, 닭의 질병, 닭의 거세, 계란의 저장, 사료분석의 순으로 풀이하고 있다. 그 내용풀이에서 22개의 도해 설명이 곁들여져 있어 일반인들이 이해하기 좋다.[94]

이 시기에는 또 원예 분야의 전문서들이 많이 발간되었다. 그중 장지연의 원예전문서가 4권이며, 김진초가 도쿄제국대학에서 신학문을 공부하고 그를 바탕으로 『과수재배법』을 발간한 것이 특징적이다. 원예 분야의 책으로는 장지연의 저서가 두드러진다. 장지연은 계몽운동가로 활동하였으며,[95] 농서와 원예에 관한 서적을 편찬 발간하였다. 그는 백성들에게 농업과 원예를 알리기 위해, 1904년 『농학신서(農學新書)』를 발간한 이후, 『접목신법(接木新法)』, 『소채재배법』, 『위원화훼지』, 『위암화원지』 등의 원예에 관한 저서를 발간하였다. 『접목신법』, 『소채재배법』은 활자본으로 발간하였지만,[96] 『위원화훼지』, 『위암화원지』는 필사본으로 남

---

93) 김영진, 위의 책, 204~206쪽.

94) 김영진, 「농서해제 ; 양계신론」 『농업사연구』 제7권 1호, 한국농업사학회, 2008, 177~178쪽.

95) 장지연은 1897년에 독립협회(獨立協會)에 가입해 활동하였으며, 1898년 11월 만민공동회(萬民共同會)의 총무위원으로 활동하다가, 만민공동회가 해산되면서 체포되기도 하였다. 1901년 『황성신문』의 주필이 되었고, 1902년 8월 사장으로 취임하였다. 1905년 11월 을사조약이 강제로 체결되자 『황성신문』 1905년 11월 20일자에 「시일야방성대곡(是日也放聲大哭)」을 게재해 전국에 배포하였다. 1906년 3월 대한자강회(大韓自强會) 발기인으로 참여하면서 계몽운동에 참여하였다.

아 있다. 그는 농업뿐 아니라 원예에 관한 해박한 지식을 보여주고 있다.

김진초(1883~?)는 도쿄제국대학에서 4년간 청강생으로 이수하면서 과수학을 공부하였으며, 그를 바탕으로 『과수재배법』을 편찬하였다.[97] 이 책의 서문은 박은식이 작성하였는데 "김진초가 해외에 나가 농학을 몇 년간 공부하고 졸업하여 돌아온 후, 그 농학을 생각하며 국인(國人)에게 베풀어 발달시켜 부강한 바탕을 만들려고 하여 먼저 과수재배법을 편찬하니, 나도 김군의 뜻을 옳게 여긴다"[98]라고 적고 있다.

비료학에 관한 저서로는 김달현(金達鉉)이 1910년 편찬한 『신선응용비료학(新選應用肥料學)』이[99] 있다. 이 책은 김달현이 일본인 비료전문가 가와무라[河村九洄]와 농학사(農學士) 난바 이오마로[難破五百磨]의 저술을 대본으로 하여 우리나라의 관행 농법을 참조하여 편찬한 비료학 전문저서이다.[100] 이 책은 범례, 목차, 본문, 부록의 순으로 구성된 신식활자본이다. 본문 내용은 다시 총론, 각론, 식물질 비료, 광물질 비료 등 4편과 부록으로 이루어져 있다. 이 책은 각종 비료의 시비 방법과 비료의 시험 방법이 일일이 설명되어 있다. 끝의 부록에는 각종 작물에 대한 시비량이 3요소 별로 표시되어 있다.[101]

임학 분야는 의진사 편집부에서 편찬한 『삼림학(森林學)』[102]이 유일하다. 삼림학은 1909년에 편찬하였으며, 표제는 '최신 삼림학'으로 되어 있다. 국한문을 혼용하여 인쇄한 것으로 총 219쪽에 이르고 있다.

---

96) 『접목신법』은 과수의 접목법에 대해 설명한 책인데, 광학서포(廣學書鋪)에서 활자본으로 발간하였다. 『소채재배법』은 황성신문사에서 인쇄본으로 발간하였다.

97) 김영진, 앞의 논문, 2007, 173쪽.

98) 『과수재배법』(1909) 序文, "金鎭初 遊海外 治農學有年 旣卒業而歸 思以其所學 施于國人 以爲發達 富强之基 而先施以果樹栽培法宜也 故此編之述焉 余於是乎 金君之志".

99) 김달현, 『신선응용비료학』, 東洋學院, 1910(국립중앙도서관 古9135-1).

100) 김달현, 위의 책, 1910, 3쪽 凡例.

101) 김영진, 『농림수산고문헌비요』, 한국농촌경제연구원, 1982, 94~95쪽.

102) 의진사 편집부, 『삼림학』, 1909(국립중앙도서관 古9332-1).

이 책은 예언(例言)에 이어 목차, 본문의 순서로 구성되어 있는데, 본문은 총 6장으로 되어 있다. 예언(例言)에는 일본인 임학사(林學士) 오쿠다(奧田)의 논저를 대본으로 하고, 우리나라의 사정을 보태서 실업(實業)에 종사하는 사람에 참고가 되도록 중요한 부분만을 간략히 추려 엮었다. 이 책은 일본이 도입한 독일의 임학을 다시 재도입한 것으로 내용 서술에 있어서 독일 용어와 독일인 학자의 학설이 많이 인용되고 있다.[103]

이 시기 지식인들은 일본의 농학과 농법을 선진적이라 여겨 일본인 농학자의 농서를 대본으로 하여 우리나라의 농법 관행을 참조하여 농서를 편찬 발간하여 농민들을 계몽하고자 하는 것이 일반적 흐름이었다. 그것은 당시의 지식인들이 서양의 선진적 농학을 수용하는 일반적 경로였다. 그 과정에서 독일 등 서양의 농학이 일본의 농학을 거쳐 조선에 수용되고 있었던 것이다. 즉 일본에서 도입한 서양의 농학을 우리의 농학을 살피면서 재도입하고 있었던 것이다.

6. 서구 농학 수용의 특징

조선에서는 1881년부터 1910년까지 약 40여 권의 농서 및 원예서 등이 출간되어 서양의 선진 농업기술을 소개하였다. 서양 농학을 수용하는 데 있어 그 특징을 살펴보면 다음과 같다.[104]

첫째, 개항 후 농서 발간의 주도세력은 일본과 청에 사신단 혹은 유학을 갔던 사람들이 다수를 차지하였다. 특히 1894년 청일전쟁 이후 조선의 지식인들은 서양의 선진 문명을 받아들이는 루트를 일본으로

103) 김영진, 앞의 책, 1982, 232~233쪽.

104) 김영진·이길섭, 앞의 논문, 2007, 111~116쪽.

상정하였다. 일본과 청에 유학 및 사신단으로 갔다가 그곳에서 새로운 농학을 접하고, 그에 영향을 받아 신 농서를 번역하거나 발췌 정리하는 형태가 많았다. 농서를 편찬하는 저술가의 나이도 20~30대가 대다수를 차지하였다.[105]

둘째, 개항 이전의 농서는 경험 농학을 정리한 것인데, 개항 이후의 농서는 실험 농학의 내용을 전한 것이다. 즉 개항 이전 농서의 편찬 목적은 당시까지 발달된 선진적 농업기술을 정리하여, 후진지역의 농업 기술을 고양시키고자 하는 의도가 내재해 있었다.[106] 그러나 개항 이후 편찬 농서의 목적은 서양의 선진 농학 즉 서양의 실험 농학을 소개한 것이다. 즉 조선에서 행했던 농업이 아니고, 조선에서 알려지지 않았던 서양의 선진적 농업기술을 소개한 것이다. 예를 들면, 식물도 수분(受粉)이 되어야 결실을 맺으므로 생산량을 증가하기 위해서는 작물도 수분매조(受粉媒助, 인공수분)를 하여야 한다는 사실, 식물도 호흡할뿐 아니라 뿌리에서조차 숨을 쉬므로 토양 통기(通氣)가 필요하다는 사실 등을 농서를 통하여 알리고자 하였다.[107]

셋째, 양잠에 관한 저서가 지속적으로 출간되었다. 1880년대에는 『증보잠상집요(增補蠶桑輯要)』(1884), 『잠상촬요(蠶桑撮要)』(1884), 『잠상집요(蠶桑輯要)』(1886)가 출간되었고, 1900년대에는 『인공양잠감』(1900)과 『잠상실험설』(1901), 『재상전서(栽桑全書)』(1905) 등 다수의 양잠서가 출간되었다. 당시 잠사와 견직물은 세계적 무역품이었고, 청과

105) 김영진·이길섭, 「개화기 농서의 편찬배경과 편찬동기」『농업사연구』 제7권 2호, 한국농업사학회, 2008, 270~271쪽.

106) 예를 들면 조선전기 농서인 『농사직설』은 당시 농업의 선진지대였던 경상도의 농업기술을 요약 정리한 것으로, 후진지역의 농업기술을 고양시키고자 하는 의도로 편찬 보급되었다.

107) 김영진·김이교, 「개화기 한국의 구미 농업과학기술도입에 관한 종합연구」『농업사연구』 제10권 2호, 한국농업사학회, 2011, 6쪽.

일본에서도 중요한 수출품이었기 때문에 조선 정부는 물론 지식인 사회에서도 그 중요성이 충분히 인지되어 장려되었던 것이다. 정부에서도 뽕나무 재배를 권장하고 양잠업을 적극 권장하는 정책을 실시하였다.[108)]

1880년대는 중국의 양잠서에서 선진적 양잠기술을 요약 정리하여 양잠서를 발간하여 소개하였는데, 1890년대 이후에는 일본의 양잠기술을 직접 번역하여 소개하는 양잠서가 주류를 이루었다. 이전에는 누에를 1년에 1~2번 쳤는데, 일본의 인공양잠법이 소개되면서 1년에 몇 차례 누에치는 기술이 신기술로 소개되었다. 조선 지식인 사이에 동아시아의 양잠 선진지역은 중국으로부터 일본이라는 인식이 확대되었다. 즉 1880년대 양잠서는 청국의 양잠서를 참조하여 조선의 사정에 맞도록 요약 발췌하여 편찬한 것인데, 1890년대 이후의 양잠서는 일본의 양잠서를 참조하여 요약하거나 번역한 서적이 주를 이루었다. 양잠서의 벤치마킹 대상이 청으로부터 일본으로 옮겨갔던 것이다.

넷째, 농서의 성격이 농업 총론과 양잠서로부터 축산, 원예, 임업 분야로 확대되면서 전문화되었다. 1880년대는 농업 총론과 양잠서 중심으로 편찬·발간되었는데, 1890년대는 축산분야의 농서가 출현하였고, 1905년 이후에는 그 외 원예·임학·비료 분야의 농서들도 다수 등장하였다. 즉 시기가 내려오면서 농업 총론과 양잠서 이외에 축산, 원예, 임학 등의 전문적 농서가 출현하여 농업분야가 세분화되면서 전문화되었다. 특히 1905년 이후 발간된 농서가 22권에 이를 정도로 폭발적으로 증가하였다.

다섯째, 농서의 발간 주체가 정부가 아니라 개인이었다.[109)] 조선시기

108) 김영희, 「대한제국시기의 잠업진흥정책과 민영잠업」 『대한제국연구』 V, 이화여대 한국문화연구원, 1999 ; 오진석, 「대한제국기 인공양잠회사와 잠업과시험장」 『향토서울』 85, 2013.

109) 김영진·이길섭, 앞의 논문, 2007, 113~114쪽.

에는 정부가 주도하여 『농사직설』과 『농가집성』을 편찬하여 선진 농업 기술을 정리하여 배포하고자 하였는데,[110] 개항 이후에는 관료 및 지식인들이 개별적으로 농서를 편찬하여 배포하였다. 당시 조선 정부는 1884년 무렵 양잠서를 편찬하는 데 노력을 기울였고, 그 이후에는 관료 및 지식인들이 개별적으로 농서와 양잠서를 비롯하여 축산, 원예에 관한 전문서를 발간하였다.

여섯째, 개항 이후 편찬된 농서와 양잠서 및 축산·원예·비료 등의 전문서는 대체로 일본의 농서와 양잠서를 번역하거나 일본의 선진 농업 기술을 요약하여 전달하는 것이 다수를 차지하였다. 1880년대 중반의 양잠서는 중국의 양잠서를 소개하는 것이었지만, 1894년 이후에는 일본의 농서와 양잠서를 비롯하여 축산, 원예 등의 전문서도 일본의 전문서를 요약하여 전달하는 것이 지배적이었다.

7. 맺음말

1876년 개항 이후 조선 정부는 일본을 비롯한 외국과 문물을 교류하면서 새로운 변화를 겪게 되었다. 1876년 개항 이후 조선의 관료들이 수신사, 조사시찰단, 영선사 및 보빙사를 통하여 외국의 선진문물을 견문하고, 그 내용을 조정에 보고하였다.

그 내용이 알려지면서 조선의 관료와 지식인들이 동양의 도(道)와 사상을 지키면서, 서양의 발달된 문물을 받아들이자는 동도서기론의 인식이 전파되게 되었다. 그리하여 1880년대 곽기락, 윤선학, 신기선, 안종수, 지석영 등의 지식인들이 동도서기의 입장에서 서양의 발달된

110) 조선시기에는 정부에서 편찬한 관찬농서가 중심이었지만, 양반 지식인들이 편찬한 사찬농서도 많았다.

문물 즉 농업·양잠·의약·병기·배·수레의 제도를 받아들이자는 주장을 하게 되었다. 그중 지식인들이 가장 적극적으로 수용하려고 한 분야가 농업 및 양잠업이었다.

1880년대에 안종수, 정병하, 지석영 등은 일본인 농학자 쓰다센의 농서 『농업삼사(農業三事)』와 서양의 농법 및 농학의 주요 부분을 발췌 번역하여 우리나라의 관료와 농민들에게 소개하였다. 양잠업에서는 중국의 선진적 양잠업을 쉽게 소개하는 노력을 기울였다.

1894년 청일전쟁에서 일본이 승리한 이후에는 서양의 선진 문명을 수용하는 루트가 일본으로 향하였다. 조선의 지식인들은 일본에 유학을 가서 서양의 농법과 농학을 배워와서 국내에 소개하는 노력을 기울였다. 그중 대표적인 분야가 양잠업이었다. 많은 지식인들이 일본에 유학을 가서 근대적 인공 양잠업을 배워와서 양잠서를 편찬해내거나 혹은 '대한제국인공양잠합자회사'를 설립하여 인공양잠법을 보급하는 노력을 기울였다. 나아가 농상공부 농무국 잠업과에서 관료로 근무하면서 잠업과 시험장을 통하여 양잠교육을 담당하거나 양잠기술의 보급에 노력을 기울였다. 나아가 농업과 양잠업뿐 아니라 양계 및 군마 등 축산업 육성에도 관심을 기울이기 시작하였다.

1906년 이후 통감부시기에는 조선의 지식인들이 다양한 분야에서 서양의 농학을 소개한 농서들이 발간되었다. 통감부 시기에 일본인 관료들은 조선의 농업상황을 파악하여 조선을 식민지화해가는 노력을 기울였지만, 조선의 지식인들은 이전의 농업진흥을 위한 노력을 계승하여 조선의 농업을 발달시키기 위한 노력을 기울였다. 이 시기에는 농업과 양잠업뿐 아니라, 원예업과 축산업에 관한 서적들이 편찬 발간되었으며, 비료학과 임업학에 대한 서적도 출간되었다.

이 시기 지식인들은 일본의 농학과 농법을 선진적이라 여겨 일본인 농학자의 농서를 대본으로 하고 조선의 전통 경험을 참조하여 농서를 편찬 발간, 농민들을 계몽하고자 하는 것이 일반적 흐름이었다. 그것은 당시의 지식인들이 서양의 선진 농학을 수용하는 일반적 경로였다. 그 과정에서 독일 등 서양의 농학이 일본을 거쳐 조선에 수용되기도 하였다.

제2부

일제의 농업정책과 조선 침탈

제6장 통감부의 농업정책

1. 머리말

일제는 1904년 2월 8일 중국 요동반도의 대련에 주둔하고 있는 러시아의 극동함대를 급습하면서 러일전쟁을 일으켰다. 일제는 동년 2월 23일에 조선에 「한일의정서」를 강요하여 일본군인의 주둔지를 확보하고 동년 5월에 「대한시설강령」을 확정하면서 군사·외교·재정·교통·통신·척식 등 6개 분야의 실천방안을 마련하였다. 척식 분야에서는 농업·임업·광업·어업 등의 산업에서 일본이 이득을 취할 수 있는 사항을 중심으로 구체적 방안을 제시하였다.[1)]

그 후 러일전쟁에서 일본이 선전을 거두자, 일본은 1904년 8월에 '고문용빙에 관한 협정서'를 조선에 요구하여 일본 정부가 추천하는 재정고문과 외교고문을 용빙함으로써 조선의 재정과 외교를 장악하게 되었다.

1905년 5월 일본이 대한해협에서 러시아 발틱함대와의 전투에서 승리를 거둔 후, 미국과 가쓰라태프트 밀약, 영국과 제2차 영일동맹, 러시아와 포츠머스 조약을 맺으며 조선을 독자적으로 지배하는 것을 세계 열강들

1) 「對韓方針竝ニ對韓施設綱領決定ノ件」(1904.5.31) 『日本外交文書』 제37권 1책, 351~356쪽.

에 의해 양해받았다. 그것을 바탕으로 1905년 11월 조선에 '을사조약'을 강요하여 조선의 외교권을 빼앗고, 1905년 12월에 통감부를 설치하면서 조선의 침략을 본격화해갔다.

일제가 조선에 통감부를 설치하고 실질적으로 지배해가면서 산업 중 가장 관심을 가진 분야는 농업이었다. 이는 두 가지 이유 때문이었다. 하나는 당시의 무역구조가 일본은 조선에 공산품을 판매하고, 조선은 일본에 농산품과 원료를 수출하는 형태였기 때문에 조선의 농업사정을 파악하는 것이 필요하였다. 다른 하나는 일본 본국이 1894년 이후 인구가 매년 40~50만명 이상씩 증가하여 조선과 만주로의 이민을 생각하였기 때문에 조선의 사정을 파악할 필요가 있었다.

그리하여 일본은 조선의 농업 및 토지 조사를 행하였고 그를 바탕으로 일본 이민이 가능한지를 탐색하였다. 즉 일본의 농업관료 및 학자로 하여금 조선의 농업상황 및 황무지 현황을 조사하게 하여 일본인이 이주할 수 있는 여지가 있는지 탐색하도록 하였다. 그 결과 일본인에 의한 조선 농업의 조사서가 많이 발간되었으며, 그를 바탕으로 일본 정부가 정책을 세우거나 일본인 이민을 장려하기도 하였다.

다른 한편으로 일본은 조선을 식량 원료의 공급기지로 만들기 위해 조선 농업을 재편할 필요가 있었다. 통감부는 '시정개선'을 슬로건으로 조선의 농업을 변화시키고자 하였다. 통감부는 뒤떨어진 조선의 농업 시설과 농업 기구를 개량해야 한다고 하면서 권업모업장(1906), 원예모범장(1906), 종묘장(1908) 등을 설립하고 조선의 품종 개량과 생산력 발달을 모색하였다. 이는 조선의 벼, 양잠, 면화 등의 품종을 개량하여 그 생산물을 일본인 노동자에게 값싸게 공급하거나 혹은 일본인 공장의 원료로서 원활히 제공하기 위한 기초 작업이었다.

이 글에서는 통감부가 '시정개선'을 모토로 내걸고 조선의 농업개량을 행하면서 어떠한 목적을 추구하였는가를 살펴보려고 한 것이다.

2. 농업정책의 기조

일본은 1904년 2월에 러일전쟁을 일으키고, 1905년 5월에 쓰시마 해전에서 러시아의 발틱함대를 격침시킨 후 강대국으로 떠오르게 되었다. 러일전쟁은 '근대 세계사에서 이정표'라고 평가되는 사건이었다.[2] 당시 세계 2위의 군사력을 지닌 러시아를 쓰시마 해전에서 물리치면서 세계 열강으로부터 동아시아의 맹주로 인정받게 되었다. 1905년에 제2차 영일동맹, 카쓰라 테프트 밀약, 포츠머드 조약을 맺으면서 일본이 영국, 미국, 러시아 등 열강들에게 한국을 독자적으로 지배하는 것을 인정받았다. 그러자 일본은 1905년 11월 한국에 을사조약을 강요하여 외교권을 빼앗고, 12월에 통감부를 설치하면서 본격적으로 한국을 침략해 들어오기 시작하였다.

일제는 러일전쟁 직후인 1904년 5월에 원로회의와 각의 의결을 거쳐 대한(對韓) 정책으로 「대한(對韓)방침 및 대한(對韓)시설강령 결정의 건」[3]을 결정하였다. 이 강령에서 한국을 보호국화하면서 군사·외교·재정·교통·통신·척식 등 6항목에 걸친 구체적 침략 방안을 제시하였다. 그 중 척식 항목의 농업 부문에서 "원래 한국은 농업국으로 식량과 원료품을 일본에 공급했고 일본은 공예품을 한국에게 공급해왔다. 앞으로도 양국의 경제관계는 이 원칙에 따라 발달해야 한다. 한국은 토지면적에 비해 인구가 적어 다수의 일본 이민을 족히 수용할 수 있다. 그러기에 많은 일본 농민이 한국 내지로 들어갈 수 있게 되면 한편으로 일본의 과잉인구를 위한 이식지(利殖地)를 얻고, 다른 한편으로 우리의 부족한 식량

---

2) 케네스 B 파일 지음, 박영신·박정신 옮김, 『근대 일본의 사회사』, 현상과 인식, 1986, 148쪽(권태억, 「통감부 설치기 일제의 조선 근대화론」 『국사관논총』 53, 1994, 231쪽 재인용).

3) 주 1)과 같음.

공급을 늘리게 되니 일거양득일 수 있다"[4]라고 규정하였다. 일제는 한국을 식민지화하면서 농업 부문에서 두 가지 목적을 이루고자 하였다. 하나는 당시 일본 인구가 매년 40만~50만 명 이상 증가하여 해외로 과잉인구를 이주시킬 식민지를 확보하는 것이었고, 다른 하나는 한국을 식량·원료의 공급기지로 확보하는 것이었다.

일본은 1894년 경에는 인구가 매년 40~50만명씩 증가하다가, 1900년 경에는 매년 60만명 이상이 증가하면서 1909년 일본 인구가 5,000만 명을 넘게 되었다.[5] 그러자 매년 2~3만명이 해외로 이주하게 되었고, 주로 미국, 캐나다, 호주 등의 신대륙으로 이주하였다. 1900년경 일본 이민이 너무 많아지게 되자, 신대륙 국가에서 일본 이민이 많이 오는 것을 배척하면서 외교적 마찰로 이어졌다.[6] 이에 일본 정부에서는 러시아와 전쟁을 준비하고 있는 와중에 미국 및 캐나다 등과 외교적 마찰을 벌이는 것은 바람직하지 않다고 여겨 일본인이 이주할 새로운 지역을 찾게 되었다. 그러한 모색 과정에서 일본 내각은 한국과 만주가 적합한 이주지라는 '만한이민집중론'을 제시하였다. 특히 한국은 미간지가 많고 인구 밀도가 적어 일본인이 이주하여 개간하면서 일본 농법을 보급시킨다면 정착하기 쉬울 것으로 여겼다. 나아가 유사시에는 거주하고 있는 일본인을 군인으로 동원하여 전쟁에 참여시킬 수 있을 것이라고 주장하였다.

다른 하나는 한국을 식량·원료의 공급기지로 만드는 것이었다. 일본은 인구의 급격한 증가와 1890년대 이후 산업혁명의 전개에 따른 비농업 인구와 도시인구의 증가에 따라 식량 수요가 크게 증가하였다. 이에 일본은 1897년 이후 항상적인 쌀 수입국으로 전환되었다. 당시 홋카이도

4) 이종범외, 『자료 한국근현대사입문』, 혜안, 1995, 166쪽.

5) 정연태, 『일제의 식민농정과 식민지 지주제–개발 수탈과 체제 안정화』, 동북아역사재단, 2024, 57쪽.

6) 정연태, 『식민권력과 한국농업』, 서울대 출판문화원, 2014, 24~25쪽.

와 대만을 개발해가면서 식량을 충당하고, 동남아시아 쌀을 수입하였지만 그것만으로는 부족하였다. 이에 부족한 쌀을 한국에서 충당하고자 하였던 것이다. 특히 한국쌀은 일본쌀과 같은 자포니카 계열이어서 일본인의 입맛에 맞는 품종이었다. 일본 상인 혹은 상인 단체들은 한국쌀을 수입하여 일본에 제공하고자 하였던 것이다. 그리하여 통감부 시기부터 한국을 식량 원료의 공급지로 만들려고 하였던 것이다.

이와 같이 한국을 일본인의 이주지이면서 식량 원료의 공급기지로 만들기 위해서는 먼저 한국의 농업 사정 등을 알아야 했다. 그리하여 일본 정부는 한국의 농업 사정 등을 알기 위한 기본 조사를 행하였다. 일본 정부는 당시 관료나 학자들에게 한국을 시찰하여 농업보고서를 작성하게 하였다.[7] 이미 개항 이후부터 일본인들의 한국 농업 상황 보고서는 계속 출간되고 있었다. 부산 상법회의소 서기인 마쓰다 고조[松田行藏]가 『조선국경상충청강원도여행기사 및 농상조사』(1888)를 발간한 이후 1900년에 한국 농업에 관한 서적들이 발간되기 시작하였다. 일본 정부는 농상무성 기사인 가토 스에로[加藤末郎]와 도쿄제국대학 농과대학 교수인 사코 쓰네아키라[酒句常明] 등을 파견하여 한국의 산업을 시찰하도록 하였다. 가토 스에로는 1898년부터 1904년까지 4차례 한국을 시찰한 후 일본 정부에 『한국출장복명서(韓國出張復命書)』(1901)를 제출하였고, 그 후 답사 결과를 정리하여 1904년에 『한국농업론(韓國農業論)』을 출간하였다. 가토 스에로는 "일본의 인구는 매년 40~50만 명씩 증가하고 그 중 2~3만명은 해외로 이주하는데, 한국은 면적에 비해 인구가 희소하고 한국의 기후와 풍토는 일본과 비슷하여 농업 이주에 적합한 곳이다"[8]라고 소개하고 있었다.

일본 농상무성은 도쿄제국대학 농과대학 교수인 사코 쓰네아키라[酒

7) 이영학, 『일제의 농업생산정책』, 동북아역사재단, 2022, 84~101쪽.

8) 加藤末郎, 『韓國農業論』, 1904, 4~6쪽.

句常明]에게 출장 명령을 내려 1902년 5월부터 9월까지 4개월간 청국과 한국을 시찰한 뒤 『청한실업관(清韓實業觀)』(1902)을 제출하도록 하였으며, 그 후 그는 이를 증보하여 『일청한실업론(日清韓實業論)』(1903)을 간행하였다. 그는 개략적 계산으로 한국의 경지면적이 320만 정보가 되는데 그중 한국인이 경작하는 면적은 180만 정보이어서 140만 정보의 미간지가 존재하여 이것을 일본인이 개간하여 이용할 수 있다고 주장하였다.[9] 이러한 주장은 일본인에게 큰 영향을 미쳤다. 그 후 일본의 지방 관청이나 단체, 개인들도 한국 농업에 대한 본격적인 실태조사에 나서고 그를 바탕으로 조사보고서나 단행본을 출간하였다.[10] 그중 『한국농업경영론』·『최신 한국실업지침』·『韓國ニ於ケル農業ノ經營』·『한국농업시찰복명서』·『한국식민책』·『한국산업지』·『조선농업이민론』[11] 등의 조사보고서나 저서들이 널리 읽혔으며, 일제의 식민정책 구상에도 적지 않은 영향을 미쳤다. 이 조사보고서들은 대체로 한국은 기후·풍토가 좋아 농업 생산의 전망이 밝고, 한국 농법이 유치하므로 농사 개량을 통한 증수가 가능하며, 특히 토지 가격과 조세가 저렴한 까닭에 토지 투자수익률이 매우 높다는 점 등을 꼽았다.[12] 나아가 한국의 토지 가격은 매우 헐한 데 비해 소작료율은 비싸므로 일본인들이 한국의 토지를 구입하여 소작을 시킨다면 큰 이익을 얻을 것이라고 예상하거나, 혹은 일본 농민의 한국 이주를 적극 권장하는 내용이었다.[13]

9) 酒句常明, 『清韓實業觀』, 1902, 119~120쪽(정연태, 위의 책, 2014, 34~35쪽 재인용).

10) 이영학, 『일제의 농업생산정책』, 동북아역사재단, 2022, 89~91쪽.

11) 吉川祐輝, 『韓國農業經營論』, 1904 ; 岩永重華, 『最新韓國實業指針』, 1905 ; 統監府 編, 『韓國ニ於ケル農業ノ經營』, 1907 ; 京都府知事編, 『韓國農業視察復命書』, 1908 ; 青柳綱太郎, 『韓國殖民策』, 1908 ; 山口精, 『韓國産業誌』, 1910 ; 神戶正雄, 『朝鮮農業移民論』, 1910.

12) 김용섭, 「일제의 초기 농업식민책과 지주제」 『한국근현대농업사연구』, 일조각, 1992, 39쪽.

13) 위의 책, 39~42쪽.

일본 농상무성에서는 농업조사뿐 아니라 실업조사(1902), 삼림조사(1903, 1905), 면작조사(1905), 수리조사(1905), 농업조사(1906) 등 여러 가지 분야에서 정밀 조사를 하고 보고서를 발간하게 되었다.14) 이를 바탕으로 일본 정부는 한국 농업을 종합적으로 정리한 종합보고서를 간행하는 계획을 세웠다. 일본 정부는 1904년 3월 한국농사조사위원회를 설치하고 총 10명으로 구성된 조사위원단을 한국에 파견하였다.15) 1904년과 1905년에 일본 농상무성은 농상무성 관료와 농사시험장 기사 및 동경제대 교수를 파견하여 한국 농업에 대한 종합적 조사를 실시하여 『한국토지농산조사보고』(1907)라는 종합보고서를 발간하였다. 그 조사위원단의 구성과 활동 개요를 정리한 것이 〈표 6-1〉이다. 이 보고서는 총 5책, 2,000여 쪽이 넘는 방대한 분량으로 한국의 기후와 토지, 농민실태, 농업과 토지 제도, 농업경영 실태, 재한(在韓) 일본인의 영농 실태 등을 체계적으로 조사, 정리한 것으로 이후 한국 농업식민화의 주요 자료로 활용되었다.16) 조사자 중 도쿄제대 농대 교수이면서 농상무성 관료였던 혼다 고스케[本田幸介]는 조사 후에 이토 히로부미[伊藤博文]에게 발탁되어 1906년 권업모범장의 장이 되고, 1908년에는 농림학교의 장을 겸임하면서 통감부와 조선총독부의 농업정책 수행에 핵심적인 역할을 수행하게 된다.17) 또한 일본 농상무성 기사인 나카무라 겐[中村彦]은 조사 후에 농상공부 농무과장 및 농무국장으로 선임되어 통감부의 농업정책에 중요한 역할을 하게 된다.

---

14) 櫻井義之, 『明治年間朝鮮研究文獻誌』, 1941(김용섭, 『한국근현대농업사연구』, 일조각, 1992, 38쪽 재인용).

15) 이영학, 『일제의 농업생산정책』, 동북아역사재단, 2022, 91~94쪽.

16) 정연태, 『식민권력과 한국농업』, 서울대 출판문화원, 2014, 24~25쪽.

17) 구자옥외, 「혼다 고노스케(本田幸介)와 『한국토지농산조사보고』」 『농업사연구』 제9권 1호, 2010. 혼다 고스케(本田幸介, 1864~1930)는 1903년부터 한국의 농업을 시찰하였다고 말하고 있다(本田幸介, 「農業改良の第一步」 『韓國中央農會報』 제2권 1호, 1908, 1쪽).

〈표 6-1〉 한국토지농산조사 사업단의 구성과 활동 개요

	조 사 자	조사지역	조사기간
제1반	三成文一郎(농사시험장 기사) 有働良夫(농상무성 기사) 染谷亮作(농사시험장 기수) 松岡長藏(농사시험장 기수)	경상도 전라도	1904년 12월 29일 ~1905년 5월 29일
제2반	小林房次郎(농사시험장 기사) 中村彦(농상무성 기사)	경기도 충청도 강원도	1905년 3월 23일~ 1905년 11월 9일
제3반	本田幸介(동경제대 교수 겸 농상무성 기사) 鈴木重禮(동경제대 조교수 겸 농사시험장 기사) 原凞(동경제대 조교수)	황해도 평안도	1905년 4월~ 1905년 12월(?)
	本田幸介(동경제대 교수 겸 농상무성 기사) 鴨下松次郎(농사시험장 기사) 原凞(동경제대 조교수)	함경도	1905년 4월~ 1905년 12월(?)

출전 : 『韓國土地農産調査報告(慶尙道, 全羅道)』, 1905, 1쪽, 附錄 1쪽 ; 『韓國土地農産調査報告(京畿道, 江原道, 忠淸道)』, 1907, 1쪽 ; 『韓國土地農産調査報告(黃海道)』, 1907, 1쪽 ; 『韓國土地農産調査報告(平安道)』, 1907, 1쪽 ; 『韓國土地農産調査報告(咸鏡道)』, 1907, 1쪽.

한편 1904년 이후 일본에 의해 「한일의정서」 체결, 황무지개척권 요구, 재정고문과 외교고문 임명에 따른 침략이 본격화되자 한국인의 광범위한 저항이 일어났다. 한국의 개화지식인들은 보안회 등을 조직하면서 일본의 침략에 저항했고, 유생과 농민들은 의병에 참여하여 저항하였다. 이에 통감부는 '시정개선'을 슬로건으로 낡은 제도를 타파하고 한국의 국리민복과 생활수준의 향상을 위한 것이라는 명분을 내세우면서 한국사회의 변화를 시도하였다. 나아가 일본 지식인들도 일본 제국의 영원한 이익을 위하여 한국인의 복리를 증진시킬 수 있는 개혁을 추진해야 한다고 주장하였다. 1905년 『동양경제신보』는 사설에서 다음과 같이 주장하였다.

> 대한 경영의 요체는 한쪽으로는 빨리 한국의 주권을 들어 이를 우리나라에 맡기게 하는 것이고, 다른 한편으로는 저 한국인을 사랑하길 우리 동포와 같이 일시동인(一視同仁)하여 저들 한국인의 복리를 크게 증진하

는데 있다. 만약 그렇지 않고 한국인의 이익은 도외시하고, 우리(일본) 국민의 이익을 증진하는 데 치우친다면 일시는 위에서 보면 혹 좋을지도 모르나 안으로는 한국인의 분원(憤怨)을 불러오고, 밖으로는 열국(列國)의 동정(同情)을 잃어, 영원한 관점에서 보면 결국 (일본)제국의 득책(得策)이 되지 못한다.[18]

즉 일본인은 한국의 주권을 일본이 양도받고 다른 한편으로 한국인의 복리를 증진시키는 것이 결국 일본 제국의 이익이 되는 길이라고 인식하였다.

일본의 농업전문가들은 한국을 개발하여 농산액을 증가시켜 한국인의 구매력을 높이면, 한국인들이 일본의 자본제 상품을 구입하여 일본에 이로운 것이라고 여겼다. 한 일본의 농업전문가는 다음과 같이 말하였다.

"한국의 농사개량을 도모하여 농산물의 생산액을 증가시켜 수출액을 증가시키는 것은 한국을 부유하게 할 뿐 아니라 한국인의 구매력을 증가시키는 것이다. 이는 일본으로부터 수입품의 증진을 촉진시켜 일본에 이로운 바가 적지 않을 것이다. 그러므로 우리들은 일본과 한국 양국을 위해 한국의 농사개량이 급선무라고 확신함과 함께 앞길에 놓여 있는 장애물을 극력 배제하여 신속히 개량의 결실을 거두어야 한다."[19]

즉, 한국 농업의 개량은 한국의 농업생산액을 증가시켜 일본으로 수출을 증대시키는 길이며, 이것은 한국인의 구매력을 증진시켜 일본의 자본제 공산품을 구입케 하여 일본의 이익을 가져오는 길이라고 명확히

18) 「대한경영에 관한 일대 의혹」『동양경제신보』 360, 1905년 12월 5일(권태억, 「통감부 설치기 일제의 조선 근대화론」『국사관논총』 53, 1994, 233쪽 재인용).
19) 涙血生, 「韓國の農事改良策」『韓國中央農會報』 제2호, 1907, 3~4쪽.

인식하고 있었다. 그리하여 통감부는 한국의 농업을 발전시켜 증가된 생산물을 일본에 공급하여 한국을 식량·원료의 공급지로 만들고, 다른 한편으로 한국의 구매력을 증가시켜 일본의 자본제 공산품을 구입하게 하여 자본제 상품의 판매시장으로 구조화할 수 있었던 것이다.

그러나 농업생산력의 발달 방법이 한국의 전통적 농법과 농사시험장 및 농업학교 운영을 개선하면서 이룩하기보다는 한국의 전통을 부정하고 일본의 명치농법을 한국에 그대로 이식하는 것이었다. 한국의 농법은 유치하여 농업생산력이 일본보다 낮다고 여겨 일본의 명치농법과 일본 품종을 이식하면 농업생산력이 향상될 것이라고 여겼다. 먼저 대한제국의 농사시험장과 농업학교 운영을 중단시키고 일본이 설립한 권업모범장과 농림학교를 바탕으로 일본의 명치농법과 일본 품종을 한국에 이식하려고 했다. 즉 한국의 전통농법을 바탕으로 그것을 개량하면서 농업생산력을 향상시키기보다는 일본의 명치농법과 신개량품종을 한국에 적용함으로써 농업생산량 증가를 도모하고자 했다. 나아가 그 증산된 생산품을 일본에 값싸게 가져와서 일본 노동자에게 제공하여 저곡가 저임금 정책을 추진함으로써 일본자본주의 발달에 기여하는 구조를 정착시키려고 하였던 것이다.

3. 일본의 서구 농학 수용

1868년 막부를 타도하고 세운 메이지[明治] 정부는 구미 열강에 대항하기 위해 국력 증진을 목표로 당시 기간산업인 농업을 발달시키기 위해 노력을 기울였다. 메이지 정부의 대장성과 내무성이 근대적 농업정책을 추진하였다.

1873년 이와쿠라[岩倉] 사절단에 참여하여 유럽을 시찰한 후 귀국한

오쿠보 도시미치[大久保利通]는 새롭게 내무성을 창설하고 스스로 내무경에 취임해서 식산흥업정책을 실시하였다. 그 중 권농정책은 식산흥업정책의 핵심이었다. 처음에 내무성은 유럽 농법의 직수입을 적극 추진하면서 국내 농법의 조사·연구를 진행하였다.[20)]

1872년 10월에 농사시험장을 설치하여 국내의 곡류·소채 등을 시범적으로 재배하고 서양 농구의 기능을 실험하였다. 나아가 농업교육기관을 창설하여 유럽의 과학적 농학을 가르쳤다. 1876년에는 삿포로농학교(札幌農學校)를 개교하여 미국인 교사 클라크(Clark)를 초빙하여 미국 농법을 홋카이도에 이식하였다. 1878년 동경에 농학교를 설립하여 영국인 교사를 초빙하여 서양 농학을 가르쳤다. 동경과 삿포로 농학교로부터 근대 농학을 배운 사코 쓰네아키라[酒匂常明]·도키요시 요코이[横井時敬] 등 농학자·농정관료들이 배출되었다.

서남전쟁 종결 후에 오쿠보 도시미치가 암살되자 마쓰카타 마사요시[松方正義]가 권농국장이 되고 1879년에 「권농요지」를 발표하면서 농업정책을 추진하였다. 그는 전국에 12농구(農區)를 설치하여 권농정책을 군－부현－농구－전국으로 계통적으로 전개하고자 했다. 1880년에 시나가와 야지로[品川彌二郞]가 권농국장에 취임하면서 촌 단위까지 농사회(農事會) 개설을 장려하고 농업기술에 관한 지식을 전달하고자 하였다. 1881년에는 내무성 권농국 주최로 전국농사회(全國農事會)가 개최되고, 다음해에 전국적 농업단체로서 대일본농회(大日本農會)가 설립되었다.

1881년 내무성 권농국(勸農局)을 독립시켜 농상무성(農商務省)이 설립되었다. 1888년 12월 농학회 제1편찬회에서 이노우에 가오루[井上馨] 농상무대신이 권농정책의 방향에 대해 문의하자 1891년 농학회가 '흥농논책(興農論策)'을 제안하였다. '흥농논책'에서는 일본의 농업을 진흥하

---

20) 土井浩嗣, 『植民地朝鮮の勸農政策』, 思文閣出版, 2018, 7~13쪽을 요약한 것이다.

기 위해서는 '농업교육'이 매우 중요한데, 농업교육을 체계적으로 이루기 위해서는 농사시험연구기관, 농업교육기관, 농업단체가 체계적으로 정비되는 것이 중요하다고 하였다. 그에 따라 농사시험장, 농학교, 농회 등을 정비하기 시작하였다.

농사시험연구기관으로서는 일찍이 1886년에 도쿄 근교에 품종 개량의 성과를 홍보하기 위한 농무국 시작지(試作地)가 개설되고, 1890년에는 도쿄부 니시가하라[西ヶ原]에 농무국 임시시험장이 개설되어 시작(試作) 사업의 발전에 노력해오고 있었다. '흥농논책'에서는 종래의 시험장은 체계적이지 않다고 여겨 전국적 농사시험장 제도를 제기하고 중앙시험장 1개소, 농구(農區)시험장 5개소, 부현(府縣)시험장 각 1개소 이상 설치하여 시험연구기관의 조직화를 주장하였다. 이에 메이지 정부에서는 1893년 농사시험장관제(農事試驗場官制)를 공포하고 국립농사시험장을 개설하였다. 전국을 7농구(農區)로 구분하고, 도쿄본장(東京本場)은 임시 시험장이 있던 니시가하라[西ヶ原]에 두고, 나머지 농구에는 미야기지장[宮城支場], 이시카와[石川]지장, 오사카[大阪]지장, 히로시마[廣島]지장, 구마모토[熊本]지장, 도쿠시마[德島]지장을 각각 설치하였다. 1894년에는 부현농사시험장 규정이 공포되어, 국립농사시험장의 하부기구로서 부현농사시험장을 규정하고, 1899년에 부현농사시험장 국고보조법이 제정되어 전국에 시험장 설치가 진행되었다.

농업교육기관은 농업교육을 직접 행하는 기관으로 '농가에 필요한 학식을 가르치고, 실업(實業)을 연습시키며, 좋은 풍속을 함양시키는' 목적을 지닌 기관이다. '흥농논책'에서는 농구농학교(農區農學校), 지방농학교(地方農學校), 군촌농학교(郡村農學校)를 제안하고, 전국을 5농구로 나누어 각 농구에 1학교씩 농구농학교[農區農學校 : 센다이[仙台], 도쿄[東京], 이시카와[石川], 오카야마[岡山], 구마모토[熊本]]를 설치하고, 각 부현에 한 학교씩 지방농학교, 군촌에 군촌농학교를 설립하자고 주장하였다. 메이지 전기까지 농업교육기관은 농상무성과 문부성이 각각 관장하였지만, 1890년에 동경농림학교가, 1895년에 삿포로농학교가 문무성으로 이관되면서 문부성의 관할 기구로 되었다. 1902년 이후 중등농업교육기관으로 농업학교가 설치되었고, 1903년 전문학교령을 공포하면서 농업전문학교가 설치되었다. 처음에는 관립으로 삿포로농학교(1907년 동북제국대학 농과대학으로 승격)와 모리오카[盛岡]고등농업학교만 있었는데, 그후 가고시마[鹿兒島]고등농림학교(1908년), 지바[千葉]현립원예전문학교(1909년), 우에다[上田]잠사전문학교(1910년)가 설치되었다.

'흥농논책'에서 중앙으로부터 지방 및 계통적 조직을 지닌 농회를 설립할 것을 제시하였다. '유지들이 서로 결합하고, 공동 화합하여 농사개량을 권유·진흥시키는 단체'를 농회로 규정하고 그 역할을 농사개량기관으로 한정하였다. 그후 농회는 농사개량기관과 농정활동기관이라는 성격을 함께 갖게 되었다. 1899년에 농회법이 제정되면서, 계통농회 중 도부현(道府縣)농회, 군농회, 시정촌(市町村)농회까지 법인(法認)되고 국고보조금까지 교부되었다. 1905년에 농회령 개정으로 회원의 강제가입이 인정되고, 1910년 9월에 농회법 개정으로 제국농회(전국농사회의 후신)가 법인되고, 동년 11월에 46도부현(道府縣)농회를 회원으로 하는 제국농회가 설립되었다.

이러한 체계를 갖추어가면서 일본의 근대적 '명치농법'이 형성되어 갔다.21) 근세 에도시기까지 일본의 논농사는 상시적인 습전(濕田 : 물에 항상 담겨 있는 논), 인력에 의한 천경(淺耕), 적은 비료(少肥)라는 기술체계로 이루어졌다. 이에 독일 농학자이며 구장(駒場)농학교 교사였던 막스 훼스카는 일본 농업의 결점으로 첫째 경운을 얕게 하고, 둘째

21) 土井浩嗣, 『植民地朝鮮の勸農政策』, 思文閣出版, 2018, 14~17쪽을 요약한 것이다.

배수를 불완전하게 하며, 셋째 시비가 불완전하며, 넷째 작물 윤재법(輪栽法)을 잘못하는 것이라고 지적하며, 그것의 해결책으로 논의 건전화(乾田化)와 우마(牛馬)에 의한 심경(深耕)을 제시하였다.

그후 명치농법이 완성되는데, 그 기술적 핵심은 건전우마경(乾田牛馬耕)으로 요약된다. 건전(乾田)이란 평상시 습전(濕田)을 건전화하는 것을 일컫는데, 담수(湛水)와 건전을 시의에 따라 사용하면서 관개와 배수를 제어 · 조절하는 것을 말한다. 우마경(牛馬耕)이란 겨울에 건조하여 딱딱하게 된 경지를 기경(起耕)하기 위해 소와 말의 축력을 이용하여 심경하는 것이다. 건전우마경에 의해 유기물 분해가 촉진되고 지력이 소모되기 때문에 비료의 증투(增投)와 비료관리가 필수가 되었다.

명치농법의 기술체계는 품종 선정과 종자의 선택(내비성 다수확 품종의 도입), 묘대·논갈이·이식(단책형 묘대, 공동모대, 단상려의 이용, 정조식), 본전(本田) 관리(용수관리, 중경제초, 시비, 해충구제) 등으로 이루어졌다.[22] 달리 표현하면, 명치농법은 엄밀한 선종(選種 : 소금물로 종자를 선택함)에서 시작하여 심경(深耕 : 깊이 갈이)과 다비(多肥 : 거름을 많이 줌), 쇠스랑을 이용한 중경제초(中耕除草 : 김을 매고 흙을 고름), 수확 시 시렁에 말려 끝내는 일련의 벼농사 기술체계라고 하였다.[23] 이러한 논농사 기술의 명치농법은 동일 시기에 일본의 권농기구들이 완성되자 즉시 이 기구들을 통해 전국으로 보급되었다.

4. 대한제국의 농상공학교·농사시험장 설립과 통감부의 방해

갑오정부는 1895년 2월 교육에 관한 칙서를 반포하고 근대적인 학교

22) 위의 책, 13쪽.

23) 飯沼二郎, 「日帝下朝鮮における農業革命」 『朝鮮史叢』 5·6, 1982, 101쪽.

교육을 실시한다는 방침을 천명하였다.[24] 대한제국에서는 이를 계승하여 근대적 실업교육을 적극적으로 실시하고자 하였다.[25] 1898년에는 농상공부 상공국에서 직조권업장(織造勸業場)을 설립하고 학생들을 모집하여 직조 기술을 가르쳤으며, 1899년에는 우무학당과 전무학당을 설립하여 우체와 전신에 관한 교육을 시켰고, 1900년에는 광무학교를 설립하여 광업기술자를 양성하고자 하였다.

농업의 근대화를 이루기 위해서는 농업학교와 농사시험장의 설립이 우선적으로 이루어져야 했다. 서양의 근대 농학을 학생들에게 가르치기 위한 농업학교와 농학 이론을 한국의 자연환경에서 실습하고 검증하는 농사시험장이 설치되어야 했다. 농업학교에서 배운 학생들이 각 지역에 가서 농업 교육을 담당하거나 혹은 농사를 지으며 근대 농학을 구현해야 했으며, 농사시험장에서는 서양의 농학 이론이 한국의 자연환경에 적합한지를 검증해야만 했던 것이다.

대한제국은 1899년 6월에 설립한 상공학교관제[26]를 개편하여, 1904년 6월에 농상공학교로 변경하고 농업, 상업, 공업에 대한 교육을 강화해가고자 했다.[27] 대한제국 정부는 학부에서 농상공학교를 관할하면서 농업과·상업과·공업과의 3과로 나누어 수업연한을 예과 1년, 본과 3년으로 하였다. 농상공학교에는 학교장 1인, 교관 10인 이하, 서기 2명의 직원을 배치하도록 하였으며, 지방도 상황에 따라 농상공학교를 설치하도록 하였다.[28]

학부에서는 학부 참서관이었던 홍우관(洪禹觀)을 학교장으로 임명하고, 서기에는 판임관 권홍주(權鴻周)와 송무용(宋武用)을 임명하였다.[29]

---

24) 「詔勅 教育에 관한 件」(1895.2.2.) 『韓末近代法令資料集』 1권, 1970, 180쪽.
25) 이영학, 「대한제국의 경제정책」 『역사와 현실』 26, 1997, 84~88쪽.
26) 「勅令第28號 商工學校官制」(1899.6.24) 『韓末近代法令資料集』 2권, 1970, 509쪽.
27) 「勅令第16號 農商工學校官制」(1904.6.8) 『韓末近代法令資料集』 3권, 1971, 609쪽.
28) 위와 같음.

그리고 교관으로는 관립소학교 교원이었던 이만규(李晩奎),[30] 현귀(玄櫷), 안형중(安衡中), 김상연(金祥演)[31] 등을 임명하였다. 한편 이재극 학부대신은 고종에 아뢰어 5천 원을 황성신문사에 주어 이사가게 하고, 황성신문 본사를 농상공학교 교사로 사용하도록 하였다.[32] 이어 8월에는 학부령(學部令)으로 「관립농상공학교규칙」[33]을 공포하여 농상공학교의 운영을 본격화하였다. 학년은 9월 1일부터 다음 해 6월 30일까지 정하고, 가을 학기는 9월 1일부터 12월 30일까지, 봄 학기는 1월 4일부터 6월 30일까지 정하였다. 입학생은 17세 이상 25세 이하로 제한하였으며 입학시험을 통하여 선발하며, 예과 과정에서는 본국지지(本國地誌), 만국지지(萬國地誌), 화학, 물리학, 경제학 등을 가르치도록 하였다.[34]

1904년 9월 21일에 농상공학교에서 학생 80여 명을 선발하여 개교하였다.[35] 1904년 10월에 농상공학교 교관 이만규를 일본 시찰수행원으로 파견하여 일본 문물을 시찰하도록 하였다.[36] 농상공학교는 열심히 활동하면서 1년의 활동을 마감하였으며, 1905년 6월 30일에 농상공학교 졸업식을 거행하였다.[37]

2차년도에 들어오면서 본격적으로 농업과를 분리하고 농업에 관한 전문적인 교육을 실시하고자 하였고, 나아가 농업에 대한 이론을 학생들

29) 「敍任及辭令」『황성신문』 1904년 6월 17일.

30) 「敍任及辭令」『황성신문』 1904년 7월 2일.

31) 「敍任及辭令」『황성신문』 1904년 7월 9일.

32) 「盛意感祝」『황성신문』 1904년 7월 8일.

33) 「學部令第16號 官立農商工學校規則」(1904.8.18) 『韓末近代法令資料集』 3권, 1971, 636~642쪽.

34) 위와 같음.

35) 「팔십학도」『대한매일신보』 1904년 9월 22일.

36) 「委員隨員」『황성신문』 1904년 10월 8일 ; 「敍任及辭令」『황성신문』 1904년 10월 10일.

37) 「各校卒業期」『황성신문』 1905년 6월 30일. 농상공학교 졸업생이 몇 명인지는 알 수 없다.

에게 가르칠 뿐 아니라 그 이론을 실습해보는 농사시험장 설치를 적극적으로 모색해갔다. 학부 소관 농상공학교에서는 1905년 9월에 실시되는 2차년도 개학을 준비하면서 동 7월부터 농업 교육에 심혈을 기울였다. 7월에는 농업과 교사로 일본인 아카카베 지로[赤壁次郎]를 초빙하였고, 월급과 숙소비를 합하여 200원의 봉급을 책정하였다.[38] 1905년 7월 말에 정부회의에서 학부는 농상공학교 교사로 아카카베 지로를 청의하였다.[39]

농상공학교는 1905년 9월에 개학을 하였고, 아카카베 지로는 일본에 갔다가 와서 9월 22일부터 학교에서 업무를 보기 시작하였다.[40] 10월 4일에 학부는 농상공학교 농업과에서 필요로 하는 기계 등 물품들을 일본 상회에서 구매하고, 해관에서 면세 수입하게 해달라고 탁지부에 요청하였다.[41]

농상공학교 농학과에서 학생들을 가르치는데 우리나라 자연환경에서 농학 이론을 실습하는 농사시험장이 필요하였다. 서양의 농업이론이 우리나라 기후와 풍토 하에서 적절한지 검증해야만 했던 것이다. 그를 위해 농상공학교 농학과에서는 10월 3일에 임시적으로 궁내부 소속 종목사 관사[위치 : 동서(東署) 호양정리]를 빌려 농사시험장으로 사용하면서 농업 이론과 농학을 실험하였다.[42] 그러나 농업과 학생들이 실습을 하기 위해서는 궁내부 소속 종목사 관사는 너무 좁고 적합하지 않았다. 그리하여 더 넓은 농사시험장을 설립하고자 하였다.

이미 농상공학교에서는 일찍부터 농사시험장으로 적합한 지역을 물색하고 있었다. 농상공학교 초빙교사 아카카베 지로는 이미 7월에 농사

---

38) 「農學分課」『황성신문』 1905년 7월 11일.

39) 「合同請議」『황성신문』 1905년 7월 21일 ; 「政府會議案」『황성신문』 1905년 7월 29일.

40) 「農學視學」『황성신문』 1905년 9월 23일.

41) 「農器輸入」『대한매일신보』 1905년 10월 4일.

42) 「農課試驗場」『황성신문』 1905년 10월 3일.

시험장을 설립하기 위하여 동대문 밖의 지역을 답사하기도 하였다.[43] 나아가 아카카베 지로가 조사한 내용을 바탕으로, 일본에서 전문인력을 초빙하여 농사시험장으로 적합한 곳을 물색하였다. 9월 29일에는 동경대학교 대학조수 오시키리 유사쿠[押切祐作]와 육군 군마보충부 기수 오이소 니타로[大磯仁太郞]를 기수로 초빙하여 농상공학교부속 농사시험장 설비를 의뢰하였다.[44]

그러다가 1905년 10월 5일에 학부 소관 농상공학교에서 실지 시험장을 동대문 밖 뚝섬(纛島)으로 정하였다.[45] 11월에는 학부에서 측량을 실시하고 표지도 세워 경계표시를 완료하였으며, 토지소유자에게는 적당한 대가를 지불할 것이라고 한성부에 훈령하였다.[46] 그리고 12월에는 「농상공학교부속 농사시험장관제」[47]를 공포하고 농사시험장 운영을 정식으로 진행하였다. 농사시험장에는 장장과 기사 4인 및 기수 약간 명을 두고 서무·회계를 담당하는 사무원 약간 명을 두도록 하였다. 농사시험장의 장은 학부대신과 주무국장, 해당 교장의 지휘를 받아 일체 장의 업무를 관리하며 소속 직원을 감독하도록 하였고, 기사는 장장의 지휘에 따라 기술에 관한 사무를 담당하며 학생들을 감독하도록 하였고, 기수는 기사의 지휘를 받아 기술에 조수를 담당하며, 사무원은 농사시험장의 사무·회계에 종사하도록 하였다. 농사시험장의 장은 시의에 따라 농상공학교장이 겸임하도록 하였으며, 장의 직원으로 외국인도 근무할 수 있도록 하였다.[48]

---

43) 「農場踏査」『황성신문』 1905년 7월 21일.

44) 「技手雇聘」『황성신문』 1905년 9월 29일.

45) 「農課設始」『대한매일신보』 1905년 10월 5일.

46) 「農學試場」『대한매일신보』 1905년 11월 3일 ; 「農場計劃」『황성신문』 1905년 11월 3일.

47) 「勅令第60號 農商工學校附屬 農事試驗場官制」(1905.12.29) 「韓末近代法令資料集」 4권, 1971, 452~453쪽.

48) 위와 같음.

1906년 1월에 학부에서는 농상공학교부속 농사시험장 경비 542원과 창업비용 8,013원을 반영해달라고 탁지부에 요청하였다.[49] 그러나 몰수된 토지소유자에게 토지가격이 보상되지 않아, 그들은 학부 앞에서 토지대금 보상을 요구하며 시위를 벌이기도 하였다.[50] 1906년 농상공학교의 학생수는 농과가 24명, 상과가 9명, 공과는 18명이었다.[51]

한편 1905년부터 농상공부의 농광국장이었던 서병숙은 농민의 지식을 개발하고 실업을 장려할 의도로 농상공부 산하에 농사시험장 설립에 열심이었다.[52] 1905년 3월에 농광국장이 되었던 서병숙은 대한제국의 농업 근대화에 큰 관심을 가지고 있었다. 1899년 11월에는 서양의 농학을 가르칠 농학교 설립을 학부에 청원하였으나 뜻을 이루지 못하였다. 1900년에는 농상공부 농무국 아래 잠업과장으로 활약하였고, 1902년에는 궁내부 수륜원 산하의 공상과장을 겸임하며 양잠업 발달에 크게 기여하였다.[53] 1905년 2월에 정부조직이 개편될 때 농상공부 농광국장이 되어 농업에 관한 일을 관장하게 되면서 예산을 확보하여 수원지역에 농사시험장을 건립할 계획을 마련하였다.[54]

이와 같이 대한제국에서는 농상공학교 중 농업과를 중시하면서 일본인 교사도 초빙하여 학생들을 가르치게 하였으며, 나아가 수업 중에 배운 농업 이론을 뚝섬에 설치한 농사시험장을 통하여 실습하게 함으로써 서양의 농학을 체험하게 하는 노력을 기울였다. 또한 농상공부에서도 농사시험장 설립을 계획하고 구체적으로 예산을 책정하여 설립을 앞두

49) 「經費請求」『대한매일신보』 1906년 1월 14일.

50) 「民訴失耕」『황성신문』 1906년 3월 27일 ; 「不管民訴」『대한매일신보』 1906년 3월 28일 ; 「幣原堅執」『대한매일신보』 1906년 4월 1일.

51) 統監府, 『韓國施政一斑』, 1906, 201쪽.

52) 「勸業防弊」『황성신문』 1906년 2월 27일.

53) 오진석, 「대한제국기 농정관료 서병숙의 관직활동과 농업근대화 구상」『동방학지』 201, 2022.

54) 김정명편, 「韓國施政改善ニ關スル協議會第三會」『日韓外交資料集成』 6(上), 1964.

고 있었다.

그러나 1906년 2월에 이토 히로부미가 통감으로 부임하면서 대한제국 자체의 농업 근대화 노력은 저지되게 되었다. 1906년 3월에 통감과 6대신이 협의하는 '한국시정개선에 관한 협의회'에서 이토 통감은 권중현 농상공부대신에게 "한국 정부가 수원에 예산을 들여 농사시험장을 세울 계획이라고 하는데, 이미 일본 정부에서 1906년 60만 원의 경비를 책정하여 수원에 동일한 계획을 세우고 있으며 일본 정부에서 권업모범장을 설립하여 다음 해에 한국 정부에 인도할 것이니 그렇게 하라."[55]고 하자 권중현 농상공부대신은 이토 통감의 요구를 수용하였다.[56]

일제는 한국의 농업생산방식이 생산력이 낮다고 판단하고 일본식 농업체계를 강제적으로 보급시키고자 하였다. 일제는 한국의 전통적 농업기술체계를 개량시키기보다는 당시 한국보다 농업생산력이 높았던 일본식 농업기술을 이식하는 방법을 채택하였던 것이다.[57] 이토 통감은 조선에 대한 지배를 강화해가면서 대한제국이 독자적으로 농상공학교의 농학과를 통하여 농업교육을 실시하고, 농사시험장을 독립적으로 개설하여 농업 시험을 행하는 것을 허용하지 않았다. 그것은 대한제국 독자의 농법으로 조선을 근대화해가는 길이었기 때문이다.

일본의 농학과 농법을 조선에 보급해가기 위해서는 일본 농법에 적합한 농업학교와 농사시험장 운영이 필요하였던 것이다. 아울러 이 방식으로 생산된 농산물을 일본에 값싸게 이출해가고자 하였다. 그리하여

55) 위와 같음.

56) 김도형, 「권업모범장의 설립과정과 역사적 성격」 『농업사연구』 제9권 1호, 2010 ; 이영학, 「통감부의 농업조사와 농업정책」 『역사문화연구』 49, 2014, 103~106쪽.

57) 김도형, 『일제의 한국농업정책사연구』, 한국연구원, 2009 ; 안승택, 『식민지 조선의 근대농법과 재래농법』, 신구문화사, 2009 ; 飯沼二郎, 「日帝下朝鮮における農業革命」 『朝鮮史叢』 5·6, 1982.

일본의 농법과 농업방식을 체계화할 수 있는 권업모범장과 농림학교를 설립하였다. 1906년 4월에는 수원에 권업모범장을 설립하여 직원을 전원 일본인으로 고용하면서 운영을 본격화하였으며,[58] 1906년 8월에는 「농림학교관제」[59]를 공포하여 일본인 교사를 중심으로 한 일본 명치농법을 교수하였던 것이다. 그리하여 1906년 5월에는 뚝섬에 설치하였던 농상공학교부속 농사시험장을 폐지하고, 9월에 권업모범장 산하의 원예모범장으로 변경하였고, 대한제국의 농상공부가 설립하고자 하였던 수원의 농사시험장 설립계획을 좌절시키고 일본인 농업기사를 중심으로 한 권업모범장으로 대체하고자 하였다.

그러나 통감부의 설립계획이 순조롭게 진행된 것은 아니었다. 농림학교를 설치하는 과정에서 진통을 겪었다. 1906년 7월에 농림학교를 설치하는 안건을 정부회의에 제출하였다. 정부회의 안건에서는 농림학교의 직원은 교장 1인, 교수 5인, 사감 1인, 교수보와 서기 각 2인을 두며, 교장은 농무국장이 겸임하는데 이 직원을 전원 일본 학술가로 충당한다고 하였다.[60] 이 안건에 대해서 박제순 참정대신과 민영기 탁지대신은 "직원을 모두 일본 학술가로 충당한다는 것은 격식에 크게 어긋나는 것이고 정상적인 상황이 아니다. 관제를 새로 정하여 외국인으로만 충당하는 것이 어찌 정상인가"[61]라면서 반대하였다. 이에 통감부 사무관

---

58) 김도형, 「권업모범장의 식민지 농업지배」 『한국근현대사연구』 3, 1995 ; 김도형, 「권업모범장의 설립과정과 역사적 성격」 『농업사연구』 제9권 1호, 2010.

59) 「勅令第39號 農商工部所管 農林學校官制」(1906.8.27) 『韓末近代法令資料集』 5권, 1971, 83~84쪽.

60) 「農部請議」 『황성신문』 1906년 7월 31일.
제1조 농림학교는 농상공부대신의 관리에 속하며 농림업에 필요한 교육을 시행한다. 제2조 농림학교에 아래 직원을 둔다. 교장 1인, 교수 5인, 사감 1인, 교수보·서기 각 2인. 제3조 교장은 농무국장이 겸임하고 농상공부대신의 지휘 감독을 받아 학교의 제반 사무를 관장한다. 제4조 교수와 사감과 서기와 교수보는 상관의 지휘를 받아 생도를 감독한다. 오늘날 본교 직원을 일본 학술가로 충당한다.

인 가와카미[川上]씨가 참정대신을 설득하여 "본교 직원을 일본 학술가로 충당한다"는 조항을 "일본 학술가로 충당할 수 있다"라는 규정으로 수정하여 통과시켰다. 그후 농림학교의 직원은 일본인이 다수를 차지하였지만, 한국인도 참여하도록 하였다.

1906년 8월에 농림학교 관제가 공포되고, 9월부터 개교하였다. 학교부지는 경기도 수원 권업모범장 옆에 선정이 되었는데, 교사는 당시 건축 중이므로 건립되기 전까지 학부 소관의 농상공학교 농과교장을 가교실로 충당하고 농상공학교 농과생과 전(前) 사립경성학당 농과생을 수용하여 9월 10일부터 수업을 개시하였다.[62] 직원은 교장(농무국장 서병숙 겸임), 교수 5명(일본인), 교수보 2명(한국인), 서기 2명(일·한인 각 1명)이었다.[63] 생도의 정원은 본과 80명, 연구과 40명이고 속성과는 필요에 따라 임시로 정하도록 하였다. 수업연한은 본과는 2년, 연구과는 1년으로 하였고, 본과는 농학을 배우고 덧붙여 임학의 대강을 배우는데, 연구과는 농과와 임과(林科)의 두 과로 나누었다.

1908년 1월 1일부로 농림학교는 일본측에서 장악하게 되었다. 농림학교 교장에는 권업모범장의 장인 혼다 고스케[本田幸介]가 맡았고, 권업모범장의 기사들이 농림학교 교수(宮原忠正, 豊永眞里)를 겸직하게 되면서[64] 농림학교 학생들이 권업모범장에서 실험하게 하여 일본 농법을

61) 「畢竟實施」『황성신문』 1906년 8월 10일.

62) 統監府, 『韓國施政一斑』, 1906, 259쪽.

63) 1906년 개교 당시 교장은 농무국장인 서병숙이 겸임하였고, 교수보(敎授補) 2명은 9품 윤태중과 변국선이, 서기는 9품 윤관의가 담당하였다(「敍任及辭令」 『황성신문』 1906년 9월 7일).

64) 「敍任及辭令」 『황성신문』 1908년 1월 21일. 1908년 농림학교 교수는 일본인이 5명, 교수보는 한국인이 2명 총 7명이었다. 일본인 5명은 豊永眞里, 宮原忠正, 戶來秀太郎, 入交淸江, 植木秀幹이었다.(「敍任及辭令」 『황성신문』 1908년 1월 26일 ; 「第三千九百七十九號 隆熙二年一月二十四日」 『대한매일신보』 1908년 1월 26일).

전수하고 검증해볼 수 있는 체계를 갖추게 되었다.

1908년에 제1회 임학 속성과(速成科) 학생 12명이 졸업하였다. 임학 속성과는 한국정부 모범조림사업에 채용하는 기술자를 양성하기 위하여 1906년 9월에 시작하였다. 제1회 졸업생은 전부 농상공부 기수로 채용되었다.[65] 농림학교 학생은 학비를 면제받고 생활비도 지원받으면서 졸업 후에는 기술 관료로 채용될 수 있기 때문에 인기가 많았다. 본과 학생수 정원도 1908년에는 80명에서, 1909년에는 120명으로 증원하였으며, 입학 지원자도 증가하여 1908년에는 180여 명, 1909년에는 670여 명에 이르렀다.[66] 아울러 교원수도 증가하였다(〈표 6-2〉 참조).

〈표 6-2〉 농림학교의 교원수와 학생수

연도	교원수			학생수	졸업생수
	일본인	조선인	합계		
1907	5	2	7	64	12
1908	5	2	7	72	28
1909	10	4	14	101	40
1910	9	3	12	94	29
1911	7	3	10	91	28

출전 : 조선총독부, 『조선총독부시정연보(1911년)』, 1913, 376~378쪽.

1906년 농림학교 창설 이래 1911년까지 졸업생은 속성과 수료생을 합하여 총 137명이었는데, 그 취직상황을 살펴보면 관청 취직자가 49명, 권농기관 취직자가 16명, 교원 34명, 실업 단체와 회사 3명, 실업 기타 자영자 26명, 일본 유학생 7명 등이었다.[67] 관청과 권농기관 및 교원으로 취직한 사람이 총 99명으로 졸업생의 72%를 차지하였다.

통감부는 권업모범장과 농림학교를 통하여 일본의 명치농법을 한국

65) 統監官房, 『韓國施政年報(1906~1907년)』, 1908, 378쪽.

66) 統監府, 『第二次韓國施政年報(1908년)』, 1910, 156쪽 ; 統監府, 『第三次施政年報(1909년)』, 1911, 241~242쪽.

67) 朝鮮總督府, 『朝鮮總督府施政年報(1911년)』, 1913, 377~378쪽.

학생에게 교수하고 그것을 전파시키고자 하였다. 반면에 학부 소속 농상공학교부속 농사시험장은 1906년 5월에 폐지되었고, 농상공부 주도의 농사시험장도 수원지역에 설치하고자 하였지만 통감부의 저지로 실현될 수 없었다. 학부 소속의 농상공학교도 1907년 3월에 폐지되었다.[68)]

끝으로 통감부는 1906년 11월에 한국 내에 거주하는 일본인 농상공부 관료·권업모범장직원·농림학교교원·농업경영자·곡물상인 등 농업과 관련있는 일본인들을 모아 한국중앙농회(韓國中央農會)를 설립하도록 후원하였다.[69)] 이는 일본 명치정부가 서양 농학을 수용하면서 농사시험기관, 농업교육기관, 농업단체를 체계화하여 근대 농학체계를 세운 추진체계를[70)] 조선에 원용한 것이었다. 한편 한국인들도 농사개량과 농민보호를 목적으로 1906년 10월 14일 대한농회(大韓農會)를 설립하자, 한국의 농사개량사업에 대한 주도권을 장악하면서 일본 명치농법을 한국에 적극적으로 이식하고자 하는 목적으로 한국중앙농회를 설립하였던 것이다.[71)]

권업모범장의 장인 혼다 고스케[本田幸介]가 부회장을 맡고, 한국중앙농회의 설립취지를 다음과 같이 밝혔다.

> 조선의 국리민복을 증진하기 위해서 (중략) 중요한 것은 한국의 시정을 개선하고 국부를 증식하는데 있다. 농업은 한국산업의 수위를 차지하고 국가경제와 지대한 관계를 가지고 있다. 이것의 진흥을 도모하는 것이 국부 증식의 급무이다. 그래서 권업모범장, 농림학교 등과 같은 농업개량에 필요한 기관이 설립된 것이다. 그렇지만 농업의 개량은

---

68) 「三設一廢」『황성신문』 1907년 3월 16일.

69) 이 부분은 김용달, 『일제의 농업정책과 조선농회』, 혜안, 2003, 46~58쪽에 많이 의거하였다.

70) 土井浩嗣, 『植民地朝鮮の勸農政策』, 2018, 7~13쪽.

71) 김용달, 위의 책, 2003, 43~46쪽.

단순히 이들 시설만에 의해 실현되는 것이 아니고 여러 방향에서 농민을 유도하고 개량의 실현을 촉진하여야 한다. (중략) 그 방법은 진실로 여러 가지가 있지만 가장 첩경이고 유효한 것은 독실하고 경험 있는 일본 농민을 한국 내지에 이주시켜 스스로 쟁기를 잡아 한국농민에게 개량의 실례를 보임과 아울러 근검저축의 미풍을 양성시킴에 있다. (중략)

이제 일본인으로 한국 농사 경영에 뜻이 있는 자가 날로 증가함에 따라 적당한 기관을 설립하여 한국 농업진흥의 방책을 강구하고 아울러 농업 현상을 살피는 것이 매우 중요하다고 믿는다. 본회 설립 취지 역시 이에 있으며, 희망하는 바는 일한 양국 당사자의 찬조를 얻어 본회의 목적을 달성하는 것이다.[72]

위의 내용을 살펴보면 한국중앙농회의 설립 목적은 첫째 한국 농업을 진흥하기 위해 그 개량 방법을 강구하는 것이며, 둘째 일본 이민을 적극 장려하여 일본 농법을 직접 시현하는 것을 한국농민에게 보여주는 것이며, 셋째 한국농업의 실상을 조사하여 공유함으로써 진흥방법을 모색하는데 있다고 하였다.[73]

「한국중앙농회 규약」에 의하면, 본회는 한국에서 농업 또는 곡물무역에 종사하는 일본인으로 조직하며(제2조), 본회는 한국에서 농업의 개량발달을 목적으로 한다(제4조)고 되어 있다.[74] 본회의 임원 구성은 회장 1명, 부회장 1명, 이사 1명, 평의원 10명으로 짜여져 있다(제14조). 회장은 본회를 대표하고 본회 일체의 사무를 총괄하며, 부회장은 회장을 보좌하고 경리 및 회계를 감독하며, 이사는 본회의 회무를 처리하고 잡지의 편집을 주간하며, 평의원은 본회의 회무에 참여한다고 하였다. 회장은

72) 『朝鮮農會の沿革と事業』, 朝鮮農會, 1935, 2~3쪽.

73) 김용달, 위의 책, 2003, 47쪽.

74) 김용달, 위의 책, 2003, 48~52쪽.

공석이고, 부회장은 혼다 고스케[本田幸介], 이사는 이시카와 료도[石川良道]로 일본인 곡물 무역상들의 권익단체인 인천곡물협회의 이사이며 곡물 무역 종사자였다.

평의원은 10명이었는데, 8명만 충원되었다. 평의원으로는 한국 농상공부 농무과장인 나카무라 겐[中村彦], 농림학교 교수인 농학박사 도요나가 마사토[豊永眞里], 농상공부 기사인 도케 미쓰유키[道家充之], 일본인상업회의소 회장이며 거류민회 의장인 와다 쓰네이치[和田常市], 일본인상업회의소 부회장이며 인천곡물협회 회장인 오쿠다 데이지로[奧田貞次郎], 목포 일본영사인 와카마츠 도사부로[若松兎三郎], 군산농사조합장인 마카니시 조이치[中西讓一] 등이었다.

한국중앙농회의 활동 중에서 가장 중시된 것은 『한국중앙농회보』의 발행이었다. 농회보는 창립 다음 달인 1906년 12월에 창간호를 발행하고 1907년 2월에 제2호를 발행한 후, 회보 발행을 준비하다가 1907년 9월(제3호)부터 월간으로 정기 간행하였다. 농회보의 발행 비용은 규약상 회원들의 회비와 찬조금으로 충당하게 되어 있었으나 실제로는 농상공부의 보조금으로 채워졌다.75)

농회보의 내용은 농업관련 관료·연구자 등의 농업관계 '논설'과 회원들의 농업환경 '조사자료', 농업관련 '법령'의 소개, 농업에 관한 투고인 '기서(奇書)'와 '잡보', 한국중앙농회의 소식을 전하는 '본회기사' 등으로 구성되었다. 그중 주요 내용은 '논설'과 '조사자료'였다. '논설'에는 권업모범장의 장이며 농림학교 교장인 동시에 한국중앙농회의 부회장인 혼다 고스케와 농상공부 농무과장이면서 1908년에는 농무국장으로 승진한 나카무라 겐[中村彦], 권업모범장의 벼전문가인 농학사 사키사카 기사부로[向坂幾三郎], 권업모범장의 양잠전문가인 나카오카 데쓰

75) 김용달, 위의 책, 2003, 55쪽.

조[長岡哲三] 등 농업관련 관료 및 학자들이 한국의 농업개량을 주장하면서 품종의 개량을 촉구하고 일본인의 한국 이주를 재촉하는 글을 게재하였다.

예를 들면, 혼다 고스케는 「농업개선의 제일보」라는 제목으로 "농작물과 가축의 종류로 한국에 적합한 것을 선정하여 그 종자를 나누어주어 재배하게 하는 것"[76]이 중요하다고 주장하였다. 나카무라 겐은 「한국농업개량의 효과」에서 벼 종자를 일본 종자로 바꾸고, 면작에서 육지면을 재배하고, 양잠에서 일본 뽕나무와 일본 잠종으로 사육하여 생산력이 증가하였다고 주장하였다.[77] 사키사카 기사부로는 일본 벼 품종의 재배를 적극 주장하였고,[78] 나카오카 데쓰조는 한국 양잠업의 발달을 위해 일본 뽕나무와 잠종을 반포해야 한다고 주장하였다.[79]

'조사자료'에는 한국농사의 현황을 조사한 보고서를 게재하거나 한국에서 일본인 농림업 경영자들의 현황을 조사하여 게재하였다.[80] 초기에는 통감부와 농학사들이 한국에서 농림업을 경영하면 이익을 얻을 것이라고 하면서 일본인 이민을 적극 권장하였고, 아울러 한국의 농업경영에서 유의할 점 등을 소개하였다.

즉 『한국중앙농회보』 논설의 주요 내용은 "한국 농업 수준은 일본과

76) 本田幸介, 「農業改善の第一步」『韓國中央農會報』 제2권 제1호, 1908. 그 외 本田幸介의 논설로는 다음과 같은 글이 있다. 「韓國の農業改良に就て」『韓國中央農會報』 제3권 제2호, 1909.

77) 中村彦, 「韓國農業改良の效果」『韓國中央農會報』 제4권 제6호, 1910. 그 외 中村彦의 논설로는 다음과 같은 글이 있다. 「日韓農業觀」『韓國中央農會報』 제2권 제8호, 1908 ; 「韓國農政の方針」『韓國中央農會報』 제3권 제12호, 1909.

78) 向坂幾三郎, 「日本稻に就て」『韓國中央農會報』 제3호, 1907 ; 同, 「水稻の肥料」『韓國中央農會報』 제2권 제2호~제3호, 1908.

79) 長岡哲三, 「養蠶の實驗」『韓國中央農會報』 제3호~제5호, 1907 ; 同, 「韓國蠶業の改良を計るには先づ桑及蠶種を頒布するにあり」『韓國中央農會報』 제6호, 1907.

80) 統監府, 「韓國に於ける日本人農林業經營者調」『韓國中央農會報』 제4호~제6호, 1907 ; 櫻圃山人, 「韓國農事經營錄」『韓國中央農會報』 제2호~제6호, 1907.

비교하면 매우 낮아서 반드시 개량을 해야[81] 했으며 그를 위한 방법으로 한국에 적합한 일본 품종을 잘 선택하여 배부하는 것이 중요하다고 주장하였다. 특히 일본 벼 품종과 일본 뽕나무 묘와 잠종을 추천하였으며, 면업에서는 육지면을 장려하였다.

한국중앙농회는 중앙분회와 13개 지방지회로 구성되었다가 1910년 8월에 일제가 조선을 병탄하면서 9월부터 조선농회로 개칭되었으며, 농회보의 명칭도 『한국중앙농회보』로부터 『조선농회보』로 개칭되었다.

요약하면, 통감부는 권업모범장, 농림학교, 한국중앙농회의 체계를 갖춤으로써 일본 품종을 조선에 도입하면서 일본 명치농법을 조선에 이식하는 추진체계를 마련하게 되었던 것이다.

5. 권업모범장을 통한 일본 농법과 품종의 도입

1) 권업모범장의 설립 목적과 운영

통감부는 조선의 농업생산력을 발달시키기 위하여 권업모범장, 원예모범장, 종묘장 등을 설립하였다. 통감부는 1906년 4월에 「권업모범장관제」를 공포하고 6월 15일에 경기도 수원에 권업모범장을 설립하였다. 권업모범장에는 장장 이하 기사(전임 6인), 기수(전임 8인), 서기(전임 4인)을 두었다.[82] 이들은 모두 일본인이었다. 일본이 한국에 농사모범장을 설치하고자 한 이유는 「한국농사모범장설치이유서」에[83] 다음과 같

81) 「公爵伊藤統監演說」『韓國中央農會報 總會號』, 1907, 10쪽.

82) 統監官房, 『韓國施政年報』, 1908, 23쪽.

83) 1905년 11월 24일에 目賀田種太郎 고문이 林權助 공사를 통하여 일본 외무대신에게 농사시설을 설립해야 하는 건의서를 제출하였다. 그중 附記로 첨부되어 있는 문서이다.

이 명시하고 있다.

> 한국의 부원을 개발하여 피아(彼我)의 무역을 발달시킬 방법으로 최급선무가 되는 것은 농사의 진흥이다. 한국의 농산은 농경 축산의 개량, 황무지의 이용, 수리시설 등으로 다대한 증식(增殖)을 기할 수 있다. 그러나 이 목적을 달성하는 것은 농사모범장의 설치로서 최첩경이 된다.[84]

일본과 한국의 무역을 발달시킬 방법으로 한국의 농사를 발달시켜야 하며, 그 가장 빠른 방법이 농사모범장의 설치라고 말하였다. 즉 농사모범장을 설치하여 농경·축산의 개량, 황무지의 이용, 수리시설 등을 갖추어 생산력을 발달시키고, 한국이 부유해져야 한국과 일본 간 무역이 발달할 수 있을 것이라 주장하였다.

1906년 권업모범장의 초대 장장(場長)이 된 혼다 고스케[本田幸介]는[85] 개장식에서 다음과 같이 언급하였다.

> 한국의 부원을 개발 증진코자 함에 있어 국리민복 농업의 진흥은 실로 최대 급무의 하나에 속한다. 그러나 이 목적을 달성하는 첩경은 실제로 개량의 모범을 보임으로써 농민을 유도 계발함에 있다. 일본제국 정부는 이에 보는 바 있어 먼저 국본을 배양함으로써 선린유도의 책임을

84) 「韓國農事模範場設置理由」『日本外交文書』 38-1, 877쪽(김도형, 앞의 책, 2009, 69쪽 재인용).

85) 혼다 고스케[本田幸介]는 도쿄제국대학 농과대학 교수이었다가 일본 농상무성 관료가 되어 조선의 농업조사를 적극적으로 실시하였다. 1905년 4월부터 9개월간 황해도, 평안도, 함경도의 농업을 조사하여 『한국토지농산조사보고』(1907)를 간행하는데 결정적 역할을 하였으며, 1906년 권업모범장의 초대 장장(場長)으로 통감부의 농업정책에 주도적 역할을 수행하였다.

다하기 위하여 작년(1906) 4월 권업모범장을 설치하였다.[86)]

언급에 따르면, 권업모범장은 한국의 부원을 개발하기 위하여 한국의 농사 개량을 유도한다고 하였다. 그런데 실제로는 한국에 권업모범장을 설치함으로 두 가지 목적을 이룰 수 있었다. 하나는 조선인에게 일본인의 선진기술을 시위함으로서 조선인이 일본국에 대하여 감탄하고 승복하는 분위기를 조성하였다. 다른 하나는 한국에서 식량 원료를 확보하고 일본의 실업가 자본가를 끌어들여 일본의 제조업과 한국의 원료를 결합시킬 구상을 하였던 것이다.[87)] 그러한 생각은 「한국농사모범장 설치이유서」에 그대로 나타나고 있다.

본안(한국농사모범장을 설치하는 안)은 재배 및 축산의 개량, 수리시설, 황무지의 이용 등에 의해 많은 국부를 증식하기 때문에 일본의 실업가 및 자본가를 유치하고 일본의 제조업과 한국산 원료의 연결을 모색함과 동시에 한국인의 농사를 발달시키는 것을 주 목적으로 한다. 한국재정 상황이 설치를 허락하지 않는데, <u>원래 이 모범장은 일본의 이익을 본위로 하기 때문에</u> 적당한 재원을 얻기까지는 일본 정부에서 그 비용을 지출하기 바란다.[88)]

즉 농사모범장을 설치하여 한국의 농업을 발달시키고, 나아가 한국산 원료와 일본의 제조업을 연결하고자 하였던 것이다. 그리하여 한국에 농사모범장을 설치하는 일은 일본의 이익을 가져오기 때문에 한국재정

---

86) 『記念誌(上)』, 13쪽(권태억, 앞의 논문, 1986, 189쪽 재인용).

87) 권태억, 「통감부시기 일제의 대한 농업시책」『노일전쟁전후 일본의 한국침략』, 일조각, 1986, 190쪽.

88) 「韓國農事模範場設置理由」『日本外交文書』38-1, 877쪽.

상황이 여의치 않으면 일본 정부에서 그 비용을 지출해서라도 설립해야 한다고 주장하였다.

통감부는 이러한 취지를 관철하기 위하여 1905년 12월에 대한제국의 농상공부가 설립했던 농상공학교 부속 농사시험장을 5개월만에 폐지하고 1906년 수원에 권업모범장을 설치하였다. 통감부가 수원에 창설한 권업모범장의 규모는 총면적 87정보이며, 그중 밭 28정보는 민유지를 매수한 것이고, 논 59정보는 궁내부 소속지를 임차한 것이었다. 1906년 10월 정리사업의 설계를 마치고, 11월 2일 공사에 착수하였다. 이어서 신축공사를 하고 수원정거장부터 권업모범장에 이르는 도로 및 논밭 27정보에 경지정리사업을 하는 등 1906년 말까지 시설과 설비를 완성하였다.[89] 1906년 10월 26일 대한제국 정부는 통감부에 권업모범장을 이양해줄 것을 조회하였고, 그해 11월에 통감부는 종래 경영방침을 변경하지 않는다는 조건으로 대한제국 정부에 이양하였다.[90]

1907년 3월 22일 대한제국 정부는 「권업모범장관제」를 공포하여[91] ① 산업의 발달 개량에 도움이 되는 모범 조사 및 시험 ② 물산(物産)의 조사와 산업상 필요한 물료(物料)의 분석 및 감정 ③ 종자 종묘 잠종 종금 및 종축의 배부 ④ 산업상의 지도 통신 및 강화(講話) 등의 업무를 담당하도록 하였다. 대한제국 정부의 권업모범장 사업은 통감부의 그것과 목적은 동일하였다. 한국 정부로 이양된 후 모범장에는 장장 이하 기사(전임 7인), 기수(전임 12인), 서기(전임 4인)를 두어 인원이 확대되었다.[92] 그러나 권업모범장의 구성원은 거의 일본인이었고, 통감부의 의도대로 경영되었다.

---

89) 統監官房,『韓國施政年報』, 1908, 224~225쪽.

90) 위의 책, 23쪽.

91) 「勅令第17號 勸業模範場官制」(1907년 3월 22일)『韓末近代法令資料集』5권, 472쪽.

92) 위와 같음.

초창기에 권업모범장에서 구체적으로 실시한 사업은 도작시험(稻作試驗), 비료시험(肥料試驗), 전작시험(田作試驗), 양잠시험(養蠶試驗), 해충시험(害虫試驗), 가축사양(家畜飼養) 등이었다.[93] 그중 도작시험을 가장 중시하였다.

> 한국에서 쌀 수확량을 조사하고, (쌀) 종류 시험을 위해 한국농민에게 수확 보증을 위한 일본 품종의 벼를 시범적으로 재배하는 등 벼농사에 관한 조사는 처음부터 가장 주의를 기울이고 있다. 1907년 장내 경지에서 처음으로 벼농사를 직영하고 혹은 감독 하에 한인(韓人) 소작인으로 하여금 경작하게 한다. 특히 직영지에서는 종류, 비료 등에 관한 각종의 시험을 수행하고, 이 성적에 의해 일본종은 대개 한국 재래종에 비해 우수하고, 특히 조신력(早神力) 종자는 전체 시험에서 가장 탁월한 결과를 보이고 있다. 그에 따라 일본종으로 한국 재래종을 대체하는 것만으로 한국의 쌀 생산액은 현저히 증가할 것이라고 생각한다.[94]

이와 같이 통감부에서는 벼 농사를 중시하였고, 일본 품종을 권업모범장에서 실험·재배하여 조선 풍토와 기후에 적응시켜 보급하고자 하였다. 권업모범장은 한국 산업의 발달·개량을 돕는 시험 조사뿐 아니라 일본에서 보낸 시험 결과를 응용하거나 일본 농민들의 이민 안내를 위한 역할도 담당하였다. 즉 한국 농민뿐 아니라 일본 농민들이 권업모범장을 관람하고, 이를 이용할 것을 권장하고 있었다.[95]

또한 수원에 권업모범장을 개설함과 동시에 지방에 출장소를 설립하여 지방으로의 확대를 시도하였다. 1906년에 목포출장소를 설치하여

93) 統監官房, 『韓國施政年報(1906~1907)』, 1908, 225~229쪽.

94) 위의 책, 226쪽.

95) 권태억, 앞의 논문, 1986, 190쪽.

면화 채종 재배에 주력하였으며, 1907년에는 군산에 토지 가옥을 구입하여 군산시험장을 개설하였다.[96] 1908년에는 평양, 대구에 각 1개소의 출장소를 개설하였다.[97]

권업모범장의 사업이 농업 전반에 걸친 것임에 비해 주로 채소·과수 재배의 모범 및 개량을 위해 설치한 것이 원예모범장(園藝模範場)이었다. 원래는 대한제국 정부가 1905년 12월에 「농상공학교 부속 농사시험장 관제」를 공포하고[98] 서울 동대문밖 뚝섬에 밭 480정보를 선정하여 이 학교의 실습장 겸 농사시험장으로 사용하고 있었다. 그러나 1906년 5월에 통감부가 그 위치가 적당치 않고 설계에도 결함이 있으므로 원예시험장이 적합하다고 요구하여 농사시험장을 폐지하고, 그 해 9월에 원예모범장 관제를 발포하여 원예에 관한 시험만을 하도록 하였다.[99]

원예모범장에서는 과수, 채소, 화훼를 재배하였다. 과수 재배에서는 1906년 4월에 일본으로부터 1년생 사과와 배 묘목 10그루를 들여와 심었는데 발육이 양호하였으며, 1907년 봄에는 구미(歐美)의 각종 포도·사과·배·은행·매실·앵두·복숭아·감 등 많은 종류를 이식하였는데 성적은 대체로 양호하였다. 채소 재배에서는 1906년에 가지 등을 재배하였고, 1907년에는 유럽·중국·일본으로부터 각종 채소를 들여와 재배하여 양호한 성과를 거두었다.[100] 원예모범장은 1910년 한일합방에 의해 권업모범장이 총독부 권업모범장으로 개편되면서 권업모범장의 뚝섬지장으로 바뀌었다.

통감부는 지방에도 농사기술과 종자 종묘에 관한 기관이 필요하다는

---

96) 統監官房, 『韓國施政年報(1906~1907)』, 1908, 228~229쪽.

97) 統監府, 『第二次韓國施政年報(1908)』, 1909, 107쪽.

98) 「勅令第60號 農商工學校附屬農事試驗場官制」(1905.12.29) 『韓末近代法令資料集』 4권, 452~453쪽.

99) 統監官房, 『韓國施政年報(1906~1907)』, 1908, 229쪽.

100) 위의 책, 230쪽.

인식하에 1908년 8월 「종묘장 관제」를 공포하고 함흥, 진주에 종묘장을 설치하여 그 지방에 적합한 종자·종묘의 육성 배부를 중심으로 농업개량에 기여하도록 하였으며, 1909년 2월 광주, 전주, 해주, 의주, 경성 등 5개소에 종묘장을 증설하였고,[101] 1910년 2월에는 공주·춘천 등 2개소에 종묘장을 증설하였다. 총 9개소의 종묘장은 농상공부에 직속하였는데, 조선총독부 관제의 공포와 함께 각 도에 이속되어 국고로부터 경비를 분할·배당 받게 되었다. 종묘장에서는 종묘 배부에 힘쓰고 농사상 각종 조사를 수행하며 개량 농구 사용법, 상묘 식부법, 양잠법 등을 강화하고 지방 농민의 지도에 노력하였다.[102]

〈표 6-3〉 통감부시기 종묘장 설치 지역

연도	지역명
1908	함흥, 진주
1909	광주, 전주, 해주, 의주, 경성
1910	공주, 춘천

출전 : 統監官房, 『韓國施政年報(1906~1907)』, 1908 ; 統監府, 『第三次韓國施政年報(1909)』, 1911.

통감부가 조선 농업을 농림학교, 권업모범장, 원예모범장, 종묘장의 건립을 통하여 개선하기도 하였지만, 다른 한편으로 품종의 개량을 통하여 조선 농업을 개선하여 일본의 식량 원료의 공급기지로 바꾸려는 계획을 세웠다. 통감부는 쌀 품종의 개량, 육지면의 재배, 잠종의 개선 등을 통하여 조선의 재래품종을 바꾸어 일본 제조공업의 원료로 공급하거나 일본으로 상품화하는 시도를 행하였다.[103] 통감부는 권업모범장과 종묘장을 통하여 조선의 재래품종을 일본의 품종이나 새 품종으로 전환해가고자 하였다.

101) 위의 책, 109~110쪽.

102) 統監府, 『第三次韓國施政年報(1909)』, 1911, 183쪽.

103) 권태억, 앞의 논문, 1986 참조.

2) 일본 품종의 도입

1903년부터 한국에 와서 농업 조사에 참여하였고 1906년에 권업모범장의 장이 된 혼다 고스케[本田幸介]는 한국의 농업생산력을 향상시키기 위해서 농업개량을 행해야 하는데, 그 첫걸음은 품종을 개선하는 데 있다고 주장하였다.[104] 그는 농산물의 품종으로 한국에 적합한 것을 선택하고 그 종묘(種苗)를 나누어 주어서 옛것을 대신한다면 첫째 품질이 우량하여 동일한 분량으로 가격이 향상하고, 둘째 수확이 많아 이익이 증가하게 된다고 하였다. 그러므로 기후, 토지가 다른 곳에 알맞도록 하기 위해서 농산물의 품종을 신중하게 선택해야 한다고 하였다.[105]

권업모범장에서 수행한 품종개량사업 중 가장 중요시한 것은 벼 품종 개량이었다. 당시 권업모범장 기사였던 사키사카 기사부로[向坂幾三郎]가 1906년 구마모토[熊本]에서 벼 품종을 들여와 '조신력(早神力)'이란 명칭을 붙여 재배를 실험하고 이를 보급하기 시작하였다.[106] 당시 농상공부 농무국장인 나카무라 겐[中村彦]은 다음과 같이 언급하였다.

> 한국 농업에서 실행하기 쉽고 이익이 많은 것은 벼[稻] 종자와 미곡 조제(調製)의 개량이다. 농상공부 권업모범장에서 몇 년동안 시작(試作)의 결과 품질과 수확량이 모두 우량하여 남한 지방에 적당하다고 인정된 벼 품종 조신력(早神力) 같은 것은 작년 각 지에 재배된 성적을 종합해보니 1반보 당 현미 수확량이 2석 1두이고, 조선 재래종은 1석 5두 7승으로 5두 3승 정도 우월하다. (중략) 우량 품종의 재배를 보급하기 위해

104) 本田幸介, 「農業改善の第一歩」『韓國中央農會報』 제2권 1호, 1908.
105) 위의 글, 1~2쪽.
106) 『朝鮮農會報』 9-11, 1935, 13~14쪽.

권업모범장, 권업모범장출장소 및 각 종묘장은 매년 개량 종자의 무상 배부를 추진하고 있다. (중략) 이 개량 종자의 파종 수량은 올해(1910년) 500석에 달하고 작부면적은 625정보로 추정된다.[107]

농상공부 권업모범장에서 일본의 우량 벼 품종을 열심히 실험 재배하고 있고, 그 중 조신력(早神力)이 남한 지방에 적합하여 무상 배부하면서 수확량도 조선 재래종보다 우월하고 품질도 좋아 점차 작부면적을 늘려가고 있는데 1910년에는 625정보에 이른다고 하였다.

일본은 1887년 전후에 경공업, 특히 면방직공업 분야에서 산업의 근대화를 추진했다. 일본은 면방직업의 발달에 따라 그 원료를 외국에서 수입해 조달하였는데, 그것을 식민지인 대만과 보호국인 조선에서 조달하고자 하였다. 그리하여 1904년 목포에서 육지면 재배 실험을 하고 일정한 성과를 거두자, 1905년 일본 정부 및 면사방적 자본가들은 면화재배협회를 조직하여 본격적인 육지면 시작(試作) 및 보급에 착수하였다.

면화재배사업은 1906년 6월 권업모범장이 설립되고, 이어서 목포출장소가 설립되면서 본격적으로 실시되었다. 통감부는 1906년 전남의 목포 등 10개소에 80정보에 달하는 면화채종포(棉花採種圃)를 설치하고 기술관을 배치하여 면화 재배를 적극적으로 추진하였다. 그 후 면화 재배지역을 늘려, 1910년에는 1,200정보,[108] 1911년에는 현재 5개 도에 2,680정보로 확대되었다.[109]

육지면은 조선 재래면보다 섬유 추출량이 많았다. 육지면 1백근에서 섬유 34근을 추출할 수 있었는데 반해, 재래면은 1백근에서 섬유 24근을

107) 中村彦, 「韓國農業改良の效果」『韓國中央農會報』 제4권 6호, 1910, 1~2쪽.

108) 中村彦, 「韓國農業改良の效果」『韓國中央農會報』 제4권 6호, 1910, 3쪽.

109) 권태억, 「일제의 육지면 재배 확장정책 −1904~1911년간을 중심으로−」『진단학보』 55, 1983. 이 글에서 통감부가 1904년부터 1911년까지 육지면 재배 확대 정책에 대해 기술하였다.

추출하였다. 면화 생산이 증가하면서 일본으로의 수출액도 크게 증가하였다. 1906년에 한국산 생면(生綿)과 조면(繰綿) 수출금액이 90,207원이었는데, 1909년에는 273,095원으로 3배 정도 증가하였다.[110] 한국산 면화는 일본의 방적공장의 원료로 수출되었던 것이다.

한편 당시 일본에서는 섬유제품의 해외 수출 비율이 약 60%를 차지했고, 그중에서도 생사(生絲)와 견직물(絹織物)이 압도적 비중을 차지하였다. 따라서 일제는 조선의 양잠업을 장려하고, 이를 싼 값에 수탈해가는 것에 관심을 두었다. 통감부는 조선의 양잠업에 대해 일본의 상묘(桑苗), 잠종(蠶種)에 관한 시험을 하고, 이를 농상공부 직영의 잠업전습소(蠶業傳習所)를 통해 개량양잠술 및 제사법(製絲法)을 전습하고자 하였다.

먼저 통감부는 상묘 및 잠종을 개량하고자 하였다. 일제는 1906년 권업모범장을 설립하면서 뽕나무밭 및 잠실(蠶室)을 마련하고 1907년 봄부터 춘하추잠을 사육하기 시작하면서 일본 개량종의 한국 풍토에의 적응 여부를 시험하였다. 뽕나무의 일본 개량종과 재래종의 비교는 1908~1909년에 이루어졌다. 이러한 실험결과에 근거하여 1908년 12월의 제1회 농업기술관회의에서는 "노상(魯桑)·시평(市平)·도지내(島之內)·적목(赤木)의 4종을 가능한 한 많이 무상배포"[111]할 것이 결의되었다. 이러한 개량 누에 종류 및 뽕나무 묘는 농상공부 종묘장·권업모범장 및 그 출장소를 통해 각지로 배포되었다. 1909년에는 가잠종(家蠶種) 2,400여 매, 작잠종(柞蠶種) 11,200여 매가 배포되었고, 뽕나무 묘는 1910년까지 주로 노상실생종(魯桑實生種)이 보급되었는데 1907년부터 1910년까지 약 16만 6천 주가 배부되었다.[112]

1910년 당시 농무국장의 보고에 의하면, 개량잠종은 동일한 노동력으

110) 中村彦, 「韓國農業改良の效果」『韓國中央農會報』 제4권 6호, 1910, 3~4쪽.

111) 『韓國中央農會報』 2-12, 1908.12, 37쪽.

112) 권태억, 앞의 논문, 1986 참조.

로 재래종보다 수확량이 많고 품질이 좋아서 재래종 산견(産繭) 1석의 가격이 9~12원인데 반해 개량종의 그것은 30~35원이라고 하였다. 1910년 당시 한국산 견(繭) 생산액은 약 3만 석이며, 그중 개량종은 10%에 해당하는데 점점 증가할 것이라고 하였다. 아울러 일본으로의 수출량도 크게 증가하였다. 1906년 일본 수출액이 543원이었는데 1909년에는 8,255원으로 15배나 증가하였고, 앞으로는 더욱 증가할 것이라고 전망하였다.113)

이와 같이 통감부 시기에 일제는 조선의 벼 품종을 일본 벼 품종으로 전환시켜 갔고, 양잠업에서도 뽕나무 종류와 누에 품종을 일본종으로 개량시켜 갔으며, 면방직업에 사용하는 면화를 조선 재래종으로부터 미국의 육지면으로 바꿔가고자 하였다. 조선의 벼 품종을 일본의 벼 품종으로 전환시키는 작업은 조선산 쌀을 일본에서 수입하여 일본인 노동자들에게 값싼 가격으로 제공하려는 측면에서 의미가 컸다. 양잠업에서 뽕나무 묘와 잠종의 개량은 일본의 제사공장에 알맞은 원료를 공급하려는 의도를 갖고 있었다. 면화의 재래종을 육지면으로 변화시키는 작업도 일본의 면직공장에 알맞은 원료를 제공하는 목적을 담고 있었다.

통감부는 이 시기에 식량 원료를 공급하는 기초작업을 행했고, 1910년 조선을 강제로 병탄한 이후 일본제국주의는 조선을 식량·원료 공급기지로 만들기 위한 농업정책을 본격화하였다. 1910년대 일제는 식민지 조선의 쌀, 면화, 양잠, 소의 품종을 개량하는데 전력을 기울였다.114)

---

113) 中村彦, 「韓國農業改良の效果」『韓國中央農會報』 제4권 6호, 1910, 5~6쪽.

114) 1910년대 농업 정책에 대해서는 다음 논문을 참고하기 바란다. 정연태, 「1910년대 일제의 農業政策과 植民地 地主制」『韓國史論』 20, 서울대학교 국사학과, 1988 ; 堀和生, 「日本帝國主義の朝鮮における農業政策 : 1920年代 植民地 地主制の形成」『日本史研究』 171, 日本史硏究會, 1976.

6. 맺음말

일제는 1904년 2월에 러일전쟁을 일으키고, 1905년 5월에 승리를 거두게 되자 조선으로 침략해 들어오기 시작하였다. 1905년 11월에 을사조약을 맺고 12월에 통감부를 설치하면서 조선을 실질적으로 지배하기 시작하였다.

일본은 1894년 이후 인구가 매년 50만명 전후로 증가하게 되자 일본인의 이주를 생각하게 되었다. 일본 정부는 당시 하와이를 비롯한 미국으로 이주한 일본인 문제로 미국과 외교적 충돌이 일어나자, 자국민의 이주지역으로 조선과 만주를 염두에 두게 되었다. 특히 한국은 경지에 비해 인구가 조밀하지 않다고 여겨 이민을 위한 적정지역으로 판단하였고, 그곳으로 이민을 보내면 유사시에 일본인의 힘을 집중시킬 수 있다고 여겼다.

일본 정부는 그 사전 작업으로 농상무성 관료와 도쿄제국대학 농과대학 교수 및 재조선 일본인으로 하여금 조선의 토지 농산을 조사하게 하여 보고서를 제출하도록 함으로써 조선 사정을 파악하였다. 그리하여 1900년 전후부터 조선의 토지·농업에 대한 보고서가 많이 편찬되게 되었으며, 그것을 바탕으로 일본 정부와 통감부는 조선에 대한 정책을 입안하게 되었다. 먼저 통감부는 대한제국 정부에 황무지 개간권을 요구하고 그를 바탕으로 일본인 이민을 추진하고자 하였다. 그러나 대한제국 정부와 농민의 저항으로 그 정책이 어렵게 되자 동양척식주식회사를 통하여 일본 농민을 받아들여 조선에 정착시키는 정책으로 전환하였다.

통감부는 대한제국이 독자적으로 농업을 발달시켜가는 정책을 방해하였다. 대한제국이 전통적인 농업방식을 바탕으로 서양의 농업방식을 수용하여 발달시켜 간다면 일본이 원하는 식량·원료 공급기지의 재편은 불가능한 일이었다. 대한제국 정부가 농상공학교를 설립하고 그와 함께 실습장인 부속농사시험장을 개설하는 것을 저지하였으며, 나아가 농상공부에서 독자적인 농업시험장을 개설하려는 노력도 방해하였다. 대신 1906년에 권업모범장을 새로 세워 일본의 명치농법과 일본 품종을 시험해보고 한국에 보급하고자 하였고, 농상공부 소속 농림학교를 세워 일본의 명치농법을 한국 학생들에게 가르치려고 했던 것이다.

당시 한국과 일본의 무역구조는 일본은 공산품을 조선에 수출하고, 조선은 농산품과 원료를 일본에 수출하는 형태였다. 이에 일제는 조선을 식량 원료의 공급기지로 만들어 위의 무역형태를 심화시켜가고자 하였다. 즉 조선의 농업을 발달시켜 농업생산력을 증진시키고, 다른 한편 조선인의 구매력을 증가시켜 무역을 확대해가고자 하였다. 그리하여 통감부는 조선에 권업모범장(1906), 원예모범장(1906), 종묘장(1908)을 설립하여 농사 시험을 실시해갔고, 그를 바탕으로 조선의 벼 품종의 개량, 뽕나무 묘 및 잠종의 개량, 육지면의 재배 등을 실시해갔다. 조선의 벼 품종을 일본의 벼 품종으로 개량함으로써 쌀 상품화를 효율적으로 이룩하여 일본인 노동자들에게 공급하였고, 잠종의 개량과 육지면 재배를 통하여 일본 자본가를 위한 공업원료 공급을 원활히 하고자 하였던 것이다.

통감부시기의 품종 개량 사업은 일제가 조선을 병탄한 1910년 이후 본격화되었다. 1910년대 조선총독부 농업정책의 중심은 미곡, 양잠, 면화, 소 등의 품종을 개량하여 조선을 식량 원료의 공급기지로 재편하고자 한 것이었다.

제7장 품종 개량과 조선 농업의 재편

1. 머리말

1910년 8월 일제가 조선을 병탄했다. 대한제국은 멸망했다. 일본의 역사학자 하타다 다카시[旗田巍]는 "(1910년대) 무단정치의 시기는 일본이 조선을 본격적으로 개발시키기 위한 기초적인 여러 공작들이 행해져서 조선사회가 급격하고 큰 변혁의 과정에 말려 들어간 시기였다"[1]고 하였다. 1910년대는 대한제국의 모든 사회체제가 변화한 시기였다.

1910년 일제가 조선을 강점한 후 조선총독부의 초기 정책은 식민지배를 통한 수탈을 안정적으로 이루기 위한 제도적 기반을 마련하는 것이었다. 그를 위해 헌병경찰제도를 바탕으로 토지조사사업, 철도·도로·항만 등 사회간접자본 확충과 같은 식민지 지배의 기초 사업을 추진하려고 하였다.[2]

1910년 일제는 조선을 강점해 식민지로 만든 이후, 조선을 일본 자본주의의 발전을 위한 식량·원료의 공급기지와 상품판매 시장으로 재편하고자 했다. 그리하여 1910년대 일제의 조선에 대한 농업정책의 초점은

---

1) 旗田巍, 『朝鮮史』, 岩波書店, 1951, 204쪽(권태억, 「1910년대 일제 식민통치의 기조」『한국사연구』 124, 2004, 208쪽 재인용).

2) 권태억, 「1910년대 일제 식민통치의 기조」『한국사연구』 124, 2004.

식량·원료의 공급지로 만드는 것이었다.[3] 즉 일본은 쌀 등 곡물을 조선에서 값싸게 구입해 일본 노동자에게 공급함으로써 저곡가·저임금을 바탕으로 한 일본자본주의의 발전을 도모하려고 했던 것이다.

1910년대에는 조선총독부가 적극적으로 농업 생산 부문에 투자할 수 없었다. 먼저 토지 조사를 하는데 많은 돈이 필요하였다. 조선을 식민지로 경영하는데 가장 기초적인 작업이 토지조사사업이었기 때문이다. 1910년부터 1918년까지 토지를 조사하는데 조선의 지세 수입의 2년 분에 가까운 2천 만원의 경비가 소요되었다. 그 이전 통감부는 1907년부터 1910년까지 국유지 정리조사사업을 수행하여 국유지를 파악하였다.[4] 그 후 조선총독부는 1910년부터 1918년까지 민유지를 조사하였다.

1910년에 일제가 조선을 병탄한 후에는 조선인의 저항을 억누르면서 헌병경찰제도를 바탕으로 무단통치를 실시하였다. 헌병경찰을 동원하는 통치비용에 총독부 재정의 30~40%가 소요되었다. 다음으로 조선을 일본과 동일한 시장권으로 만드는 데 필요한 교통망 건설비용에 30~40%를 사용하였다. 일본은 조선에 자국의 자본제 상품을 판매하고, 아울러 조선인의 저항을 효율적으로 진압하고 만주로 진출하기 위해 철도, 도로, 항만의 건설이 필요하였다.[5] 조선총독부 예산 중 통치비용과 사회간접자본 투여 비용을 공제한 나머지 비용으로 산업 진흥에 투여할 수밖에 없었다. 그리하여 농업생산 부문의 지출은 적을 수밖에 없었으며, 적은 예산으로 일정한 효과를 얻기 위해 몇 부문에 집중적으로 투자하게 되었다.[6]

---

3) 정연태, 『식민권력과 한국농업』, 서울대출판문화원, 2014.

4) 통감부의 국유지 정리조사사업(1907~1910)은 '역둔토와 각궁전토의 조사(1907.11~1908.11)와 역둔토실지조사(1909.6~1910.9)'의 두 단계로 나누어 진행되었다.

5) 堀和生, 「朝鮮における植民地財政の展開」 『朝鮮史叢』 5·6 합집, 1982, 200~202쪽.

조선총독부의 농업정책 방향이 본격적으로 제시된 것은 1912년 3월 초대 총독 데라우치 마사타케[寺內正毅]가 각 도 장관과 권업모범장장에게 내린 중대 훈시에 의해서였다. 농업 정책에서 중시된 분야는 일본 자본주의 발전에 불가결한 쌀·면화·양잠·소 부문이었다.7) 이 방침은 1912년 12월에 데라우치 총독이 조선총독부 회의실에서 각 도 농업기술관을 모아 놓고 직접 훈시하여 실행하도록 하였다.8)

1910년대 데라우치 총독은 조선을 식량 원료의 공급기지로 만들기 위한 구체적인 농업지침을 시달하였다. 특히 쌀·면화·양잠·소의 품종을 개량할 것을 지시하였다. 쌀 품종은 일본의 벼 품종으로 교체해가고자 하였다. 쌀 품종의 교체는 쌀 상품화를 촉진하고 나아가 쌀을 일본으로 이출, 일본인 노동자에게 저곡가로 제공하여 일본자본주의의 이윤을 극대화하고자 하는 목적을 지니고 있었다. 면화와 양잠의 품종 교체는 일본 제조 공업의 원료로 제공하고자 하는 목적을 지니고 있었다.

그 주요 내용을 살펴 보면 다음과 같다. 미작 장려에 대해서는 일본 벼 품종의 보급, 관개수의 공급 등이었고,9) 면작에 대해서는 육지면 재배의 장려, 육지면 재배지역의 확장 등이었다.10) 양잠에 대해서는

6) 1910년대 농업 정책에 대해서는 다음의 논문을 참고하기 바란다. 정연태, 「1910년대 일제의 농업정책과 식민지지주제」『한국사론』 20, 서울대 국사학과, 1988 ; 堀和生, 「日本帝國主義の朝鮮における農業政策」『日本史研究』 171, 1976(『한국근대경제사연구』, 사계절, 1983 번역) ; 馬淵貞利, 「제1차대전기 한국농업의 특질과 3·1운동」『항일농민운동연구』, 동녘, 1984.

7) 데라우치 마사타케[寺內正毅] 총독은 1912년 3월 각 도장관과 권업모범장장에 대한 훈시에서 이 점을 강조했다(「總督諭告及訓示」『朝鮮統治三年間成績』, 1914, 附錄 51~62쪽).

8) 「各道農業技術官に對する總督指示」(一·二·三) 『朝鮮農會報』 8-1(1913.1), 8-3(1913.3), 8-4(1913.4).

9) 「米作奬勵ニ付道長官及勸業模範場長ニ對スル訓示」(1912년 3월 20일) 『朝鮮統治三年間成績』, 1914, 附錄 59~62쪽.

일본 뽕나무 묘목의 보급, 일본 잠종의 보급 등이었고,[11] 축우에 대해서는 우량 수소의 보급, 씨암소의 선택 및 배부 등이었다.[12]

이 글에서는 조선총독부가 1910년 조선을 강점한 후 실시한 농업정책을 구체적으로 살펴보고자 한다. 일제는 조선을 식량·원료의 공급기지로서 재편하는 노력을 기울였고, 제1차 세계대전 이후 일본자본주의의 위기 심화와 국제적 제 조건에 따라 움직이면서 식민지 조선에 대한 수탈을 강화하여 갔던 것이다.

2. 이주 식민정책의 변화

식민지란 '사람을 옮겨 심는' 것이다. 즉 일본인을 조선에 이주시켜 생활하게 하는 것이다. 1900년 이후 일본인구가 매년 50~60만명 이상 증가하게 되자,[13] 일본 내각에서 '만한이민집중론'을 제기하면서 만주와 한국으로의 이민을 결정하게 되었다. 이에 한국 이주를 위한 많은 조사서들이 등장하게 되었고, 이 조사서들은 내용상으로 크게 두 가지 경향을 띠게 되었다. 하나는 한국은 토지면적에 비해 인구가 적고 미간지가 많아 일본인들이 한국에 이주하여 일본 농법으로 농사를 지으면 풍요롭게 지낼 수 있을 것이라는 견해이고, 다른 하나는 한국에서는 경지가 이미 모두 개간되어 기경지를 구입하여 정착하는 것이 경제적이라는

10) 「棉花奬勵ニ付道長官及勸業模範場長ニ對スル訓示」(1912년 3월 11일) 『朝鮮統治三年間成績』, 1914, 附錄 51~53쪽.

11) 「蠶業奬勵ニ付道長官及勸業模範場長ニ對スル訓示」(1912년 3월 12일) 『朝鮮統治三年間成績』, 1914, 附錄 57~59쪽.

12) 「畜牛奬勵ニ付道長官及勸業模範場長ニ對スル訓示」(1912년 3월 11일) 『朝鮮統治三年間成績』, 1914, 附錄 53~56쪽.

13) 일본의 인구 증가 현상은 정연태, 『식민권력과 한국농업』, 서울대 출판문화원, 2014, 15~20쪽에 잘 설명되어 있다.

견해였다. 다수의 견해는 전자였다. 1904년 러일전쟁 전후 일본 농상무성에서 파견한 관리(加藤末郎, 酒句常明)들의 조선 농업 보고도 대체로 조선은 황무지가 많아 일본인을 이주시켜 개간하여 생활하게 할 수 있다고 하였다.[14] 이에 일본 정부는 "한국은 토지면적에 비해 인구가 적어 다수의 일본 이민을 족히 수용할 수 있다. 그러기에 일본의 많은 농민이 한국 내지로 들어갈 수 있게 되면, 한편으로 일본의 초과인구을 위한 이식지를 얻고, 다른 한편으로 일본의 부족한 식량 공급을 증대할 수 있다"[15]라고 파악하고 정책을 펴나갔다. 1906년에 창립한 주한 일본인들에 의해 조직된 농업단체인 한국중앙농회의 부회장인 혼다 고스케[本田幸介]는 한국중앙농회의 설립 취지에서 "(한국 농업을 개량하는) 방법은 많이 있지만, 가장 첩경이며 유효한 것은 독실하고 경험있는 일본 국민을 한국 내지로 이주시켜 스스로 쟁기를 잡고 한국 농민에 개량의 실례를 보이고 아울러 근검 저축의 미풍을 양성시킴에 있다"[16]고 하였다.

그리하여 1905년 이후 각 현별로 농업회사 및 농업조합을 조직하여 한국으로의 이민을 적극 장려하였다. 예를 들면 후쿠오카현에는 1905년 후쿠오카현농사장려조합(福岡縣農事奬勵組合)을 설립하여 전남 영산포를 중심으로 이주를 장려하였고, 1907년 오카야마현[岡山縣]에서는 한국기업주식회사를 설립하여 경남 김해에 황무지 개간과 경지 매수를 하며 이주를 장려하였다. 고치현[高知縣], 오이타현[大分縣], 시마네현[島根縣], 야마구치현[山口縣], 이시카와현[石川縣], 가가와현[香川縣], 와카야마현[和歌山縣] 등지에서 농업회사 및 농업조합을 조직하여 한국으로 이민을 적극 장려하였다.[17] 나아가 일본 정부는 1908년에 동양척식주식회사를

14) 이영학, 『일제의 농업생산정책』, 동북아역사재단, 2022, 84~89쪽.
15) 「대한방침 및 대한시설강령 결정의 건」(1904.5.31. 일본 각의 결정).
16) 「韓國中央農會設立の趣旨」『朝鮮農會の沿革と事業』, 1935, 2~3쪽.

설립하여 일본인 집단 이민을 추진하였다. 뿐만 아니라 일본 정부와 지방 군현에서는 조선해통어조합을 구성하여 조선 연해로 어업진출을 시도하였고, 더욱이 지방 군현에서 어업장려금을 지급하여 조선 연해에 토지를 구입하고 건물을 지어 일본 어민의 이주 어촌을 건설하기도 하였다.[18]

1910년 일제가 조선을 병탄한 이후 조선의 사정을 파악하자 조선의 황무지가 많다는 보고는 현실을 반영하지 않는다는 사실을 인지하게 되었다.[19] 1911년 데라우치 마사타케[寺內正毅] 총독이 지방관 회의에서 행한 연설에서 "조선은 농본국이기에 국토가 거의 개척되어 미간지가 매우 드물어서 홋카이도처럼 한꺼번에 수만 명의 이민을 이식시키는 것은 불가능하다"[20]고 하였다.

실제로 개항 이후 조선 정부가 추진한 농업정책 중 심혈을 기울인 부분은 황무지의 개간이었다. 황무지와 진전의 개간은 조선 정부의 입장에서 민생을 위해 시급히 해결해야 할 일이었다. 정부에서는 농상국 등 관청에서 개간에 관심을 가지고 정책을 추진하였다. 정부는 농상회사를 설립하여 관료와 민의 투자를 유발하여 황무지와 진전을 개간하였다. 1883년의 교하농상사, 경성농상사 등과 1894년 관허농상회사 등은 그러한 사례였다. 그러다가 대한제국 시기에는 민이 주도하는 민간회사가 개간을 주도해갔다. 즉 관료 혹은 부유한 부호들이 개간회사를 설립하여 개간을 주도해갔다. 그리하여 한국의 진전과 황무지는 대체로 개간되었고, 습지이거나 혹은 제방을 설치해야 할 천변(川邊)의 경우만 미간지로

17) 최원규, 『일제시기 한국의 일본인 사회－도시민·지주·일본인 농촌』, 혜안, 2021, 42~57쪽.

18) 최병택외, 『일제의 임업 및 수산업 정책』 동북아역사재단, 2024, 281~291쪽.

19) 정연태, 『식민권력과 한국농업』, 서울대학교출판문화원, 2014, 141~145쪽.

20) 「寺內總督의 演說」 『매일신보』 1911. 4. 21(정연태, 『식민권력과 한국농업』, 서울대학교출판문화원, 2014, 141쪽 재인용).

남아 있었다.[21]

또한 통감부는 당시 한국 인구가 900만 명밖에 되지 않아, 한국의 미간지만 개간하면 1,000만 이상의 일본 인구를 이주시킬 여지가 있다고 판단하였는데, 1910년 5월 현재 일제의 조사통계에 의하면, 한국 호구는 274만여 호, 1,293만여 명에 달한 것으로 집계되면서[22] 이주식민계획은 수정되지 않을 수 없었다.

먼저 동양척식주식회사가 당초 계획을 대폭 축소하였다.[23] 매년 수만 명의 이주식민 계획을 1,000호 내지 1,500호로 줄였다. 또한 이주농민의 자격을 경험과 기능이 풍부하며 자산을 가진 중등급 농가로 강화하였다. 그러나 동척이 수정한 계획조차 효과를 거두지 못하였다. 1915년까지 이민 완료 호수가 겨우 2,777호에 불과하였다. 더 큰 문제는 이주식민사업의 결과 일본 농민과 한국 농민 사이의 감정이 크게 악화되었다. 일본 이주 농민에게 1호당 평균 2정보의 농지를 할당했던 관계로 한국 농민 3~5호가 대대로 경작해오던 소작지를 빼앗기게 되었던 것이다. 농민의 민족 갈등은 농촌 불안정을 야기하는 요인이 되었다. 이에 동척은 자작형 이주식민사업 방침을 수정하여 1914년 이후 지주 이민도 수용하기로 했다.[24] 동척이 이주 식민사업 방침을 수정하게 되었고, 조선총독부도 적극적인 일본인 이주 정책을 추진하기 어렵게 되었다.

반면에 일본 자본주의 발전에 따른 식민지 식량·원료의 안정적 확보와 일본 자본제 상품의 판매시장 확대는 더욱 절실한 과제로 등장했다. 조선총독부는 본국 정부의 요구를 수용하면서 조선 식민지 농사개량정

21) 자세한 사항은 제1부에서 언급하였다.

22) 朝鮮總督府, 『第三次施政年報(1909年度)』, 1911, 20~21쪽(정연태, 『식민권력과 한국농업』, 서울대학교출판문화원, 2014, 143쪽 재인용).

23) 이 부분은 정연태, 『식민권력과 한국농업』, 서울대학교출판문화원, 2014, 141~153쪽의 내용에 의거하여 정리하였다.

24) 정연태, 위의 책, 2014, 145~153쪽.

책을 추구하였다. 그것은 1912년 3월 데라우치가 각 도 장관 및 권업모범장에게 내린 '미작·면작·양잠·축우'의 개량 증식에 관한 훈시로 구체화되었다.

3. 농업정책의 기조와 무단농정

1910년에 일제가 조선을 병탄한 후 조선에 대해 갖는 주요 관심은 군사적 측면과 경제적 측면이었다. 군사적 측면에서는 조선을 식민지로 장악하는 것뿐 아니라 대륙으로 진출하기 위한 기지라는 면이었다. 경제적 측면에서는 조선 경제가 일본자본주의 경제의 일환으로 편입되는 것이고, 일본 자본에 의해 조선이 경영되는 구조로 전환된다는 면이었다.[25]

1910년대 조선 반도는 일제의 대륙 침략의 기지로서 중요시되었고, 그에 따라 조선 시설 건립에 군사적 배려가 우선시되었다. 조선 총독은 일본 육군대장에 한정되었고, 초대 총독인 데라우치 마사타케[寺內正毅]는 대표적인 대륙침략론자였다. 1910년대 총독부 사업으로 철도와 도로 건설 사업이 중시되었으며, 특히 철도 건설은 군사적 목적이 강하였다. 일제는 러일전쟁을 치르기 위해 경의선을 부설하였으며, 1910년대 전반에는 경원선과 호남선을 부설하여 1915년 현재 일본은 한국에서 총 1천 마일의 철도망을 부설하게 되었다.[26] 철도 부설은 대륙 침략을 위한 군사적 필요와 조선내 통치 및 물품 유통을 위한 필요에 의해

25) 권태억, 「1910년대 일제 식민통치의 기조」『한국사연구』 124, 2004.

26) 경의선은 일본이 1904년 러일전쟁을 도발한 후 군대와 무기 운송을 위해 건설하기 시작하여 1906년에 임시 개설한 후 1911년에 보완하여 완공하였다. 경원선은 1910년 10월부터 1914년 8월까지, 호남선은 1910년 10월부터 1914년 1월까지 완공하였다(권태억, 위의 논문, 2004, 216~218쪽).

이루어졌다.

다음으로 토지조사사업에 많은 예산이 투여되었다. 그 사업은 식민지배를 위한 기초사업으로 총독부의 정책 수립과 지세 수입 및 일본자본의 투자를 위해 국토의 정확한 파악은 필수적 사업이었다. 1910년부터 1918년까지 8년에 걸쳐 조선의 지세 수입의 2년 분인 2천만 원을 들여 토지소유권, 토지가격, 토지 지형·지모(地貌)를 조사하였다. 또한 화폐와 도량형을 일본과 동일하게 통일시켰다. 그것을 통일시켜 조세징수와 토지조사 및 임야조사를 철저하면서도 신속하게 진행시킬 수 있었다.[27)]

1910년 일제가 조선을 병탄한 후에 조선총독부는 헌병경찰제도를 실시하여 조선인의 저항을 억누르면서 식민정책을 실시하였다. 헌병경찰을 동원하는 통치비용으로 총독부 재정의 30% 내외가 소요되었다. 그리고 철도·도로·항만의 수축 등 교통망 건설 비용으로 30~40%를 사용하였다. 특히 러시아 침략을 대비하면서 만주로 진출하기 위한 군사적 목적으로 철도 부설에 진력하였다. 그 외 나머지 비용으로 산업진흥정책을 추진하였기에, 당시 기간산업인 농업 부문에 한정하여 효과를 낼 수 있는 방향으로 정책을 실시하였다. 그리하여 1910년대 조선총독부의 농업정책 기조는 일본 본국의 요구에 응하면서 제한적으로 진행되었다.

농업정책의 기조는 첫째 식량품 생산의 증식, 둘째 수이입 농산물의 자급자족, 셋째 일본 및 인접국에 대해 수출 전망이 있는 농산물의 개량 및 증식이었다. 즉 식량으로 이용할 수 있는 농산물을 증식시키고자 하였고, 수이입 농산물을 증산하여 자급자족함으로써 외화를 절약하고자 하였고, 일본 또는 외국에 수출할 수 있는 농산물을 증산함으로써 외화를 획득하고자 하였다. 이에 조선총독부는 농업정책을 구체적으로

27) 권태억, 「1910년대 일제 식민통치의 기조」 『한국사연구』 124, 2004, 215~221쪽.

실행하는 데 있어서는 네 가지 기본 방침을 정하였다. 첫째 장려사항이 여러 개에 걸치지 않을 것, 둘째 실행하기 간편하여 비용 지출이 없거나 소액이어야 할 것, 셋째 그 효과가 적확할 것, 넷째 실시에 대해 구체적으로 지도할 것 등을 발표하였다.[28] 즉, 적은 예산으로 명료한 효과를 낸다는 것이 농업정책의 실행방침이었다. 그리하여 1910년대 조선총독부의 농업정책은 미작, 면작, 양잠, 축우 등의 몇 분야에 한정하여 품종을 개량하는 데 초점을 맞추었다.

조선총독부는 일본 본국과 긴밀히 협의하면서 조선의 농업정책을 실시하였다. 일본 본국의 요구를 수용하면서 농업정책을 정하고, 조선총독부 산하의 농상공부 식산국이 그 정책을 추진해갔다. 농상공부 식산국에서는 권업모범장과 도 단위의 종묘장 및 도원잠종제조소 등을 설립하여 구체적 농업기술을 조선 농민들에게 구현시켜갔다.[29] 권업모범장은 중앙뿐 아니라 지방에도 부속기구를 두었고, 각종 시험소와 지장을 설립하여 그곳에서 구체적 농업기술을 실험하고 전파시키는 역할을 수행하였다. 각 도에는 도종묘장을 두어 농업기술을 조선 농민에게 구현해가도록 하였다.

1910년대 총독부의 농업정책은 조선을 식량 원료의 공급기지로 만들기 위한 기초작업을 수행한 것이었다. 특히 논농사에는 일본 벼 품종의 식부면적을 늘려가는데 주력하였으며, 밭농사에는 육지면 재배면적의 확대와 양잠업 장려에 치중하였다. 양잠업은 누에와 뽕나무를 일본 품종으로 대체해가며 일본식 양잠법을 조선에 이식하고자 했다. 그렇게 생산된 쌀은 일본으로 이출하여 일본인 노동자에게 저곡가로 지급하였으며, 육지면과 잠사는 일본의 면직공장과 제사공장의 원료로 제공하거나 미국으로 수출하였다.

28) 朝鮮總督府殖産局, 『朝鮮の農業(1920년)』, 1922, 2쪽.

29) 朝鮮總督府殖産局, 위의 책, 1922, 2쪽.

총독부의 농업개량방침에 대해 조선 농민들이 순순히 응하지 않았다. 농민들은 현상을 유지하며 안정적으로 생활하고자 하였다. 이에 총독부의 농업정책 추진 방법은 회유와 협박을 병행하였다. 총독부의 방침을 따르는 조선 농민에게는 싼 이자로 공공자금을 대여하는 특혜를 주거나 포상을 하였다. 반면에 총독부의 농업정책을 따르지 않을 때는 직원이나 혹은 헌병경찰을 동원한 강제 집행 방식을 취하였다.

1910년대는 조선총독부가 무력을 바탕으로 농업정책을 강제적으로 집행해가는 방식을 취하였다. 1910년대 조선총독부는 의병 등 조선인의 저항을 막기 위해 헌병경찰을 동원한 무단통치 방식을 농업정책의 추진에도 그대로 적용하였다. 당시의 관리는 다음과 같이 회고하였다.

> "장려사항과 같은 것은 총독부에서 일일이 정하여 지방청은 함부로 가감하지 못하도록 하였으며 (중략) 따라서 총독부는 마치 참모본부이고 지방청은 오직 그 방침대로 실행 임무를 맡아 제1선에 있는 전투부대 같은 것이었으며, 너무나 부자유스럽고 획일적이며 군대식이라는 등 비난도 있었다."30)

즉 조선총독부가 지침을 내리면 지방관청에서는 전쟁에서 작전을 수행하는 방식으로 농업정책을 획일적으로 수행하였다. 예를 들면, 봄의 파종기에 조선 농민이 조선총독부가 장려하는 일본 벼품종을 심지 않고 조선 벼품종을 심는 경우에는 헌병경찰들이 못자리를 밟아 훼손하는 강압적 무단 농정을 실시하였다. 면작 장려에도 헌병이 동원되었다. 재래면을 몰아내기 위해 그 종자를 모두 빼앗았고, 그래도 재래면을

---

30) 渡辺豊日子, 「朝鮮米に就て」, 『朝鮮』 91호, 1922(박석두, 「제3편 일제의 식민지 지배체제 구축과 농업 농촌」 『1901~1945 한국 농업 농촌 100년사』 상, 2003, 444쪽 재인용).

심었을 경우에는 6월말 7월 중에 재래면을 경작하고 있는 마을에 나가 청죽(靑竹)대로 면화의 끝부분부터 두들겨 쓰러뜨려 버렸다.[31] 양잠업에서도 일본의 양잠법을 조선에 그대로 적용하고자 하였다. 일본의 뽕나무와 일본 잠종을 조선에 이식하면서 강하게 추진하였다.

4. 일본 벼 품종의 보급과 수리·시비 장려

1) 일본 벼 품종의 보급[32]

일본 근세 에도시기까지 일본의 논농사는 상시적인 습전(濕田 : 물에 항상 담겨 있는 논), 인력에 의한 천경(淺耕), 적은 비료(少肥)라는 기술체계로 이루어졌다. 메이지유신 이후 서구 농학을 수용하면서 논농사는 ① 품종 선정과 선종(選種)－내비성 다수확 품종의 도입, 염수선(鹽水選 : 씨앗을 소금물에 담가 가라앉는 것을 선택), 풍구 등으로 선종 ② 못자리, 소를 이용한 심경, 정조식(正條植) ③ 용수관리(관개, 배수), 중경제초, 시비 등으로 이루어진 기술체계를 갖추면서 명치농법을 형성하게 되었다.[33] 명치농법의 핵심은 논농사에서 관개, 배수를 조절하고, 우마경(牛馬耕)을 통한 심경을 행하면서 비료를 제대로 공급하는 기술체계였다.

일제는 조선의 재래농법을 매우 유치하다고 여겨 일본 농법과 일본 품종을 보급하는 것이 조선의 농업생산력을 발달시키는 길이라고 확신하였다. 특히 일본 벼 품종의 보급을 가장 중시하였다.

---

31) 권태억, 『한국근대면업사연구』, 일조각, 1989, 106쪽.

32) 이 부분은 정연태, 「1910년대 일제의 농업정책과 식민지지주제」 『한국사론』 20, 서울대 국사학과, 1988.에 많이 의거하였다.

33) 土井浩嗣, 『植民地朝鮮の勸農政策』, 思文閣出版, 2018, 16~17쪽.

데라우치[寺內正毅] 총독은 1912년에 각 도장관 및 권업모범장에게 미작 장려에 대해 다음과 같이 훈시를 내렸다.

미작은 조선의 농업에서 수위를 차지하고 그 생산량이 많아 본토 일반의 수요를 충당하는 이외에 일본으로 이출되고 외국에 수출하는 양이 적지 않다. 그런데 농민은 옛날부터 단순히 하늘에 의지하여 인력에 따른 이용 방법을 등한시한 결과 품질이 열악하고 수확 성적이 양호하지 않다. 전에 농업 개선의 급무를 인식하여 (중략) 우량 품종의 배급, 수확 후에 건조 조제의 방법 및 비료의 사용 등에 관해 자주 장려 지도의 방침을 표시하였지만 아직 충분히 민심에 철저히 도달하지 못하여 유감이다. 미곡은 일상의 필수품이고 중요한 수이출품으로 다른 잡곡에 비해 한층 그 개량을 촉진시키는데 힘써야 한다.34)

즉 조선의 농업 중 벼농사가 가장 중요하고 생산량이 많은데, 농민들이 하늘에만 의지하고 노동력을 투여하지 않아 수확 성적이 좋지 않았다고 하였다. 총독부에서 농업 개량을 중시하여 일본 품종을 보급하고, 수확 후에 건조 방법을 개선하고 비료 사용을 권장하였지만 조선 농민이 제대로 따르지 않았다고 한다. 그리하여 총독은 더욱 적극적으로 일본 품종의 보급을 다음과 같이 훈시하였다.

미작 개량에 가장 행하기 쉽고 효과를 볼 수 있는 확실하고 신속한 것은 품종의 선택에 있다. 권업모범장 및 종묘장 등에서 실험으로 증명하여 풍토에 따라 반드시 품종을 일정하게 하지 않더라도 예를 들면 수도(水稻)에 있어서 일출(日出)은 북부에, 조신력(早神力)은 중부에, 곡량도(穀良

34) 「米作奬勵ニ付道長官及勸業模範場長ニ對スル訓示」(1912년 3월 20일) 『朝鮮統治三年間成績』, 1914, 附錄 59~60쪽.

都)는 남부에 적합하고, 육도(陸稻)로서 '요이란'은 그 성적이 가장 양호하고 재래종으로 우수한 것이기 때문에 성적이 뛰어난 것은 마땅히 신속히 보급에 힘쓰고 열등 품종은 그것을 배제하는데 힘쓸 것.[35]

즉 데라우치 총독은 일본 벼의 우량품종을 조선에 재배할 것을 직접 명령하였다. 일본 벼 품종을 일괄적으로 보급시킬 것이 아니라 지역에 따라 적합한 품종을 선택하여 보급하도록 명령하였다.

일본은 통감부 이래 권업모범장에서 일본의 벼 품종을 시험 재배한 후, 벼의 우량품종을 선정하고 그것을 조선에 보급하기 시작하였다. 권업모범장에서 시험재배한 결과 우량종으로 조신력(早神力)을 위시하여 곡량도(穀良都), 석백(石白), 일출(日の出), 다마금(多摩錦), 금(錦) 등 6종을 선정하고 조신력은 1908년, 곡량도, 석백, 일출은 1909년, 다마금, 금은 1912년부터 일반에 보급하였다.[36]

그리고 조선총독부는 그 품종을 지역별로 안배하여 보급하였다. 북부지방에는 일출, 중부지방에는 조신력·석백·다마금 등 3종, 남부지방에는 고천수(高千穗), 곡량도 등 2종을 지정하고, 품종의 보급은 각 도의 책임에 맡겼다. 각 도는 모범답을 설치하거나 품평회를 개최하여 농민으로 하여금 우량종 재배의 이익을 실지에서 인식하게 함과 동시에 다수의 채종답을 설치하여 가능한 다량의 우량 종자를 육성하고 이를 무상으로 배부하거나 재래 종자와 교환하는 한편 민간 상호간의 종자 교환을 장려하였다.[37]

그러나 일제의 의도대로 조선 농민이 순순히 응하지 않았다. 조선

35) 위와 같음, 60쪽.

36) 鮮米協會, 『朝鮮米の進展』, 1935, 87쪽(박석두, 「일제의 식민지 지배체제 구축과 농업·농촌」 『한국 농업·농촌 100년사』, 2003, 445쪽 재인용).

37) 小早川九郎, 『朝鮮農業發達史(政策篇)』, 朝鮮農會, 1944, 184쪽(박석두, 「일제의 식민지 지배체제 구축과 농업·농촌」 『한국 농업·농촌 100년사』, 2003, 445쪽 재인용).

농민은 조선의 재래종에 익숙하였고, 일정한 생산량을 보장하고 있었다. 일본 품종은 관개수가 제공되고 시비가 원활하면 수확량이 매우 많았지만, 조선 재래종은 가뭄과 비료가 부족한 상황에 잘 적응하였기 때문이다.

> (재래종은－인용자) 불량한 생육(生育)상태에 저항하는 성능이 있는 것이 특성이라고 할 수 있지만, 쓰러지기 쉽고 병해(病害)에 약하여 다비다수(多肥多收)를 목적으로 하는 수익(收益)재배에 부적당하고, 적극적인 생산능력이 결핍되어 있다. 이에 반해 일본의 우량종은 다비(多肥)에 잘 견디고, 재래종보다 생산력이 풍부하고 수익 재배에 적합하다.[38]

> 관개수의 부족, 시비량의 부족이란 상황하에서는 (재래종이－인용자) 개량종보다 오히려 좋은 성적을 거둔 것이 적지 않았다.[39]

조선 재래종은 관개수가 부족하고, 시비량이 부족한 상황에서 잘 견디었지만 생산량이 낮았고, 일본 품종은 관개수가 잘 공급되고 시비가 충분히 이루어지면 수확량이 많은 다비다수(多肥多收)의 품종이었다. 즉 조선 재래종은 한국의 기후와 풍토에 맞게 적응하며 재배해왔지만, 생산량이 미흡하였다. 반면에 일본 품종은 관개수가 공급되고 시비가 충분히 이루어지면 생산량이 크게 증가할 수 있는 것이었다.

일본 도입품종과 재래품종은 각기 장단점이 뚜렷했으므로 농민들은 재래종의 안정성과 도입종의 다수확성 가운데 하나를 골라야 하는 상황

38) 永井威三郎, 「朝鮮に於ける米の品種」 『朝鮮』 221, 1933, 25쪽(우대형, 『한국근대농업사의 구조』, 한국연구원, 2001, 3~4쪽 재인용).

39) 藤田强, 「水稻品種の變遷」 『殖銀調査月報』 25, 1940, 4쪽(우대형, 『한국근대농업사의 구조』, 한국연구원, 2001, 4쪽 재인용).

에 놓였다. 총독부가 도입종의 재배를 강력하게 유도했음에도 불구하고 당시 조선농민들은 대체로 재래종을 선호했던 것으로 보인다. 농민들의 재래종에 대한 신뢰는 수십 년 또는 세대에 걸쳐 쌓여온 것이었다. 반면에 도입종은 단 몇 해 동안 권업모범장에서 실험한 데이터였다.[40] 그리하여 초기에는 일본 품종의 보급률이 높지 않았다. 〈표 7-1〉에 의하면, 1912년에는 2.8%였을 정도로 미미하였다.

그러자 조선총독부는 일본 품종을 보급하는 일에 헌병경찰이나 권업모범장의 기사를 동원하는 등 강압적으로 추진하였다. 조선 농민이 전통적인 벼 품종을 심고자 하면, 헌병경찰이 논에 가서 모내기를 방해하거나 훼손하면서 일본 쌀의 우량품종을 강권하였다. 일본인 농업기술자는 그러한 사항을 다음과 같이 회고하고 있다.

> 쌀에 대해서 말하면 어느 도(道)에는 어느 품종, 어느 도에는 어느 품종이라는 식으로 정해졌으며, 그 외의 품종은 절대로 허용되지 않았다. 즉 결정 사항 이외의 것을 재배해서는 결코 안된다고 정한 것이다.[41]

위 인용문에서 농업기술자가 회고한 바와 같이 일제의 농업정책은 강압적으로 행해졌다. 어느 도에 어느 품종을 심는 것이 정해지면 다른 품종은 절대로 허용되지 않았다. 조선 농민이 그것을 어기면 못자리를 짓밟아 못쓰게 하면서 일제의 품종 재식정책은 폭력적으로 집행되었다.

당시의 대표적 농학자인 히사마 겐이치[久間建一]도 헌병경찰을 동원하여 조선 재래의 벼 품종을 일본의 우량품종으로 바꾸도록 강제한 것에 대해 다음과 같이 술회하고 있다.

---

40) 김태호, 『근현대 한국 쌀의 사회사』, 들녘, 2017, 55~56쪽.

41) 『朝鮮農會報』 9-11(1935.11) 「始政二十五週年紀念農事回顧座談會」 4쪽의 三井榮長의 회고담.

지도자의 올바른 지시에 따르지 않는 못자리는 짓밟혀 부서지고, 정조식(正條植)에 응하지 않는 것은 묘(苗)를 뽑아버리고 다시 심도록 강요된다. 피뽑기는 수없이 통일적인 계획하에 농민을 동원하여 강행한다. 소위 '관의 지도'에 따르지 않는 자는 경찰의 유세(諭說)를 받아 강제적으로 행하게 된다. 재래 품종에 대해서도 똑같이 일정한 장려 품종이 정해지고, 이의 연차적 보급 생산계획이 계통적으로 정연하게 확립되고, 정해진 품종 이외의 재배는 금지되어, 농민의 의욕과 관계없이 강력하게 실행된다. (중략) 이를 요약하면 못자리에 심어야 할 종자에서부터 탈곡에 이르기까지 미세한 생산과정의 구석구석까지도 지도의 촉수가 침투되고 오로지 강권적으로 실시된 것이다.[42]

〈표 7-1〉 벼 일본 품종 보급률(단위 : %)

지역 \ 연도	1912	1915	1917	1919	1921
경기	0.9	12.6	31.7	47.8	68.9
충북	8.3	21.8	54.1	61.2	67.1
충남	6.5	43.7	63.5	69.7	77.3
전북	8.2	50.2	60.3	64.4	73.6
전남	2.7	31.2	57.9	61.0	68.7
경북	1.6	34.3	71.1	80.8	83.3
경남	0.3	45.0	79.9	70.1	80.0
황해	0.04	5.8	13.3	12.0	15.7
평남	0.04	2.8	7.4	9.6	10.2
평북	0.1	0.3	3.2	32.9	43.7
강원	1.8	13.8	16.4	16.6	24.8
함남	1.3	0.3	0.6	3.6	10.8
함북	0.7	5.3	15.8	20.7	31.9
계	2.8	26.5	46.5	52.8	61.8

출전 : 加藤木保次, 『朝鮮ニ於ケル稲ノ優良品種分布普及狀況』, 1924, 33~39쪽(정연태, 앞의 논문, 1988, 446쪽 재인용)

42) 久間建一, 『朝鮮農政の課題』, 1943, 7~9쪽(정연태, 앞의 논문, 1988, 429~430쪽 재인용).

이와 같이 1910년대 농업정책은 조선총독부가 헌병경찰을 대동하여 조선 농민들을 강제적으로 규제하면서 실시해갔던 것이다.

그 결과 〈표 7-1〉에서 보듯이, 일본 벼 품종의 비율이 1912년에는 2.8%에 불과하였는데, 1915년에는 26.5%로 증가하였다가 1921년에는 61.8%에 이르게 되었다. 1910년대는 일본 벼 품종의 보급이 급속하게 진행되었다. 특히 논농사지대에 일본 벼 품종의 보급이 집중되었다. 경상도는 80%를 상회하였고, 충청도와 전라도는 70%를 상회하였다. 즉 논농사지대인 삼남지방에 일본 벼 품종의 보급이 집중되었던 것이다.

그리하여 우량 품종의 식부면적은 1912년에 3만 9천 정보(총 식부면적의 2.8%)에서 1920년에 88만 3천 정보(57.7%)로 20배 이상 확대되었고, 1921년에는 전체 논 면적의 61.8%를 차지하게 되었다. 1910년대에 조선총독부의 의도대로 일본 벼 품종 10여 종이 조선 논 다수 면적에 식재되었다.

2) 수리시설의 정비

1910년대에 조선총독부는 일본 벼 품종을 조선에 보급시키는 데 노력을 기울였다. 그러나 일본 벼 품종의 보급이 제대로 성과를 거두려면 수리시설이 뒷받침되어 관개수가 원활히 공급되어야 했다. 즉 수리시설을 갖추어 관개용수가 논에 원활히 공급되어야 풍작을 이룰 수 있었다.

19세기 세도정치 시기에 조선의 제언과 보가 제대로 관리되지 못하면서 수리시설이 방치되었다. 19세기 중엽 이후 국가의 통치력이 이완됨에 따라 제언과 보의 수리시설이 점점 황폐화되어 갔다.[43]

그리하여 1910년 일제가 조선을 병탄하면서 제언과 보의 수축이

43) 최원규, 「조선후기 수리기구와 경영문제」『국사관논총』 39, 1992.

필요하게 되었다. 1910년대에 들어서서 수축이 필요한 제언과 보를 작성한 것이 〈표 7-2〉이다.

〈표 7-2〉 1910년대 도별 수리시설 현황

지역	제언		보		합계	
	제언 수	수축 필요 제언	보의 수	수축 필요 보	총 수	수축 필요 시설
경기	80	49	1,215	153	1,295	202
충북	122	110	687	624	809	734
충남	355	214	612	547	967	761
전북	513	483	1,784	396	2,297	879
전남	397	360	6,997	642	7,394	1,002
경북	1,793	1,237	1,902	632	3,695	1,869
경남	221	221	803	578	1,024	799
황해	40	40	1,118	1,101	1,158	1,141
평남	7	4	373	95	380	99
평북	2,589	237	850	213	3,439	450
강원	241	24	3,873	87	4,114	111
함남	19	1	298	46	317	47
함북	7	7	195	162	202	169
합계	6,384	2,987	20,707	5,276	27,091	8,263

출전 : 持地六三郎, 「治水と水利」 『朝鮮彙報』 10월호, 1916, 11~13쪽(이애숙, 「일제하 수리조합의 설립과 운영」 『한국사연구』 50·51합집, 1985, 322쪽 재인용)

〈표 7-2〉에서 보듯이 수축이 필요한 제언은 2,987개소, 수축이 필요한 보는 5,276개소였다. 전체 수리시설 2만 7천여개의 30%에 해당하는 8,263개소나 되었다. 특히 논농사가 발달한 삼남지방과 황해도가 심하였다. 황해도는 총 수리시설 1,158개 중 1,141개(99%)가 수축이 필요하였고, 충북은 총 809개 중 734개(91%), 충남은 총 967개 중 761개(79%)가 수축이 필요하였다.

1910년대 조선총독부는 수리시설의 축조에 관심을 보였지만, 이미 토지조사사업과 철도·도로·항만의 수축 등 사회간접자본의 설비에 심혈을 기울이고 있었기 때문에 인적·물적 자원을 전면적으로 동원할 수 없었다. 예산이 적었기 때문에 수리조합 등 수리시설을 적극적으로 신설할 수 없었다. 다만 기존의 제언과 보를 정비하거나 수축하는 정도에 머물렀다. 조선총독은 1912년에 수리시설의 보수를 각 도 장관과 권업모범장의 장에게 명령하였다.

> 수도작은 관개수로서 생명을 삼는다. 조선의 논으로 적당량 이상 (관개수를) 공급하는 것은 전체 논 면적의 20% 이내이다. 내지(일본)에서 적당량 이상 관개수를 가진 논이 전체 논 면적의 80%에 비교하면 실로 매우 차이가 난다. (중략)
>
> 황폐한 저수지의 복구 공사에 관한 것은 종래 별도로 국고에서 보조금을 지출하여 수리를 하였는데, 내년 이후에는 한층 국고 보조금을 증가하여 크게 장려할 계획이다. 해당 복구 공사 중 그 부역을 위해 얻을 수 있는 부분은 관계 지주 및 소작인에게 스스로 노력하게 하여 신속히 그것을 복구하도록 하며 오랫동안 관개의 편의를 열고 안전한 벼농사의 이익을 향유해야 할 것이다.[44]

조선총독은 일본에서는 논의 관개면적이 80% 이상인데, 조선에서는 20%에 불과하다고 언급하면서, 조선총독부에서도 제언과 보의 복구공사에 국고보조금을 지원하지만, 노동력은 지주 및 소작인에게 의뢰하여 복구하도록 권장하였다.

제언과 보의 복구 공사에 지주와 소작인을 동원하고, 그것이 원활하게 되지 않을 때는 경찰관헌과 연락하여 효과적으로 인원을 동원하라고 하였다. 재래의 수리시설을 수축하는데 '적당한 위로의 방법'을 구사하면서 소작인과 기타 사람을 강제하는 방법을 사용하도록 명령하였다.[45]

---

44) 「米作奬勵ニ付道長官及勸業模範場長ニ對スル訓示」(1912년 3월 20일) 『朝鮮統治三年間成績』, 1914, 附錄 61쪽.

45) 「관개농사에는 가능한 부역을 사용할 건」 『提要』, 812쪽(정연태, 앞의 논문,

즉 수리시설을 복구하는 데도 헌병경찰을 동원하여 지주와 소작인이 노력 봉사하도록 강요하였던 것이다.

한편 일제는 조선에 진출한 일본인 대지주계급을 중심으로 수리조합 사업을 추진하도록 하였다. 일제는 이미 1906년 「수리조합조례」를 공포하여 지주계급 중심의 수리 개량 방침을 확정지었으며, 1917년에는 「수리조합령」을 공포하여 수리조합의 법적·제도적 지원을 규정하였다.

일본인 대지주들이 수리조합사업에 적극적으로 나섰던 이유는 일본인 대지주들이 조선에 와서 구입한 토지들이 염가로 매입한 척박한 토지이거나 강가 주변의 범람지 등이었기 때문이다.[46] 혹은 고리대나 저당 등으로 강제로 조선인에게 빼앗은 토지로, 그들은 수리시설의 축조를 통하여 이러한 토지들을 비옥하게 만들어야 했다. 일본인 대지주들이 주로 소유한 지역은 당시 논농사의 후진지대였던 낙동강·동진강·금강의 하류지역이었다. 이 지역에 대부분 수리시설이 축조되고 수리조합이 설치되게 되었다.

수리조합을 설치하는 과정에서는 일본인 대지주계급들의 많은 횡포가 있었고, 과중한 수리조합비 때문에 수리조합에 참여하였던 조선인 지주와 농민들은 경제적 불이익을 받았다. 일본인 대지주들은 수리조합 설치 과정에서 조선인 소유의 전답을 임의로 파괴하거나 조선인 농경지의 수원(水源)을 탈취하여 물길을 변경하는 등으로 개간지를 관개하였다. 또한 일본인 대지주들이 주위의 조선인 지주와 농민을 규합하여 수리조합을 신설하면서, 과중한 수리조합비를 징수하거나 조선인 지주와 농민에게 불리한 조건으로 부과하여, 이에 조선인들이 반발하기도 하였다.[47] 이처럼 일본은 대지주를 동원하여 수리시설을 축조하도록 권장하였고,

---

1988, 454~455쪽 재인용).

46) 최원규, 「日帝의 初期 韓國植民策과 日本人 '農業移民'」 『동방학지』 77, 1993.

47) 정연태, 앞의 논문, 1988, 454~458쪽.

그것을 이룬 경우에는 크게 포상함으로써[48] 식민농정의 적극적 동반자로 양성하였다.

3) 자급비료 증산정책의 실시

일본의 명치농법은 벼농사에서 다수확품종을 심고 수리관개시설을 엄밀히 하면서 시비를 많이 하여 다수확을 이루고자 하는 다로다비적(多勞多肥的) 기술체계이다. 명치농법을 조선에 적용하여 일본 벼 품종을 심어 수확량을 증가시키기 위해서는 관개시설이 담보되고, 다량의 비료 투하가 필요하였다. 조선총독도 그러한 사실을 알고 있었기 때문에 1912년에 다음과 같이 훈령을 내리고 있었다.

> 우량 품종의 재배는 수확량이 많지만 그와 함께 비료를 필요로 하는 것이 많아서 종전에 비해 당연히 시비량을 증가해야 한다. 조선의 농가는 아직 비료를 중요시하지 않는 폐습이 존재하기 때문에 지금부터 현저히 각성시켜 농가 각자의 힘으로 제조하게 하여 구비(廐肥), 퇴비, 녹비 등의 종류를 힘써 다량으로 제조하여 시용하게 한다.[49]

일본 우량 품종은 수확량이 많지만 조선의 재래 품종보다 지력을 더 고갈시키기 때문에 비료를 더 많이 투여하여야 했다. 조선총독부 관료들은 일본 벼 품종이 다수확을 이루기 위해서는 다량의 비료 투하가 필요하였고, 이를 위해 자급비료의 생산 증가가 필요하다고 여겼다.

1910년대 초기에는 총독부가 재래비료의 개량을 도모하였다. 그리하

48) 大橋淸三郎, 『朝鮮産業指針』, 開發社, 1915, 645~726쪽.

49) 「미작 개량의 장려에 관한 건」(조선총독부 훈령 제10호, 1912년 3월 12일) 『조선농회보』 7권 3호, 37~38쪽.

여 인분뇨(人糞尿)와 분회(糞灰)를 개선하는 노력을 기울였다. 그러나 그 양이 많지 않았기 때문에 자급비료를 증산하는 정책을 실시하였다. 총독부는 자급비료 증산정책을 퇴비의 제조와 녹비의 재배로 행하고자 하였다. 퇴비의 제조를 장려하는 것은 재래비료의 개량 효과를 높이며 퇴비를 시비하여 유기물이 결핍된 한국의 토질을 개량할 수 있었다.

녹비작물의 재배 장려는 여러 가지 효과를 기대하고 있었다. 녹비작물은 비료 이용뿐 아니라 퇴비와 구비(廐肥)의 제조 원료와 사료로서 이용이 가능하였고, 맥작을 하지 않는 남부지방에 녹비작물을 재배시켜 휴한기를 이용할 수 있고, 토질개량의 효과가 있기 때문에 적극적으로 권장하였다.50)

〈표 7-3〉 1910년대 자급비료의 생산

연도	녹비			퇴비	
	재배면적(정보)	수확량(관)	가격(원)	수확량(관)	가격(원)
1912	413.4	701,399	7,013	--	--
1913	1,527.2	2,337,034	23,404	--	--
1914	3,359.7	4,393,241	48,032	--	--
1915	7,950.5	11,607,132	116,070	547,170,200	11,175,755
1916	13,131.5	19,624,857	248,532	696,161,500	14,263,444
1917	22,325.3	20,227,017	303,407	930,881,200	19,011,028
1918	27,487.4	41,256,845	618,851	1,331,613,000	27,251,114
1919	25,220.5	34,073,397	518,175	1,707,120,100	34,640,000
1920	23,668.8	38,401,885	576,040	1,371,517,000	28,006,350

출처 : 『조선총독부농업통계표』(1932년도), 41~42쪽[김도형, 「일제의 비료정책과 그 성격(1910~1934)」『한국민족운동사연구』 4, 1989, 144쪽 재인용].

일제의 자급비료 증산정책은 일정한 성과를 거두었다. 〈표 7-3〉에서 보듯이, 퇴비 생산액은 1915년에 5억 4천만 관이었는데, 1920년에 13억

50) 김도형, 「일제의 비료정책과 그 성격(1910~1934)」『한국민족운동사연구』 4, 1989, 143쪽.

7천만 관이 되면서 2.5배나 증가하였다. 녹비 생산액은 1912년에 70만 관이었는데, 1920년 3천 8백만 관이 되어 무려 55배나 증가하였다. 1910년대 일제는 자급비료 증산정책으로 어느 정도 성과를 거두고 있었고, 이 정책을 통하여 자급비료 생산을 증대하고 자급비료 제조원을 확대시킬 수 있었다. 그러나 자급비료 증산이 역축(役畜)이나 기타 농업 경영과 유기적으로 결합되어 생산된 것이 아니라 농민의 노동을 통하여 생산된 것이기 때문에 농민의 노동력이 많이 투여되었고, 일정량 이상의 증대는 어려웠다.51)

일제는 1910년대 '미작개량장려'라는 방침으로 쌀 증산을 추진하였고, 그중 일본 벼 품종의 보급이 중심이었다. 그에 따라 경지의 지력이 소모되자 일제는 비료의 생산 증가를 도모하였고, 재래비료의 개량사업을 실시하면서 퇴비와 녹비의 자급비료 생산 증가를 적극적으로 도모하였다. 1910년대는 퇴비와 녹비의 자급비료 생산 증가를 어느 정도 도모할 수 있었다. 그러나 판매비료정책은 매우 소극적이었다. 판매비료 소비가 증가하면, 자급비료 생산이 저하되고 쌀 생산비가 증가하며, 병탄 초기의 수이입억제책이 무너지기 때문이었다. 그리하여 판매비료 소비는 억제하면서 자급비료의 생산과 사용을 권장하였던 것이다.

1920년대 산미증식계획이 실시되면서 자급비료만으로는 양을 충당할 수 없었기 때문에 판매비료가 필요하게 되었다. 일본 품종의 재배면적이 확대됨에 따라 경지의 지력을 소모시켜 많은 비료가 필요하게 되었다. 그리하여 판매비료의 양이 크게 증가하였다.

51) 김도형, 위의 논문, 1989, 145쪽.

5. 육지면 재배의 장려

일본은 1887년 이후 면방직공업을 중심으로 산업혁명을 일으켜가고 있었다. 면방직공업을 원만하게 운영하기 위해서는 원료인 면화 공급이 지속적으로 원활히 이루어져야 했다. 일본의 재래면화는 생산량이 적어 당시 급속도로 성장해가고 있었던 면방직업의 수요에 응할 수 없을 뿐 아니라 섬유가 거칠고 짧아 기계방적에는 적합하지 않았다. 1887년 이후 중국 면화를 수입하기 시작하였는데 값은 쌌으나 품질은 일본의 재래종과 비슷하였다. 그리하여 인도 면화를 수입하기 시작하였고, 아울러 미국 면화와 이집트 면화를 수입하기 시작하였다. 일본의 수입면화에서 인도면이 50~60%, 미국면이 20~30%, 중국면이 10~20%, 이집트면이 1% 내외를 차지하였다. 이런 와중에 1906년 기계방적사에 적합한 육지면 재배가 조선에서 성공을 거두게 되자, 일제는 조선에 육지면 재배를 적극 추진하게 되었다. 육지면은 기계방적사로 적합하였는데, 일본에서는 강우량이 많고 태풍이 잦은 등 기후가 적당하지 않고 병충해의 피해가 극심하여 재배할 수 없었다. 그리하여 통감부 시기부터 조선에 육지면을 적극 재배하는 정책을 펼쳤던 것이다.[52]

일제는 1906년 한국에서 육지면 시험재배에 성공한 후 그 보급노력을 기울여왔고,[53] 1912년부터 본격적으로 육지면 재배정책에 착수하였다. 조선총독 데라우치 마사타케[寺內正毅]는 1912년 3월에 각 도 장관과 권업모범장의 장에게 면화장려에 대해 다음과 같이 훈시하였다.

첫째 육지면 재배를 적극 권장한다. 면작에 대한 강화 강습을 독려하고, 육지면을 솔선하여 재배하는 자에게는 종자를 급여하고 혹은 육지면

52) 권태억, 『한국근대면업사연구』, 일조각, 1989, 72~80쪽.

53) 권태억, 위의 책, 1989, 82~103쪽.

재배에 열심히 종사하는 권농자를 표창한다. 둘째, 조선의 풍토에 순화한 육지면 종자를 재배자가 잘 보존하도록 한다. 셋째, 육지면 재배를 직접 지도하는 임무를 맡은 자는 정성스럽게 재배방법 및 그 이익을 설명한다. 넷째 육지면 재배의 중심인 전라남도뿐 아니라 전라북도·경상남북도·충청남북도까지 육지면 재배를 적극 장려한다. 다섯째 조선 재래면은 그 수확량 및 조면(繰綿) 비율이 육지면에 비해 열악하지만 타면(打綿)으로서 수요가 적지 않아 그 재배법의 개량을 장려한다. 즉, 총독 지시의 핵심 내용은 육지면 재배면적을 확대시켜가면서 재래면 재배를 개량해가는 것이었다.

당시 일본 본토에서는 면방직공업이 급속히 발달하여 공업 분야 중 제1위를 차지하고 있었는데, 원면은 거의 수입해오고 있었다. 조선총독부는 그 원료 면사를 조선에서 공급하고자 하였다. 그리하여 권업모범장 목포지장을 통하여 면작을 시험 조사하고, 주로 미국으로부터 수입종자를 순화시켜 육지면을 보급 개량하는데 힘쓰게 하였다. 즉 육지면 종자를 실험 재배하면서 조선의 토양과 기후에 적응하게 하는 작업을 실시하였다. 또한 면화에 대한 수이출세를 전면 폐지하여 일본으로 수출을 쉽게 하도록 하였다.[54]

조선총독부는 1912년부터 1917년까지 '육지면 재배 6개년 계획'을 수립하여 실시해갔다. 이 계획이 설정한 목표는 6년 동안 육지면 재배면적 10만 정보, 재래면 재배면적 2만 정보를 달성하고, 생산량도 육지면 1억 근, 재래면 1천 5백만 근까지 수확한다는 것이었다. 이 계획은 1911년에 면작 재배면적 6만 2천 정보(육지면 3천 정보, 재래면 5만 9천 정보)를 1917년까지 12만 정보로 확대하고, 생산량도 1912년에 2,700만 근에서 1917년에 1억 1,500만 근(육지면 1억 근, 재래면 1,500여

54) 「棉花奬勵ニ付道長官及勸業模範場長ニ對スル訓示」(1912년 3월 11일) 『朝鮮統治三年間成績』, 1914, 附錄, 52쪽.

만 근)으로 증가시킨다는 것이었다.[55] 즉 재래면 재배면적을 육지면 재배지로 전환시켜, 그것을 비약적으로 증가시키는 정책이었다.

이 계획은 전라도·경상도·충청도에서 중점적으로 추진되었고, 특히 전남·전북·경남이 중심이었다. 조선총독부는 육지면 재배면적을 확대하고 생산량을 늘리기 위하여 각 도별로 육지면 재배면적을 할당하였다. 그중 전남·전북·경남에 할당된 육지면 재배면적은 전체 계획면적의 85%를 차지하는 8만 5천 정보였다.

이 목표를 달성하기 위해서는 조선 농민의 적극적 협력이 필요하였다. 조선총독부는 육지면 재배농민에게 종자를 무상으로 공급하고, 좋은 성적을 올린 자에게는 돈이나 농기구를 주고 판매가 어려운 지방의 재배자에게는 시장까지의 운임을 보조하고, 비료를 보조하면서 육지면 재배면적을 늘리고자 했다.[56]

또한 조선총독부는 육지면 재배면적을 확장하기 위해 행정관청을 총동원하였다. 즉 군청·면사무소 직원 및 동장·이장을 동원하고, 나아가 헌병경찰을 동원하여 육지면 재배를 강요하기도 하였다. 헌병경찰은 재래면 재배 농민으로부터 그 종자를 빼앗았으며, 그래도 재래면을 심는 경우에는 "6월 말에서 7월 중순에 재래면을 경작하고 있는 마을에 나가 청죽대로 (면화의) 끝부터 두들겨 쓰러뜨려 버리는"[57] 횡포를 자행하였다. 이런 식으로 조선총독부는 헌병경찰을 동원하여 재래면 재배를 억제하고 육지면 재배를 강제하였다. 심지어 면작지도원들은 목표를 달성하기 위하여 호적조사를 실시하여 재래면 재배 농민을 파악하고, 그를 회유하거나 협박하면서 육지면 재배를

---

55) 日滿棉花協會 朝鮮支部, 『朝鮮の棉花事情』, 1937, 192쪽(권태억, 앞의 책, 1989, 104쪽 재인용).

56) 권태억, 위의 책, 1989, 194~195쪽.

57) 『朝鮮農會報』 9권 11호(1935년 11월호), 36쪽(권태억, 위의 책, 106쪽 재인용).

강제하였다.

또한 조선총독부는 육지면 재배를 확대하는데 면작조합을 활용하였다. 면작조합은 1912년 전남에 처음 설립된 이후 1913년부터 육지면을 재배하는 각 도에 설립하도록 지침을 내렸다. 그 방침에 따라 1914년에 전북·경남북·충남북 등 5개 도에 설립되었으며, 이어서 경기·황해·평남북에도 설립되었다. 면작조합은 조합원 수 500명 내외를 기준으로 육지면 재배가 활발한 지역에서는 면 단위, 그렇지 않은 지역에서는 군 단위로 설립되었다.

조선총독부에서는 면작조합을 통하여 육지면 재배의 지도, 면화의 공동판매, 비료 및 농기구의 구입 알선, 모범작포의 경영 등 육지면 재배 장려를 적극적으로 실시해가도록 하였다. 조합원으로 하여금 육지면 종자를 보존하게 하고, 혹은 저리의 경작자금을 융통해주며 혹은 면화의 공동판매를 모색하는 등 육지면 재배자의 이익을 도모하는 동시에 육지면 재배의 보급을 용이하도록 하였다. 육지면 재배를 열심히 하는 자에게는 농구를 급여하고 그를 표창하며 혹은 육지면 생산이 적기 때문에 그 판로가 곤란한 지방의 생산품에 대해서는 목포 기타 시장까지 운임을 보조하고 혹은 면작조합에 보조금을 지급하는 등 각 지방의 상황에 맞게 지원하였다.[58]

권업모범장 목포지장에서 재래면과 육지면을 8년 동안 비교 시험한 결과 재래면은 1반보당 평균 수확량이 181근이고, 그 조면 비율이 25%인데 반하여 육지면은 1반보당 평균 수확량이 272근이고, 조면 비율은 35%에 이르렀다. 그리하여 재배 희망자가 매년 증가하고 있다고 하였다.[59]

---

58) 朝鮮總督府, 『朝鮮施政ノ方針及實績』, 1915, 258~260쪽.

59) 위와 같음.

〈표 7-4〉 육지면 재배면적 및 수확량

연도	재배면적(정보)	수확량 (근)	경작인수(인)
1906	45.2	24,979	247
1907	65.3	79,188	921
1908	196.9	141,265	4,475
1909	412.1	450,160	8,336
1910	1,123.0	845,341	20,987
1911	2,683.6	2,737,050	43,185
1912	6,439.8	7,216,133	77,793
1913	13,967.0	13,445,282	120,549
1914	21,050.9	17,471,452	187,382

출전 : 朝鮮總督府, 『朝鮮施政ノ方針及實績』, 1915, 260쪽

위 〈표 7-4〉에서 보는 바와 같이 조선총독부의 육지면 재배 확대 정책은 일정한 성과를 거두고 있었다. 1911년에 2,600정보에 불과하였던 재배면적이 1914년에는 2만 1천 정보로 7배 이상 증가하였으며, 수확량도 2백 7십만 근에서 1천 7백만 근으로 6배 이상 증가하였다.

조선총독부는 헌병경찰을 동원한 무단농정으로 재래면 재배를 억제하고 육지면 재배를 확대해갔으며, 면작조합을 통하여 간접적인 방법으로 육지면 재배면적을 확대해갔던 것이다. 반면에 재래면 재배면적과 수확량은 감소하였다.

'제1기 면작장려계획'은 1년 연장되면서 1918년에 면화 재배면적이 13만 정보로 확대되었다. 그러나 면화 재배면적은 1만 정보 초과 달성하였지만, 재래면 재배면적이 3만 5천 정보, 육지면 재배면적이 9만 4천 정보를 이루어 계획만큼 육지면 재배면적을 확대시키지는 못하였다. 생산량도 1918년에 재래면 1,700만 근, 육지면 6,100만 근을 이룩함으로써 육지면은 계획량의 60%를 달성하는 데 그쳤다.

조선총독부가 행정관청을 총동원하여 육지면 재배면적을 확대하려고 노력하였지만, 조선 농민이 자발적으로 호응하지는 않았다. 육지면이라는 새로운 작물에 대한 신뢰가 형성되지 않았고, 아울러 수확한 육지면을

판매할 때 공판제도로 인하여 조선 농민의 이익이 충분히 담보되지 못하는 상황에서는 조선 농민이 적극적으로 참여하기 어려웠다. 오히려 조선 농민의 반발과 저항이 축적되어 1919년 3·1운동이 발발하는 하나의 요인이 되기도 하였다.60)

그 후 조선총독부는 1919년부터 10년을 기간으로 '제2기 면화확장계획'을 수립하고 육지면 재배면적의 확대정책을 실시해갔다. 주요 내용은 1919년의 면화 재배면적 13만 5천 정보(육지면 재배면적 8만 9천 정보, 재래면 재배면적 2만 6천 정보)를 총 25만 정보로 확장하고 생산량을 2억 5천만 근으로 증가시킨다는 것이었다. 즉 면화 재배면적을 2배로 확장하고, 생산량도 3배 이상 증가시킨다는 계획이었다.61)

6. 일본 뽕나무와 잠종의 보급

일제는 1910년 조선을 병탄하자마자 일제의 양잠업 방식을 조선에 적극적으로 이식하고자 하였다. 일본 본국에서 러일전쟁 이후 양잠업 장려를 적극적으로 행하고 있었는데, 식민지인 조선에서도 양잠업을 적극 장려하려고 하였던 것이다. 당시 일본은 밖으로 러일전쟁 비용의 부담과 대폭적인 수입초과로 인한 외화 감소가 일어나고 있었고, 안으로는 자작농을 비롯한 농민층의 몰락이 가속화되고 있었다. 이에 일본정부는 양잠업을 장려함으로써 농민층 몰락을 방지하고, 나아가 생사(生絲) 수출로 인한 외화 획득으로 국가 재정을 충당하고자 하였다.62)

---

60) 馬淵貞利, 「제1차대전기 한국농업의 특질과 3·1운동」 『항일농민운동연구』, 동녘, 1984.

61) 박석두, 「일제의 식민지 지배체제 구축과 농업·농촌」 『한국 농업·농촌 100년사』, 2003, 453쪽.

62) 佐佐木隆爾, 「朝鮮における日本帝國主義の養蚕業政策－第一次大戰期 中心に－」 『人

조선총독부는 일본의 양잠업 경영 모델을 조선에 적극적으로 이식하고자 하였다. 총독부 설치 직후 1910년 10월 5일 데라우치 마사타케(寺內正毅) 총독이 각 도 장관에 행한 훈시에서 미작, 면작, 수리관개 등 농업 장려 정책의 방침을 발표하였는데, 이중 양잠업에 대해서는 한 항목을 설정하고 "잠업은 조선의 풍토에 적합하고 빈부상하에 가장 간단하고 적절한 부업이다. 특히 양반·유생에게 좋은 생업이기 때문에 크게 장려할 필요가 있다. 뽕나무 묘목(種苗), 누에종(蠶種), 양잠도구(蠶具)의 무상 배포 같은 것은 개량을 촉진하는 한 방법이다"[63]라고 말하였다.

총독부의 잠업정책은 일본의 양잠업 방식을 그대로 이식하고, 농가 부업을 위한 집약농법의 도입을 주된 내용으로 하였다.[64] 구체적으로 한국 양잠업을 개량하기 위해서 일본 뽕나무와 잠종을 보급해야 한다고 하였다. 권업모범장의 양잠 전문기사인 나카오카 데쓰조[長岡哲三]는 이미 1907년에 『한국중앙농회보』에서 "한국 양잠업을 개량하기 위하여 먼저 뽕나무와 잠종을 반포하여야 한다"[65]고 주장하였다.

먼저 뽕나무 품종의 변경에 대해 살펴보자. 총독부는 우량 누에의 사료로서 뽕나무 잎이 제공되는데, 일본제사자본의 요구에 적합한 누에고치를 만들기 위해서 뽕나무 품종을 변경하려고 하였다. 1908년 제1회 농업기술관 회동에서 한국에 적합한 뽕나무로 노상(魯桑), 시평(市平), 도지내(島之內), 적목(赤木) 등 4종류를 지정하여 그것을 무상으로 배포하면서 보급하려고 하였다.[66] 1911년 1월에는 십문자(十文字)가 추가되었

文學報』 114, 東京都立大 文學部, 1976, 109~110쪽.

63) 「總督府ノ開始ニ付各道長官ニ對スル訓示(1910.10.5.)」 『朝鮮統治三年間成績』, 1914, 附錄, 24쪽.

64) 佐佐木隆爾, 「朝鮮における日本帝國主義の養蚕業政策－第一次大戰期 中心に－」 『人文學報』 114, 東京都立大 文學部, 1976, 110쪽.

65) 長岡哲三, 「韓國蠶業の改良を計るには先づ桑及蠶種を頒布するにあり」 『韓國中央農會報』 제6호, 1907.

66) 朝鮮總督府, 『朝鮮總督府農事試驗場二拾五周年記念誌』 下, 1931, 1쪽.

다.[67] 나아가 뽕나무를 잘 재배하기 위해서는 통풍이 잘되고 일조량이 양호하며, 토질은 사질양토(砂質壤土) 혹은 양토(壤土)로서 부식질(腐植質)이 풍부하며 배수가 양호한 경지를 선정하여야 했다.

1912년 말에 조선총독은 도 농업기술관 회동에서 뽕밭의 개량 증식에 관한 사항을 추가하였다. 조선총독은 "뽕밭의 개량 증식은 잠업 발달에서 우량잠종의 보급과 아울러 소홀히 할 수 없는 긴요한 업무이다. (중략) 새로이 양잠을 장려하는 지방은 종래의 양잠지라고 하더라도 양잠의 발달에 따라 뽕밭의 개량 증식을 도모해야 한다. 종래 본부(本府 : 조선총독부) 및 지방청(地方廳)은 매년 다수의 상묘(桑苗)를 무상 배부함과 동시에 보조금을 배부하여 배부용 상묘의 육성을 장려한다"[68]고 지시하면서 일본 뽕나무 묘목의 보급과 함께 뽕밭의 증식을 장려하였다.

다음으로 누에 종류를 일본종으로 변경해가고자 하였다. 1912년 3월에 데라우치 총독은 일본종으로의 변경을 훈령으로 제시하였다.

> 잠업의 개량 발달에 가장 긴요한 것은 우량 잠종의 보급에 있다. 종래의 잠종은 극히 여러 종류가 마구 섞이고 열등하며 생산된 누에고치가 균일하지 못하다. (중략) 그래서 도농(道農)잠업기술자 및 종묘장, 잠업전습소 등 지방농잠업기관이 잠종의 잡박(雜駁)에 흐르지 않도록 힘쓰고 또한 내지로부터 잠종을 구입하는 경우에는 춘잠(春蠶)으로 우석(又昔), 소석환(小石丸), 청숙(靑熟)을, 하잠(夏蠶)으로 신옥(新屋)을, 추잠(秋蠶)으로 백룡(白龍)을 선택하여 (중략) 당업자에 넉넉히 배부하여 생산되는 누에고치가 균일되게 하라.[69]

---

67) 佐佐木隆爾, 앞의 논문, 1976, 114쪽.

68) 「各道農業技術官に對する總督指示」『朝鮮農會報』, 1913년 4월

69) 「蠶業獎勵に關する件」(1912.3.12.) 『朝鮮農會報』 제7권 제3호, 1912, 39쪽.

즉 조선의 재래 잠종은 여러 종류가 마구 섞이고 열등하기 때문에 일본의 잠종으로 교체하라고 지시하였다. 일본 잠종으로는 춘잠(春蠶)으로 우석(又昔), 소석환(小石丸), 청숙(靑熟)을, 하잠(夏蠶)으로 신옥(新屋)을, 추잠(秋蠶)으로 백룡(白龍)을 장려품종으로 배부하도록 하였다.

〈표 7-5〉 잠종소립매수(蠶種掃立枚數)(春蠶種)(단위 : 枚)

연도	일본종	교잡종		재래종	계
		백	황		
1910	5,953(7)			78,633(93)	84,586(100)
1911	15,363(15)			102,600(85)	117,963(100)
1912	38,150(23)			124,267(77)	162,417(100)
1913	80,855(46)			96,786(54)	177,641(100)
1914	120,533(63)			71,194(37)	191,747(100)
1915	196,349(83)			39,665(17)	236,014(100)
1916	258,806(91)			26,754(9)	285,560(100)
1917	308,669(94)			19,345(6)	328,014(100)
1918	360,016	13,733	37,379	6,476	417,604(100)
1919	302,086	90,571	15,685	296	408,638(100)
1920	212,577	146,417	30,710	–	389,704(100)

출전 : 朝鮮總督府, 『朝鮮總督府農事試驗場二拾五周年記念誌(下卷)』, 1931, 64쪽.
비고 : ( )는 백분율을 표시한 것임.

그리하여 〈표 7-5〉에서 보듯이 일본종(日本種)은 1912년에 3만 8천매로 증가하고, 1913년에 8만매, 1914년에 12만매, 1915년에는 19만매로 급증하였다. 1915년에는 일본종이 전체 잠종의 83%를 차지할 정도로 압도적이었다. 반면에 조선 재래종은 1912년에 12만매로 정점에 달하였다가 점점 감소하여 1920년에 자취를 감추게 되었다.

요약하면, 1910년에는 조선 재래종이 78,633매(93%), 일본종이 5,953매(7%)로 조선 재래종이 지배적이었는데 시기가 내려오면서 일본종의 비율이 급속하게 증가하여 절대적 비중을 차지하게 되었다. 이는 조선총독부가 군청 및 잠업강습소 등 행정기관을 동원하여 일본종을 유상·무상으로 배포한 결과였다. 이와 같이 상묘(桑苗)와 잠종(蠶種)이 교체되면서 아울러 뽕나무 재배면적이 확대되고 생견(生繭)의 생산도 크게 증가하였다.

조선총독의 지시에 따라 우량 누에 품종의 보급과 뽕나무 재배면적의 확대가 적극적으로 실시됨에 따라 양잠업이 확대되었다. 조선총독부 자료에 의하면, 〈표 7-6〉과 같이 1910년에 뽕나무 재배면적 3,344정보, 양잠 호수 76,037호, 누에고치 생산액 13,931석이었는데, 1914년에는 재배면적 10,246정보, 양잠 호수 177,320호, 누에고치 생산액 46,194석으로 급증하였다. 4년 사이에 재배면적은 3배, 양잠 호수는 2.5배, 누에고치 생산액은 3.5배로 증가하였다.

〈표 7-6〉 뽕나무 재배면적과 누에고치 생산량

	뽕나무 재배면적(정)	양잠호수	잠종소립매수	누에고치 생산액(石)	누에고치 이출액(石)
1910	3,344	76,037	89,980	13,931	146
1911	3,931	101,662	127,124	20,032	510
1912	5,226	149,927	179,391	29,440	1,256
1913	7,462	167,342	203,711	36,891	4,252
1914	10,246	177,320	238,042	46,194	2,695

출전 : 朝鮮總督府, 『朝鮮施政ノ方針及實績』, 1915, 274쪽

우수한 누에고치는 일본으로 수출을 장려하여 1910년에 146석이 수출되었는데, 1914년에는 2,695석이 수출되었다. 약 18.5배나 증가한 것으로, 즉 양잠업 분야에서도 조선이 일본 제사산업의 원료 공급지 기능을 수행하고 있었던 것이다.

양잠의 증산은 일본 자본주의 발전에 매우 중요한 역할을 수행하였다. 1920년대까지 일본 생사의 대미 수출은 일본 총 수출액의 40%를 차지할 정도로 핵심 수출품의 위치를 차지하고 있었다. 그리하여 식민지 조선에서 잠사의 증산과 수출은 일본 자본주의의 국제수지 개선에 큰 역할을 하는 것이었다.

조선총독부는 양잠업에 종사하는 농민들에게 양잠조합을 설립하도

록 하였다. 1912년 3월 조선총독부는 각 부윤 및 군수에게 경기도 훈령 제4호「양잠조합 설치에 관한 준칙」을 하달하고 양잠조합 조직과 양잠 개량 증산 지도에 나섰다. 양잠조합은 조합원 15인 이상이 모여 규약을 만들어 도장관의 허가를 받으면 설립 가능하였다. 조합의 주요 사업은 잠종 구매와 누에고치의 판매, 잠종 보호와 어린 누에 사육, 필요한 종묘·비료·기구의 구입 등이었다. 특히 양잠조합에 의한 누에씨의 공동구매와 누에고치의 공동판매는 일정 기간 동일 장소에서 생산한 균질의 고치와 견을 대량으로 매집할 수 있어서 일본의 제사자본에게 독점적 이익을 보장해주었다. 이것은 양잠조합에 가입한 조합원들에게 일정하게 특혜를 주는 회유책으로 조선총독부의 정책에 협조하게 하였다.

다른 한편, 조선총독부의 양잠업 '장려' 정책은 총독부의 행정기관을 동원하여 폭력적으로 수행되었다. 먼저 조선총독부는 도청, 군청, 잠업 강습소, 수산장 등을 통하여 뽕나무의 교체, 누에씨[蠶種]의 교체 등을 행해갔다. 잠업전습소 및 수산장은 1910년에 34개소, 1911년에 83개소를 설치하였고, 종묘장도 1910년에 9개소를 설립하여 이곳에서 뽕나무의 개량과 교체, 일본 누에씨의 배포 및 강습을 통하여 배포케 하였다.[70]

정책 실행은 농민의 자발성을 유발하기보다는 양잠업 지도를 담당하는 기사들이 헌병대의 호위를 받으면서 강압적으로 이루어졌다. 기사가 출장명령을 받으면 헌병대에 호위를 의뢰하고 이에 헌병들이 관료를 호위하면서 잠업 '장려'를 추진하였다.[71] 또한 감독원을 설치하여 뽕나무 재배지역과 재배방식, 나아가 누에 배양법을 지도하였다.

---

70) 佐佐木隆爾,「朝鮮における日本帝國主義の養蚕業政策－第一次大戰期 中心に－」『人文學報』114, 東京都立大 文學部, 1976.

71) 위의 논문, 117~118쪽.

그렇게 생산한 고치[생견]는 군청, 잠업강습소, 지방금융조합, 잠업조합이 알선하는 업자에게 경매방식으로 팔게 하였다. 생산자인 농민이 자유롭게 판매하는 것이 아니라, 정부 주도 하에 업자에게 수매하도록 유도하였다. 1910년대는 육지면,[72] 담배[73] 등의 작물도 그러한 방식으로 판매토록 하였다.

조선총독부는 도청, 군청, 잠업강습소, 지방금융조합, 잠업조합 등의 행정기관을 동원하여 조선 재래의 양잠법을 금지하고 일본식 양잠법을 강제하였으며, 일상적 감시에 의한 집약적 농법을 강제하여 양잠업을 영위하도록 하였다. 아울러 생산된 고치를 정부 주도 아래 알선업자에게 경매 형식으로 판매케 함으로써 생산부터 판매까지의 유통과정을 모두 통제하고자 하였다.[74]

조선총독부의 양잠업 장려정책은 조선 재래의 양잠업을 금지하고 일본식 양잠법을 강제하는 형태였다. 일본 뽕나무와 일본 누에품종을 무상 혹은 유상으로 배부하면서 노동집약적 일본식 양잠법을 강제한 것이었다. 조선 양잠 농민들은 초기에는 일본 뽕나무 묘목을 불에 태우는 등 거부하면서 저항하기도 하였지만,[75] 헌병경찰 혹은 농사지도원을 동원하여 강제하는 탓에 점차 수용하여 갔다. 나아가 조선양잠농민들은 제사공장이 별로 없고, 누에고치 시장도 형성되어 있지 않은 농촌 상황에서 양잠업을 행하여 누에고치를 수확한다고 하여도 판로가 없어서 관이 지정해준 공동판매소에 주로 판매하였기 때문에 이윤을 제대로 남길 수 없었다.

---

72) 권태억, 『한국근대 면업사연구』, 일조각, 1989.

73) 이영학, 「제3장 일제의 연초산업 통제와 조선인 제조업의 몰락」 『한국 근대 연초산업연구』, 신서원, 2013.

74) 佐佐木隆爾, 「朝鮮における日本帝國主義の養蚕業政策－第一次大戰期 中心に－」 『人文學報』 114, 東京都立大 文學部, 1976.

75) 佐佐木隆爾, 앞의 논문, 1976, 117쪽.

7. 맺음말

조선총독부는 조선을 강제병합한 후, 조선을 식량 원료의 공급기지로 만들기 위한 토대를 닦아갔다. 1910년대 조선총독부가 가장 중점을 둔 사업은 토지조사사업이었다. 일제의 대자본이 조선에 진출해오기 위해서는 전근대적 토지소유권이 해소되고, 일물일권적 근대적 토지소유권이 확립되어야 했다. 또한 근대적 토지소유권을 기반으로 지세를 징수해야 조선통치를 원활히 수행해갈 수 있었다.

1910년대 일제는 식민통치를 하기 위한 헌병경찰 유지비용으로 조선총독부 예산의 30~40%를 집행하였고, 도로망의 구축을 위해 총독부 예산의 30~40%를 할당하였다. 그리하여 조선총독부는 적은 예산으로 일정한 성과를 내고, 식량 원료의 공급기지를 만들기 위한 토대를 닦기 위해서 품종 개량사업에 몰두하였다.

벼농사에서는 조선의 재래 쌀 품종을 일본 벼 품종으로 대체해갔다. 1912년에 일본 벼 품종은 전체 품종의 2.8%에 불과하였는데, 1921년에 이르러 전체 품종의 61.8%로 급증하였다. 조선 역사 3천년 동안 전승되어 왔던 벼 품종이 대거 일본 벼 품종으로 대체되어 갔다. 그렇게 해서 생산된 쌀은 1920년대 싼 가격으로 일본으로 이출되어 일본인 노동자에게 저곡가로 공급되었다. 즉 일본 본국에서는 저곡가·저임금 정책을 기반으로 일본 자본가의 이윤을 충족시키며 일본자본주의가 발전해갔다. 한편 일본인들은 1904년 이후 조선의 부산, 군산 등의 토지를 구입하였다. 그들은 조선인을 중개인으로 내세워 조선인의 척박한 토지를 헐값에 구입하였다. 그러한 토지를 비옥한 경지로 만들기 위해 수리시설을 구축하거나 정비해야 했다. 일본인 지주들은 수리조합을 만들어 적극적으로 저수지를 축조하거나 혹은 보를 개축하였다. 반면에 조선인 지주들은 원래 수리안전답이 대부분이어서 제언과 보의 축조나 개축에 소극적이었다.

조선총독부는 육지면 재배를 장려하여 재배면적을 확대하고 수확한 육지면을 방적공장의 원사로 제공하였다. 재래면은 농가가 자가직조하는데 적당했지만, 방적공장의 원사로는 육지면이 더 적합하였다. 조선총독부는 조선의 양잠업도 변화시켜갔다. 뽕나무 묘목을 변경하고, 조선의 재래 잠종도 일본종으로 교체해가고자 했다. 1910년대는 뽕나무 묘목의 개량, 일본 잠종의 교체를 바탕으로 뽕나무 재배면적을 크게 확대시켜갔으며, 그에 따라 생사의 생산도 크게 증가하였다. 이렇게 증산된 생사는 일본을 거쳐 미국에 수출하거나, 일본 제사공장의 원료로 제공되었다.

1910년대 조선총독부는 일본 벼 품종의 보급, 육지면 재배의 장려, 일본 누에 품종의 보급과 뽕나무 재배면적의 확대, 종모수소의 보급 등 품종개량사업에 몰두하였다. 이를 통하여 조선을 일본자본주의 발전의 식량 원료의 공급기지로 재편하고자 하였다. 1910년대 조선총독부는 도청·군청·농사시험장·강습소·조합 등의 행정기관 및 관제 민간기관을 동원하여 농업정책을 실시해갔다. 이 장려정책의 수행과정은 폭력을 동반하였다. 당시 농사 지도를 수행한 관리들의 회고담에 의하면 "관리가 출장 명령을 받으면 첫째 헌병대에 가서 호위를 의뢰하고, 군청소재지 이외에서는 헌병분견소에서 숙박을 한다. 헌병들이 항상 보살펴준다. 농사의 개량 지도에 손이 충분하지 않고, 적극적 시정 방침도 없고, 농상공부로부터 지휘 명령에 의해 움직이는 정도이다"[76]라고 하였다. 1910년대 총독부의 품종개량정책의 수행은 헌병경찰에 의해 폭력적이고 강제적으로 집행되었다. 이에 반해 조선 농민들은 재래의 방법을 고수하며 총독부의 농업정책에 반대하였다. 당시 농사 지도 담당 관료의 회고에 의하면, "기술원이 배부하는 육지면 종자를 소에게 먹이로 먹이

76) 佐佐木隆爾, 앞의 글, 1976, 117~118쪽.

고, 배포하는 뽕나무 묘목을 아궁이에 태워버리며 지도에 따르지 않아 곤란하였다"[77]고 하였다.

1910년대 조선총독부 농업정책은 조선의 전통적 농법을 충분히 검토하고 그를 바탕으로 진행한 것이 아니었다. 일본 본국의 필요에 의해 진행한 것이었기 때문에 몇 천 년간 조선의 기후와 풍토에 맞게 적응하면서 발전해왔던 농업의 체계가 무너지게 되었다. 또한 조선총독부는 육지면과 생사를 공판제도를 통하여 일본인 자본가 혹은 특정인에게 판매케 했기 때문에 조선 농민이 충분한 이익을 보장받을 수 없었다. 조선 농민은 조선총독부의 정책에 성실히 따라갔음에도 불구하고 농업경영 이익을 획득할 수 없었다. 그리하여 조선 농민들은 점차 경제적으로 몰락하게 되었고, 그에 따른 불만이 축적되어 1919년 3·1운동에 농민층이 주도적으로 참여하는 원인이 되기도 하였다.

---

77) 佐佐木隆爾, 위의 글, 1976, 117쪽.

제8장 산미증식계획의 실시와 식민지 농업구조의 구축

1. 머리말

조선총독부는 1910년 조선을 병탄한 후 조선을 식민지로 만드는 기초작업을 실시하였다. 1910년대는 일제가 토지조사사업을 마무리하여 식민지 지배의 기초를 확립하고, 나아가 조선을 식량·원료의 공급기지로 만드는데 심혈을 기울인 시기였다. 1910년대는 일본 벼 품종 6종으로 조선 논의 재배면적 60% 이상을 심도록 강제하였으며, 또한 조선 재래면 대신에 방적공장의 원사로 적합한 육지면 재배를 권장하였다. 나아가 조선 양잠업도 일본 잠종과 뽕나무로 교체하여 양잠업의 변화를 유도하였다. 그리하여 1910년대는 일본 벼 품종으로의 교체, 육지면 재배의 권장, 일본 잠종의 교체 등을 농업 부문에서 집중적으로 실시하였다.[1)]

조선총독부는 그를 바탕으로 1920년대는 조선에 대한 식민지배를 본격화해갔다. 1910년대는 농업 부문에서 조선의 식민 지배를 위한 토대를 구축한 시기였고, 1920년대는 그를 바탕으로 일본 본국을 위한 식량 원료의 공급기지로 재편해간 시기였다.

---

1) 이영학, 「1910년대 조선총독부의 농업정책」 『한국학연구』 36, 2015.

일제는 제1차 세계대전 중에 일본 자본제 상품의 판매망을 동남아 시장으로 확대해가면서 산업을 발전시켜갔다. 일본은 1년에 70만명 이상 인구가 급증하였으며, 그에 따라 쌀의 부족 현상이 심화하여 1918년에 '쌀소동'이라는 민중 폭동이 일어났다. 이에 일본은 쌀 수입을 크게 증대하였고, 이와 함께 식민지 조선과 대만에서 쌀을 증산하여 일본으로 이입하는 정책을 실시하였다. 그리하여 1920년에 조선산미증식계획이 수립되었다.[2)]

일제는 제1차 세계대전 기간 중에 면방직공업이 크게 성장해갔는데, 영국과 미국이 원료 면을 엄격히 통제하는 탓에 원면(原綿) 확보에 큰 어려움을 겪었다. 일본의 면방직공업을 계속 발전시켜가기 위해서는 원료면의 확보가 관건이었다. 1918년에 제1차 세계대전이 끝나자 영국·미국 등의 서구 국가들은 방적업이 부활하면서 원면 통제정책이 지속·강화되었다. 이에 일제는 큰 위협을 느끼게 되고, 일제의 방적업을 발전시키기 위해서 원면의 확보가 방적업 발달의 사활 문제가 되었다. 그리하여 일제는 만주, 북중국, 남미에서 원면 수입에 부심하였으나, 성공적으로 확보하지 못하였다. 이에 일제는 식민지 조선에서 육지면을 공급받고자 하여 제2기 육지면 재배정책을 실시하였다. 1919년부터 10개년 계획을 세워 육지면 재배면적의 확대정책을 실시하였다.[3)]

잠업의 경우도 1919년 조선잠업령(朝鮮蠶業令)이 공포되었고, 1925년에는 산견백만석증수계획(産繭百萬石增收計劃)이 입안되어 시행되었다. 산미증식계획이 일제의 1918년의 쌀소동에서 보여지듯이 심각해진 식량부족문제를 해결하기 위해 추진된 것이었다면, 양잠 장려정책은 제사공장의 원료 공급과 일제의 외화획득 요구를 충족시키기 위한 것이었다.

2) 河合和男, 『朝鮮における産米增殖計畫』, 未來社, 1986 ; 권태억, 『한국근대 면업사연구』, 일조각, 1989, 107~111쪽.

3) 권태억, 『한국근대 면업사연구』, 일조각, 1989.

1920년대는 산미증식계획, 육지면 재배의 장려와 재배면적의 확대, 우량 잠종의 보급과 뽕나무 재배면적의 확대 등 쌀·면화·양잠(소위 삼백)의 장려가 강제적으로 진행된 시기였다. 이 글에서는 쌀·면화·양잠의 장려가 1910년대 이후 새로운 차원에서 강제된 조선총독부의 농업정책에 대해 살펴보려고 한다. 아울러 그 농업정책에 의해 농촌사회가 어떻게 변화되어 갔는가를 고찰하고자 한다.

2. 농업정책의 기조

조선총독부는 조선의 식민지적 경제수탈을 체계화하기 위해, 1921년에 '산업조사위원회'를 설치하였다. '산업조사위원회'는 정무총감 미즈노 렌타로[水野鍊太郎]를 위원장으로 하고, 일본과 조선에 있는 관료와 자본가 48명을 위원으로 구성된 방대한 조직으로, 9월에 제1회 위원회를 개최하고 「조선산업에 관한 일반방침」을 공포하였다.[4)]

> 조선에서 산업상의 계획은 제국 산업정책의 방침에 따르도록 하기 위해 내외의 정세 특히 내지, 지나 및 노령 아시아 등 인접지방의 경제적 사정을 고찰하여 그 대책을 강구할 필요가 있다. 조선의 산업은 시정(始政) 이래 진전이 현저하였지만 그 진보는 필경 초기에 속하고 그 기초가 아직 미약하여 전도 발전의 요건이 부족하였다. 그래서 장래 더욱 지식 기능의 향상 발전을 촉진시키기 위하여 근면 협동의 관습을 조장하고 산업 전반의 조직 및 교통 통신의 기관을 정비하고 자금의 충실과 금융의 소통을 도모한다. 내선인과 내선간의 관계 연락을 한층 더 밀접하게

4) 小早川九郎, 『朝鮮農業發達史』(政策篇), 1944, 368쪽.

하기 위한 방법을 강구하여 조선 경제력의 진보와 내선 공동의 복리 증진을 기해야 할 것이다. 뿐만 아니라, 조선 산업에 관한 제반정책을 실행하는 데에는 미리 내지 및 인접지와의 관계, 조선 내부의 사정과 재정상의 관계 등을 고려하여 그 규모를 정하고 일의 경중을 헤아려서 완급을 안배함이 필요하다.[5]

즉 조선 산업정책은 일본의 산업정책 방침에 따르고, 나아가 일본 내지와의 관계를 고려하여 추진하도록 하였다. 나아가 조선 경제력의 진전뿐 아니라 일본의 이익도 고려하여 산업정책을 추진하고자 하였다.

이 방침을 근거로 입안된 "「조선산업에 관한 계획요항」은 농업, 임업, 수산업, 공업, 광업, 연료 및 동력, 산업자금, 해운시설, 철도시설, 도로·항만·하천 등 10개 부문에 걸쳐 있었으나, 그중 특히 농업에 관한 계획요항에 중점이"[6] 두어졌다. 그중 농업에 대한 것으로는 다음과 같이 열거하고 있다.[7]

1. 조선의 실력을 증진하고 <u>제국의 양식에 충실히 공헌하기 위하여</u> 산미(産米) 개량 증식을 도모할 것.
2. 양식을 충실히 하기 위하여 쌀 이외의 식용작물의 개량 증식을 도모할 것.
3. 수이출에 적합한 농산물의 개량 증식을 도모할 것.
4. 조선내 공업의 소지를 배양하기 위해 <u>공업 원료에 적합한 농산물의 개량 증식을 도모</u>할 것.
5. 농가의 부업으로서 <u>잠업의 장려 보급을 도모</u>할 것.

---

5) 위의 책, 368~369쪽.
6) 위의 책, 369쪽.
7) 위의 책, 369쪽.

6. 농업노동력을 충족하고 식육(食肉)의 충실을 기하기 위해 소의 개량 증식을 도모할 것.
7. 조선에 적응하는 말과 양의 종류 시험을 행할 것.
8. 농업의 견실한 발달을 기하기 위해 소작 관행을 개선하고 기타 소농 보호에 관한 시설을 행할 것.

즉 산미증식과 그것의 수이출(제1항과 3항), 공업원료로 적합한 육지면의 재배(제4항), 양잠업 진흥(제5항) 등에 힘쓰도록 하였다. 이 내용을 구체적으로 "특히 산미(産米)에 관한 것은 경지의 확장 개량 및 경종법의 개량이며, 쌀 이외의 농작물은 면화·과수의 재배 장려이며, 양잠업은 양잠 호수의 증가, 축산은 축우 개량 증식 등에 유념할 필요가 있다"[8]고 지적하였다.

한편 제1차 세계대전 이후 일본자본주의의 급속한 발전에 따른 도시인구의 급증은 미곡의 수요를 격증시켜 미곡 투기업자의 매점을 격화시키고 있었다. 일본 인구는 매년 70만명씩 증가하면서 식량이 크게 부족하게 되었다. 일본의 식량 부족으로 인하여 1918년에는 쌀소동이 일어나게 되었고, 일본에서의 미가 등귀는 조선미에 대한 수요를 불러 일으켜 일본으로의 수출을 급증시켰다.

일본의 미곡수입량은 1918년에 미곡 650만 석(조선쌀 170만 석, 대만쌀 110만 석, 외국쌀 360만 석)이었는데, 1919년에는 950만 석(조선쌀 280만 석, 대만쌀 120만 석, 외국쌀 540만 석)으로 크게 증가하였다. 이에 일본 정부는 일본 내 산미증식이 절실히 요구되어 1919년에는 「개간조성법」, 「경지정리법」의 개정, '홋카이도 산미증식계획'을 실시하였다.[9]

---

8) 위의 책, 370쪽.
9) 박경식, 『일본제국주의의 조선지배』, 청아출판사, 1986, 223쪽.

아울러 식민지의 산미증식도 계획하였다. 즉 일본 본국의 문제를 해결하기 위해 조선총독부는 조선을 쌀 생산국으로 재편하기 위한 정책을 실시하였다. 일본인 학자인 고바야가와 구로[小早川九郎]도 "「조선산업에 관한 계획요항」에는 적혀 있지 않지만, 조선의 산미(産米)는 제국의 식량문제와 중대한 관계에 있고, 내지에서 소통의 길에 특히 유념 고려해야 한다"[10]고 인지하고 있었다. 조선에서의 산미증식계획은 일본 제국의 식량 문제와 직결되어 있는 문제라고 인식하고 있었다.

조선총독부도 조선의 '산미증식계획'이 일본 제국의 식량 문제 해결을 위한 길이라고 스스로 말하고 있었다.

> 조선 산미증식계획은 앞으로 크게 산미증식의 길[途]을 강구하여 제국 식량의 지급에 이바지하기 위해 먼저 관개 및 개간사업의 진척을 도모하지 않을 수 없다. 그런데 다행히 조선에는 내지에 비해 유리하게 이러한 토지개량사업을 경영할만한 토지가 많다.[11]

즉 일본제국의 식량 보급을 위해 조선에서 산미증식계획을 실시하고, 그를 위해 관개 및 개간사업을 진행하며, 조선에는 그럴만한 토지가 많다는 주장이었다. 일제는 조선을 쌀 생산지로 재편하기 위한 정책을 실시해갔다. 조선총독부가 발행한 『시정 25년사』에는 다음과 같이 기록하고 있다.

> 당시 내지(일본 : 필자 주)는 극심한 식량 부족으로 매년 300만 석 내지 500만 석의 외국미를 수입하였다. 1919년에는 외국쌀 수입액이

---

10) 小早川九郎, 『朝鮮農業發達史』(政策篇), 1944, 370쪽.

11) 朝鮮總督府, 『朝鮮ノ米』, 1923, 付錄 1쪽(박경식, 『일본제국주의의 조선지배』, 청아출판사, 1986, 222쪽 재인용).

464만 석, 1억 6,200만 원(圓)이라는 거액에 달하였으며, 1918년에는 도야마현[富山縣]에서 쌀소동이 발생하였다. 미곡의 수요는 인구증가에 상응하여 장차 더욱 증가할 것으로 예상되어 식량문제의 해결은 당시 우리 국민의 사활이 걸린 중요 안건이었다. 그런데 내지에서는 쌀의 증산을 크게 기대할 수 없었지만, 조선은 전술한 바와 같이 관개설비가 매우 불안전하여 논의 대부분이 천수답이었기 때문에 토지개량사업을 일으키면 천여(天與)의 쌀산지가 되고, 또한 반도의 부력(富力)을 증진시키는 최첩경이 된다. (중략) 그러므로 이때 더욱 적극적으로 토지개량사업을 일으켜 경지의 개선 확장을 도모하고 경종법(耕種法)을 개선한다면 산미증식의 전망은 밝다. 그래서 사이토 마코토[齋藤實] 총독은 취임하자마자 이에 착안하여 산미증식계획을 수립하였던 것이다.[12)]

즉 일본에서는 급격한 인구의 증가, 공업화의 진전 등으로 인하여 극심한 식량난에 처하였으며, 매년 300만 석 내지 500만 석의 외국미를 수입하였다. 그러다가 1918년에는 도야마현[富山縣]에서 쌀소동이 일어났다. 이제 일본에서 식량문제의 해결은 일본 국민의 사활이 걸린 중요한 문제가 되었다. 즉 주식인 쌀의 증산과 공급은 일본 국가가 해결해야 할 당면과제였다. 이에 일제는 쌀 증산계획을 세우게 되었다. 쌀 증산계획은 일본 본국뿐 아니라 식민지인 조선과 대만 등에서 실시하고자 하였는데, 식민지 조선이 그 정책의 대상지로 삼기에 훨씬 수월하였다.

당시 조선에 거주했던 유력한 일본인 지주자본가의 한 사람으로 '토지개량주식회사'의 사장이었던 후지이 간타로[藤井寬太郞]는 「조선의 산미증식계획과 수리사업」에서 "일본이 매년 인구가 70만명씩 증가하고, 그에 따라 식량 부족 현상이 심화되어 외국에서 쌀을 수입해오는데,

12) 朝鮮總督府, 『施政二十五年史』, 1935, 390~391쪽(박경식, 『일본제국주의의 조선지배』, 청아출판사, 1986, 223쪽 재인용).

그것을 조선과 만주의 지역에서 산미를 증식하여 일본으로 들여오도록"[13] 그 방책을 요구하였다. 이와 같이 일본의 절실한 요구로 인해 조선에서 산미증식계획이 실시되었다. 즉 일본 본국의 식량 부족을 식민지 조선에서 쌀을 증산하여 해결하고자 하였던 것이다.

한편 제1차 세계대전 시기에 일본의 산업자본가들은 동남아시아 및 세계로 시장을 확대하여 일본의 자본제상품을 판매하였다. 그리하여 일본 자본주의가 크게 발전하였다. 세계대전이 끝난 후 미국과 영국이 방적업을 장려하면서 원면의 수출을 통제하자, 일본이 면을 원활하게 공급받지 못하게 되었다. 일본 방직업은 곤란에 처하게 되었다. 그리하여 일본뿐 아니라 조선에도 면의 생산을 촉진하여 공급받고자 하였다. 이에 조선에서 육지면 재배면적을 확대하고 육지면 수확량을 늘려 일본에 이출하는 정책을 실시하였다.

제1차 세계대전 중에 미국의 경제가 발전하고 견공업(絹工業)이 발달하면서 일본은 대미 생사(生絲) 수출로 경제적 이익을 얻고 있었다. 일본은 1930년에 세계시장에서 일본 생사의 공급이 70%에 달하면서 수출에 따른 큰 이익을 얻고 있었다.[14] 일본은 1919년에 '조선잠업령'을 공포하여 조선의 양잠업을 재편하고자 하였고, 1925년에는 '산견백만석 증수계획'을 세워 수확한 누에고치와 잠사를 일본을 거쳐 세계 시장에 판매하려는 목표를 세우게 되었다. 1920년대 조선총독부의 농업정책은 산미증식, 육지면 재배의 장려와 재배면적의 확대, 양잠업의 장려에 중점을 두었다. 그중 조선총독부가 심혈을 기울인 것은 단연 산미증식계획이었다.

---

13) 朝鮮及滿洲社, 『朝鮮之硏究』, 1930, 197~199쪽.

14) 日本農學會編, 『日本農學50年史』, 東京, 養賢堂, 1980, 117쪽.

3. 산미증식계획의 실시

제1차 세계대전 이후 일본 인구의 폭발적인 증가와 식량 부족으로 인한 쌀소동(1918)은[15] 일제의 지배층이 쌀 문제를 해결해야 할 당면문제로 인식하게 하는 중요한 계기가 되었다. 조선총독부는 "일본에서 식량문제의 해결은 당시 우리 국민의 사활이 걸린 중요 안건이었다"[16]라고 인식하고 있었다. 그 식량 문제를 해결하기 위해 일본은 본국에서 1919년에 '개간조성법' '경지정리법' 개정, '홋카이도 산미증식계획'을 실시하였지만, 일본 내지의 쌀 수요를 제대로 충족할 수 없었다. 일본은 해마다 60~70만명의 인구가 증가하였고, 일본 국민의 주식인 쌀은 더욱 필요하게 되었다. 당시 일본은 매년 400~500만 석의 쌀을 수입해야만 했다. 일본의 미곡수입량은 1918년에는 미곡 650만 석이었고, 1919년에는 미곡 950만 석에 달하였다.[17] 1919년에 외국쌀 464만 석의 수입금액은 1억 6천 2백만 원에 달하였다.[18] 이와 같이 일본은 막대한 금액을 들여 쌀을 수입하고 있었다.

이에 일본은 식민지였던 대만과 조선에서 논의 면적을 확대하면서 쌀을 증산하여 일본 본국으로 헐 값에 수입해오는 것이 중요 과제였다. 그리하여 조선에서 1920년에 산미증식계획을 시행하였다. 일제는 본국

15) 1918년 일본 인민들이 상인자본에 의한 쌀의 매점 매석과 절대적인 공급량 부족으로 쌀값이 폭등하고 미곡을 매입할 수 없게 되자 일으킨 폭동이다. 1918년 7월 23일 일본 도야마현[富山縣] 시모니가와군[下新川郡] 우오즈정[魚津町]의 어촌 부녀자들이 쌀의 이출 금지를 요구한 데서 비롯된 폭동은 전국의 1도, 3부, 38현, 38시, 153정, 177촌 합계 368개소에 파급되어 9월 17일까지 약 70만명이 참가했다고 하며, 이로 인해 9월 12일 데라우치[寺內] 내각이 사퇴하고 하라 케이[原敬]를 수상으로 하는 최초의 정당 내각이 성립되었다.

16) 朝鮮總督府, 『施政二十五年史』, 1935, 390~391쪽.

17) 박경식, 『일본제국주의의 조선지배』, 청아출판사, 1986, 223쪽.

18) 朝鮮總督府, 『施政二十五年史』, 1935, 390~391쪽.

에서 쌀의 식량위기에 대처하기 위하여 조선쌀을 증산하여 그중 많은 부분을 일본으로 이출해가는 것이 필요하였다.

일제는 식민지였던 조선의 산업구조를 개편하여 논의 면적을 증가시키고 수리사업을 활발히 벌여 쌀의 생산량을 증가시키는 '산미증식계획'을 실시하였다. 이전 시기에는 우량품종의 보급, 자급비료의 중시 등 경종법 개량을 중심으로 하여 미곡을 증산하려한 데 반해, 산미증식계획에서는 대규모의 관개 개선 등 토지개량을 통하여 미곡을 증산하려 하였다.

산미증식계획은 30년을 기한으로 정하여, 1920년 현재 기성답의 관개 시설을 개선할 수 있는 토지 약 40만 정보, 밭을 논으로 바꿀 수 있는 토지 약 20만 정보, 황무지·간석지를 개간 간척하여 논으로 만들 수 있는 토지 약 20만 정보, 합계 약 80만 정보에 대해 토지개량사업을 할 수 있다고 보았다. 그중 제1기 계획은 1920년부터 1935년까지 15년 계획이었다. 그 15년 동안 427,500정보(관개 개선 225,000정보, 논으로의 지목 변환 112,500정보, 간척 9만 정보)의 농지를 토지개량사업을 통해 확보하도록 계획하였다. 아울러 쌀 900만 석의 증수를 계획하고, 그중 800만 석을 일본으로 이출해갈 계획이었다.[19] 즉 일본 본토의 쌀부족 현상을 해소하면서 쌀 공급을 안정적으로 확보하기 위해 조선에서 산미증식계획을 실시한 것이었다.

산미증식계획을 추진하기 위하여 1920년 11월에는 총독부에 토지개량과를 신설하여 토지개량사업의 장려 감독 기본조사 관계 업무를 관장케 하였다. 이어 동년 12월에는 '토지개량 보조규칙'을 제정하여 공사비 보조율을 종래의 15%에서 개간 간척 시행면적 10정보 이상인 경우 공사비의 30% 이내, 지목 변환 시행면적 30정보 이상인 경우 공사비의

19) 박경식, 『일본제국주의의 조선지배』, 청아출판사, 1986, 225~226쪽.

20% 이내에서 보조금을 지급하는 것으로 인상하였으며, 1923년 2월에는 '토지개량 보조규칙'을 개정하여 특수한 경우에는 정률 이상의 보조도 가능하도록 하였다.[20]

제1기 계획은 1925년까지 6년 동안 매년 2백 수십만 원의 사업조성비를 조선총독부 예산에서 지출하는 데 그쳐 토지개량 12만 정보 중 9만 정보밖에 수행하지 못하였다. 그 이유는 조선 농민의 반대와 사업자금의 금리가 고율이어서 기업가가 대여하여 사업을 수행하기 어려웠다.[21] 조선총독부는 1926년부터 제2기 계획을 수립하면서 새로이 저리자금을 알선 공급하여 기업이 원활히 참여할 수 있도록 하였다. 또한 비료증시계획을 수립하여 판매비료의 사용을 증가토록 하였으며, 그 외 농사 개량을 촉구함으로써 사업의 촉진을 도모하였다.[22] 즉 일본 정부로부터 막대한 저리자금이 대여되면서[23] 총독부가 직접 지도 감독을 실시하였다. 제2기 계획의 투하자본 3억 2,500만원 중 90%에 해당하는 2억 9,300만원이 정부보조금 내지 정부저리자금이었다. 제2기 계획의 목적은 일본의 식량문제를 해결하고, 외국쌀의 수입을 억제하며 일본인 농업 이민을 추진시키고 조선 통치에 공헌한다는 것이 주된 것이었다.

산미증식계획은 조선농촌에 막대한 국가자본과 국고보조금을 투하하여 '권력적인 관청의 폭력과 기업가적인 지주의 왕성한 활로'[24]를 보증하고 결국 조선인 소유의 토지에 대한 고리대자본의 투자, 농지의 세분화, 반봉건적 소작관계의 확대 재생산, 미곡통제와 미가인하정책 등의 모든

20) 박석두, 「제3편 일제의 식민지 지배체제 구축과 농업·농촌」『한국 농업·농촌 100년사』, 농림부, 2003, 459~463쪽.

21) 東畑精一·大川一司, 『朝鮮米穀經濟論』, 日本學術振興會, 1935, 14~15쪽.

22) 위와 같음.

23) 제1기 계획시에는 금리가 연 9.5%~11%이었는데, 제2기 계획에서는 연 7.4%로 시장 이율 연 9.5%~11%에 비해 저리였다.

24) 久間建一, 『朝鮮農政の課題』, 1944, 31쪽.

수단으로 조선 농민에 대한 착취를 한층 더 강화하여 조선 농촌경제를 파괴하였다.[25)]

산미증식계획이 진행됨에 따라 조선의 쌀생산량은 증가하였다. 즉 1920년에는 생산고가 1,270만 석이었던 것이 1928년에는 1,730만 석으로 증가하였다. 〈표 8-1〉에서 보듯이 1910년대에는 조선 쌀 생산량이 1,100만 석 내지 1,500만 석이었는데, 산미증식계획이 실시된 1920년대는 1,500만 석에서 1,700만 석으로 증가하였다. 그러나 일본으로의 쌀 수출량은 증산된 생산량을 훨씬 능가하였다. 일본으로 쌀 수출량이 1910년대는 130만 석에서 290만 석 가량이었는데, 1920년대는 300만 석에서 700만 석으로 급격히 증가하였다. 증산된 쌀 생산량 이상으로 일본으로 수출되었다.

산미증식계획이 실시되면서 조선쌀의 생산량 증가비율보다 일본에의 수출비율이 크게 증가하였다. 산미증식계획은 조선쌀의 일본수출을 증가시키는 한편 일본인과 일부 조선인 지주에 의한 토지겸병을 촉진시켰고 따라서 조선의 중소지주와 자영농 그리고 빈농층을 몰락시켰다. 특히 농민층의 조세 부담의 증가와 과중한 수리조합비의 부담은 농민층의 몰락을 가중시켰다.

〈표 8-1〉에서 보듯이 1921년에 조선의 쌀 생산량이 1,480만 석이었고 그중 일본으로 수출량이 308만 석이었는데, 1928년에 조선의 쌀 생산량은 1,720만 석, 쌀 수출량은 740만 석이었다. 즉 쌀 생산량은 240만 석 증가하였는데, 일본으로 쌀 수출량은 그보다 훨씬 많은 430만 석 증가하였던 것이다. 조선에서 증가된 쌀 생산량 이상으로 일본으로 이출되었던 것이다.

이와 같이 조선에서 일본으로의 쌀생산량과 수출량의 불균형상태가

25) 박경식, 『일본제국주의의 조선지배』, 청아출판사, 1986, 234~239쪽.

<표 8-1> 미곡생산 수출 소비량

	생산고 (천석)	일본으로 수출 (천석)	조선인 1인당 소비량(석)	일본인 1인당 소비량(석)
1912	11,568	2,910	0.7724	1.068
1915	14,130	2,058	0.7376	1.111
1917	13,933	1,296	0.7200	1.126
1919	15,294	2,874	0.7249	1.124
1920	12,703	1,750	0.6301	1.118
1921	14,882	3,080	0.6749	1.153
1922	14,324	3,316	0.6340	1.100
1923	15,014	3,624	0.6473	1.153
1924	15,174	4,722	0.6032	1.122
1925	13,219	4,619	0.5186	1.128
1926	14,773	5,429	0.5325	1.131
1927	15,300	6,136	0.5245	1.095
1928	17,293	7,405	0.5402	1.129
1929	13,511	5,609	0.4462	1.110
1930	13,511	5,426	0.4508	1.077

출전 : 『조선미곡요람』(박경식, 『일본제국주의의 조선지배』, 청아출판사, 1986, 236쪽 재인용)

격심해지자, 조선 농민의 식생활에 큰 불균형을 가져왔다. 조선인 1인당 쌀 소비량은 1921년에는 1년에 약 6말 7되 5홉이었는데, 1930년에는 4말 5되로 감소하였다(<표 8-1> 참조).

반면에 1921년에 일본인 1인당 쌀 소비량은 1.153석이었다. 일본인의 쌀 소비량은 조선인의 소비량의 약 1.7배에 해당하였다. 조선인은 쌀을 더 많이 생산하였는데도 불구하고, 쌀 소비량은 점점 줄어들어가고 있었다.

이러한 현상은 1930년대 말 이후 더욱 심각해졌다. <표 8-2>에서 보듯이 조선인 1인당 쌀 소비량은 감소하였고, 그 부족분을 잡곡으로 수입하여 대체하였다. 시기가 내려올수록 쌀과 잡곡의 소비량이 감소함으로써 조선인 1인당 곡물소비량은 지속적으로 감소해갔다.

1920년대 산미증식계획은 표면적으로 조선내의 식량 수요 증가에

〈표 8-2〉 조선인 1인당 곡물 소비량(단위 : 석)

	쌀	잡곡	합계
1938	0.769	0.886	1.655
1939	0.610	0.819	1.429
1940	0.720	0.717	1.437
1941	0.736	0.733	1.469
1942	0.578	0.494	1.072
1943	0.552	0.683	1.235
1944	0.557	0.501	1.058

출처 : 조선총독부 『조선총독부통계연보』

대비하고, 농가경제의 성장으로 반도경제의 향상을 도모하며, 제국의 식량문제 해결에 이바지하도록 하는 데 목적이 있다고 하였으나, 그 궁극적 목적은 일제 본국의 식량문제 해결에 있었으며, 결과적으로 "놀랄만한 생산성 향상이 놀랄만한 농민의 빈곤을 초래"[26)]함으로써 정반대의 결과로 귀결되었다.

조선총독부에서 1920년대에 산미증식계획을 실시하면서 조선 농업구조에 큰 변화를 가져왔다. 첫째, 1910년대에 이어 일본 벼 품종의 식부면적이 크게 증가하였다. 1912년에 일본 벼 품종의 재배면적이 조선 벼 재배면적의 2.2%이었다가 1920년에 51%로 증가하였고, 1930년에 70%, 1940년에 91%로 지속적으로 증가하였다. 둘째, 미곡단작농업이 정착되었다. 1920년대를 거치면서 벼의 재배면적이 증가하였고, 특히 경기 이남의 지방에서 벼의 재배면적이 과반수를 넘어 70%에 이르렀으며, 서북부지방에서도 벼의 재배면적이 급속히 증가하였다. 셋째, 관개설비 논이 증가하였고, 시비의 양도 증가하였다. 특히 판매비료의 시비가 증가하였다. 넷째, 쌀의 생산량이 증가하였으며, 증수량을 초과하여 일본으로 이출도 크게 증대하였다.

26) 임병윤, 『식민지에 있어서 상업적 농업의 전개』, 동경대출판회, 1971, 334쪽.

그러나 산미증식계획의 부정적 측면도 크게 나타났다. 첫째, 한국의 농업구조가 미곡을 중시하는 수전농업 중심으로 운영되면서 미곡 단작화 농업지대로 재편되었다. 즉 곡물 재배의 다양성이 줄어들게 되었다. 둘째, 수전농업이 몇 개의 우량품종으로 교체됨으로써 상품화에는 유리하지만 농학상으로 불리하게 되었다. 단일 품종으로 식부된 벼는 농학상으로 병충해 및 가뭄에 취약하였다. 셋째 조선의 전통농법 혹은 재래품종이 축소되거나 소멸되었다. 농법과 품종은 몇 천년 동안의 기후와 풍토에 적응하면서 개량되어 온 것인데, 그것이 일제시기를 거치면서 극히 일부 지역에서 행하는 것으로 축소되거나 소멸되었다. 나아가 일제시기에 밭농사는 경시되었기 때문에 밭의 품종과 밭재배기술이 소멸되거나 위축되었다. 넷째 증산된 쌀이 대부분 일본에 값싸게 이출됨으로써 조선 농민이 혜택을 입지는 못하였다.

4. 육지면 재배면적의 확장[27)]

일제는 1910년 조선을 병탄한 후 조선을 식량 원료의 공급기지로 재편하고자 하였다. 원료로서 주목한 것은 면화와 생사였다. 면화는 일본 면방직공업의 원면으로 공급되었다. 즉 조선총독부는 조선을 일본 면방직공업의 원면공급지로 재편하고자 하였다. 일본자본주의의 발달을 위해 일본은 서구의 면직공장과 경쟁해야 했고, 제1차 세계대전 이후 미국, 영국 등이 자국의 산업 보호를 위해 면화 수출을 금지하자 일본은 자국의 면직공업의 발달을 위해 원료인 면화가 매우 필요하게 되었다. 일본산 면화는 방적의 원료로 적당하지 않아, 인도면·미국면·중

27) 이 부분은 권태억, 『한국근대면업사연구』, 일조각, 1989를 많이 참조하였다.

국면을 수입하여 공장 원료로 이용하였다. 그런 와중에 1906년 방적사로 적합한 육지면의 조선 재배가 성공하자 조선을 육지면 재배지로 육성하고자 하였다.

1912년에 조선에서 육지면 재배면적은 7천 정보, 수확량은 700만 근, 재래면 재배면적은 5만 7천 정보, 수확량은 2,700만 근, 합계 재배면적은 6만 4천 정보, 수확량은 3,400만 근에 불과하였다. 이것을 바탕으로 조선총독부에서는 1912년부터 6개년 계획으로 육지면 10만 정보, 재래면 2만 정보의 재배면적을 확보하여 육지면 1억 근, 재래면 1,500만 근을 수확하는 '면작 장려 제1기 계획'을 수립하였다. 이 계획은 1918년에 어느 정도 성과를 거두어 육지면 재배면적 9만 4천 정보, 생산량 6,000만 근, 재래면 재배면적 3만 6천 정보, 생산량 1,700백만 근이 되었다.[28]

그러자 1919년에 '면작 장려 제2기 계획'을 수립하여 10년 동안 육지면 10만 정보, 재래면 3만 5천 정보의 재배면적을 추가로 확대하여 총 재배면적 25만 정보, 생산량은 2억 5천만 근을 생산하도록 계획하였다. 그 계획은 1928년에 총재배면적 20만 6천 정보(육지면 13.8만, 재래면 6.8만), 생산량 1억 7천만 근(육지면 1.2억, 재래면 0.5억)이 되었다. 계획 대비 재배면적은 80%, 생산량은 68%의 성과를 거두었다.[29]

그 후 조선총독부는 1933년부터 20년간 재배면적 50만 정보, 실면 생산량 6억 근의 계획을 세우고, 전반기 10년 동안 재배면적 35만 정보, 실면 생산량 3억 근을 생산하는 계획을 세웠는데 실제로 1942년에 그 계획에 미치지 못했지만 재배면적 34만 정보(육지면 33.2만, 재래면 0.8만), 생산량 2억 1천만 근(육지면 2.1억, 재래면 0.03억)에 달하는 결과를 얻었다. 심지어 1943년에는 육지면 수확량이 3억 2천만 근에 육박하였으며,[30] 재래면은 거의 소멸하였다. 1912년과 1943년을 비교하

28) 이영학, 『일제의 농업생산정책』, 동북아역사재단, 2022, 160쪽.

29) 이영학, 위의 책, 2022, 211쪽.

면 재배면적은 5배, 생산량은 9.4배 증가하였다.

일제시기 농업생산액 구성을 살펴보면, 1910년대와 1940년대를 비교한 결과 가장 많이 증가한 것이 면화였다. 1910~1914년 면화는 전체 농업생산액에서 0.8%의 비중을 차지했는데, 1940~1944년에는 2.9%로 증가하였다.[31] 조선 재래면은 거의 소멸되어 갔고, 육지면 재배면적의 급증과 그에 따른 실면 생산량 증가는 일본 방적자본의 원료에 대한 효과적 공급을 가능케 했던 것이다.

이제 구체적으로 1920년대 총독부의 육지면 재배정책을 살펴보자. 일제가 제1차 세계대전 중에 동남아시아 시장을 잠식해 들어가면서, 일본의 공업이 크게 발달하였다. 특히 제1차 세계대전 중에 일제의 면방직공업은 크게 성장하였다. 이 시기 영국과 미국은 면방직공업의 진흥을 위해 면화 수출에 통제를 가하였다. 전쟁이 끝난 후 서구 국가들의 방적업이 부활하면서 면화 가격이 등귀하고 면화 수출을 통제하게 되자 일본은 면화 구입에 어려움을 겪게 되었다. 이에 위기를 느낀 일제는 북중국과 남미 등지에서 면화 수입을 검토했으나 쉽지 않았다.

그리하여 일제는 식민지 조선에서 원면 공급을 받고자 하였다. 조선의 재래면은 방적사로 적절하지 않아 육지면 증산을 도모하게 되었다. 조선총독부는 1919년부터 육지면 재배 장려를 위한 10개년 계획을 세웠다. 1912년부터 1918년까지 육지면 10만 정보, 재래면 2만 정보의 목표를 세워 전라·경상·충청도에 육지면 재배면적을 확대하는 정책을 실시하여 어느 정도 성과를 거두었다.[32] 그것을 계승하면서 추가적으로 육지면 10만 정보, 재래면 3만 5천 정보를 추가하여 총 25만 정보의 면화재배면적

30) 배민식, 「제4편 공황과 전시체제하의 농업·농촌」『한국 농업·농촌 100년사』, 한국농촌경제연구원, 2003, 770~773쪽 ; 이영학, 위의 책, 2022, 〈표 4-6〉 참조.

31) 염정섭·소순열, 『농업기술과 한국문명』, 들녘, 2021, 367~372쪽.

32) 1917년 현재 파종면적이 육지면은 7만 2천 정보, 재래면은 3만 6천 정보에 이르러 육지면은 계획보다 3만 정보가 미달하였다.

을 확보하고 면화 생산량을 약 2억 5천만 근 확보한다는 계획을 공포하였다. 지역별로는 전라남북·경상남북·충청남북도의 남부 6도는 주로 육지면을 재배하게 하고, 경기·황해·평안남북 4도는 재래면을 경작하게 할 계획이었다.[33]

1919~1928년의 10년 동안 농경지를 육지면 재배지역으로 바꾸거나 혹은 천수답을 밭으로 변경하면서 면화 재배 지역을 확대해가려고 하였다. 나아가 콩·팥·조를 심은 밭을 육지면 재배 지역으로 변경하고자 하였다.[34] 이와 함께 조선총독부는 단위면적당 생산량 증가에도 관심을 기울였다. 제1기 계획시기에 재배면적 확대에 급급했던 결과, 재배면적 확장에 비해 면적당 수확량은 그만큼 늘지 않았고, 제2기 계획기간 중 면화 가격이 대체로 낮은 수준에서 변동이 심해 파종면적의 확대가 쉽지 않아 단위면적당 생산량 증가가 중요했다. 단위면적당 생산량을 증가시키기 위해 목포면작지장(木浦棉作支場)을 비롯한 연구기관에서 실험·연구한 발달된 재배법을 군면작기술원(郡棉作技術員) 배치를 통하여 이루고자 하였다.

일제는 1922년부터 지방에 면작기술원을 배치해 면작을 장려하면서 시험기관에서 연구한 재배법을 전달하고자 하였다. 그리하여 면작기술원이 파견되는 면작지도리동(棉作指導里洞)이 지정되었다. 면작 정책의 중심지였던 전남의 경우 1922년에 59개소에 최초로 설립되었고, 1925년에는 133개소로 증가했으며 그에 소속된 농가가 12,935호에 달하였다.[35] 이 지도리동에는 도 지방비를 보조하여 전속지도원을 배치하고, 농구·비료를 공동 구입하게 하며, 면화재배법을 개량시키는 특혜를 주도록 하였다.[36]

33) 권태억, 『한국근대면업사연구』, 일조각, 1989, 103~108쪽.
34) 권태억, 위의 책, 1989, 108쪽.
35) 『全南棉花』, 1924 ; 全羅南道 農會, 『全南の棉花』, 1936.

이러한 지도리동(指導里洞)에는 공동면작포(共同棉作圃)를 설치하고 부녀면작강화회(婦女棉作講話會)를 개최하는 등 생산력 발전을 위한 새로운 시도를 행하였다. 공동면작포란 공동으로 면작을 재배하는 곳이었다. 특히 부녀공동작포(婦女共同作圃)를 설치해 부녀들이 공동으로 노동력을 투여하여 면화 재배를 시도하도록 하였다. 부녀면작강화회는 면화 재배에 부녀자들이 많이 참여했기 때문에 모임을 만들어 면화재배법을 알려주거나 혹은 선진 지역을 시찰하게 하여 면화 재배를 장려하기 위한 것이었다.

이와 같이 조선총독부가 여러 가지 시도를 하였지만, 제2기 계획도 예정된 목표를 달성하지 못하였다. 〈표 8-3〉에서 보듯이, 처음 예정한 계획이 끝나는 해인 1928년 현재 총파종면적 20만 정보(육지면 13.8만, 재래면 6.8만)이고, 수확고는 1억 7천만 근이 되었다. 이는 예정 계획에 비해 파종면적은 약 8할, 수확량은 약 7할에 불과한 것이었다.[37] 그 원인은 조선인의 저항과 육지면 가격의 변동 때문이었다. 1919년 3·1운동의 영향으로 조선 농민이 일제의 정책에 협조하지 않았고, 나아가 면화의 국제 가격 변동이 심하여 조선 농민들이 재배 이익을 얻기 어려웠기에 조선총독부가 강요하더라도 농민들은 따르지 않았다.

예를 들면 〈표 8-4〉에서 보듯이 1918년과 1919년에는 실면 가격이 25엔과 34엔이었는데, 1920년과 1921년에는 11엔과 12엔으로 급격히 폭락하였다 그 후 실면 가격이 점차 상승하다가 1926년에는 11엔으로 다시 폭락하였다. 육지면 재배 농민들은 재배 이익이 제대로 보장받지 못하면 재배를 포기하였다. 특히 1928년 이후 세계적인 대공황으로

36) 권태억, 『한국근대면업사연구』, 일조각, 1989, 108~112쪽.

37) 小早川九郎, 『朝鮮農業發達史』(政策篇), 1944, 373쪽 ; 『조선농회보』 2-10 (1928.10), 61쪽. 조선농회에서도 1927년에는 "총파종면적 20만 정보, 수확고 1억천만 근으로서 예정 계획에 비해 파종면적은 약 8할, 수확량은 약 6할"의 성과에 그치고 있다고 평가하고 있었다.

〈표 8-3〉 육지면 재배면적·생산량·면적당 수확량(단위 : 千町/千斤/斤)

연도	육지면			재래면		
	재배면적	수확고	반당수량	재배면적	수확고	반당수량
1912	7	7,216	99	57	27,346	54
1913	16	13,445	85	56	26,034	55
1914	24	17,470	73	51	22,001	53
1915	35	28,668	83	44	19,118	61
1916	54	31,331	58	37	16,239	52
1917	72	54,554	76	36	17,701	67
1918	94	60,681	64	36	17,224	60
1919	109	86,025	79	36	11,334	67
1920	107	88,461	83	40	26,256	78
1921	105	67,858	68	43	27,589	65
1922	104	88,778	85	47	29,930	79
1923	110	96,827	88	49	30,771	80
1924	118	106,927	91	53	30,928	81
1925	139	101,225	73	59	38,959	71
1926	152	118,265	78	65	43,820	75
1927	138	107,718	78	67	44,318	74
1928	138	121,771	88	68	49,096	83
1929	124	113,522	92	62	44,716	85
1930	132	127,329	96	60	41,442	87
1931	131	178,722	60	61	37,191	60
1932	100	111,909	112	59	42,369	97
1933	117	114,313	97	59	45,102	90
1934	133	120,774	91	60	34,261	80
1935	142	169,949	115	62	43,800	102
1936	164	89,392	54	64	47,983	60
1937	175	200,420	114	48	39,868	83
1938	189	180,083	95	46	30,287	65
1939	222	191,462	86	31	18,874	61
1940	279	180,223	65	14	6,618	46
1941	317	199,620	63	9	4,607	45
1942	332	210,279	63	8	3,774	47
1943	311	318,899	104	5	5,296	98
1944	300	246,984	83	6	2,853	45

출전 : 권태억, 『한국근대면업사연구』, 일조각, 1989, 118쪽 ; 1943~1944년은 曺晟源, 『植民地期朝鮮棉作綿業の展開過程』, 도쿄대학 박사학위논문, 1993, 45쪽(배민식, 「제4편 공황과 전시체제하의 농업·농촌」『한국 농업·농촌 100년사』 상, 한국농촌경제연구원, 2003, 771쪽 재인용).

〈표 8-4〉 실면(實棉) 공동판매 평균 가격

연도	가격 (円)	연도	가격 (円)
1918	25.15	1925	19.92
1919	34.16	1926	11.09
1920	11.47	1927	17.67
1921	12.34	1928	17.64
1922	17.44	1929	14.01
1923	24.94	1930	7.96
1924	27.00	1931	6.56

출전 : 『朝鮮の棉花事情』, 87~89쪽(小早川九郎, 『朝鮮農業發達史』(政策篇), 1944, 374쪽 재인용)

면화가격이 폭락함으로써 면화 재배 농민들이 크게 피해를 보게 되자 1931년 이후 육지면 재배면적이 크게 감소하였다. 1931년 13.1만 정보였던 것이 1932년에는 10만 정보, 1933년에는 11.7만 정보로 대폭 감소하였다(〈표 8-3〉 참조).

1920년대 중반 이후 조선총독부가 계획했던 대로 육지면 재배면적이 확대되지 않자, 일부 지역에서는 관료의 강압적 농정이 재현되었다.[38]

1925년에는 전남 영광군에서 면작조합 직원이 면서기와 공립보통학교 생도 20여 명과 함께, 농민이 면화밭에서 다른 작물을 함께 심었다고 질타하면서 밭을 짓밟는 만행을 저질렀다.[39] 1928년에는 김제농회에서 농업 기수(技手)가 인부를 데리고 각 면을 다니면서 밭에 파종한 보리를 괭이로 파엎고 면화를 파종하게 하였다. 이에 최치명이란 농민이 항의하자, 농업기수 2명이 그를 폭행했고, 그 광경을 보고 있던 농민 100여 명이 격분해 폭력을 동반한 큰 충돌이 일어났다.[40] 이러한 강압적 농정은 지역에 따라 차이는 있지만 이 시기에 일상적으로 행해지고 있었다. 관에서는 계획한 육지면 재배면적을 달성하려고 하였고, 조선 농민들은

38) 권태억, 『한국근대면업사연구』, 일조각, 1989, 112쪽.
39) 『동아일보』 1925년 8월 27일.
40) 『동아일보』 1928년 4월 8일.

면화가격이 불안정하여 이익이 담보되지 못한 면화를 계속 심기를 거부하였던 것이다.

일제는 육지면 재배 장려 및 그 생산 면화의 효율적 수거를 위해 일제가 통제할 수 있는 보조기구를 조직하였다.[41] 그것이 면작조합이었다. 면작조합은 육지면 재배사업의 출발지이자 중심지였던 전남·경남 지역에서 1913년부터 시작되었다.[42] 일제는 모든 육지면 경작자들을 면작조합에 의무적으로 가입케하고, 가입자는 육지면만을 재배하고, 아울러 생산된 모든 면화를 조합 위탁을 통해 공동판매하도록 하였다. 또한 공판대금의 일부를 조합비로 납부하도록 하였다.[43] 즉 조합원들은 육지면을 재배하고 생산한 면화를 자가용으로 충당하거나 소작료로 지불하는 외에는 모두 조합의 공동판매에 위탁하도록 하였다. 조합원이 생산한 면화를 공동판매하는 것은 조합사업의 가장 중요한 부분이었다.

그러나 조합은 공판 업무에 관한 전권을 도장관(道長官)에 일임하였고, 도장관은 도내(道內)에 공장을 가진 조면업자(繰棉業者) 중에서 매수인(買受人)을 지정하였다. 일제 당국에 의해 선정된 조면업자를 제외하고는 육지면 매매에 관여할 수 없었다. 이것이 매수인지정 공동판매제(買受人指定 共同販賣制)였다. 즉 공판제도의 취지는 관제조직인 면작조합의 위임이라는 요식행위를 거쳐 권한을 도에 위탁하고, 도당국(道當局)이 이에 기초하여 매매에 관한 제반규정을 결정하는 것이었다. 각 면작조합은 일정한 장소를 택하여 판매일을 정하고 농민들이 판매하고자 하는 면화를 공판소에 가져오게 하여 지정매수인에게 매각하도록 하였다. 당시의 면화가격은 미국의 면화가격에 연동되도록 정하였다.

이러한 지정공판제는 조면업자의 면화 수집에는 편리하였지만, 면화

41) 권태억, 『한국근대면업사연구』, 일조각, 1989, 119~167쪽.

42) 1913년에 설립한 면작조합은 1926년에 '조선농회'가 설립되면서 그에 흡수되었다.

43) 조합비는 공판대금의 1000분의 15 내지 30으로 하였다.

가격을 인위적으로 떨어뜨린다는 점에서 농민의 저항이 심하였다. 이에 농민과 매수인으로 지정받지 못한 상인들의 밀매매가 성행하였다. 이 밀매매는 육지면 재배사업의 중심지인 전남과 경남에서 성행하였기 때문에 조선총독부도 고민하지 않을 수 없었다. 그리하여 조선총독부는 공입찰공동판매법(公入札共同販賣法)과 지역별로 자유판매제를 실시하기도 하였다.[44]

일제는 육지면 재배를 확장하고 공동판매제를 통하여 육지면 수거를 손쉽게 함으로써 일본의 자본주 공장들이 이윤을 담보하면서 자본을 축적해가도록 정책을 집행해갔다. 즉 일제시기 한국의 육지면증산정책은 일본의 방적자본 및 그의 이해를 대변하는 조선총독부에 의해 일방적으로 추진된 정책이었다.

5. 양잠 개량사업

일본은 19세기 말 이후부터 생사를 수출하여 국제수지에서 큰 이익을 얻고 있었다. 일본은 세계적인 생사 수출국이었다. 1905년 당시 일본의 해외 수출품 중 섬유제품의 비중이 약 60%였는데, 그 섬유제품 중 생사와 견직물이 압도적 비중을 차지하였다. 제2차 가쓰라내각(桂內閣 : 1908~1911년) 당시 1910년에 농상무대신의 자문기관인 생산조사회(生産調査會)에서 양잠업에 대한 자문의견으로 "잠사 생산의 성쇠는 국가경제에 큰 영향을 미치고 있다. 우리 산업정책에서 어느 정도까지 주력을 경주하는 것이 중요하다"[45]라고 제시할 정도로 잠사의 비중이 컸다.

---

44) 권태억, 앞의 책, 1989, 134~167쪽.

45) 佐佐木隆爾, 「朝鮮における日本帝國主義の養蚕業政策--第一次大戰期 中心に--」『人文學報』114, 東京都立大 文學部, 1976, 109~110쪽.

일제는 일본 본국뿐 아니라 조선에서도 양잠업을 장려해서 생사를 공급받고자 하였다. 그 작업은 통감부 시기부터 시작하였다. 통감부는 1906년에 권업모범장을 설립하면서 잠실을 마련하고 일본 개량종의 한국 풍토에의 적응 여부를 실험하였다. 1908년 말에 일본의 뽕나무인 노상(魯桑)·시평(市平)·도지내(島之內)·적목(赤木)의 4종을 무상으로 배포하였고, 1909년에는 가잠종(家蠶種) 2,400여 매, 작잠종(柞蠶種) 11,200여 매를 배포하였다.[46]

일제는 1910년 조선을 병탄한 후, 일본의 양잠업 방식을 조선에 이식하기 위해 적극적으로 양잠정책을 추진하였다. 1910년 조선을 병탄하자마자, 총독은 각 도 장관에게 뽕나무 묘목과 잠종 및 잠구(蠶具)의 무상 배포를 훈시하였고,[47] 1912년에 총독은 미작, 육지면, 양잠,[48] 축우에 관한 장려를 훈령으로 공포했으며, 다음 해에는 총독이 각 도 농업기술관에게 우량잠종의 보급, 상묘(桑苗)의 무상 배급과 함께 보조금을 배부하면서 양잠업 장려를 지시하였다.[49] 조선 재래의 양잠업 상황은 향촌에서 뽕나무 재배는 택지 주변 또는 하천 제방 등에 산재하면서 야생의 상태로 이루어졌고, 누에 품종은 여러 종류가 마구 섞여서 생산된 누에고치가 통일되지 않았다. 총독부는 조선의 전통 상황을 고려하지 않고, 일본식 양잠정책을 밀어붙였다.

그 후 1919년에 「조선잠업령」을 제정하여 양잠업에 대한 체제를 정비하고, 1925년부터 15년 동안 '산견백만석증수계획'을 실시하여 양잠호수

46) 권태억, 「통감부시기 일제의 대한농업시책」 『로일전쟁 전후 일제의 한국침략』, 일조각, 1986, 196~199쪽.

47) 「總督府ノ開始ニ付各道長官ニ對スル訓示(1910.10.5.)」 『朝鮮統治三年間成績』, 1914, 附錄 24쪽.

48) 「잠업 장려에 관한 건」(조선총독부 훈령 제11호, 1912년 3월 12일) 『朝鮮農會報』 7권 3호, 1912.

49) 「各道農業技術官に對する總督指示」 『朝鮮農會報』 8권 4호, 1913.

100만 호, 뽕나무밭 10만 정보, 누에고치(產繭 : 생산된 누에고치) 100만 석을 목표로 양잠정책을 추진하였다. 이는 양적인 성장으로 나타났다. 뽕나무 재배면적이 1910년에 3천 정보였는데, 1939년에 8만 2천 정보가 되어 27배 증가했고, 양잠호수는 1910년에 7만 6천 호였는데, 1939년에는 82만 호가 되어 11배 정도 증가했으며, 누에고치(繭) 생산액도 1만 4천 석에서 66만 석으로 50배 증가하였다.[50] 양잠 생산액의 비중도 증가하였는데, 1910~1914년 양잠이 전체 농업생산액에서 0.2%의 비중을 차지했는데, 1940~1944년에는 그 비중이 1.4%로 증가하였다.[51] 이렇게 생산된 누에고치는 처음에는 대부분 일본 제사공장의 원료로 제공되거나 미국에 수출되었는데, 조선에 제사공장이 설립되면서 차츰 국내에 제공되기도 하였다.

이제 1920년대 조선총독부의 양잠장려정책을 살펴보자. 1914년 제1차 세계대전이 발발하면서 미국경제의 발전과 견공업(絹工業)이 융성하게 되자, 일본의 잠사업도 큰 번영을 누리게 되어 1929년 세계 경제공황이 일어나기까지 획기적인 발전을 이루게 되었다. 일본은 1930년에 40만톤의 견(繭)을 생산했고, 생산된 생사(生絲) 70만 표(俵) 중 약 50만 표(俵)를 수출하기에 이르렀다. 일본 생사의 공급 비중이 세계시장에서 70%에 달하였으며, 일본의 생사 수출금액은 일본 수출총액의 40%에 이를 정도로 잠사업은 일본경제의 번영에 큰 비중을 차지하였다.[52]

일본은 생사(生絲)의 수출을 통해 큰 이익을 얻게 되자, 조선에도 잠사업을 권장하게 되었다. 그리하여 1919년에 「조선잠업령」을 공포하면서 조선의 양잠업을 재편하고자 하였고, 수확한 잠사를 일본을 거쳐 세계 시장에 판매하고자 하였다. 나아가 1925년에는 '산견백만석증수계

50) 이영학, 『일제의 농업생산정책』, 동북아역사재단, 2022, 269쪽의 〈표 5-6〉 참조.
51) 염정섭·소순열, 『농업기술과 한국문명』, 들녘, 2021, 371쪽.
52) 日本農學會編, 『日本農學50年史』, 東京 : 養賢堂, 1980, 117쪽.

획'을 세워 15년간 누에고치 생산 100만 석, 뽕나무밭 10만 정보, 양잠호 100만 호를 목표로 양잠 중흥을 이루고자 하였다. 조선총독부의 산미증식계획은 일제의 1918년의 쌀소동과 같은 심각해진 식량 부족 문제를 해결하기 위해 추진된 것이었다면, 양잠장려 정책은 일제의 외화 획득 요구를 충족시키기 위한 것이었다.[53)]

앞서 말했듯이 조선총독부는 1919년 「조선잠업령」을 공포하면서 조선 재래의 양잠체계를 바꾸고 새로운 양잠 체계를 구축하면서 양잠업을 장려해나갔다. 그 결과 〈표 8-5〉에서 보는 바와 같이 양잠 호수와 누에고치(家蠶繭) 생산액은 크게 증가하였다. 1910년에 7만 6천여 호에 불과하였던 양잠 호수가 1923년에 40만 호가 되었고, 1926년에는 54만 호가 되었으며, 1933년에는 81만 호로 급속히 증가하였다.

〈표 8-5〉 누에고치 생산액(家蠶繭)

	양잠호수(戶)	지수	견 생산액(石)	지수	견 총가격(엔)	지수
1910	76,037	100	13,931	100	431,861	100
1923	402,565	528	207,712	1,491	14,934,214	3,458
1924	467,475	615	243,852	1,750	12,371,933	2,865
1925	498,100	655	285,142	2,047	21,297,544	4,931
1926	542,690	714	317,080	2,276	15,229,672	4,453
1927	572,927	754	355,192	2,555	14,607,838	3,583
1928	594,209	782	386,113	2,773	16,019,272	3,710
1929	648,079	859	484,802	3,480	22,538,278	5,218
1930	720,813	948	555,232	3,985	12,650,861	2,929
1931	747,084	983	578,261	4,151	9,397,754	2,176
1932	786,060	1,054	593,058	4,257	10,742,124	2,487
1933	812,009	1,086	668,034	4,795	21,864,690	5,063

출전 : 조선총독부 농림국, 『朝鮮の農業』(1933년), 1935, 97쪽

양잠 호수의 증가와 아울러 뽕나무 재배면적도 증가하였다. 〈표 8-6〉에서 보는 바와 같이 1910년에는 뽕나무 재배면적이 3천 정보였는데,

53) 김한주외, 『일제하의 조선사회경제사』, 1947, 97~98쪽.

1923년에는 10배나 증가하여 3만여 정보를 상회하였고, 1926년에는 5만여 정보, 1930년에는 7.6만 정보, 1933년에는 8만여 정보로 증가하였다. 양잠 호수와 뽕나무 재배면적이 급증함에 따라 누에고치 생산액도 증가하였다.

〈표 8-6〉 뽕나무 재배면적(단위 : 정보)

연도	뽕나무 재배면적			면적지수	이용가능면적
	원 면적	예상면적	합계		
1910	892	2,452	3,344	100	
1923	11,858	20,072	31,930	955	4,735
1924	13,036	21,160	34,196	1,023	5,003
1925	14,833	24,705	39,538	1,182	5,362
1926	18,665	30,367	49,031	1,466	5,808
1927	22,269	36,548	58,817	1,759	5,528
1928	24,629	42,711	67,340	2,014	4,960
1929	26,619	47,203	73,832	2,208	4,755
1930	27,487	48,582	76,072	2,275	4,475
1931	28,038	51,036	79,074	2,365	3,946
1932	26,489	52,401	78,890	2,358	4,187
1933	27,865	51,304	79,169	2,367	3,772

출전 : 朝鮮總督府農林局, 『朝鮮の農業』(1933년), 1935, 92쪽

〈표 8-5〉에서 보듯이 잠사 생산액이 1910년에는 1.3만 석에 불과하였는데, 1923년에는 잠사 생산액이 20만 석으로 약 15배 증가했으며, 그 가격은 1910년에 43만 엔이었다가 1923년에는 1,500만 엔으로 34배나 증가하였다. 새 품종을 육성하는 양잠 호수의 증가는 잠사생산액의 증가를 가져왔고, 아울러 그 판매액도 비례하면서 증가하였던 것이다. 견 생산액이 1926년에는 약 32만 석으로 증가하였고, 1929년에는 약 48만 석으로 40만 석을 상회하였다가, 1933년에는 약 66만 석에 이르렀다.

그에 반해 전통적인 방식으로 양잠업을 행하여 작잠견(柞蠶繭)[54)]을 육성하던 양잠 호수는 감소하다가 거의 소멸하게 되었다. 작잠의 유용성

은 크게 줄어들게 되었고, 가잠견(家蠶繭)에 비해 생산력이 크게 떨어지면서 양잠하여 얻는 이익이 크게 줄어들었기 때문에 작잠을 육성하는 농가가 감소하게 되었던 것이다.[55]

한편 누에고치의 국제시세 변동이 심하였기 때문에 양잠농민들은 누에고치 생산량의 증가에 따른 이익을 얻지 못하였다. 예를 들면 1925년의 누에고치 생산량이 28만 석으로 2,129만 엔의 총가격이었지만, 1926~1928년까지 누에고치 생산량은 더 증가하였지만 가격은 1926년에 1,523만 엔, 1927년에 1,461만 엔으로 감소하였다(〈표 8-5〉 참조).

조선의 양잠농민들이 생산한 누에고치의 일본 이출액은 매우 컸다. 〈표 8-7〉에서 보듯이, 가잠견(家蠶繭)의 수이출액은 1923년에는 198만 근으로 1912년의 16만 근 보다 12배의 증가를 보이면서 1925년까지 급증해갔다. 1925년에는 수이출액이 285만 근에 이르렀고, 그 가격도 980만 엔에 이를 정도로 증가하였다.

일본은 누에고치 및 생사의 일본 이출을 장려하기 위해 여러 제도를 실시하였다. 첫째, 일본으로의 이출을 장려하기 위해 조선 이출세(移出稅)와 내지 이입세(移入稅)를 철폐하였다. 둘째, 누에고치의 공동판매제도를 실시하였다. 한 군(郡)에 1개소 또는 몇 개소의 공동판매소를 설치하여 양잠업자들이 그곳에 누에고치를 판매하게 하였다. 1910년대 후반

54) 작잠(柞蠶)은 산누에를 일컫는다. 집에서 기르는 누에인 가잠(家蠶)은 뽕나무잎을 먹여서 키우는 데 반해, 작잠은 뽕나무잎이 아니라 상수리나무나 떡갈나무의 잎을 먹여서 키운다. 산누에는 집누에에 비해 고치의 품질이 떨어진다. 그리하여 일제시기에 내려오면서 점차 소멸되게 되었다.

55) 전통적 방식의 양잠업을 행하는 양잠 호수는 1910년에 1천호 정도였는데, 1925년에 '산견백만석증산계획'이 실시되면서 전통적 방식의 양잠 호수는 점차 감소하였다. 1926년에 562호로 감소하였다가 1929년에는 161호로 급감하였고, 1932년에는 30호로 거의 소멸될 지경에 이르렀다. 전통적 방식의 견생산액은 1923년에는 6만 7천여 근이었다가, 1925년에는 7만 4천근으로 증가하였다. 그 뒤 계속 감소하여 1932년에는 생산액 또한 거의 전무한 상황에 이르렀다(朝鮮總督府農林局, 『朝鮮の農業』(1933년), 1935, 98쪽 참조).

이후 총생산액의 60% 정도 공동판매소에서 수매되었는데, 이곳에서 수매된 누에고치는 거의 대부분 일본으로 이출되었다. "공동판매제도야 말로 조선산 누에고치가 일본으로 수탈되는 시스템"[56]이라고 말할 수 있다.

〈표 8-7〉 누에고치(家蠶繭) 수이출액

	수량(斤)	지수	가격(円)	지수
1912	164,464	100	20,217	100
1923	1,989,731	1,210	7,329,156	36,252
1924	2,206,279	1,341	7,392,558	36,566
1925	2,851,593	1,723	9,876,898	58,854
1926	2,206,470	1,342	7,323,057	36,522
1927	1,827,570	1,111	4,739,463	23,443
1928	1,574,924	958	3,825,821	19120
1929	1,808,915	1,100	4,308,390	22,500
1930	1,343,497	817	2,090,778	10,341
1931	1,296,815	789	1,551,156	7,673
1932	1,352,502	827	1,269,632	6,280
1933	1,271,403	773	1,764,838	8,729

출전 : 朝鮮總督府農林局, 『朝鮮の農業』(1933년), 1935, 99쪽

1927년 이후 누에고치의 수이출액이 감소한 것은 조선에 제사공장이 설립되면서 국내에서 누에고치 소비량이 증가하였기 때문이다. 1918년에 대구에 편창제사장(片倉製絲場)과 조선생사주식회사 및 서울에 조선제사주식회사가 설립된 이후[57] 제사공장이 계속 증가하여 1932년에는 제사공장이 58개소나[58] 되면서 국내에서 누에고치 소비량이 증가하게 되었다.

1920년대 일제의 농업정책을 요약하면 산미증식계획에 중점을 두고

56) 佐佐木隆爾, 위의 논문, 1976, 126쪽.

57) 佐佐木隆爾, 위의 논문, 1976, 126쪽.

58) 小早川九郎, 『朝鮮農業發達史』(政策篇), 1944, 406쪽.

있었고, 밭농사에서는 육지면 재배 장려와 일본식 양잠법의 이식이 시행되었다. 산미증식계획에 의해 증산된 미곡은 증산량 이상으로 일본에 이출하였으며, 생산된 육지면과 잠사는 제조업자 특히 일본 제조공장의 원료로 제공되었다. 아울러 1920년대를 거치면서 조선후기와 개항기 이래 발전해왔던 상업적 농업은[59] 완전히 맥이 끊어지게 되었다. 조선의 자소작 상농층이 운영해왔던 연초, 인삼, 면화, 양잠 등의 상품작물 재배가 일제의 농업 재편 정책에 따라 성장하지 못하고 좌절되었다. 1921년 전매제의 실시에 따라 연초와 인삼은 생산부터 제조 및 유통에 이르기까지 총독부가 관할함으로써 총독부가 그 이익을 독점하였다.[60] 조선 농민의 면화 재배와 제조업자의 면직물 제조로 인한 이익 창출은 일제의 육지면 재배 장려와 공동판매 정책으로 인하여 소멸되었다.[61] 조선 재래의 양잠업은 일제의 일본식 양잠업 이식 정책에 따라 조선농민의 자생적 발전 가능성은 차단되었다.[62]

6. 맺음말

조선총독부는 1910년대 토지조사사업을 마무리짓고, 조선을 식량·원료의 공급기지로 재편해가는 기초작업을 실시하였다. 1910년대 농업정책은 적은 예산으로 효과를 거두기 위하여 일본 벼 품종의 재배면적

59) 김용섭, 「조선후기 경영형 부농과 상업적농업」『조선후기농업사연구』 II, 일조각, 1977 ; 宮嶋博史, 「朝鮮甲午改革以後の商業的農業」『史林』 제57권 6호, 1974(사계절 편집부 편역, 『한국근대경제사연구』, 사계절, 1983 게재).

60) 이영학, 『한국근대 연초산업연구』, 신서원, 2013 ; 양정필, 『근대 개성상인과 인삼업』, 푸른역사, 2022.

61) 권태억, 『한국근대면업사연구』, 일조각, 1989.

62) 佐佐木隆爾, 앞의 논문, 1976, 131~132쪽.

확대, 육지면 재배면적의 확대, 일본 뽕나무와 일본 잠종의 보급과 확산 등에 중점을 두었다.

1914년 제1차 세계대전의 발발은 일본의 산업자본에 의해 생산된 상품이 동남아시아 시장으로 확대되는 계기가 되었다. 이에 일본 산업자본은 더욱 성장하게 되었다. 일본은 매년 인구가 70만명 이상 증가하고, 산업자본의 성장으로 일본의 농촌 인구가 도시로 몰려오면서 곡식 생산은 답보 상태에 머물게 되었다. 일본 본국의 식량 부족으로 매년 500만 석 내외의 외국미를 수입하는 상황에 놓이게 되었다. 그리하여 1918년에는 일본 본국에서 쌀소동이 일어나기도 하였다.

일본 본국은 이 상황을 타개하기 위하여 식량증산계획을 실시하였고, 식민지였던 조선총독부에게도 이를 요구하였다. 이에 조선총독부는 일본 본국의 요구를 수용하여, 조선을 일본의 의도에 알맞는 경제구조로 바꾸려고 노력하였다. 즉 조선을 일본 본국의 식량공급지로 만들려는 정책을 본격적으로 실시해갔다. 그리하여 1920년대는 조선총독부가 쌀을 증산하는 산미증식계획을 실시하였고, 방적공장의 원료가 되는 육지면 재배를 적극 권장하였으며, 일본 잠종에 의한 잠사를 생산하여 수출하는 정책을 적극적으로 실시해갔던 것이다. 1919년에는 육지면 재배 장려를 위한 10개년 계획이 세워졌고, 1920년에는 산미증식계획이 수립되었다. 또한 1919년에는 조선잠업령이 공포되었으며 1925년에는 산견백만석증수계획이 입안되었다.

먼저 조선총독부는 일본 본국의 쌀 부족 위기를 타개하고자, 일본 품종의 조선 쌀 증산을 적극 도모하고, 그를 바탕으로 일본으로의 쌀 수출을 적극적으로 실시해갔다. 제1기 계획은 1920년부터 1935년까지 15년 계획이었다. 1920~1935년의 15개년 동안 40만 정보의 토지개량을 행하고 약 900만 석의 증수를 계획하였다. 그중 800만 석을 일본으로 이출해갈 계획이었다. '산미증식계획'이 실시되면서 조선쌀의 생산량 증가비율보다 일본에의 수출비율이 크게 증가한 결과 조선 농민의 쌀소비량은 감소되고 그 대신 잡곡소비량을 증가시켰다. 그러나 조선의 잡곡량이 부족하여, 만주산 좁쌀을 수입하여 조선 농민에게 제공하였다.

'산미증식계획'은 조선쌀의 일본수출을 증가시키는 한편 일본인과 일부 조선인 지주에 의한 토지겸병을 촉진시켰고, 반면에 조선의 자영농 그리고 빈농층을 쇠락하게 하였다. 특히 농민층의 조세 부담의 증가와 과중한 수리조합비의 부담은 농민층의 몰락을 가중시켰다.

다음으로 방직공장의 원료면인 육지면 재배를 적극 권장하였다. 이 시기 면작 장려의 목표는 1919년부터 1928년까지 10년 동안 육지면 재배면적 10만 정보, 재래면 재배면적 3만 5천 정보를 추가하여 총 25만 정보의 면작재배지를 확보하는 것이었다. 이 계획을 지역별로 나누어 체계적으로 실시하고자 하였다. 전라남북도·경상남북도·충청남북도의 남부 지방 6개도는 육지면을, 경기도·황해도·평안남북도의 4개도는 재래면을 경작하게 할 계획이었다. 조선총독부는 1922년부터 각 지방에 면작기술원을 파견하여 면작을 지도 장려하고자 하였다. 나아가 각 지방에 지방비를 보조하면서 면작조합을 만들게 하여 간접적으로 통제하고자 하였다. 이 계획은 세계 자본주의의 경기 변동에 의한 면 가격의 변동 폭이 매우 심하여 계획대로 전개되지는 못하였다.

조선총독부는 양잠업의 재편에도 심혈을 기울였다. 1919년 '조선잠업령'을 공포하고, 1925년에는 '산견백만석증수계획'이 입안되어 시행되었다. 당시 견사는 세계적인 무역거래품이었으므로 양잠장려 정책에 의해 외화획득의 가능성을 높이고자 한 것이었다. 1925년에는 15개년간 누에 생산 100만 석, 뽕나무밭 10만 정보, 양잠호 100만 호를 목표로 한 '산견백만석증수계획'을 세워 농민에게 양잠을 강요하였다. 그리하여 1927년에는 57만 3천여 호의 양잠 호수가 5만 9천 정보의 뽕나무를 재배하였고, 1930년에는 72만 호의 양잠 호수가 7만 6천여 정보의 뽕나무를 재배하였다. 그 결과 1930년의 잠견 생산고는 55만 석이 되었고, 공동판매고는 35만 석, 일본에의 수출고는 30만 석을 넘었다. 잠사의 가격이 국제적인 시세의 변동에 크게 영향을 받으면서, 양잠업의 재편도 영향을 받게 되었다.

1920년대 산미증식계획의 실시, 육지면재배의 증가, 일본 잠종의 배급 및 산견백만석증수계획이 실시되면서 농민들의 노동강도는 매우 강해졌지만, 그 이익이 조선 농민에게 돌아간 것은 아니었다. 1920년대 이후 농촌사회에서 식민지 지주제는 더욱 강화되었다. 1920년대 농촌사회는 농민층분화현상이 더욱 심화되었다. 지주층은 약간 증가하였지만, 자작농과 자소작농은 감소하였으며, 소작농은 급격히 증가하였다. 나아가 소작농에서 몰락한 영세농민들은 빈궁화하거나 걸인화하는 등 급격히 궁민이 증가하게 되었다. 1920년의 계급구성을 살펴보면 지주층 3.4%, 자작농 19.4%, 자소작농 37.4%, 소작농 39.8%이었는데, 조선총독부의 농업정책의 과정을 거치면서 1932년에는 지주층 3.7%, 자작농 16.6%, 자소작농 25.9%, 소작농 53.8%로 변하였다. 소작농이 크게 증가하였던 것이다. 이러한 현상은 지속되어 1930년 후반에는 농민이 빈궁화되면서 화전민이 되거나, 만주 혹은 일본 등 해외로 이주하는 농민이 크게 증가하게 되었던 것이다.

1920년대 조선은 농촌사회가 농민층분화현상이 심화되고, 농민생활의 빈곤이 깊어지면서 농민들의 대응도 한결 강해지게 되었다. 조선 농민들은 생활상의 빈곤과 의식의 성장으로 인하여 소작쟁의가 크게 증가하였다. 이에 조선총독부는 농민의 저항의식을 약화시키고 농촌사회를 안정시키기 위하여 1930년대 농촌진흥운동을 대대적으로 펼쳐나갔다.

요약과 쟁점

조선의 선각적 지식인들은 1876년 개항 이후 1876년 제1차 수신사, 1880년 제2차 수신사, 1881년 조사시찰단과 영선사, 1883년 보빙사를 통하여 외국의 문물을 시찰하고 청과 일본을 비롯한 외국이 크게 변화해감을 목격하였다. 아울러 외국으로부터 들어온 신식서적을 통하여 세계가 크게 변화해감을 인지하게 되었다. 그에 따라 조선도 변화해가야 함을 각성하였다.

조선 정부는 1880년 통리기무아문을 설치하고 새로운 개혁정책을 실시해가고자 하였다. 밖으로는 외국의 문물을 파악하고 외교를 강화해가며, 안으로는 산업 특히 농업의 발달을 시도해갔다. 그러나 서양과 일본의 문물 수용을 둘러싸고 조선의 지식인들 사이에 찬성과 반대의 대립이 심하였고, 그러한 갈등은 1880년 전반기에 정치적 충돌로 발현되기도 하였다. 이에 일시적으로 특별기구를 통한 농업개혁정책이 중단되기도 하였지만, 조선 정부는 농업의 변화를 추구하는 정책을 꾸준히 지속해갔다. 그 후 통리군국사무아문, 내무부, 농상아문, 농상공부 등의 부서에서 농업정책을 실시해갔다.

먼저, 조선 정부의 농업정책 중 심혈을 기울인 부분은 진전(陳田)의 개간이었다. 당시는 가뭄·홍수 등 자연재해에 대한 대비가 매우 취약했기 때문에, 빈번히 일어나는 자연재해로 인하여 진전이 자주 발생하였다.

그리하여 황무지와 진전의 개간은 조선 정부의 입장에서 민생을 위해 시급히 해결해야 할 일이었다. 정부에서는 통리군국사무아문의 농상국 등 관청에서 경지를 일구는 개간 정책을 추진하였다. 그러나 당시 농기구가 크게 발달하지 못하고, 국가의 재정도 풍족한 편이 아니었기 때문에 정부가 직접 개간을 주도할 여력이 없었다. 그리하여 정부는 농상회사를 설립하여 관료와 민의 투자를 유발하여 황무지와 진전을 개간하고자 하였다. 1883년에 교하농상사와 경성농상사, 1894년에 관허농상회사 등은 그러한 사례였다. 즉 정부에서는 개간회사를 설립하여 관료를 비롯한 유력자들의 자금을 모집하여 재원을 마련하고, 그를 바탕으로 진전을 개간하는 형식을 취하였다. 즉 관이 중심이 되면서 민이 참여하는 관독상판형(官督商辦型) 회사를 통하여 진전을 개간하고자 하였다. 그러다가 대한제국 시기에 들어서 관독상판형 회사보다 민이 주도하는 민간회사가 개간을 주도해갔다. 즉 관료 혹은 부유한 부호들이 중심이 된 개간회사를 설립하여 개간을 주도해갔다.

둘째, 조선 정부는 양잠업의 진흥에 노력을 기울였다. 당시 잠사는 국제적 무역품이었기 때문에 양잠업의 진흥에 따른 잠사의 수출은 외화를 획득하는 주요 수단이었다. 이웃나라 중국과 일본 등에서는 양잠업이 중시되고 있었다. 조선 정부는 1884년에 잠상공사를 설립하고 독일인 메르텐스(Maertens)를 초빙하여 양잠업의 진흥을 시도하였지만, 기대한 성과를 거두지는 못하였다. 그러다가 대한제국 시기에 들어와 일본의 신식 양잠업을 터득한 개화지식인들이 입국하여 양잠회사를 설립하고, 양잠서를 편찬하여 양잠농민들에게 새로운 양잠기술을 보급하였다. 나아가 1900년에 농상공부 농무국 산하에 잠업과를 신설하고, 잠업과시험장(蠶業課試驗場)을 설치하여 양잠업 교육을 실시하는 등 양잠업 진흥을 모색해갔다. 그러나 정부의 조직적 지원과 전문 인력의 부족으로 양잠업의 진흥은 원활하지 못하였다. 그러다가 통감부가 설치되면서 통감부의 방해와 침탈로 궁내부의 양잠진흥기구들은 통감부에 의해 접수되었다.

셋째, 근대 농사시험장의 설립과 좌절이었다. 1883년 보빙사에 참여하였던 최경석의 상소를 고종이 받아들여 1884년에 한국 최초의 근대농사시험장인 '농무목축시험장'을 설립하고, 시험장의 책임자로 최경석을 임명하였다. 최경석은 처음에 미국에서 주문한 종자와 채소, 농구 및 가축의 시험 재배를 성실히 하여 성공적으로 운영을 하였지만, 2년 뒤에 급사하면서 농무목축시험장의 운영이 위기를 맞게 되었다. 그후 정부에서 미국인 농업기사를 초빙하였지만 결실을 맺지 못하고, 대신 영국인 농업기사 재프리(R. Jaffray)를 초빙하여 운영을 맡겼다. 재프리는 농무목축시험장의 운영을 맡으면서 농업학교를 함께 운영하기도 하였다. 그러나 재프리도 1년 만에 사망하게 되면서 농무목축시험장은 운영에 어려움을 겪게 되었다. 그 뒤 궁내부의 종목국으로 편입되어 운영되었지만, 원활하게 운영되지는 못하였다.

대한제국 시기에 이르러 1905년에 본격적으로 근대적 농사시험장을 설립하여 근대적 농업기술을 습득하고 농민에게 보급하려고 하였지만, 당시 이토 히로부미 통감의 방해로 계속 운영되지 못하였다. 대신 통감부는 1906년에 일본 자금과 일본 농업기술자로 권업모범장을 설립하고, 일본 농법과 일본 품종을 실험한 뒤 조선에 도입·보급하는 정책을 실시하였다.

넷째, 개화지식인들이 서양의 농학을 적극적으로 수용하고자 하였다. 1880년대 이후 동도서기론이 등장하면서 유학자들 사이에 서양의 발달된 문물을 수용해야 한다는 인식이 퍼지기 시작하였다. 청 및 일본에 수신사 혹은 유학을 갔던 지식인들이 서양의 농학을 접하고 그것을 수용하기 시작하였다. 안종수의 『농정신편』(1881), 정병하의 『농정촬요』(1886), 지석영의 『중맥설』(1888), 이우규의 『잠상촬요』(1884), 이종원의 『농담』(1894) 등은 그러한 사례였다. 1894년 이후 일본에 유학을 갔던 개화지식인들이 서양의 문물을 접하고 서양의 농학을 적극적으로 소개하였다. 초기에는 양잠업 및 농업에 관한 농서를 소개하다가, 후에는 농업과 양잠뿐 아니라 축산, 원예, 비료 등 다양한 방면에서 서양의 농서를 소개하게 되었다.

1905년에 러일전쟁에서 승리한 일본은 조선에 을사조약을 강요하고 1906년 2월에 이토 히로부미 통감이 부임하면서 조선을 침략해 들어오기 시작하였다. 당시 일본은 인구가 1년에 50만 명 이상 증가하고 있었고, 산업혁명을 행해 가며 도시 인구와 비농업인구가 증가하면서 식량이 부족하게 되었다. 이에 일본 내각에서는 조선은 인구가 적고 미간지가 많다고 여겨 일본인을 이주시키면서 개간하여 생활하게 하는 '만한이민집중론'을 제기하였다. 아울러 조선 농업은 유치하고 농업생산력 수준이 낮다고 여겨 일본의 명치농법과 일본 품종을 조선에 이식하면 조선의 농업생산력을 제고시킬 수 있고, 그 수확물을 일본에 수출하여 구매력을 갖추면 일본의 자본제 공산품을 구입할 수 있으니 양쪽 모두 이익이라고 여겼다. 즉 조선의 농업생산력을 제고시키는 방법이 조선의 전통농법을 개선하면서 진전시켜가는 것이 아니라 일본의 명치농법과 일본 품종을 조선에 이식시키는 것이라고 생각하였다. 그리하여 통감부는 대한제국 학부의 농상공학교와 농사시험장을 폐쇄시키고 농상공부의 농사시험장 신설을 저지하면서 1906년 경기도 수원에 권업모범장과 농림학교를 세워 일본인 전문가로 하여금 일본 농법과 일본 품종을 실험하게 하여 조선의 기후와 풍토에 맞는 품종을 찾으려고 하였던 것이다. 아울러 1906년 일본인을 대상으로 한국중앙농회를 설립하여 일본 명치농법을 조선에 구현·보급시키도록 하였다.

1910년에 일제가 한국을 병탄한 후, 한국을 식량 원료의 공급기지와 일본의 자본제 상품의 판매기지로 만들고자 하였다. 먼저 토지조사사업과 철도 부설에 힘을 기울였다. 조선총독부는 헌병경찰 유지와 철도·도로·항만 수축에 비용을 많이 지불하였기에 농업 발달에 적은 예산을 투여할 수밖에 없었다. 이에 농업부문에서는 미작, 면화, 양잠, 축우의 종자 개량에 한정하여 사업을 추진하였다. 미작에서는 일본의 10여 개 품종을 조선 논에 식부하여 재배면적이 1912년에 2.8%에서 1921년에 54%까지 진전되었다. 일본의 벼 품종 이식은 명치농법을 적용하고, 쌀 상품화에 유리하며, 장차 일본에 부족한 미곡을 충당하기 위한 장기 전략의 일환이었다. 면업은 면방직공업의 원료로 적당한 육지면 재배를 확장하고자 하였고, 주로 삼남지방을 중심으로 재배하도록 하였다. 양잠업은 일본 뽕나무와 일본 누에 품종을 보급시키면서 일본식 양잠법을 이식하고자 하였다. 면화와 양잠의 품종 개량은 그 산출물을 일본의 방적자본에 원료로 제공하기 위한 것이었다. 조선총독부의 농업정책에 농민들이 저항하거나 소극적으로 응하자, 헌병경찰과 농업기술원을 동원하여 강압적인 무단농정을 실시하여 목적을 이루고자 하였다.

1920년대는 산미증식계획을 실시하였다. 일본은 1년에 인구가 70만 명씩 증가하면서 식량 부족에 시달렸다. 일본은 매년 600~900만 석의 미곡을 수입하는 만성적 쌀 수입국이었다. 그런 와중에 1918년 도야마현에서 '쌀소동'이 일어나고, 그 현상이 전국으로 확산되면서 쌀 부족문제의 해결은 일본사회 체제 유지의 근간이 되었다. 한편 조선에서는 1919년 3.1운동이 발발하여 민생을 안정시킬 필요가 있었다. 총독부는 일본 본국의 쌀 부족 현상을 충당하면서 아울러 조선 농민의 경제적 안정을 도모하기 위하여 산미증식계획을 실시한다고 공포하였다. 1920년부터 1934년까지 산미증식계획이 실시된 결과는 다음과 같다.[1] 1919년에 일본 벼 품종의 식부면적은 논 전체의 47%이었다가 1934년에는 81%로

1) 이영학, 『일제의 농업생산정책』, 동북아역사재단, 2022, 192~208쪽.

증가하였다. 경지면적에서는 1919년에 논 면적이 154만 정보, 밭 면적이 278만 정보 합계 432만 정보였는데, 1935년에는 논 면적이 168만 정보, 밭 면적이 275만 정보 합계 443만 정보였다. 논 면적은 14만 정보 증가하였고, 밭 면적은 3만 정보 감소하였는데, 이는 밭을 논으로 변경하였던 탓이다. 아울러 관개시설의 혜택을 받는 논은 크게 증가하였다. 쌀 생산량에서는 1916~1920년 평균 1,370만 석이었는데, 1931~1935년 평균 1,726만 석으로 연 평균 350만 석 증가하였다. 그러나 일본으로 이출 비율은 1916~1920년에는 연 평균 190만 석(생산량의 14%)이었는데, 1931~1935년에는 연 평균 840만 석(생산량의 49%)로 대폭 증가하였다.[2)]

산미증식계획을 실시하면서 조선농민의 노동 강도는 강해지고 생산량은 증가하였지만, 농민들은 그 대가를 제대로 받지 못하고 대신 수리조합비와 세금 등의 공과금이 증가하여 점차 몰락하여 갔다. 산미증식계획의 추진 결과, 농촌사회는 식민지 지주제가 발달하면서 농민층은 하향·몰락하였다. 당시 농촌의 농가별 계급구성을 살펴보면, 지주는 약간 증가한데 반해 자작농과 자소작농은 감소했으며 소작농은 큰 폭으로 증가하였다. 지주 중 대토지소유자와 일본인 지주는 꾸준히 증가하였다. 반면에 자작농과 자소작농은 감소하고, 대신 소작농과 화전민이 크게 증가하였다. 1920년대 후반 이후 소작지는 더욱 증가하였고, 지주의 권한은 강화되면서 소작기간의 단축, 소작료율의 상승, 소작인의 공과금 증가 등 소작조건은 크게 악화되었다. 1920년대 후반 농민층의 전반적 몰락 가운데 농민들의 의식성장과 맞물려 소작쟁의가 폭증하였다.[3)]

2) 이영학, 위의 책, 2022, 205쪽.

3) 정연태, 『식민권력과 한국 농업』, 서울대학교출판문화원, 2014, 199~222쪽.

쟁점

조선총독부 농업생산정책의 추진 내용 중 그 평가가 첨예하게 대립되어 있는 부분을 살펴보면 다음과 같다. 첫 번째, 1910년대 중점을 두었던 일본 벼 품종의 도입에 대한 평가이다.[4] 1910년 전후 일본의 논 생산력은 조선의 그것보다 1.5~2배에 가까웠다. 그리하여 일본의 관료들은 일본의 벼 품종을 조선에 들여와 이식하면 적어도 50% 이상의 생산력 발전을 가져올 것이라고 생각하였다. 1912년에 일본 벼 개량품종의 식부면적은 논의 2.2%에 불과했는데, 점차 증가하여 1915년에 19%, 1919년에 47%, 1921년에 54%로 급증하였다. 이를 바탕으로 단위면적당 수확량이 증가했고, 수확물을 일본으로 이출하여 쌀의 상품화를 이루기도 용이하였다. 1912년 당시 조선의 재래 벼 품종은 1,450종 정도 존재하였다.[5] 그런데 대부분의 지역에 개량된 일본 벼 품종 6개 종류를 이식하였다. 반면, 이렇게 몇 종류의 일본 벼 개량품종을 식부하자, 가뭄이 들거나 병충해가 생기면 벼의 자생력이 줄어들어 큰 피해를 입게 되었다. 1920년대에는 벼 도열병과 병충해로 오히려 생산이 감소하기도 했고, 가뭄이 들었을 때 조선 재래종보다 큰 피해를 입기도 하였다. 일본 개량품종은 수리시설이 잘 갖추어져 있고, 비료를 충분히 뿌려줄 때 생산량이 높아지기 때문에 1920년대 산미증식계획에서는 수리시설을 갖추고, 비료을 충분히 공급하는 것에 중점이 두어졌다.

1912년 당시 1,450종이던 조선의 재래 벼 품종은 1920년대에 4백여 종으로 줄었으며, 1935년경에는 수도(水稻) 12개 품종, 육도(陸稻) 13개 품종, 건답도(乾畓稻) 29개 품종만이 겨우 남게 되었다. 조선 재래의

4) 이 부분은 김도형, 『일제의 한국농업정책사연구』, 한국연구원, 2009에 주로 의거하였다.

5) 조선총독부 권업모범장, 『朝鮮稻品種一覽』, 1913.

벼 품종은 지형적 · 기후적 특징이 남아있는 지방 또는 지대에서만 계속 재배될 수 있었던 것이다.[6] 조선에는 빗물에 의존하는 천수답(天水畓)이 많았기 때문에 재래 벼 품종은 물을 원활히 공급할 수 없는 지역에서 가뭄에 강하거나 혹은 가뭄에도 모를 낼 수 있도록 개량되면서 발달해 왔던 것이다. 따라서 일본 벼 품종과 일본의 농법을 조선에 이식하는 것이 과연 생산력 발전에 기여하였는가에 대한 논쟁이 존재한다.

두 번째, 산미증식계획에 대한 평가이다. 조선총독부가 실시한 농업생산정책 중 가장 대표적인 것이 산미증식계획이다. 일제의 『시정 25년사』에서는 산미증식계획은 쌀의 생산력을 크게 향상시켰으며, 조선 농업의 발달을 가져왔다고 평가하였다. 일제시기 이후 1960년대까지 산미증식계획은 일본의 근대농법이 한국의 재래농법을 시정하면서 진전시키는 계기가 되었다고 평가되었다. 그러나 1970년대 이후 산미증식계획에 대한 실증적인 성과가 축적되면서 부정적 측면이 드러나게 되었고 이를 종합적으로 평가할 수 있게 되었다. 산미증식계획의 결과로 농업생산력이 증가한 측면은 다음과 같다. ① 수리시설이 확대되면서 관개면적의 혜택을 받는 농지면적이 크게 증가하였다. 그러나 수리조합비 등 제비용은 농민이 부담하게 되었다. ② 일본의 우량품종 식부면적이 크게 증가하였다. 일본 우량품종의 식부면적이 1912년 2.2%, 1920년에 51%, 1930년에 70%, 1940년에 91%로 급증하였다. ③ 시비량이 늘었으며, 그 결과 단위면적당 생산량이 증가하기도 하였다.

그러나 산미증식계획의 부정적 측면도 나타났다. ① 한국의 농업구조가 미곡을 중시하는 수전농업 중심으로 운영되면서 미곡 단작화 농업지대로 재편되었다. ② 벼 품종이 몇 개의 우량품종으로 교체됨으로써 상품화에는 유리하지만 농학상으로 불리하게 되었다. 이와 같이 단일품

---

6) 김도형, 『일제의 한국농업정책사연구』, 한국연구원, 2009, 401~403쪽.

종으로 식부되어 수확된 벼는 판매하기에 좋고 특히 일본 시장에 판매되어 호평을 받기도 했지만, 가뭄과 병충해에는 매우 취약하기 때문이었다. ③ 조선의 전통농법 혹은 재래 품종이 축소되거나 소멸되었다. 일제하 식민지시기에 일본 관료들은 일본의 근대식 농법 및 품종은 우수한 것이고, 조선의 재래식 농법 및 품종은 열등한 것으로 인식했기 때문에 일본의 근대농법을 조선에 이식하는데 몰두하였다. 농법과 품종은 몇천 년 동안의 기후와 풍토에 적응하면서 개량되어 온 것인데, 그것이 일제시기를 거치면서 극히 일부 지역에서 행하는 것으로 축소되거나 소멸되었다. 예를 들면, 비가 오지 않을 때 마른 논에 이앙을 하는 건앙법(乾秧法)이라는 농법은 소멸되었다. 비가 오지 않는 마른 논에 직파하는 건도(乾稻) 등의 품종은 소멸하였다. 나아가 일제시기에 한전은 경시되었기 때문에 한전의 품종과 한전재배기술이 소멸되거나 위축되었다. ④ 증산된 쌀이 대부분 일본에 값싸게 이출됨으로써 조선 농민이 혜택을 입지 못하였다. 당시 농민의 다수는 소작농이었는데, 소작료율이 매우 높아서 경작이익을 확보하기 어려웠다. 산미증식계획을 실시하면서 조선농민의 노동 강도는 강해졌지만, 부담해야 하는 수리조합비와 세금 등의 공과금 증가로 인하여 지주와 일부의 농가를 제외하고 대부분의 조선 농가는 경영수지가 적자였고, 채무도 누적되어 갔다.

세 번째, 일본식 근대농법의 발전방향에 대한 평가이다.[7] 식민지근대화론자들은 이를 긍정적으로 평가한다. 이영훈, 안병직, 박섭 등은 일제하 식민지시기에 추진된 일본식 근대농업의 발전방향은 조선 농법의 발전 방향과 기술적으로 공통된 지향을 지닌다고 평가하였다.[8] 식민지

7) 이 부분은 안승택, 『식민지 조선의 근대농법과 재래농법』, 신구문화사, 2009, 364~371쪽의 내용에 의거하였다.

8) 이영훈, 「한국사에 있어서 근대로의 이행과 특질」 『경제사학』 21, 1996 ; 안병직, 「한국근현대사 연구의 새로운 패러다임 : 경제사를 중심으로」 『창작과 비평』 25(4), 1997 ; 박섭, 『한국근대의 농업변동』, 일조각, 1997 ; 박섭, 「식민지기

근대화론자들은 조선총독부가 조선에 이식하려고 한 일본식 근대농법이 조선에 잘 착근되어 조선의 농법으로 정착되고 나아가 발전되는 방향으로 전개되었다고 평가하였다. 그들은 다음과 같은 요인을 제시하였다. ① 조선은 일본과 비슷한 기후이며, ② 한국 농민의 경영규모가 일본 농민과 거의 같으며, ③ 수전농업의 비중이 50%를 넘어 미작농업이 중심을 이룬다는 점이 비슷하다고 하였다. 그리하여 한국의 농민은 조선총독부가 도입하는 다비다로(多肥多勞 : 비료를 많이 주고 노동력을 많이 투여)한 일본의 미작농업기술을 이해하기 쉬워 순순히 받아들였다고 평가하였다.

그에 대한 반론은 다음과 같이 제시되었다.[9] 일제의 근대농법은 '수탈을 위한 증산' 혹은 '수탈을 위한 근대화'의 수단으로, 즉 조선의 재래농법과 일본의 근대농법은 완전히 다른 기술체계라는 것이다. 나아가 이 시기의 농업개량정책은 조선의 농업현실에 어울리지 않는 일본식 농법을 강압적이고 일방적으로 이식시키고자 한 것이라고 하였다. 즉 조선과 일본 사이에는 농업 환경의 차이가 존재하고 이에 따른 농법의 차이가 있음을 지적하였다.

한국의 경제성장 : 제국주의정책과 식민지민의 상호작용」『식민지근대화론의 이해와 비판』, 백산서당, 2004.

9) 김용섭, 「한말·일제하의 지주제 : 사례1 강화 김씨가의 추수기를 통해서 본 지주경영」『동아문화』 11, 1972(김용섭, 『한국근현대농업사연구』, 일조각, 1992 재수록) ; 안승택, 『식민지 조선의 근대농법과 재래농법』, 신구문화사, 2009 ; 堀和生, 「日本帝國主義の朝鮮における植民地農業政策-1920年代植民地地主制の形成」『日本史硏究』 171, 1976(堀和生, 「일제하 조선에 있어서 식민지 농업정책」『한국근대경제사연구』, 사계절, 1983 재수록) ; 河合和男, 「'産米增殖計劃'と植民地農業の展開」『朝鮮史叢』 2, 1979(河合和男, 「일제하 조선에 있어서 식민지 농업정책」『한국근대경제사연구』, 사계절, 1983 재수록).

조선시기 농업생산력 연구현황

1. 머리말

인간은 생존하기 위해 자연에 노동을 가하여 자신의 요구와 목적에 따라 자연을 개조해 나간다. '생산력'이란 인간이 물질적 환경에 작용을 가하고 이것을 인간생활을 위해 변화시켜가는 직접적인 관계, 즉 생산활동의 가장 기초적인 규정관계를 나타내는 범주이다. 그 발전정도를 나타내는 구체적인 형태는 인간의 노동생산성을 제약하는 주체적 및 객체적 제 계기(노동력·노동수단·노동대상·노동방법)로 표현되나, 노동력과 노동수단에 주로 의존되어 표출된다. 또한 생산력의 대부분은 자연력을 기초로 하지만 그 자연력이 인간에 의해 사회 안에서 형성되고 발전되는 것이므로 생산력은 거의 사회적 생산력이다.

생산력은 생산관계와 서로 밀접한 관계가 있다. 생산력의 발전은 생산관계를 변화시키며, 사회구성의 이행기에서 낡은 생산관계는 생산력의 발전을 질곡하지만 새로운 생산관계는 생산력의 급속한 발전을 가져온다. 그러므로 한 시대의 생산력 수준의 규명은 그 시대의 사회구성에 대한 해명의 필요조건이다.

전근대사회에서는 농업이 산업 가운데 절대적인 비중을 차지하고 있어서 생산력 부문에서 농업생산력은 큰 비중을 차지한다. 따라서 여기에서는 조선시기의 생산력수준을 농업생산력 중심으로 살펴보고자 한다. 이 글에서는 조선시기의 농업생산력에 대한 연구를 정리함으로써[1] 당시의 생산력수준을 살펴보고 그 생산력수준과 토지소유관계를 둘러싼 생산관계를 복합적으로 시야에 넣으면서 조선시대의 사회구성을 조망하고자 한다. 지금까지의 조선시기 농업생산력 연구를 시기별로 구분해보면 다음과 같다.

〈표 Ⅰ-1〉 조선시기 농업생산력 연구의 시기별 분포

시기	1900~1944	1945~1959	1960~1969	1970~1979	1980~1986	합계
논저편수	15(5)	11(1)	11(4)	14(2)	37(8)	88(20)

* 괄호 안의 숫자는 저서수임

조선시기의 농업생산력에 대한 연구는 토지소유관계의 연구보다는 덜 활발하였지만 계속 이어져왔다. 특히 1960년대에 연구가 활발해지기 시작하였고, 1970년대 중반 이후 양적·질적으로 큰 발전을 이루었다.

이하에서는 먼저 시기별로 연구경향을 살펴본 다음 농업생산력의 구성요소를 통하여 조선시기의 농업생산력 수준을 검토하고자 한다.

1) 조선시기 농업생산력 연구에 대한 기왕의 정리로는 다음의 것들이 있다. 이경식, 「농업의 발달과 지주제의 변동」『한국사연구입문』, 지식산업사, 1981, 349~353쪽 ; 「조선후기 농업·지주제연구의 동향과 '국사'교과서의 서술」『역사교육』 39, 1986, 154~167쪽 ; 김용덕, 「농업의 발달과 지주제의 변동」『한국사연구입문』, 지식산업사, 1982, 349~353쪽.

2. 시기별 연구동향

1) 제1기 : 1900~1944년

일제하 식민지시기에 조선시기 농업생산력에 대한 연구는 주로 일본인 학자에 의해 이루어졌다. 1900년대에 일본인 농학자나 농정관료들이 일본인 농업이민을 권장하거나 일제의 식민정책의 수립을 돕기 위하여 조사한 당시의 농업관행과 보고서[2]들에서 일본인의 조선시기 농업생산력에 대한 관심을 엿볼 수 있다. 그러나 그것은 피상적인 관찰이었다.

이 시기에 조선시기의 농업생산력 연구는 두 부류의 연구자에 의하여 행해졌다. 첫째는 일본인 농학자나 농정관료에 의해서, 둘째는 경제학자나 경제사학자에 의해서 이루어졌다. 전자의 예는 미우라 하야미[三浦菪明]·야히로 세이난[八尋生男]·사이고 시즈오[西鄕靜夫]·가라사와 시로[柄澤四朗]·혼다 고스케[本田幸介]·기타야마 류조[片山隆三] 등을, 후자의 예는 후쿠다 도쿠조[福田德三]·스즈키 다케오[鈴木武雄]·모리타니 가쓰미[森谷克己]·시카타 히로시[四方博] 등을 들 수 있다.

전자는 주로 조선시기 농서를 중심으로 연구하였다. 야히로 세이난은 조선전기는 『농사직설』을 편찬하여 세종이 권농에 힘쓰고 조선에 알맞은 농업기술을 보급하였지만 조선후기의 농서를 살펴보면 조선의 농업기술은 진보하지 않고 오히려 퇴보하였다고 하였다.(5)* 가라사와 시로는 조선시기의 농서가 수적으로 적고 내용도 빈약하며 중국문화의 모방이 많아 독창적인 부분이 희박하다고 하였다.(12) 이 두 사람의 연구에서

2) 吉川祐輝, 『韓國農業經營論』, 大日本農會, 1904 ; 加藤末郎, 『韓國農業論』, 裳華房, 1904 ; 田所幸衛, 『韓國農事調査書』, 高知縣, 1905 ; 日本 農商務省, 『韓國土地農産調査報告』, 1906. 그 외 다수의 보고서들이 있다.

* 이 논문 끝부분에 있는 '연구논저목록'의 번호이다.

잘 나타나듯이 이들은 조선사회의 농업생산력은 정체되었다고 결론내렸다.

후자의 주된 관심은 조선사회를 하나의 사회체제로 규정하는 데 있었으며, 농업부분에 대한 연구는 그러한 작업에 보조적으로 행해졌을 뿐이다. 그들의 조선사 연구는 일본의 침략을 합리화하는 입장에서 비롯되고 계승되었기 때문에 '조선사회의 정체성론'으로 귀결되었다.

이러한 연구의 단서를 연 연구자는 일본의 경제학자인 후쿠다 도쿠조[福田德三]이었다. 그는 1902년에 한국을 방문하고 「한국의 경제조직과 경제단위」(1904)를 써서 그 이후의 연구자들에게 큰 영향을 주었다. 그는 조선의 사회경제상태를 첫째 조선의 농업기술은 극히 유치하고 수확량은 매우 적은데 그 이유는 토지의 소유권이 존재하지 않기 때문이고, 둘째 19세기 중엽까지도 상업이 발달하지 못하였으며, 셋째 독립자영의 수공업 분화가 이루어지지 못하였으며, 넷째 사회조직은 공동체를 벗어나지 못하였다고 파악하였다.(1) 그리하여 조선을 봉건사회 이전의 낮은 단계의 사회로 규정하고 이러한 상태의 조선은 자력으로 근대화할 수 없고 외부로부터 유력한 힘이 작용해야만 한다고 주장하면서 일본의 조선침략을 합리화하였다.

그의 조선사회정체성론은 일제관학자들에게 계승되었다. 와다 이치로[和田一郞]·가와이 히로타미[河合弘民]·시오카와 이치타로[鹽川一太郞] 등 식민지 정책의 실무를 담당하였던 관리들과 스즈키 다케오[鈴木武雄]·모리타니 가쓰미[森谷克己]·시카타 히로시[四方博] 등 경성제국대학의 교수로 있으면서 일제의 식민정책을 이론적으로 이끌었던 학자들에게 직접 혹은 간접으로 영향을 주었다. 그중 조선사회정체성론을 체계화하고 최종적으로 정리한 사람은 시카타 히로시이었다. 그는 조선사회에 대하여 첫째 토지국유제하의 소작관계에 의해서 농민이 궁핍하였고, 둘째 농사의 개량이 없었고, 셋째 농구가 부족 또는 미발달하였고,

넷째 지주계급이 농업에 대하여 무관심하였고 또한 농민의 근로의욕이 부족하였다고 파악하였다. 따라서 그는 조선의 농업은 생산력이 낮았다고 규정하고, 이러한 낮은 농업생산력 때문에 자본 집적이 불가능하였고, 그 결과 조선사회는 정체될 수밖에 없었다고 단정하였다.(31)

이러한 두 부류의 연구는 모두 당시 한국사회가 일제의 식민지였다는 사실을 배경으로 하여 절대적인 세를 얻고 있었다. 그리하여 당시의 최호진·인정식·이청원 등의 한국인 경제학자들도 이러한 영향 하에서 조선시기 농업생산력이 정체되었다는 인식으로부터 벗어나지 못하였다.

그러나 이 두 부류의 연구 모두 조선사회의 실제상과는 거리가 먼 것이다. 첫째 부류의 연구는 조선시기 농업기술을 구체적으로 분석한 것이 아니라 농서에 대한 피상적인 관찰을 통하여 추론해 낸 것이고, 둘째 부류의 연구는 피상적인 방문기나 문헌자료를 선택적으로 인용하여 이루어진 것이기 때문이다.

2) 제2기 : 1945~1959년

해방 후의 시대적 과제는 통일된 자주적 민족국가의 수립이었다. 이 과제수행에 있어서 경제부문의 열쇠는 토지개혁이었다. 그리하여 당시의 지식인들은 그 전제로서 이전의 토지소유관계를 연구하거나 혹은 변혁운동에 참여하였다. 1950년 한국전쟁 이후 분단이 고착화되고 남북한은 각자의 입장에서 농업사연구를 전개하였다. 이러한 사회적 상황 가운데 농업생산력 연구는 일제관학자들의 연구수준을 극복하지 못하였을 뿐 아니라 양적으로도 매우 빈약하였다.

이 시기의 주요한 업적은 최호진의 「노동기구의 정체성연구-구래 조선농업에 있어서의」(1954)와 조동세의 「이조사회에 있어서 생산력 정체성의 제요인분석」(1958)으로 대표된다. 논문 제목에서도 드러나듯이 이들은 조선사회의 생산력은 정체되었다고 보았다. 최호진은 농업생산력 정체의 이유로 첫째 농업과정에서 자연적 조건의 특수성에 의한 제약, 둘째 특수한 자연조건에 기인한 소경영 위주의 집약경영, 셋째 소농적 농업경영으로 광범한 농민층의 빈곤현상의 장기화와 소·종자의 부족, 노동기구의 불완전성과 단순성 등을 들었다.[3] 조동세도 조선시기 농업생산력 정체의 원인을 최호진과 비슷하게 농업경영규모의 영세성, 지배층 수탈의 가혹성, 농기구의 소박성 등을 들었다.

이러한 연구결과는 제1기의 연구처럼 일본인들이 한말에 저술한 기행문과 농업관계 서적을 자료로 하였거나, 문헌자료 중에서 선택적으로 사료를 이용하여 조선의 농업기술 수준을 검토한 데서 비롯된 것이었다.

조선사회의 정체성 원인을 우리나라 특유의 토지파악 방식인 전결제에서 찾는 박극채·김재진의 연구도 있었다. 박극채는 전결제에 의한 지배층의 수탈이 내재적 자본축적을 불가능하게 하여 조선을 아시아적 정체론에 빠지게 하였으며, 따라서 일본제국주의에 의한 침략적 지배는 세계사적 필연이라고 주장하였다.(23) 김재진은 동일면적당 절대적인 생산량은 증가하였지만, 결부제에 의한 두곡(斗斛)의 확대화와 실질세액의 증가로 농민이 빈궁해져 중세사회의 농업생산력은 정체되었다고 하였다.(34)

한편 기본적으로는 정체론의 입장이면서 일제시기에 『농사직설』과 『농가집성』을 비교하여 농법의 변천을 살펴본 바 있는(14) 기타야마(片山隆三)가 이 시기에 『금양잡록』을 통하여 벼를 비롯한 여러 가지 작물의 품종명과 품종에 따라 알맞은 농업기술을 살펴봄으로써(15) 농서의 중요성을 부각시켰다.

결론적으로 이 시기의 농업생산력 연구는 일제시기의 정체성론에

---

3) 최호진의 이러한 견해는 『근대한국경제사연구』(1956)라는 개설서에서도 그대로 나타난다.

일정하게 영향을 받으면서 그것을 극복하지 못하였다.

3) 제3기 : 1960~1969년

1960년 4·19혁명은 사회면의 변화뿐만 아니라 학계에도 큰 영향을 미쳐 민족문제, 통일문제 등을 제기하는 계기가 되었다. 역사학계에는 '민족사학론'이 제기되고, 한국사의 전개과정을 한국사의 내재적 발전이라는 시각에서 파악하려는 움직임이 나타났다. 그러한 움직임은 1963년 한국사학회 주최 '조선후기에 있어서의 사회적 변동'이라는 주제의 학술토론대회로 표출되고, 그 후에 '시대구분논쟁' '자본주의맹아론'으로 이어지게 되었다.

이러한 움직임은 농업생산력 연구에도 자극을 주었다. 곧 조선사회는 내재적·주체적으로 발전하고 있었다는 시각(내재적 발전론)에서 농업생산력을 연구하였다. 먼저 이광린·이춘녕에 의해서 개괄적인 연구가 행해졌고, 김용섭에 의해서 농업생산력이 사회구성과 연관지워지면서 본격적으로 연구되었다.

이광린은 『이조수리사연구』(1961)에서 조선시기의 수전농업에서 물이 가장 중요한 조건을 형성한다고 전제하고 이 시기 수리사업의 전개를 수리시설의 수축문제와 그 동원대상, 수리시설의 소유와 관리문제를 중심으로 고찰하였다.[4] 이 저서는 수리문제를 처음으로 체계적으로 다루었고 또한 농업사연구를 자극시켰다는 점에서 의의가 있다.

이춘녕의 『이조농업기술사』(1964)는 우리나라의 농업기술을 체계화한 연구이다. 그는 특히 조선시기 농업사에 중점을 두고 조선시기를 4시기-초기(1392~1567)－중기(1568~1724)－후기(1725~1863)－말기

4) 이광린, 『이조수리사연구』, 한국연구원, 1961.

(1864~1909)-로 나누어 그 전개과정을 살펴보았다. 그리하여 조선초기에는 『농사직설』을 통하여 작부방식이 1년2작, 2년3작, 1년1작으로 행해졌고, 수전(논)에는 수경(水耕 : 무삶이) 건경(乾耕 : 건삶이) 삽종(揷種 : 모종)의 세 가지 경종법이 있는데 그중에서도 특히 우리나라에 독특한 건경법이 실시되었다는 사실을 주목하였다. 또한 『농사직설』, 『훈몽자회』 등의 문헌에서 농구를 살펴보고 농구에 향명(鄕名)이 붙여진 사실을 통해 우리나라 풍토에 맞도록 농구가 개량된 것이라고 긍정적으로 평가하였다. 조선중기에는 『농가집성』을 통하여 이앙법이 실시된 사실과 면작(棉作)재배기술의 소개, 면작의 전업화 현상을 중시하였고, 조선후기에는 고구마·감자·옥수수 등이 전래되어 재배된 사실과 인삼을 가삼(家蔘)으로 재배한 사실을 지적하였다. 이러한 그의 한국농업기술사의 인식틀은 그 이후에도 계속 견지되었다.(27·28·29) 이춘녕은 조선시기 농업기술사상에 새로운 면을 밝혀냈고, 처음으로 우리나라 농업사를 체계화하려고 시도했다는 점에서 높이 평가할만하다. 그러나 그는 우리나라 농업생산력의 내재적인 발전을 충분히 인식하지 못하였다는 점에서 한계가 있었다.[5]

한편 박흥수는 조선시기의 양전척(量田尺)을 중심으로 도량형의 척도를 연구하고(57), 이어서 그 이전 시기의 양전척과 양전법을 연구하여[6] 농업생산력 연구에 기여하였다. 지리학자인 김상호는 주로 지리지와

---

5) 한 예로 다음의 사실을 제시할 수 있다.
1932년에 경주읍 황오리에서 발굴된 고분 출토품 가운데 다수의 철제농구와 다량의 쌀알(籾粒)이 발견되었다. 그 철제농구에 대한 평가에서 이춘녕은 "현존의 것과 별 차이가 없다는 점은 당시의 농구에 경탄할 재료가 된다는 것보다 도리어 현 조선농업기술의 정체성이 어느 곳에 그 원인을 두었나를 생각할 필요가 있다"고 하였다(이춘녕, 『이조농업기술사』, 1964, 16~17쪽).

6) 박흥수, 「신라 및 고려의 양전법에 대하여」 『학술원논문집-인문·사회과학편』 11, 1972 ; 「한국 고대의 양전법과 양전척에 관한 연구」 『한불연구』 1, 1974. 두 논문은 모두 『도량형과 국악논총』(1980)에 실려 있다.

관찬사료를 통하여 조선전기에는 한전농업 중심에서 수전농업 중심으로 바뀌었으며 토지경영방식이 조방적 경영에서 집약적 경영으로 전환되었다고 주장하였다.(61·62)

농업생산력 연구를 통해 조선사회가 내재적으로 발전하였음을 검증한 사람은 김용섭이었다. 그는 조선전기에서 조선후기로의 사회변동에 초점을 맞추고, 그것을 생산관계뿐 아니라 생산력 측면에서도 뒷받침하려고 연구를 행하였다.(42·43·44·45) 그리하여 그는 조선후기에는 수전에서 벼의 파종법이 직파법에서 이앙법으로 전환됨과 아울러 수전이모작(水田二毛作)이 가능하게 되었고, 한전에서는 한전작물의 파종법이 농종법(壟種法)으로부터 견종법(畎種法)으로 전환되어 노동력의 절감 및 수확량의 증가라는 노동생산성과 토지생산성의 증가가 이루어졌음을 밝히고 그러한 농업생산력의 발전을 바탕으로 조선후기의 사회변화가 이루어진다고 주장하였다. 즉 농업생산력의 발전으로 노동력이 절감되어 1인당 경작가능 면적이 확대되었고, 이를 토대로 17·18세기에는 광작이 성행하여 그 결과 농민층은 소수의 부농과 다수의 빈농으로 분화되었다는 것이다. 이러한 농민층분화의 추세 속에서 경작면적의 확대, 상업적 농업의 경영, 임노동의 고용 등 선진적 경영방식을 영위하는 부농을 '경영형 부농'으로 범주화하여, 이들이 봉건사회를 해체시키는 하나의 변혁세력으로서 등장했다는 것이 그의 조선후기의 사회발전 도식이다.[7] 그의 이러한 사회발전 도식은 조선시기의 사회구조를 농업생산력과 생산관계의 정합적인 관계에서 파악하였고, 아울러 한국사의 내재적인 발전을 체계화하였다는 점에서 당시의 학계에 큰 영향을 미쳤다.

한편 북한의 연구경향은 정보 부족으로 알 수 없으나, 몇몇 연구를 통하여 그 단면을 살펴볼 수 있다. 1950년대말 이후 '자본주의맹아론'

7) 김용섭, 「조선후기의 경영형 부농과 상업적농업」『조선후기농업사연구(Ⅱ)』, 1970.

‘시대구분논쟁’ 등을 거치면서 토지제도사 연구가 활발해지고 있었다.[8] 그와 함께 1950년대 말부터 손전후를 비롯한 여러 사람이 농서를 소개하고 번역하여 그것을 매개로 농업생산력 연구가 활발히 진행된 것 같다.[9] 홍희유는 우리나라의 농업생산력이 내재적으로 발전해 왔다는 시각하에서, 조선전기의 농서를 통하여 여러 가지 농구를 구체적으로 살펴보는 가운데 조선전기의 농업생산력 수준을 검토하였다.(36) 또한 그는 우리나라의 농업이 신간농법(이동경작), 휴경농법(10~15년 휴경), 휴전농법(1~2년 휴경), 윤재농법(윤작농법)의 단계를 거쳐왔다고 상정하면서 조선전기에는 불역농법(不易農法)·윤작법(輪作法)·품종의 육성 등으로 윤재농법(輪栽農法)의 단계로까지 발전하였다고 주장하였다.(37)

이 시기는 남한과 북한 모두 농서 분석을 통해 한국 사회가 농업생산력 측면에서 발전하고 있었다는 사실을 실증적으로 검증해냄으로써 정체성론을 극복하였다. 나아가 농업생산력을 바탕으로 생산관계를 정합적으로 구성하여 한국사를 체계화하려고 노력하였다.

4) 제4기 : 1970~1979년

이 시기는 제3기의 연구성과를 계승하여 미야지마 히로시[宮嶋博史], 민성기, 이태진 등 연구자들이 활발하게 농업생산력 연구를 진행하였다.

미야지마는 김용섭의 사회발전 도식에 의문을 제기하였다. 「이조후기 농서의 연구」(1977)에서 파종법의 변화에 따른 중경제초작업의 경감만으로 광작경영이 이루어지는 것이 아니며 그 이외의 농작업에 있어서도

---

8) 이에 대해서는 이세영, 「조선후기 토지소유와 농업경영 연구현황」 『한국중세사회 해체기의 제문제(하)』, 한울, 1987 참조.

9) 林和男, 「李朝農業技術の展開」 『朝鮮史叢』 4, 1980, 4쪽 ; 宮嶋博史, 「朝鮮農業史上における15世紀」 『朝鮮史叢』 3, 1980, 주 43).

동시에 노동생산성의 향상이 이루어져야 광작경영이 행해진다고 언급하였다. 이러한 조건이 성숙되지 않는 경우에는 중경제초작업의 경감으로 생긴 잉여노동력은 광작화의 방향이 아니라 집약화의 방향을 지향한다고 주장하였다. 그리하여 그는 17·18세기는 집약적 농법으로 소농경영이 안정화되며 19세기에 들어와서야 비로소 광작이 행해지면서 농노제적 소경영이 해체된다는 사회도식을 제시하였다. 그는 이러한 사회발전 도식을 농업생산력의 측면에 중점을 두어 해명하였다. 그는 15세기를 한전에서 2년3작식이 성립되고 수전에서 직파연작법(直播連作法)이 확립되는 시기로서 조선농법의 기초적 확립기라고 규정하였다.10) 나아가 그는 조선후기에는 수전에서 이앙법의 보급과 건경법의 확립이 이루어졌고, 한전에서 무(畝 : 이랑)와 견(畎 : 고랑)이 확연히 구분되는 고무작(高畝作)을 바탕으로 하여 18세기 후반에 맥견종법(麥畎種法)이 확립되어 2년3작 지역이 북방으로 크게 확대되었다고 하였다.11) 그는 이러한 자신의 연구를 바탕으로 농업생산력과 토지소유관계를 연관지어 전근대사회를 3시대로 구분하였다.12) 미야지마의 생산력과 생산관계를 결합한 사회구조 파악은 지금까지의 연구수준을 제고시켰으나 다분히 생산력에 중점을 둔 시각이었다는 점과 조선사회의 특수성에 중점을 둔 사회구조 파악이었다는 점에 한계가 있다.

한편 민성기는 중국고대농업사 연구를 바탕으로 한 농업기술에 대한 풍부한 지식으로 조선시기 농업생산력 연구를 진행하였다. 그는 한전에서의 농업기술을 깊이 연구하여 농업생산력 연구의 장을 넓혔다. 그는 김용섭이 제시한 가설 가운데 조선후기에 수전에서 이앙법의 보편화와 도맥이모작(稻麥二毛作)의 보급에 의해서 농업생산력이 발달하였다는

---

10) 宮嶋博史, 「朝鮮農業史上における15世紀」 『朝鮮史叢』 3, 1980.

11) 宮嶋博史, 「李朝後期における朝鮮農法の發展」 『朝鮮史研究會論文集』 18, 1981.

12) 宮嶋博史, 「朝鮮史研究と所有論－時代區分についての一提言」 『人文學報』 167, 1984.

사실은 인정하였지만, 한전작물의 파종방식이 조선전기에 농종법에서 조선후기에 견종법으로 전환하여 농업생산력이 발전하였다는 주장에 대해서는 의문을 제기하여 논쟁의 시발을 일으킴으로써 연구를 촉진시켰다. 그의 견해는 조선시기 한전에 있어서 생산력의 발전은 파종방식의 변화가 아니라 작부방식의 변화에서 찾아야 한다고 하였다. 조선전기에는 1년1작 또는 조·콩과 맥(麥)의 윤작인 1년2작 체계가 행해졌지만 전자가 지배적인 형태이었는데, 조선후기에는 윤작법·간종법의 발전에 따라 2년3작 또는 2년4작 체계로 전화하여 경영의 집약화를 가져와 생산력이 발전한다고 주장하였다.[13] 또한 그는 생산용구인 쟁기와 시비법의 변화를 통하여 농업생산력의 발전을 추적함으로써 그의 논리를 보강하였다.[14] 그의 연구는 이 부문에서 상당한 기여를 했다고 평가되나 농업기술문제에만 주목하여 그것이 갖고 있는 사회경제적 의미의 해석에는 소홀하였다는 지적을 받고 있다.[15]

이태진은 조선시기의 유학에 대한 연구에서 출발하여 고려말 조선초 사회구조 변화의 배경을 해명하기 위해 고려말부터 17세기까지 농업기술과 토지개간 문제를 천착하였다. 그는 조선전기의 농법이 중국의 화북지방의 한지농법(旱地農法)과 밀접한 관련이 있다는 기존의 연구를[16] 비판하면서, 14세기 이후 신흥사족들이 중심이 되어 중국의 강남농법(江南農法)을 수용하여 연작농법이 달성되었다고 주장하였다. 또한 16세기에 사림파 성장의 사회경제적 배경을 추구하면서, 16세기는 농업

13) 민성기, 「조선전기의 맥작기술고－농사직설의 종맥법 분석－」 『부대사학』 4, 1980 ; 「조선후기 한전윤작농법의 전개」 『부대사학』 6, 1982.

14) 민성기, 「이조려(李朝犁)에 대한 일고찰(상·하)」 『역사학보』 87·88, 1980 ; 「조선시대의 시비기술 연구」 『인문논총』 24, 부산대, 1983.

15) 이호철, 『조선전기농업경제사』, 한길사, 1986, 19쪽.

16) 이춘녕의 『이조농업기술사』(1964)와 김용섭의 『조선후기농업사연구(Ⅱ)』(1971)가 여기에 속한다.

기술 및 그것을 기반으로 한 상품화폐경제의 발달 등 사회경제적으로 변화가 일어나고 아울러 정치·사상면에서도 변화가 일어나는 획기적인 시기로 규정하였다.[17] 그리고 그 시기는 한국사회뿐만 아니라 동아시아 사회가 전환기에 처한다는 사실을 예증하여 자신의 설을 보강하였다. 이태진은 본인도 지적하였듯이 지방의 중소지주층의 성장과 그들의 경제적 기반을 배경으로 하여 사회발전을 추구함으로써 당시의 직접생산자의 사회적 지위 해명에는 소홀하였다는 약점을 지니고 있다.

이 시기의 연구는 제3기의 연구를 계승하여 조선시기의 사회구조 변화를 생산력과 결부시켜 이해하려고 노력하였다. 이러한 경향은 제5기에 가서 주도적인 흐름이 된다.

5) 제5기 : 1980~1986년

이 시기는 제4기의 농업생산력 연구의 연속선상에서 연구가 활발하게 진행되었다. 연구는 양적·질적으로 발전하였다. 제4기에 연구를 시작한 민성기·미야지마·이태진의 연구가 제5기에 들어와 독자적인 틀을 갖추게 되고 그 외 하야시 가쓰오[林和男]·김영진·이호철 등이 새로이 농업생산력 연구에 참가하게 된다.

이 시기에 들어와 농업생산력 연구가 활발해진 것은 조선사회의 변동을 전사회구성의 변동으로 파악하고자 하는 연구시각의 확대와 관련이 있다. 이러한 연구경향은 토지소유관계를 연구하는 부분에서 먼저 촉발되었다. 일제 관학자들의 조선사회의 토지소유론은 토지국유론이었고, 그것은 일제 식민사관의 한 구성부분이었던 조선사회의 정체성론에 일익을 담당하였다. 1960년대에 조선사회가 내재적으로 발전해 왔다는

17) 이태진, 『한국사회사연구－농업기술 발달과 사회변동』, 지식산업사, 1986.

시각 하에서 조선사회도 사적소유가 일찍이 존재하였다는 것이 실증되고, 그것을 바탕으로 한 토지사유론이 그 이후에 지배적인 학설이 되었다. 그러나 1970년대에 들어와 아시아적 생산양식론을 수용한 연구자들이 토지사유론은 조선사회를 부조적으로 파악한 것이고, 한국사회는 토지의 사적소유가 발전해감과 더불어 국가도 토지소유권에 일정하게 관여하는 중층적 소유로 되어 있다고 주장하였다. 그리하여 1970년대말 이후에는 토지사유론과 중층적 토지소유론(국가적 토지소유론)이 논쟁을 벌이게 되었다.[18] 이 문제의 해결을 위해서 토지소유관계만이 아니라 생산력을 바탕으로 한 토지소유관계를 정합적으로 구성하여 조선사회를 파악하려는 시도들이 나타나게 되었고, 그 과정에서 농업생산력 연구도 활발해지게 되었다. 미야지마 히로시·김홍식·김태영·이호철 등의 연구가 그러한 시도의 예라 할 수 있다. 김홍식과 김태영은 조선전기의 토지소유관계를 중심으로 하여 생산관계를 규명하는 일환으로 당시의 생산력 수준을 검토하였고,[19] 미야지마는 통일신라 이후를 생산력에 중점을 두고 사회구성을 살펴보았다.

1960년대에 김용섭이 농서를 본격적으로 분석하여 당시의 생산력 수준을 검토한 이래 이 시기에도 농서를 통하여 당시의 농업기술 수준과 농업경영론을 살피는 연구가 많이 나왔으며,(51·52·53·92·100) 기왕의 연구성과를 정리하여 종합하는 연구들이 나오기도 하였다.(90·95·108) 또한 농학의 입장에서 농구와 농서가 정리되었다. 김광언은 조선시기의 각종 자료에 나타나는 농기구를 정리하여 그 기능과 역할을 설명하고, 아울러 일제시기부터 현재까지 농기구에 대한 연구논저들을 정리한 연구업적

18) 이에 대해서는 이영호, 「조선시기 토지소유관계 연구현황」『한국중세사회 해체기의 제문제(하)』, 한울, 1987 참조

19) 김홍식, 「이조농업생산력의 형성과 그 특질」『조선시대 봉건사회의 기본구조』, 박영사, 1981 ; 김태영, 「과전법 체제하의 토지생산력과 양전」『한국사연구』, 1981.

을[20] 내놓아 농기구 연구에 도움을 주었다.

김영진은 조선전기 농서인 『촬요신서』·『농사직설』·『금양잡록』·『한정록』·『농가집성』을 번역하여 농업생산력 연구의 활성화에 기여하였다.[21] 그리고 그는 조선초기의 『사시찬요초』의 내용을 살펴보고 이 책이 단순히 중국의 『사시찬요』를 우리 실정에 맞도록 초록한 것이 아니라, 우리 풍토의 실정에 맞도록 여러 농서를 참고·인용하여 만들어진 독창적인 농서였다는 사실을 밝혔다.[22] 하야시 가쓰오는 조선시대의 각 시기별로 동일 시기의 농서에서 주로 농구와 시비법의 변화를 분석하여 생산력의 발전을 살펴보았다.[23]

이 시기 가장 활발한 연구활동을 한 연구자는 이호철이었다. 농업경제학을 전공한 그는 조선전기의 농서를 통하여 농법·시비법·농구 등을 실증적으로 검토하고 이를 기반으로 같은 시기의 농업생산력 수준을 살펴보았다. 나아가 당시의 토지소유관계와 농업경영형태를 분석하여 『농사직설』에 실려 있는 조선전기의 선진농법은 기본적으로 축력을 기반으로 한 노동생산성 중심의 조방농업이며, 그 농작업에는 15인 전후의 단순협업조직의 집단노동에 의한 대농법으로 이루어졌고 화북지방의 그것과 유사한 한국 특유의 한지농법(旱地農法)의 성격을 지니고 있었다고 보았다. 또한 그는 조선전기는 노비들의 부역노동에 근거한 직영지적 농장 경영이 우세했던 시기로서 사회구성체상으로는 서구의 노동지대에 근거한 고전장원단계로 비정(比定)될 수 있으며 조선후기는 병작반수에 기초한 지주경영이 우세하여 서구의 생산물지대에 기초한 순수장원단계로 비정될 수 있다고 결론내렸다.[24]

---

20) 김광언, 『한국농기구고』, 한국농촌경제연구원, 1986.

21) 김영진, 『조선시대전기농서』, 한국농촌경제연구원, 1984.

22) 김영진, 「'사시찬요초'와 '사시찬요'의 비교 연구」 『농촌경제』 8-1, 1985.

23) 林和男, 「李朝農業技術の展開」 『朝鮮史叢』 4, 1980.

24) 이호철, 『조선전기농업경제사』, 한길사, 1986.

그가 조선전기의 농서를 정밀히 분석하여 당시의 농업생산력 수준을 추정하고, 지리지(地理誌)를 분석하여 작물재배권을 바탕으로 조선전기의 농업지대를 구분한 점은 조선전기의 농업생산력 연구를 한 단계 진전시켰다고 할 수 있다. 그러나 조선전기의 사회구성을 고전장원단계로 비정한 그의 이론은 검토해야 할 과제이다.

지금까지 살펴본 조선시기 농업생산력 연구의 시기별 경향을 요약하면 다음과 같다. 일제하 식민지시기에는 조선시기의 농업생산력이 정체되었다고 결론지음으로써 조선사회 정체성론의 이론적 근거를 마련하여 일제의 식민지 통치를 합리화해주는 구실을 하였다. 그러한 일제의 조선사회 정체성론은 해방 이후에도 일본인 연구자는 물론 한국인 연구자에게도 영향을 미쳐 그러한 논리가 농업생산력 연구에 재생산되었으며 1960년대에 이르러서야 조선사회의 정체성론은 극복되었다. 1960년대에는 '내재적 발전론'의 입장에서 연구가 행해져 농업생산력의 발전양상이 여러 부문에서 확인되었다. 1970·80년대는 1960년대의 연구를 계승하면서 생산력만의 고립적 연구가 아니라 토지소유를 둘러싼 대립관계, 즉 생산관계까지도 포괄하는 사회구성체적인 시각하에서 농업생산력 연구가 활발히 진행되었다.

3. 주제별 연구동향

농업생산력의 구성요소는 유용노동(노동력)·노동대상·노동수단이다. 노동력은 직접생산자가 놓여 있는 생산관계에 의해서, 발휘할 수 있는 생산력을 크게 좌우한다. 따라서 노동의 양과 질(노예·농노·임노동자·가족 등의 노동) 및 편성(가족·단순협업·복잡협업 등)이 문제가 된다. 노동대상은 재배기술(비료·품종개량, 혹은 파종·관개 등의 재배방법)이며 노동수단은 농구·기계로 대표되는 노동수단의 체계로서 취급된다. 노동수단의 체계와 재배기술이란 각각 독립된 것이 아니라 특정의 생산관계 하에서 노동력과 함께 3자가 유기적인 농업생산력 체계를 구성한다.[25)]

이 장에서는 농업생산력의 구성요소에 대하여 현재까지의 연구성과를 검토함으로써 조선시기의 농업생산력 수준을 살펴보고자 한다. 우선 농업기술의 변천과정, 농구의 발전과정을 살펴보고 이어서 당시의 농업생산력을 수치상으로 살펴볼 수 있는 토지생산성의 추이와 연구자가 농업생산력을 바탕으로 당시의 사회구성을 어떻게 파악하려고 했는가를 살펴보려고 한다. 다만 현재까지 노동의 양과 질 및 편성에 대한 연구는 거의 없기 때문에 이 부분에 대한 검토는 제외하였다.[26)] 또한 수리문제와 농서의 성격문제를 다루어야 했으나 검토하지 못하였다.

1) 농업기술

(1) 파종법

작물의 파종방법을 어떻게 행하느냐 또는 작물의 파종위치를 어디에 택하느냐는 문제는 사소한 차이인 것처럼 보이지만 그것이 가져오는 결과는 차이가 크다. 어떠한 방법을 택하느냐에 따라 수확량 또는 노동력의 증감에 영향을 미치기 때문이다.

조선시기의 수전(水田)에서 벼의 파종법의 변천과정을 처음 체계적으로 제시한 이는 김용섭이었다. 그가 제시한 내용은 다음과 같다. 조선초기에는 경상도와 강원도 남부지역에서만 부분적으로 이앙법이 행해졌

25) 三好正喜, 「過渡期農業經營史의 方法에 관한 一試論」『歷史評論』323, 1977.
26) 김석형·김홍식·이영훈 등의 시론적인 연구가 있다.

고 그 외의 지역에서는 주로 직파법이 행해졌다. 그러나 점차 시기가 내려오면서 이앙법이 지역적으로 확대되고 숙종·영조대 이후에는 전국에 보급되었다. 그 이유는 직파법은 4·5회의 제초작업을 해야만 수확할 수 있는데 비해 이앙법은 2·3회로서 족하였고 수확량도 보통 2배 이상이나 되었기 때문이며 또한 이앙법이 실시되는 논에서는 수전이모작(水田二毛作)이 가능하다는 점 때문이었다.

이러한 김용섭의 연구에 대하여 미야지마는 의문을 제시하였다. 그는 17세기의 관찬사료를 들어 이앙법이 널리 보급된 시기는 17세기 전반부터라고 주장하였으며,[27] 이앙법으로의 이행 원인도 노동력의 감소보다는[28] 오히려 수확량의 증가 측면이 가장 큰 원인이었다고 지적하였다.[29] 따라서 이앙법 보급의 최대 원인을 노동생산성의 상승이 아니라 토지생산성의 상승에서 구해야 한다고 결론지었다. 그리하여 김용섭·송찬식[30]의 견해처럼 이앙법의 보급에 의한 노동생산성 향상에 기초한 광작현상이 18세기부터 나타난 것이 아니고, 오히려 토지생산성 향상에 따른 집약화 현상이 나타나고 이것을 바탕으로 농업생산력이 더욱 발전하게 된 19세기 중엽에 가서야 광농경영이 일반화된다고 지적하였다.

한편 이호철은 이앙법이 조선전기에서 지니는 의미는 조선후기와는 다르다고 파악하였다. 그는 조선전기의 수전을 크게 인수(引水)와 배수

27) 김용섭은 『산림경제』에서 『농가집성』의 이앙법에 관한 기사 중 지역적 한계를 표시하는 단서가 삭제된 것을 근거로 하여 『산림경제』가 편찬된 17세기 후반에야 이앙법이 전국에 보급되었을 것이라고 주장하였다.

28) 宮嶋博史는 직파법은 4·5회의 제초작업이 필요한 반면에 이앙법은 3·4회의 제초작업이 일반적이어서 이앙법이 1·2회의 노동력 절약의 효과를 가져왔지만, 이앙법의 경우는 직파법에는 없는 모내기라는 노동력 수요의 정점기가 있으므로 1년을 통해서 노동력 수요를 계산한다면 직파법과 그다지 차이는 없을 것이라고 주장하였다.

29) 宮嶋博史, 「李朝後期における朝鮮農法の發展」 『朝鮮史硏究會論文集』 18, 1981.

30) 송찬식, 「조선후기 농업에 있어서의 광작운동」 『이해남박사화갑기념사학논총』, 1970.

가 모두 자유로운 수리안전답, 인수는 자유로우나 배수가 어려워서 늘 물이 괴어있는 수리불안전답, 그리고 높은 곳에 위치한 천수답 등의 세 등급으로 나누고 가장 좋은 수전에는 조도(早稻)의 수경(水耕)이 행해졌고 그 다음 등급의 수전에는 이앙법이, 그리고 가장 수리 조건이 나쁜 열등지에는 만도(晩稻)의 수경 및 건경(乾耕)이 행해졌다고 보았다. 따라서 이앙법은 토지가 많은 사람이 제초문제를 해결하기 위해서나 특수한 토양조건(예를 들면 점질토성과 같이 직파 재배가 불가능할 경우) 아래서만 그 생산력이 무삶이 및 건삶이법을 능가할 수 있었다고 보았다. 이는 조선전기의 이앙법이 수리문제를 해결하지 못한 낮은 단계의 기술수준에 있었기 때문에 나타나는 현상이었으며, 따라서 이앙법도 경상·강원도 지역의 일부에서만 행해졌을 뿐이었다고 파악하였다.[31)]

한전에 있어서도 김용섭은 작물의 파종법이 변화한다고 하였다. 그는 조선전기에는 한전작물을 밭이랑에 파종하여 재배하는 농종법(壟種法)이 일반적이었는데, 조선후기 특히 18·19세기로 내려오면서 한전작물을 밭고랑에 파종하는 견종법(畎種法)이 지배적이 되어갔다고 주장하였다. 견종을 하면 중경제초에 노동력이 덜 들고 소출이 많아진다는 것이다.[32)]

이에 대해 민성기는 이의를 제기하였다. 맥(麥)은 작물의 속성상 건조와 추위에 약하여 고랑에 파종하여 재배하고 조와 콩은 습기를 싫어하고 건조한 상태를 좋아하기 때문에 이랑에 재배하는 것이 일반적이어서 이 같은 파종법은 조선전기부터 시행되었으며 조선후기에 이르러서도 변하지 않았다고 하였다. 그의 이의 제기는 농업기술을 서술한 농서의 자료 해석을 김용섭과 달리하면서 제기되었다. 『농가집성』의 종대소맥(種大小麥)조에는

31) 이호철, 『조선전기농업경제사』, 한길사, 1986.

32) 김용섭, 「조선후기의 전작 기술-견종법의 보급에 대하여」 『역사학보』 43, 1969.

(A) 下種時又耕之 下種訖 以鐵齒擺或木斫背 熟治 密作小畝 畝間 和糞灰撒種 布熟糞 覆種宜厚

라는 문장이 있는데, 밑줄 친 부분은 『농사직설』에는 없는 구절로서 『농가집성』에서 첨가되었다. 김용섭은 이 증보된 부분을 농법 전환의 하나의 표현이며, 『농사직설』에서는 농종(壟種)인 반면에 『농가집성』의 증보부분은 '무간(畝間)'이므로 견종을 뜻한다고 보았다. 그러나 민성기는 앞의 문장에 나타나는 목작(木斫)이라는 농구의 기능에 중점을 두었는데 목작을 길이 3척, 넓이 5척의 중국의 파(耙)라는 농구로 보고[33] "만약 맥을 농(이랑)에 파종하였다면 파종하고 난 후 목작을 뒤집어 끌어서 복종(覆種)하게 되는데 그 경우 복종이 되기는커녕 고랑에 떨어지거나 목작에 밀려 땅바닥에 드러나므로" 고랑에 파종하였을 것이라고 주장하였다. 그러므로 그는 맥의 파종법은 조선전기부터 견종법이고, 『농가집성』의 증보문은 조선전기의 농업기술을 구체적으로 기술한 것에 불과하다고 주장하였다.

또 하나의 자료는 『농사직설』 종대두·소두(種大豆·小豆) 조의 다음과 같은 기술이다.

(B) 田少者 兩麥未穗時 淺耕兩畝間種以大豆 收兩麥訖 又耕麥根以覆豆根 大豆田間種秋麥 麥田間種粟 皆同此法

이 자료에서 밑줄 친 부분을 김용섭은 '淺耕兩畝間 種以大豆'라고 구독(句

33) 김용섭은 「농사직설의 목작과 소흘라」(1984)에서 목작(木斫)을 '써레'가 아니라 우리나라의 메로 여겨, 려경(犁耕) 후 흙을 부수는 것과 파종 혹은 복토(覆土)에 쓰이는 농구로 보았다. 이에 대해 김광언은 『한국농기구고』(1986), 368쪽에서 이의를 제기하였고, 이호철도 써레라고 파악하였다.

讀)하여 맥(麥)이 농종(壟種)이었다고 보는 반면에, 민성기는 간종(間種)을 숙어로 여겨 '淺耕兩畝 間種以大豆'라고 구독하여 맥은 견종(畎種)이었다고 주장하였다.

그리하여 민성기는 조선시기의 한전농업기술의 발전은 파종법이 농종법에서 견종법으로의 이행에 있는 것이 아니고 1년1작식에서 2년3작 또는 2년4작식으로의 작부방식에 변화가 있다고 결론을 내렸다.[34] 이후 미야지마와 이호철이 이 논쟁에 참여하였다.

미야지마는 맥 이외의 한전작물이 조선의 전기·후기를 통해 농종법이었다는 민성기 학설에 찬동하면서도 조선전기의 모든 맥이 견종법이라는데 대해서는 의견을 달리 하였다. (A) 문장에 나오는 1년1작식의 맥 파종법을 견종법이라고 파악하는 데는 찬동하였지만 맥의 근경(根耕)이나 간종법(間種法)의 경우에는 김용섭 견해처럼 맥이 이랑에서 재배되었다고 보았다. 즉 (B) 문장에서 밑줄 친 부분을 '淺耕兩畝間 種以大豆'라고 보아 맥을 농종법으로 재배하고 양무간(兩畝間 : 고랑)을 경작하여 콩을 파종하고 나아가 맥근(麥根)을 갈아서 두근(豆根)을 덮는다고 파악하였다.

미야지마는 조선시기 한전농업의 발전방향을 다음과 같이 설정하였다. 조선전기에는 저무(低畝)가 일반적이었는데 18세기 후반 이후에 소의 보급과 대형 쟁기의 보급으로 '고무작(高畝作)의 맥견종법'이 확립되어 2년3작 지역이 북방으로 크게 확대되고 남부지방에서도 대두간종법(大豆間種法)의 발전으로 1년2작식 체계가 확립되는 것이라고 하였다.[35]

이에 대해 이호철은 기장과 조 등의 한전작물은 족종법(足種法)으로서 이랑에 파종되었고, 맥의 경우는 1년1작식과 근경작의 경우는 고랑에

34) 민성기, 「조선전기의 맥작기술고−농사직설의 종맥법 분석−」 『부대사학』 4, 1980 ; 「조선후기 한전윤작농법의 전개」 『부대사학』 6, 1982.

35) 宮嶋博史, 「李朝後期における朝鮮農法の發展」 『朝鮮史研究會論文集』 18, 1981.

파종되었지만 간종(間種)의 경우는 이랑에 파종되었다고 보았다. (A) 문장의 경우 당시의 복종구(覆種具)였던 쇠스랑(鐵齒擺)과 목작의 기능에 유의하여 맥의 파종법은 견종이었고 조파(條播 : 줄을 맞추어 심음)된 것으로 파악하였다. 그러나 민성기와는 달리 『농사직설』과 『농가집성』의 증보문이 동일한 기술 수준을 나타내는 것이 아니라, 『농사직설』의 단계는 작무법(作畝法)이 광무(廣畝)로서 조방농업적 성격을 띠는 반면에 『농가집성』의 단계는 '밀작소무(密作小畝)'와 '화분회살종 포숙분(和糞灰撒種 布熟糞)'이라는 표현을 근거로 협무(挾畝)이며 또한 숙분을 추비(追肥)하는 농업집약화로의 발전을 나타내는 것이라고 보았다. (B) 문장의 간종법의 경우에는 '간종(間種)'의 용법례를 살펴보고 '간종'이라는 용어가 독립적으로 사용된 것은 『농가집성』 이후의 일이라고 보았다. 따라서 '천경양무간 종이대두(淺耕兩畝間 種以大豆)'로 띄어 읽어서 맥은 농종되어 있고 콩과 조는 견종되었으며 '대두전 간종추맥(大豆田間種秋麥)'의 경우는 콩이 농종되어 있고, 가을보리(秋麥)은 견종되어 있다고 해석하였다.[36)]

그는 조선시기 한전농업의 발전방향을 다음과 같이 설정하였다. 조선전기의 한전작물의 파종법을 크게 족종법(足種法)·조파법(條播法)·살파법(撒播法)으로 나누어 살펴보고, 이와 같은 한전작물의 파종법은 조선후기에 이르러 집약화로 발전한다고 파악하였다. 그러한 사정은 맥견종법(麥畎種法)의 완성, 수전종맥법과 근경 및 간종법 등의 작부체계의 고도화에서 구체적으로 찾아진다고 하였다.[37)]

이상 검토된 여러 가지 설은 다음과 같이 정리된다. 수전농업에서 파종법은 조선전기에는 직파법이 지배적이었는데, 조선후기로 내려오면서 이앙법이 지배적 위치를 점하게 되었다. 이앙법은 수확량의 증가와

---

36) 이호철, 『조선전기농업경제사』, 한길사, 1986.
37) 이호철, 「조선시대의 농업사」『한국의 사회경제사』, 한길사, 1987.

노동력의 절약이라는 결과를 가져와 조선후기 사회에 일정한 영향을 미쳤으나 노동력의 절약이 지니는 의미에 대해서는 이견이 제시되고 있다. 한전농업에서는 생산력의 발전을 파종법의 이행에서 찾기보다는 파종방식을 고려하면서 작부방식의 변화에서 구하는 것이 다수의 의견이다. 예를 들면 조선전기에 작부방식이 1년1작식이 지배적이었던 것에 반해 조선후기에는 2년3작식 내지 2년4작식의 윤작체계가 정착함에 따라 생산력이 발전하였다고 주장하는 것이다.

(2) 시비법

농업을 계속 영위하기 위해서는 지력의 유지가 제일 중요하다. 지력이 유지되지 않고서는 작물을 재배할 수가 없기 때문이다. 그리하여 처음 농경을 시작할 때는 천연의 임야를 불태워 그것으로 토양을 비옥하게 하고 그 농토를 몇 년 경작한 후 그 토지가 지력이 다한 뒤에는 다른 토지로 이동하는 화경농법(火耕農法)의 방식을 취하였다. 그 후 지력을 유지하기 위해서 시비법이 발달하게 되고 아울러 토지를 경작하는 방식도 변천하게 되었다.

동양에서 모범이 되었던 중국의 경우 시비법의 발전과정은 다음과 같았다. 시비범위는 분종(糞種)·분과(糞科)라는 한정된 곳에서 점차 분전(糞田)이란 농경지 전체의 시비로 발전하였다. 비료의 종류는 누에똥과 숙분(熟糞) 등으로 한정되었다가 점차 외양간 거름·니분(泥糞)·석회 등으로 확산하였고, 마침내 깻묵이란 금비(金肥)로까지 발전하였다. 또한 시비의 방법으로는 파종 전 또는 파종시에 주로 시비하던 기비법(基肥法)에서 파종 후에 시비하는 추비법(追肥法)으로 발전하였다.[38]

38) 이호철, 『조선전기농업경제사』, 한길사, 1986, 185~186쪽.

조선시기 시비법의 발전과정은 어떠하였는가? 조선시기 시비법의 변천에 대하여 체계적으로 연구한 사람은 민성기였다. 그는 「조선시대의 시비기술 연구」에서[39] 15세기, 17세기, 18세기의 시비법을 각각 『농사직설』, 『농가월령』과 『농가집성』, 『증보산림경제』와 『천일록』의 농서를 중심으로 살펴보았다. 그리하여 15세기에는 화분(火糞)·초분(草糞)·묘분(苗糞)을 비롯한 분회(糞灰)·구분(廐糞)·생초분(生草糞)·인축분(人畜糞)·객토분(客土糞) 등 기본적 비료는 모두 갖추어져 있었고 이들 비료는 한전과 수전에 따라 그 시비체계를 달리 하였으며, 17세기에는 인분(人糞)의 이용이 다양화되면서 이것을 원료로 한 조비(造肥)가 늘어났고, 18세기에는 추비농법(追肥農法)이 전개되고 조비(造肥)와 시비법이 다양화되면서 시비법이 발전해간다고 파악하였다. 하야시도 조선시기의 시비법을 비료의 종류가 증가해가고 기비법에서 추비법으로 발전해 간다고 결론을 내렸다.[40]

이호철은 조선전기의 농서를 통해 같은 시기의 시비법을 세밀히 분석하였다. 그는 수전농업의 시비법은 객토와 초목비(草木肥)가 주로 초경(初耕)과 재경(再耕) 사이에 시비되었고, 한전농업의 경우 초경 전후와 파종시·파종 후의 시비법으로 나누어지는데 주로 파종시에 분종법과 분종의 일환인 지종법(漬種法)이 행해졌다고 하였다.[41] 그는 이러한 조선전기의 종자에 대한 분종법은 조선후기로 내려오면서 점차 농경지에 대한 분전 및 추비법으로 전환하면서 시비법이 발전해갈 것이라고 전망하였다.[42]

이 세 사람의 견해는 비료 종류의 다양화 및 기비법에서 추비법으로의

39) 민성기, 「조선시대의 시비기술 연구」 『인문논총』 24, 부산대학교, 1983.
40) 林和男, 「李朝農業技術の展開」 『朝鮮史叢』 4, 1980.
41) 이호철, 『조선전기농업경제사』, 한길사, 1986.
42) 이호철, 「조선시대의 농업사」 『한국의 사회경제사』, 한길사, 1987.

전화라는 추세로 조선시기의 시비법이 발전해간다는 사실에는 일치하였다. 그러나 아직까지 구체적인 시비방법의 해명이 불충분한 상태이며 작부방식과 결합되어 시비법이 해명되어야 설득력이 있을 것이다.

한편 이와는 다른 각도에서 조선전기의 시비법을 논한 이태진의 연구가 있다. 그는 조선전기 농법은 중국의 강남농법을 수용한 것이라는 견해를 방증하기 위해 『농사직설』의 시비법과 중국 왕정(王禎) 『농서』의 비료 종류 및 시비방법을 비교하면서 이 두 가지는 모두 동일한 수준의 시비법이라고 하였다.[43] 이 견해에 대해서는 우리 농서와 중국 농서의 비교를 통한 좀더 깊은 연구가 필요하다.

(3) 기타

조선시기의 농업기술의 발전을 파종법과 시비법의 변화에서만이 아니라 다른 데서도 찾는다. 수전농업에서는 건경법(乾耕法) 기술의 완성에서, 한전농업에서는 작무법(作畝法)의 발전에서 구하는 연구가 그것이다.

이태진과 미야지마는 고려시기에 벼의 재배는 휴한직파법이 지배적이었는데 조선전기에 이르러 직파연작법이 확립되었다고 본다.[44] 조선전기 벼의 경종법에는 『농사직설』에 의하면 수경(水耕 : 무삶이), 건경(乾耕 : 건삶이), 모종[揷種]이 있었다. 수경은 벼 씨앗을 수전에 뿌리는 수파(水播)를 가리키며, 건경은 벼 씨앗을 마른 논(乾田) 즉 물이 없는 논에 뿌리는 건파(乾播)를 가리킨다. 이 둘은 직파법에 의해서 수도재배

---

43) 이태진, 「14·15세기의 농업기술의 발달과 신흥사족」 『동양학』 9, 1979.

44) 반면에 김용섭과 이경식은 고려시기에 평전(平田)은 연작농법이었고 산전(山田)만이 휴한농법으로 경작되었다고 보았다. 김용섭, 「고려시기의 양전제」 『동방학지』 16, 1975 ; 이경식, 「고려전기의 평전과 산전」 『이원순교수화갑기념사학논총』, 1986.

(水稻栽培)하는 것이다. 모종은 일정한 곳[苗垈]에 씨앗을 뿌려 모를 키웠다가 모가 어느 정도 성장하였을 때 그것을 본전(本田)에 이식하는 것을 가리킨다. 이것은 이앙법에 의해서 수도재배하는 것이다. 수전농업의 직파법에서는 수경법이 불가능한 경우에 건경법이 장려되었다. 『농사직설』에 나타나는 건경법을 김용섭은 삼국시대부터 시작되었다고 보는 반면에,[45] 미야지마는 조선전기 단계에 와서야 비로소 확립된다고 보았다.

미야지마는 조선전기에 존재한 건경법이 조선후기에는 두 방향으로 발전해간다고 보았다. 그것이 『산림경제』 단계에 와서 구체화되는데 하나는 건전직파법(乾田直播法) 기술의 완성이고,[46] 다른 하나는 건앙법(乾秧法)이라는 새로운 기술의 개발 방향이었다. 건앙법이란 묘대(苗垈)를 한전의 상태에서 유지하는 기술로서 건전직파법(乾田直播法) 기술을 이앙법에 응용해서 이루어진 것이다. 이것은 한전 상태의 묘대에서 묘를 키워 모의 성장이 늦기 때문에 비가 오지 않아 모내기 시기가 늦더라도 이앙이 가능한 재배기술이었다. 미야지마는 조선시기에 있어서 수전농법의 발전은 직파법에서 이앙법으로 이행해가는 것이 보편적이었지만 건경법으로부터 건전직파법, 건앙법으로의 발전도 중요하다고 평가하였다.[47]

한편 이태진도 건경법의 전개에 주목하였다. 그는 15세기 말 이후 천방(川防) 즉 보(洑) 등이 보급되어 관개조건이 개선되더라도, 수전에서

45) 김용섭, 「조선후기의 수도작 기술－이앙법의 보급에 대하여－」 『조선후기농업사연구(Ⅱ)』, 1971, 10~11쪽.

46) 이춘녕은 조선시기의 건경법이 일제시기에 '관개설비가 없이 건지(乾地)에 파종하고 밭작물같이 재배하다가 우기에 비를 받아 그 이후는 일반 벼같이 재배하는' 건답법(乾畓法)으로 발전하여 평안도에서 행해졌다고 보았다(이춘녕, 『이조농업기술사』, 1964, 38쪽).

47) 宮嶋博史, 「李朝後期における朝鮮農法の發展」 『朝鮮史硏究會論文集』 18, 1981.

조선초기의 건경직파가 모두 수경직파와 이앙으로 진행되는 것은 아니라고 보았다. 그는 우리나라는 봄 가뭄이 심하므로 춘한기(春旱期)에는 여전히 건경으로 치르고, 싹이 난 후에 풍부한 물로 수경단계를 거치는 '무종수전(畝種水田)'이라는 형태로도 발전한다고 보았다. 그는 이것이 조선시기 수전농업의 주류는 아니지만 수전농업 발전의 한 양상으로서 주목하였다.[48)]

미야지마는 조선시기의 한전농업기술의 발전을 작무법(作畝法)에서 구하였다. 조선전기의 무(畝)는 쟁기가 작고 소의 보급이 미흡하여 대형쟁기(두 마리 소가 끄는 쟁기)를 이용할 수 없어서 저무(低畝)가 일반적이었는데, 18세기 후반 이후 소의 사육과 한전이두려(旱田二頭犁)의 보급으로 고무작(高畝作)이 되어 내한(耐寒)·내한(耐旱)의 효과가 큰 맥견종법(麥畎種法)이 확립되어 가을보리를 매개로 한 2년3작식 또는 2년4작식의 작부체계가 형성되었다고 하였다.[49)]

이호철은 조선전기에 족종법을 사용한 작물들은 다른 작물과 비교할 때 분명한 작무가 행해졌고 이는 광무(廣畝)이면서 비교적 고무(高畝)이었을 것으로 추정한다. 그러나 조선전기에 맥의 작무법은 광무이면서 저무(低畝)이었는데 조선후기에는 숙치(熟治)작업과 복종(覆種) 작업이 분화되면서 협무(狹畝)로 발전하여 맥견종법이 심화된다고 하였다. 이것과 아울러 작부체계도 발전한다고 보았다.[50)]

조선시기의 수전농업에서 건경법의 발달과 한전농업에서 작무법의 발전은 어느 정도 인정할 수 있으나 조선시기 농업생산력 발전에서 그것이 지니는 의미는 시론적으로 제시되어 있는 셈이다.

---

48) 이태진, 「乾耕直播 稻作과 稻畦·畝種水田」『사학연구』 36, 1983.
49) 宮嶋博史, 「李朝後期における朝鮮農法の發展」『朝鮮史研究會論文集』 18, 1981.
50) 이호철, 『조선전기농업경제사』, 한길사, 1986.

2) 농구

인간이 동물과 구별되게 된 것은 손을 사용하고, 나아가 손의 연장으로서 도구를 사용하면서부터였다. 특히 인간이 농경을 시작하면서 도구는 필수적이었다. 어떠한 농경도구를 사용하느냐에 따라 그 사회의 사회적 생산력의 수준이 정해질 정도였다. 농경도구는 사회적 생산력을 측정하는 지표의 하나가 되었다.

우리나라 선사시대에 쓰이는 농구는 크게 세 부류로 나누어진다. 보습·괭이 등 땅을 파고 갈거나 뒤엎는데 사용하는 경기구(耕起具)와 낫·반월형석도 등 곡물을 수확하거나 베는데 사용하는 수확구(收穫具)가 있으며 연석(碾石)·고석(敲石) 등 곡물을 가공하여 먹을 수 있게 만드는 조리구 등이 있다.[51] 이렇게 석기시대에는 석제(石製) 경작구가 주였으나 청동기시대에 들어서 석제 경작구 이외에 목제 농구도 광범히 사용되었으며 특히 경작에는 따비를 이용했을 것으로 여겨진다.[52] 그 후 철기가 전래되면서 B.C. 3·4세기 경부터 철제농구가 출현하고, 축력을 이용하게 되면서 인력 경기구인 따비가 려사(犁耜 : 쟁기 혹은 따비)로 개선되었다.[53] 철기의 사용은 농업생산력의 비약적인 발전을 가져왔다. A.D. 6세기 무렵에는 려사를 개선하여 심경이 가능한 쟁기가 사용되면서 농업생산력은 크게 증가되었다.[54] 그 후 통일신라와 고려시기에도 농구의 발명 및 개량과 시비법의 개선 등에 의해 농업생산력이 발전하였으며

---

51) 지건길·한승모, 「한반도 선사시대 출토곡류와 농구」『한국의 농경문화』, 경기대학 박물관, 1983.

52) 한병삼, 「선시시대 농경문청동기에 대하여」『고고미술』 112, 1971(『한국사논문선집』(Ⅰ) 역사학회편 재수록).

53) 『삼국유사』 弩禮王(儒理王), 「鐵犁耜及藏氷庫作車乘」.

54) 『삼국사기』 권4, 신라본기 지증마립간, 「三年(502) 春三月 分命州郡主勸農 始用牛耕」(김용섭, 「한국농업사」『한국문화사신론』, 중앙대, 1975 참조).

고려시기에는 송나라의 농기구와 비교하여도 서로 비슷한 수준에 이르렀을 정도였다.[55]

조선시기의 농기구는 같은 시기의 농서와 어휘집 등을 통해서 알 수 있다. 조선전기의 농기구를 포괄적으로 연구한 이는 홍희유와 이호철이다. 홍희유는 주로 『농사직설』을 중심으로 조선전기의 농기구를 고찰하였으며(36), 이호철은 『농사직설』 『훈몽자회』 등을 통하여 조선전기의 경기구를 중심으로 각 농구의 기능들을 살펴보았다.(104) 그들의 연구를 토대로 조선전기의 농구를 개괄해보면 다음과 같다.

> 가는 연장으로서는 보(犁)·발외(把犁)·ᄀᆡ루(耕畦犁)·짜보(耒, 耜)·삷(鍤, 鍬)·ᄀᆞ래(杴)·ᄂᆞᆯ가래(鐵杴)·卦伊 등, 삼는 연장은 木斫(서흐레)·쇼시랑(鐵齒擺)·檑木·輪木·번디(磟, 碡) 등, 씨 덮는 연장은 木斫背·쇼시랑·檑木·撈(曳介)·板撈(翻地)·把撈(推介)·柴木 등, 김 매는 연장은 거훔한(鏟)·호ᄆᆡ(鋤, 钁)·長柄大鎌 등, 거두는 연장은 낟(鎌) 등, 터는 연장은 輾(打作)·키(簸, 箕)·小杖·도리채(耞)·길(枷) 등, 가루내는 연장은 밀돌(碾)·방하(碓)·매(磑, 磨)·고(杵) 등, 갈무리 연장은 蒿篅(空石)·苫薦(飛介)·瓮·木槽 등, 기타 연장으로서 드레(汲器)·산태(蕢, 畚)·둥주리·광조리·쟉도(錯刀) 등이 있다.[56]

이 농구를 통하여 조선전기 수전의 경작과정을 살펴보면 대체로 다음과 같다. 쟁기[犁]로 2회 정도 땅을 갈아주고 목작(木斫)으로 굵은 흙덩이를 부수고 쇠스랑[鐵齒擺]과 곰배[檑木]로 남은 흙덩이를 부수어 삶고 종자를 뿌린다. 그 후 곧바로 번지[板撈] 또는 밀개[把撈]로써 종자를 흙으로 덮고 농토의 면을 평평하게 한 다음 드레[汲器]로 물을 댄다.

---

55) 『고려도경』 권23, 잡속 2 종예, 「牛工農具 大同小異 略而不載」.

56) 이호철, 『朝鮮前期農業經濟史』, 한길사, 1986, 355쪽.

제초작업은 호미[鋤]로 하고 수확할 때는 낫[鎌]으로 포기를 베고 도리깨[耞]로써 탈곡하며 밀돌[碾]로 도정작업을 한 다음 섬[空石]에 넣어서 저장하는 단계를 거친다.

조선전기 농구체계와 농작업에 대한 평가는 두 종류로 나누어진다. 먼저 미야지마는 괭이·호미 등과 같이 인력에 의한 농구가 중요한 의미를 지니며, 경기(耕起)·쇄토(碎土)·진압(鎭壓) 과정이 정밀하게 분화되어 각각의 과정에 필요한 농구가 체계화되어 있는 점 등을 들어 『농사직설』의 농구체계는 대농적 경영으로부터 벗어나 조선 독자의 소가족경영방법을 확립시킬 것을 목적으로 했다는 것이다.[57] 다음으로 이호철은 『농사직설』의 농업경영방식은 축력농구를 기본적인 동력으로 하고 다수의 인력농구는 그 보조수단으로 사용되고 있었는데 축력농구와 인력농구의 적절한 결합에 의한 농작업은 15인 전후의 단순협업단계의 노동조직이 동원되는 대농법이라고 파악하였다.[58] 이 시기 농구체계를 정확하게 파악하려면 농업기술체계 및 농업경영형태 등이 함께 고려되어야 가능할 것이다.

18세기 말에 오면 농서에서 농구를 기술하는 방식에 변화가 온다. 『해동농서』, 『과농소초』에 농구가 독립된 항목으로 처음으로 설정이 되고 또한 이 두 농서 모두 왕정(王禎)의 『농서』와 『농정전서』에 실려 있는 중국의 농구와 당시 조선에서 사용되는 농구를 비교하면서 중국 농구로부터 장점을 취하는 반면 조선 고유의 농구(호미·가래 등)가 갖는 기능과 장점을 기술하고 있다. 이렇게 농서 기술 상의 변화를 통해서 조선후기에 들어오면 농구가 발달하였으리라고 추측할 수 있다. 또한 조선후기의 농서나 『재물보(才物譜)』(1798), 『물보(物譜)』(1820) 등의 어휘집을 통하여 양적인 증가로써 조선후기의 농구 발전을 엿볼

57) 宮嶋博史, 「李朝後期農書の研究」 『人文學報』 43, 京都 大人文科學研究所, 1977.
58) 이호철, 『조선전기농업경제사』, 한길사, 1986.

수 있다. 지금까지 연구에서는 조선전기의 농기구 종류가 모두 40여 종으로 파악되는데,[59] 김광언의 조사를 통하여[60] 『과농소초』에는 50여 종, 『물보(物譜)』에는 92종, 『재물보(才物譜)』에는 191종이 실려 있음을 보면 조선후기에 들어와서 농구가 다양화되고 발달해왔음을 엿볼 수 있다.

현재 조선후기의 농구에 대한 구체적인 연구는 적으며 다만 몇 농구에 대하여 연구되었거나 혹은 농구에 대한 개괄적인 언급이 있을 뿐이다. 조선후기 농구의 발전방향은 연구자에 따라 조선전기의 농구체계에 대한 평가와 연결되어 다르게 설정된다. 미야지마는 18세기 후반은 각 농구가 용도에 따라 분화하고 특히 쟁기의 종류가 풍부하게 되는 조선의 재래농구체계의 완성기라고 인식하였다.(77) 하야시도 미야지마와 비슷하게 18세기에는 쟁기와 그것을 보조하는 각종의 경작농구가 분화·발달하고 조선 재래의 농법이 완성되어갔다고 파악하였다.(90) 반면에 이호철은 축력 중심의 일관된 농작업으로부터 다양한 인력농구를 집약적으로 이용하는 농작업으로 이행해갔다고 파악하였다(105).

한편 개별적인 농구를 통하여 조선시기의 농업기술의 발전을 연구한 예도 있다. 민성기의 쟁기 연구가 그것이다. 그는 쟁기의 변천을 고찰하여 조선초기에 볏이 없는 무볏려(無鐴犁) '보' 쟁기에서 조선후기에 유볏려(有鐴犁) '장기'로 전환하여 볏밥의 반전을 보다 쉽게 하고 1~2회 갈이[耕]에 그쳤던 초기려경법에서 반경(反耕)을 거듭하는 정경세작(精耕細作)으로 장기질을 하여 이것이 토양비배력(土壤肥培力)의 증대를 가져와 2년4작, 2년3작이라는 전지(田地) 이용을 가능하게 하였다고 하였다. 그러나 이에 대해서는 유볏려에 의한 심경이 조선전기에도 존재하였을

59) 이호철, 『조선전기농업경제사』, 한길사, 1986, 355쪽.

60) 김광언, 『한국농기구고』, 한국농촌경제연구원, 1986.

것이라는 이호철의 의견과(104) 자료에 볏받침이 없다고 해서 반드시 볏을 쓰지 않았다고 단정하는 것은 잘못이라는 김광언의 반론이 있다.(64)

한편 미야지마는 17세기말에 나타난 토막번지(土莫翻地)와 사립번지[柴扇翻地]라는 농구에 주목하였다. 그는 조선전기에서 조선후기로의 수전농업의 발전은 벼의 파종법이 직파법에서 이앙법으로의 이행인데 그것이 가능하였던 요인으로서는 건전직파법(乾田直播法)에서 더욱 발전한 건앙법(乾秧法)의 기술을 응용한 것이며 건앙법의 농업기술을 완성시킨 것은 17세기말 『산림경제』에서 나타난 토막번지·사립번지 등의 새로운 농구가 나타나면서 실제화되었다고 주장하였다. 즉 미야지마는 조선 특유의 토막번지와 사립번지가 수전농업의 발전에 도움이 되었다고 하였다.(79)

이상에서 조선전기에서 조선후기로 내려오면서 농구가 용도에 따라 분화되어 종류가 풍부해져갔음을 알 수 있다. 그러나 조선전기의 농구를 사용한 농작업의 성격에 대한 평가 및 조선시기의 농구의 발전방향에 대해서는 아직 이견이 있는 상황이다.

3) 토지생산성

생산력이란 단위노동시간당 생산되는 생산물의 양을 가리키는 노동생산력으로 구체화된다는 것이 정설이고 농업생산력에 있어서도 대개 마찬가지라 할 수 있다. 그러나 농업의 경우에는 단위면적당 수확량을 나타내는 토지생산력이란 개념이 사용된다. 그것은 특히 전근대사회에서는 한편으로 다른 사회적·기술적 조건에 현저한 차이가 없는 한 자연조건의 차이를 반영하는 지표로서 유용한 의미를 지니며,[61] 다른 한편으로

61) 加用信文,「農業生産力」『經濟學辭典』 제2판, 岩波書店, 1979.

역사적인 시대에 따라 생산력 수준을 일정하게 반영하는 지표로서 의의를 지닌다. 여기에서는 후자의 의미로서 전근대의 한국사회에서 동일면적당 생산력이 어느 정도 발달해 왔는가를 추정해보겠다. 먼저 토지생산성의 일부분을 나타내는 결부제도를 살펴보고 이어서 토지생산성의 추이를 살펴보고자 한다.

(1) 결부제도의 변천

우리나라의 결부제는 토지의 면적과 수확량을 동시에 나타내는 수세단위 및 생산력 단위로 사용되었다. 이 결부제도는 토지이용방식 및 농업생산력의 발전과 이를 흡수해 들이려는 국가의 조세수취방식 및 토지파악방식의 정도에 따라 변화하였다.

우리나라의 결부제도는 보통 4시기로 구분한다.[62] 제1기는 신라시기부터 고려후기의 어느 시기까지로 설정된다. 이 시대의 결부제는 중국의 면적단위인 경무제(頃畝制)와 서로 통용되고 있었으며(1경=1결), 결부가 중국의 경우처럼 수확량과는 관계없는 단순한 토지면적 단위였다. 당시의 농지는 상경전(常耕田)이 아니라 휴경을 행하는 세역전(歲易田)이었을 것으로 여겨진다. 이 시기의 1결 면적에 대해서는 여러 가지 이론이 있다. 우선 백남운, 김용섭과 이호철은 고려 문종대의 양전규정(量田規定)의 자료를[63] 그대로 인정하여 1결의 면적을 17,000~18,000평 정도로 보는 반면에 박흥수와 미야지마는 4,500여 평, 강진철은 6,800여 평으로

---

62) 이 부분은 주로 다음의 논문들이 참조되었다.
이호철, 『조선전기농업경제사』, 한길사, 1986 ; 宮嶋博史, 「朝鮮農業史上における15世紀」『朝鮮史叢』 3, 1980 ; 김용섭, 「고려시기의 양전제」『동방학지』 16, 1975.

63) 『高麗史』 권78, 食貨1 田制 經理, 「文宗二十三年 定量田步數 田一結方三十三步(六寸爲一分 十分爲一尺 六尺爲一步) 二結方四十七步 (중략) 九結方九十九步 十結方一百四步三分」.

주장하였다.[64)]

제2기는 고려후기부터 세종 26년(1444)까지의 시기이다. 상전·중전·하전의 세 전품에 따라 같은 1결이라도 실제 면적이 달랐으며 기준되는 척도는 지척(指尺)으로서 토지의 비옥도에 따라 세 개의 다른 양전척이 사용되었다. 이 시기의 1결의 면적은 공양왕 원년(1389)에 상전 1결은 약 1,790평, 중전 1결은 약 2,800평, 하전 1결은 약 4,000평이었다. 제1기에서 제2기로 1결 면적이 축소되면서 결부제도가 변천되게 된 역사적 계기는 고려말에 지배층의 수탈이 가중되어서 농민층이 그들의 빈곤을 극복하기 위해 세역전의 상경화에 힘써 휴한농법이 극복되어 나갔고 여러 차례의 부세정책을 통하여 그러한 농법 변화를 실제로 반영한 세제개편 때문이었다.[65)]

제3기는 세종 26년(1444)부터 효종 4년(1653)까지의 시기이다. 전품(田品) 구분이 종래의 3분법에서 6분법으로, 양전의 기준척이 종래의 지척에서 주척(周尺)으로 바뀌게 되었다. 이 시기는 연작농법(連作農法)이 안정적으로 행해졌던 때이다. 1결의 면적은 1등전이 약 3,000평, 2등전이 약 3,500여평, 3등전이 약 4,200여 평, 4등전이 약 5,400여 평, 5등전이 약 7,500평, 6등전이 약 12,000평이었다.

이 시기는 연작농법과 토지개간이 행해짐으로써 제2기에는 황무지나 진전으로 존재했던 토지가 생산물을 산출해냄으로써 국가에 세금을 낼 수 있는 토지로서 파악되었다. 상전·중전·하전 이외의 산전(山田)이 5등전과 6등전으로 편입되고, 예전의 하전이 1등전부터 5등전에 분산되

64) 백남운, 『조선봉건사회경제사』 상, 1937, 제23장 ; 김용섭, 「고려시기의 양전제」 『동방학지』 16, 1975 ; 이호철, 『조선전기사회경제사』, 1986, 제7장 ; 박흥수, 「신라 및 고려의 양전법에 관하여」 『학술원논문집 인문·사회과학편』 11 ; 宮嶋博史, 「조선농업사상에서의 15세기」 『조선사총』 3, 1980 ; 강진철, 「전결제의 문제」 『고려토지제도사연구』, 1980.

65) 김용섭, 「고려시기의 양전제」 『동방학지』 16, 1975.

어 재편성됨으로써 국가에서 파악하는 토지의 결수가 확장되었다.[66] 그리하여 1391년 과전법이 실시될 당시에는 6도의 토지 결수가 실전(實田) 623,097결, 황원전(荒遠田) 175,030결로 약 80만 결로 파악되었는데, 16세기에 이르면 150만 결 내지 170만 결로 파악되었던 것이다. 국가에서 파악한 전결수는 양안에만 실려 있는 원장부결수(元帳付結數)였으며 실제로 경작되었던 결수를 나타내는 실결이나 시기결(時起結)의 수치는 아니었다. 이것은 정확한 토지경작면적을 나타내는 것은 결코 아니지만 노동생산성을 중심으로 한 농업생산력의 발전에 따른 토지면적의 흐름을 알 수 있는 지표가 된다는 데 의의가 있다.

제4기는 효종 4년(1653)부터 일제의 토지조사사업이 끝난 1918년까지의 시기이다. 임진왜란과 병자호란의 두 차례 전란 이후에 조세 징수의 대상이었던 전결수가 급격히 감소하여 국가에서 감축된 전결을 찾아내고 실상을 조사하기 위하여 1653년에 양전(量田)을 실시하였다. 이때의 양전법은 제3기의 수등이척제(隨等異尺制)와는 달리, 그 복잡성과 불편성을 제거하고 단일양전척을 사용하였다. 그리하여 주척(周尺) 4척7촌7분을 양전척 1척으로 정하고 사방 100척을 1등전의 1결로 정하였다. 그리고 1등전의 1결을 100으로 하여 2등전은 85, 3등전은 70, 4등전은 55, 5등전은 40, 6등전은 25의 비율로 결을 확정하였다. 당시의 1등전 1결은 3,200여 평, 6등전 1결은 13,000여 평 정도였다.

(2) 토지생산성의 추이

농업생산력의 구성요소인 노동대상과 노동수단의 발전은 농업생산력의 발전을 가져온다. 농업생산력은 노동생산성으로 대변된다는 것이

66) 김태영, 「조선초기 공법의 성립과 그 전개」 『동양학』 12, 1982(『조선전기토지제도사연구』, 지식산업사, 1983, 게재).

〈표 Ⅰ-2〉 토지생산성의 추이

구분 \ 시기	제1기	제2기				
	①고려시기 (992)	②科田法 (1391)	③세종연간(1432)			
			上等道	中等道	下等道	全國
結當收量						
최고	315	300	200	180	150	177
최저	105	300	160	140	120	140
평균	210	300	180	160	140	160
段當收量						
최고	5.08	45.02	30.02	27.01	22.50	26.51
최저	1.69	19.87	10.60	9.27	7.95	9.27
평균	3.39	19.87	17.22	15.30	13.40	15.31
段當收量指數						
최고	13.3	117.9	78.6	70.8	58.9	69.5
최저	42.0	494.3	263.7	230.6	197.8	230.7
평균	16.0	94.0	81.5	72.4	63.4	72.4

자료 : ① 『高麗史』 권32, 食貨1, 租稅條, 成宗 11年의 判
② 『高麗史』 권78, 食貨1, 田制, 科田法
③ 『世宗實錄地理志』, 上等道는 경상·전라·충청도, 中等道는 경기·강원·황해도, 下等道는 평안·함경도를 각각 지칭함. 전국은 이들의 산술평균치임.
④ 『世宗實錄』 권105, 世宗 26년 8월 庚午
⑤ 『世宗實錄』 권106, 世宗 26년 11월 戊子

정설이지만 전근대사회에서는 그것을 측정하기가 어렵기 때문에 종종 토지생산성이라는 지표가 사용된다. 그것은 농업생산력 발전의 구체적 정도는 아니지만, 그 추이를 살필 수 있기 때문이다.

우리나라에서는 토지의 면적이 결부제로 파악되었기 때문에 결의 면적과 용량을 재는 말[斗]의 용적에 대해서 이설이 있다. 따라서 단위면적당 생산량을 나타내는 토지생산성의 파악도 이설이 있을 수 있지만, 최근에 이호철이 통설들을 채택하여 토지생산성의 추이를 제시하였으므로 여기서는 이 가설을 소개하는 것으로 대신한다. 이호철의 가설은 다음 〈표Ⅰ-2〉와 같다.

〈표Ⅰ-2〉에서의 토지생산성은 각 시기별 수전에서의 1결당 미곡생산량을 나타낸 것이고, 이것을 결부제의 각 시기별 결 면적에 따라 단(段 :

(단위 : 斗, %)

제3기		제4기			
④淸安縣 (1444)	⑤貢法 (1444)	⑥17세기 前	⑦18세기 前	⑧18세기 後	⑨19세기 前
329	380	338	400~600	974	1000
89	100	113	400	300~375	200~400
225	300	225	400	600	400~800
33.0	38.17	23.77	40~60	97.4	100
3.58	4.02	7.92	10	7.50~9.50	10.0~21.10
15.85	21.13	15.85	25.30	26.60	30.1
86.5	100.0	62.3	105.3~158.0	255.2	262.0
89.1	100.0	197.0	248.8	186.6~236.3	248.8~524.9
75.0	100.0	75.0	119.7	125. 9	142.5

⑥『增補文獻備考』田賦考1, 吏曹參判 趙翼의 疏.
⑦『星湖僿說』3, 人事門 11 賦
⑧『千一錄』農家總覽;『擇里志』卜居總論 生理條;『英祖實錄』권45, 英祖 13년 9월
⑨『經世遺表』8, 地官修制, 田制 10 井田議 2 및『經世遺表』9, 地官修制, 田制別考 2, 魚鱗圖說
* 출처 : 李鎬澈,『朝鮮後期農業經濟史』, 746~747쪽 재인용

300평)당 수확량으로 환산하였다. 각각 최고생산량과 최저생산량을 계산하였으며 아울러 당시의 평균적 생산력을 추계하였다. 또한 제3기의 공법(1444년) 규정에서 나타난 단당 수확량을 100으로 하여 단당 수확량 지수를 계산하였다. 그는 이 〈표Ⅰ-2〉를 통하여 결론적으로 토지생산성은 첫째로 제1기의 말경에서 제2기로 이행하는 단계에서 급격히 상승하였으며, 다음으로는 17세기에서 18세기로 이행하는 과정(즉 제3기에서 제4기로의 이행)에서 급속하게 상승하였다고 분석하였다.[67]

67) 이호철은 호구당 실제 경작면적지수와 평균 단보(300평)당수확량지수를 사용하여 두 사례의 노동생산성도 추계하였다. 그는 그것을 통하여 노동생산성은 신라시기부터 점차 상승하여 제2기에서 절정에 도달했다가 제3기 이후로는 점차 하락세를 보이고 제4기에서는 조금씩 증가해갔다고 하였다(이호철,『조선전기농업경제사』, 한길사, 1986, 741~751쪽).

그러나 이 가설은 수전의 생산량만을 비교하였다는 점에 한계가 있다. 당시 수전보다 비중이 컸던 한전의 생산량도 같이 고려되어야 정확한 토지생산성의 추이가 밝혀질 것이다.

4) 농법과 사회구성

농법이란 대체로 토지이용방식, 즉 농지를 이용하는 작부체계(기술체계)를 가리킨다.[68] 그 사회의 농업생산력 수준은 농법에 집적되어 나타난다고 할 수 있다. 따라서 농법을 중시하는 연구자는 사회구성체를 농법의 발전정도에 따라 비정하기도 한다. 예를 들면 서구 농업사에 있어서 농법의 전개과정은 대전식(代田式 : 燒田式), 윤포식(輪圃式 : 休閑式), 곡초식(穀草式), 윤재식(輪栽式)이라는 단계를 거쳐왔다고 하는데 윤포식은 서구의 봉건사회에, 윤재식은 산업혁명 이후의 근대사회에, 곡초식은 그 과도적 단계로서 공업에 있어서 매뉴팩처(manufacture)에 해당하는 농법으로 비정한다.[69] 이러한 방식은 생산력우위론이나 결과론적인 파악일 수도 있지만 생산력 수준이 생산관계에 영향을 미치며, 양자의 결합방식이 사회구성체를 결정한다는 측면에서 일정한 의의를 지닌다고 할 수 있다.[70]

우리나라에서는 농법의 전개과정이 대체로 화경농법, 휴경농법, 휴한농법, 연작농법, 윤작농법의 발전단계를 거쳐왔다고 이해되나 아직 통설화된 것은 아니다. 지금까지 농법의 연구를 통하여 사회구성체의 해명이나 혹은 시기구분을 시도했던 연구자들의 주장은 다음과 같다.

---

68) 농법은 농업기술체계를 가리킬 때도 있다.

69) 加用信文, 「農業經營組織」『經濟學辭典』 제2판, 岩波書店, 1979 ; 飯沼二郎, 「農業革命」, 같은 책.

70) 그렇다고 해서 생산력 수준이 생산관계나 사회구성체를 결정한다는 '생산력 결정론'이 옳다는 것은 아니다.

김용섭은 통일신라를 기점으로 크게 고대와 중세로 구분하고 통일신라 이후부터 조선후기까지를 중세로 비정한다. A.D. 6세기 초를 기점으로 순장제도의 폐지에 따른 직접생산자인 노비·하호층(下戶層)의 사회적 지위의 상승, 려경(犂耕)의 실시에 따른 농업생산력의 발전 등에 의해 통일신라 이후부터 토지의 사적소유관계가 발전하여 지주전호제(地主佃戶制)가 형성되고 수조권을 둘러싼 전주전객제(田主佃客制)와 대립하는 것이 우리나라 중세적 토지제도의 특질이라고 규정한다.[71] 그는 중세 내에서의 농법의 전개는 농업노동에 축력이 이용되고 려경을 통한 심경(深耕)으로 지력의 회복이 빨라 신라말 고려초에 평전에 이미 연작농법이 실시되었고 고려말에 산전(山田)까지도 상경화되었다고 본다. 고려말 특히 몽고 침입 이후에 봉건지배층의 수탈이 가중되어서 농민층이 그들의 빈곤을 극복하기 위해 세역전을 상경화함으로써 생산력이 발전하게 되었다고 한다. 즉 그는 농업기술발전의 주도층을 직접생산자인 농민층(자작농민이나 전호층)으로 설정하였던 것이다.[72] 그 후 조선시기에는 17세기 이후에 파종법의 변화에 따라 농업생산력이 발전하고 그에 따라 농민층분해현상이 진행되면서 소수의 부농층과 다수의 빈농층·무전농민층이 생겨나게 되며, 따라서 봉건사회의 경제적 기반인 지주전호제가 변질 해체되고 그러한 과정 속에서 부농층의 일부가 맹아적인 자본주의적 경영형태를 수행하는 '경영형부농'층으로 전화되면서 근대사회를 주도해가는 변혁주체세력으로 성장해간다고 파악한다.

이태진은 통일신라와 고려중엽까지를 휴한농법의 사회라고 보고 14세기 이후 연작농법으로 이행하게 된다고 파악한다. 그러한 선진적인 농법의 추진주체는 지방의 중소지주 출신의 신흥사대부이며 그들이

71) 김용섭, 「전근대의 토지제도」『한국학입문』, 학술원, 1983 ; 「토지제도의 사적 추이」, 1981(『증보판 한국중세농업사연구』, 지식산업사, 2000 게재).

72) 김용섭, 「고려시기의 양전제」『동방학지』 16, 1975.

중국의 강남농법을 받아들여 그들의 경제적 기반을 다져가면서 조선을 건국하였다고 파악한다. 그는 조선사회의 전개과정을 16세기를 기점으로 구분짓는다. 조선전기의 농업기술 발전을 배경으로 16세기에는 사회경제적 변화 —지방 장시의 확대, 사무역의 번성, 간척지 개간, 은광업의 발달 등—가 일어나고 그와 함께 정치·사회적 변화—사림파의 대두, 성리학의 재정비, 향약보급운동 등—도 일어나 사회 전반적인 변화를 가져온다고 한다. 아울러 그러한 변화를 가져오는 데 큰 역할을 한 사회세력은 사림파라고 주장한다. 나아가 16세기를 기점으로 조선뿐만 아니라 동양사회가 일정한 전환기에 처해있다고 예증하면서 그 시기는 한국사회뿐 아니라 동양사회의 일정한 변화를 가져온 시기라고 본다. 그리하여 16세기를 조선시기의 획을 그을 수 있는 시기로 상정하면서 기존에 17세기를 기점으로 조선시기를 구분지었던 설에 의문을 제기한다.[73)]

민성기는 처음에 조선시기 농업기술에 대한 연구를 바탕으로 농법의 변화를 근거로 하여 17세기를 기점으로 시기를 구분하였다. 즉 조선전기에는 간종법이나 윤작법도 행해졌지만 1년1작의 연작농법이 지배적이었는데 반해, 조선후기에는 논에서 이앙법의 보급에 따른 도맥이모작(稻麥二毛作)이 성행하게 되었고, 밭에서는 간종법과 윤작법의 발달로 2년3작 또는 2년4작의 윤작농법이 보편화되어 경영의 집약화를 가져왔고 또한 시장성을 지닌 목면, 연초, 고구마 등의 경제작물이 재배됨으로써 토지의 이용률이 크게 향상되었다고 하였다.(72·73) 이러한 현상은 『농가집성』을 기점으로 그 변화를 살펴볼 수 있으므로, 17세기를 기점으로 구분할 수 있다고 파악하였다. 아울러 려(犁)는 조선초기의 무볏려에서 심경이 가능한 유볏려로 발달하게 되고(71), 시비법에서도 『농가월령』과 『농가집성』의 시비법을 고찰하면서 『농사직설』의 그것보다는 시비체계

73) 이태진, 『한국사회사연구—농업기술 발달과 사회변동—』, 지식산업사, 1986.

가 달라지고 인분의 이용이 다양화되면서 비료종류가 증가하는 점 등을 들어 17세기를 기점으로 농업생산력이 발전한다는 자신의 연구를 보강하였다.(74) 이러한 17세기를 분기점으로 한 조선시기의 시기구분은 그 이후의 논문에서 16세기로 수정된다. 그것은 17세기를 대표하는 『농가집성』의 기술체계는 16세기의 농업기술을 반영하는 『농가월령』(1619)의 농업기술을 모태로 한 것이라고 평가하고 17세기의 농업기술은 16세기 후반 이후부터 이루어진 것이라고 주장한다. 또한 16세기의 주도계층을 이태진의 견해를 수용하여 사림파로 상정하고 『농가월령』을 사림파 지식관료층의 농업기술의 선도를 반영하는 것이라고 추정한다.(75)

미야지마 히로시는 농법과 소유의 발전단계에 따라 전근대사회를 3시대로 구분한다. 제1단계는 통일신라기로서 휴경농법(休耕農法)의 생산력단계이고 소유관계는 촌락을 단위로 한 공동소유－연(烟)을 단위로 한 개별점유단계이다. 제2단계는 고려시기이다. '신라촌락문서'에 보이는 소를 많이 보유한 촌주층(村主層)이 우월한 농업경영방식을 도입하여 고려시기에 휴한농법(休閑農法)으로 이행하며 그에 따라 공동체 수장층이 사적소유자로 확립하는 단계이다. 제3단계는 조선시기로서 농업경영방식이 더욱 발전하여 연작농법이 통용되는 시기이며 그에 대응하여 일반농민층이 사적소유자로서 확립되는 단계이다. 미야지마는 이것을 각각 제1, 2, 3차적 아시아적 생산양식으로 규정한다.(81) 이러한 전근대의 한국사회는 19세기에 광농경영의 전개로 농노제적 소경영이 해체되는 농민층분해현상이 진전되어 조선의 사회구성은 지주－광농경영주(부농)－농노제적 소경영자－빈농, 농촌노동자의 4계급이 병존하는데(77), 19세기 중엽 이후에는 광농경영주(부농)가 중심이 된 자소작상농층이 변혁주체세력의 담당자가 되어 근대사회를 지향한다고 주장한다.[74)]

74) 宮嶋博史,「朝鮮甲午改革以後の商業的農業」『史林』56-6, 1974.

이호철은 조선전기의 농업생산력과 토지소유관계 및 농업경영형태 등에 관하여 연구하였다. 그는 조선전기는 연작농법이 지배적인 시기인데 구체적으로는 축력을 기반으로 한 노동생산성 중심의 조방농업, 15인 전후의 단순협업조직의 집단노동에 의한 대농법, 그리고 화북지방의 그것과 유사한 한국 특유의 한지농법의 성격을 지녔다고 주장한다. 아울러 농업경영방식은 왕실·귀족·양반사대부 등의 봉건지배층에 의해 노비들의 부역노동에 근거한 직영지적 농장경영이 우세하였다고 파악한다.(104) 그는 조선후기는 시비법의 발달과 인력농기구의 다양화로 논에서 이모작의 보급과 밭에서 윤작방식의 토착화로 농법이 발달하고 그에 따라 소농민경영의 자립이 제고되어 직영지적 농장경영이 쇠퇴하고 병작반수에 기초한 지주경영이 우세하게 된다고 전망한다.(105) 그리하여 조선전기에서 조선후기로의 전환은 노동지대에 기초한 고전장원단계에서 생산물지대가 우위를 점한 순수장원단계로의 이행을 의미하며 이러한 변화는 16세기 말을 기점으로 전개되기 시작하여 18세기 후반에는 완전히 이루어진다고 주장한다.(104·105)

이상에서 우리는 여러 연구자들의 생산력 수준에 따른 시기구분을 살펴보았다. 그들의 견해는 각기 달랐다. 넓게는 생산력과 토지소유관계의 발달에 따른 시대구분이라는 시각하에서도 차이가 있었다. 김용섭은 통일신라 이후부터 조선후기까지는 중세로 파악했는가 하면, 미야지마는 당해 시기를 세 시대로 구분하였다. 우리가 다루는 조선시기도 이태진·민성기는 16세기를 시대의 기점으로 잡는가 하면, 김용섭·이호철 등은 17세기를 구분의 기점으로 파악하였다. 그러나 구분의 기점이 같다고 하더라도 사회구성의 파악은 각각 달랐다. 그것은 그들 각자가 서 있는 이론적 기반이 다르기 때문이다.

4. 맺음말

이상에서 조선시기의 농업생산력 연구를 검토하면서 조선시기의 생산력 수준을 살펴보았다. 먼저 조선시기의 농업생산력 연구의 시기별 동향을 개관하고, 이어서 농업생산력의 구성요소와 생산력 수준을 일정하게 반영하는 토지생산성을 살펴보고 끝으로 농업생산력의 집적된 형태인 농법을 사회구성과 연결시켜 봄으로써 생산력 연구가 지향하는 바가 무엇인가를 알아보았다.

현재까지의 연구성과에 의해 조선시기의 농업생산력 수준을 살펴보면 다음과 같다. 농업기술에서 수전농업의 발전은 파종법이 직파법으로부터 이앙법으로의 이행에서 찾았다. 또한 한전농업에서는 파종법의 정착화에 따른 작부방식의 고도화와 상품작물의 재배를 통한 경영변화에서 구하였다. 한편 시비법과 농구의 변화를 통해서도 생산력의 발전양상을 찾을 수 있다. 시비법에서는 비료의 종류가 다양해지고 시비방식이 기비법(基肥法)에서 추비법(追肥法)으로 치중됨으로써 발전하였고 농구에서도 작업과정에 따라 농구의 종류가 다양하고 정밀하게 분화되는 추세로 나아갔다.

이러한 생산력의 발전양상은 지배층의 조세정책과 밀접하게 관련되어 생산력 단위이면서 토지파악방식인 결부제도의 변화로도 나타났다. 농업생산력의 발달은 작부방식의 고도화로 표출되는데, 작부방식의 체계인 농법은 다음과 같이 전개되었다고 여겨진다. 고려시기에는 휴한농법이 지배적이었고, 조선전기에는 1년1작식인 연작농법이 지배적이었는데 조선후기에는 수전에서 이앙법을 근간으로 한 수전이모작의 보급과 한전에서 가을보리[秋麥]를 매개로 한 2년3작 또는 2년4작의 윤작체계가 성립되면서 윤작농법이 확대되어갔다고 볼 수 있다. 이러한 농법의 변화는 생산관계라는 요인을 포함한 농업경영양식의 변화도 초래하였다. 그러나 그 변화가 지니는 의미에 대해서는 연구자들 사이에 이론이 많은 상태이다.

조선시기 농업생산력 연구의 과제는 크게 농업지대의 분석, 농업경영양식의 해명, 농업생산력 발전의 주체에 대한 설정을 들 수 있다. 먼저 조선시기의 농업지대를 밝혀내는 것이 필요하다. 각 지역마다 구체적인 농업기술체계(작부순서·재배기술 등)가 밝혀져야 당시의 생산력 수준을 추정할 수 있다. 각 지역은 기후, 토지의 비옥도, 전답의 비율, 재배작물의 종류, 경종방식, 경기구(耕起具)에 의한 경기법, 작부순서 등에 차이가 있다. 따라서 그러한 요소를 포괄하는 농업지대를 밝혀내야 그 시대의 생산력 수준의 실상에 근접하게 된다. 가령 당시의 농서에서도 『농사직설』은 조선초기의 삼남지방 특히 경상도의 농업기술체계를 반영한 것이고, 『금양잡록』은 경기도 금양현(현재의 시흥)의 농업실태를 반영한 것이므로 두 농서에 나타나는 재배기술체계와 농업경영형태는 달랐다. 이러한 농업지대의 규명에는 최근 이호철이 조선초기에 『세종실록지리지』를 통하여 분석한 개척적인 연구가 있지만 자료가 갖는 한계 때문에 시론적인 성격에 머물러 있고 또한 조선후기에는 작부체계의 변화, 상업적 농업의 전개 등으로 농업지대의 다양성이 예견되나 구체적인 연구성과는 없는 형편이다.

둘째로 농업경영양식의 해명이 요구된다. 생산력이란 단순히 인간이 얼마나 생산해낼 수 있는가의 능력을 가리키는 것이 아니라 그 자체가 관계를 포함하는 것이다. 따라서 농업생산력 각각의 구성요소에 대한 소유문제를 고려한다면 생산관계를 포괄하는 개념인 농업경영양식의 해명이 요구된다. 이를테면 기존의 농업경영양식은 생산력의 발전 가운데 가치의 배분을 통해서 모순이 확대되고 새로운 농업경영양식으로 발전한다. 또한 역으로 그것은 가치의 배분을 통해서 잉여가치의 축적을 규정하고 따라서 생산력의 전개를 규정한다. 이러한 농업경영양식의 해명이 필요하다. 예를 들면 조선전기의 농업경영양식은 농장제·병작제·자영농제가 함께 존재하는 것으로 알려져 있다. 어느 것이 지배적인 범주이고, 어느 것이 부차적인 범주인지 확인하는 작업이 필요하다. 그것은 이 시기의 사회구성을 해명하는 것과도 밀접한 연관을 지니기 때문이다.

셋째로 농업생산력 발전의 주체에 대한 해명이 요구된다. 현재까지의 연구에서는 지배층 가운데 진보적인 계층이나 부력을 지닌 자를 중시하기도 하고, 또는 직접생산자인 일반 농민을 중시하기도 한다. 전자의 예는 이태진의 견해를 들 수 있다. 그는 고려말에 농업에 관심이 많았던 지방 중소지주 출신의 신흥사족이 중국의 선진적인 강남농법을 도입하여 휴한농법에서 연작농법으로 발전시키는데 중요한 역할을 하였다고 보았다. 미야지마 히로시는 통일신라에서 고려시기로 이행하면서 소나 토지를 많이 가진 촌주(村主)가 휴경농법과는 다른 선진적인 경영방식을 택하여 선도함으로써 휴한농법으로 이행하였다는 견해를 내세웠다. 후자의 예는 김용섭의 견해인데 그는 고려말에 무신란과 특히 몽고 침입 이후에 지배층의 수탈이 가중되어서 농민층이 그들의 빈곤을 극복하기 위하여 세역전을 상경화해갔다고 하였다. 농업생산력 발전의 주체 문제는 그 사회의 모순 설정과 그 모순을 해결하려는 변혁주체세력의 설정문제와도 연관을 지니고 있다.

이상으로 조선시기 농업생산력 수준을 살펴보고 농업생산력 연구의 과제를 필자 나름대로 살펴보았다. 이 같은 과제를 해결하기 위해서는 당시의 생산력 수준을 일정하게 반영하는 농서를 비롯하여 지리지·촌락문서 등 여러 자료를 다각적으로 이용해야 할 것이다.

농학에 대해 전문지식이 없는 필자가 연구자들의 견해를 제대로 이해했는지 의심스럽다. 선배 연구자들의 비판과 가르침을 기대한다.

조선시기 농업생산력 연구논저목록(1900~1987)

1. 福田德三,「韓國の經濟組織と經濟單位」『經濟學硏究』1, 1904.
2. 三浦菪明,「粉灰に就て」『朝鮮農會報』6-2, 1911.
3. 三浦菪明,「再び粉灰に就て」『朝鮮農會報』6-6, 1911.
4. 倉原新,「朝鮮在來農具調査」『朝鮮農會報』7-11, 1912.
5. 八尋生男,「朝鮮農書『農家集成』」『朝鮮農會報』10-5, 1915.
6. 西鄕靜夫,「朝鮮の農書に就て」『朝鮮農會報』11-1, 1916.
7. 西鄕靜夫,『朝鮮農政史考』, 朝鮮農會, 1921.
8. 本田幸介,「朝鮮農業の旣往 顧みて」『朝鮮彙報』大正 8-12, 1919.
9. 朝鮮總督府勸業模範場,『朝鮮ノ在來農具』, 1925.
10. 今村鞆,「靑木昆陽と朝鮮農書」『朝鮮』195, 1929.
11. 森谷克己,「舊來の朝鮮農業社會についての硏究のために」『朝鮮社會經濟史硏究』京城帝國大學法文學會, 1933.
12. 柄澤四郎,「朝鮮の農書硏究」『朝鮮農會報』28-12, 1933.
13. 三木榮,「山林經濟考」『朝鮮』262, 1937.
14. 片山隆三,「時代を異にする農事直說の相異と時代農法の一部」『朝鮮之圖書館』6-4, 1938.
15. 片山隆三,「衿陽雜錄の硏究」『朝鮮學報』13, 1958.
16. 孫晉泰,「甘藷傳播考」『震檀學報』28-12, 1941.
17. 澤村東平,『朝鮮棉作綿業の生成と發展』, 朝鮮棉花協會, 1941.
18. 藤田亮策,「衿陽雜錄と著者」『書物同好會會報』16, 1942.
19. 松丸志摩三,「朝鮮牛馬史」『帝國農會報』32-7,8,11 ; 33-3,5, 1942·1943.
20. 朝鮮農會,『朝鮮農業發達史－發達篇』, 1944.
21. 朝鮮農會,『朝鮮農業發達史－政策篇』, 1944.
22. 李如松,「朝鮮水利事業의 發展過程」『殖産銀行月報』1946년 8월호, 1946.
23. 朴克采,「朝鮮封建社會의 停滯的 本質－田結制硏究－」『李朝社會經濟史』, 勞農社, 1946.
24. 崔南善,「農學은 어떻게 發達하여 나왔읍니까」『朝鮮常識問答續編』, 1947.
25. 李春寧,『朝鮮農業技術小史』, 乙酉文化社, 1950.

26. 李春寧,「李朝農業技術史」, 韓國研究院, 1964.
27. 李春寧,「韓國農業技術史」『韓國文化史大系』Ⅲ, 高麗大 民族文化研究所, 1968.
28. 李春寧,「韓國農業技術史」『韓國文化史新論』, 中央大 中央文化研究院, 1978.
29. 李春寧,「農業技術의 發達」『한국사』13, 국사편찬위원회, 1978.
30. 李春寧,「進北學議를 통하여 본 朴齊家의 農業論」『震檀學報』52, 1981.
31. 四方博,「舊來の朝鮮社會の歷史的性格について」『朝鮮學報』1·2·3, 1951.
32. 崔虎鎭,「勞動器具의 停滯性 研究－舊來 朝鮮農業에 있어서의－」『經濟學研究』2, 한국경제학회, 1954.
33. 황장엽,「생산력과 생산관계의 모순에 관한 몇 가지 문제」『역사과학』3, 1957.
34. 金載珍,「田結制研究 第一編 田結制 本質論」『論文集』2, 경북대, 1958.
35. 趙東世,「李朝社會에 있어서 生産力停滯性의 諸要因分析」『論文集』2, 청주대, 1958.
36. 홍희유,「15세기 이후의 조선농구에 대하여」『문화유산』, 5호, 1959.
37. 홍희유,「15세기 조선농업기술에 대한 고찰」, 1963.
38. 이광린,『李朝水利史研究』, 韓國研究院, 1961.
39. 이광린,「'양잠경험촬요'에 대하여」『역사학보』28, 1965.
40. 이광린,「農政新編에 대하여」『역사학보』37, 1968.
41. 金洸鎭 외,『조선경제사상사』상, 1963.
42. 김용섭,「조선후기의 수도작기술－이앙법의 보급에 대하여－」『아세아연구』13, 1964.
43. 김용섭,「조선후기의 수도작기술－稻·麥 이모작의 보급에 대하여－」『아세아연구』16, 1964.
44. 김용섭,「조선후기의 수도작기술－이앙과 수리문제－」『아세아연구』18, 1965.
45. 김용섭,「조선후기의 전작기술－畎種法의 보급에 대하여－」『역사학보』43, 1969.
46. 김용섭,『조선후기 農學의 발달』, 서울대 한국문화연구소, 1970.
47. 김용섭,『조선후기 농업사연구(Ⅱ)』, 일조각, 1971.
48. 김용섭,「農書小史－'農書' 解題에 부쳐서－」『農書』해제, 아세아문화사, 1981.
49. 김용섭,「조선초기의 권농정책」『동방학지』42, 연세대 국학연구원, 1984.
50. 김용섭,「農事直說의 木斫과 所訖羅」『宜民李杜鉉博士回甲紀念論文集』, 1984.
51. 김용섭,「"산림경제"의 [補說]과 그 농업경영론」『邊太燮博士華甲紀念史學論叢』, 1985.
52. 김용섭,「천일록의 농업론」『동방학지』50, 1986.
53. 김용섭,「한정록의 농업론」『동방학지』52, 1986.
54. 김용섭,「농사직설의 편찬과 기술」『애산학보』4, 1986.
55. 박용옥,「南草에 관한 연구」『역사교육』9, 1966.
56. 篠田統,「'種藷譜'と朝鮮の甘藷」『朝鮮學報』44, 1967.

57. 박홍수, 「이조척도에 관한 연구」『대동문화연구』 4, 1967.
58. 박홍수, 「도량형」『한국사』 10, 국사편찬위원회, 1974.
59. 박홍수, 「李朝尺度 基準으로서의 現水標의 價値」『科學技術硏究』 3, 1975.
60. 박홍수, 『度量衡과 國樂論叢』 박홍수박사논문집, 1980.
61. 金相昊, 「이조전기의 수전농업연구-조방적 농업에서 집약적 농업으로의 전환-」, 문교부 학술연구조성비에 의한 연구보고서, 1969.
62. 金相昊, 「이조전기의 한전농업연구」, 문교부 학술연구조성비에 의한 연구보고서, 1969.
63. 김광언, 『한국의 농기구』, 문화공보부 문화재관리국, 1969.
64. 김광언, 『韓國農器具攷』, 한국농촌경제연구원, 1986.
65. 李英俠, 「流巖洪萬選의 山林經濟考」『劉錫昶古稀論文集』, 1970.
66. 최영진, 「조선초기 경기지방 農産에 관하여」『畿田文化硏究』 2, 1973.
67. 최영진, 「조선시대 농서연구(1)」『論文集』 13, 仁川敎大, 1979.
68. 閔成基, 「代田과 縵田-조선후기 실학파의 代田論을 중심으로-」『又軒丁仲煥博士還曆紀念論文集』, 1974.
69. 閔成基, 「조선후기 실학파의 代田論」『文理科大學 論文集 人文社會科學』 15, 釜山大, 1976.
70. 閔成基, 「동아시아 古農法上의 耬犁考-중국과 조선의 耕種法 비교-」『성곡논총』 10, 1979.
71. 閔成基, 「李朝犁에 대한 一考察(上·下)」『역사학보』 87·88, 1980.
72. 閔成基, 「조선전기의 麥作技術考-농사직설의 種麥法 분석-」『釜大史學』 4, 1980.
73. 閔成基, 「조선후기 旱田輪作農法의 전개」『釜大史學』 6, 1982.
74. 閔成基, 「조선시대의 施肥技術 연구」『인문논총』 24, 부산대, 1983.
75. 閔成基, 「"農家月令"과 16세기의 농법」『釜大史學』 9, 1985.
76. 오영모, 「이조시대의 수리사업에 대한 연구」『산업개발연구논문집』 전북대 산업개발연구소, 1976.
77. 宮嶋博史, 「李朝後期農書の硏究」『人文學報』 43, 京都大 人文科學硏究所, 1977.
78. 宮嶋博史, 「朝鮮農業史上における15世紀」『朝鮮史叢』 3, 1980.
79. 宮嶋博史, 「李朝後期における朝鮮農法の發展」『朝鮮史硏究會論文集』 18, 1981.
80. 宮嶋博史, 「李朝後期の農業水利-堤堰(溜池)灌漑 中心に」『東洋史硏究』 41-4, 1983.
81. 宮嶋博史, 「朝鮮史硏究と所有論-時代區分についての一提言-」『人文學報』 167, 東京都立大學, 1984.
82. 이태진, 「14·15세기의 농업기술의 발달과 新興士族」『동양학』 9, 1979.
83. 이태진, 「16세기 川防(洑) 灌漑의 발달-사림세력 대두의 경제적 배경 一端」『韓沽劤博士停年紀念史學論叢』, 1981.
84. 이태진, 「16세기의 沿海地域의 堰田개발-戚臣政治의 경제적 배경 一端」『金哲埈

博士華甲紀念史學論叢』, 1983.
85. 이태진, 「乾耕直播 稻作과 稻畦·畝種水田」『史學研究』 36, 1983.
86. 이태진, 「世宗代의 農業技術政策」『世宗朝文化研究』II, 한국정신문화연구원, 1984.
87. 이태진, 「조선시대 水牛·水車 보급 시도의 농업사적 의의」『千寬宇先生還曆記念韓國史學論叢』, 1986.
88. 이태진, 『韓國社會史研究－농업기술 발달과 사회변동－』, 지식산업사, 1986.
89. 이태진, 「성종대의 천문 연구와 농업정책」『애산학보』 4, 1986.
90. 林和男, 「李朝農業技術の展開」『朝鮮史叢』 4, 1980.
91. 金鴻植, 「李朝農業生産力의 形成과 그 特質」『朝鮮時代 封建社會의 基本構造』, 1981.
92. 朴花珍, 「천일록에 나타난 우하영의 농업기술론」『釜大史學』 5, 1981.
93. 金泰永, 「과전법체제하의 토지생산력과 양전」『韓國史研究』 35, 1981.
94. 李盛雨, 『韓國食經大典』, 鄕文社, 1981.
95. 李根洙, 「한국농업기술발달의 史的考察」『한국의 농경문화』, 경기대출판부, 1983.
96. 金榮鎭, 『農林水産 古文獻備要』, 한국농촌경제연구원, 1983.
97. 金榮鎭, 「朝鮮朝初期 한국농학의 성립과정」『農村經濟』 6-3, 1983.
98. 金榮鎭, 『朝鮮時代前期農書』, 한국농촌경제연구원, 1984.
99. 金榮鎭, 「'四時纂要抄'와 '四時纂要'의 비교연구」『農村經濟』 8-1, 1985.
100. 崔洪奎, 「우하영의 농학사상(1)－"千一錄"을 중심으로－」『수원대논문집』 2, 1984.
101. 李鎬澈, 「조선전기의 수도작법고」『동양문화연구』 11, 경북대 동양문화연구소, 1984.
102. 李鎬澈, 『조선전기 농업사연구』, 서울대 박사학위논문, 1985.
103. 李鎬澈, 「조선전기 旱田農業의 전개와 그 성격」『論文集』 41, 경북대, 1986.
104. 李鎬澈, 『朝鮮前期農業經濟史』, 한길사, 1986.
105. 李鎬澈, 「조선시대의 농업사」『한국의 사회경제사』, 한길사, 1987.
106. 이영학, 「18세기 연초의 생산과 유통」『한국사론』 13, 서울대 국사학과, 1985.
107. 菅野修一, 「李朝初期農業水利の發展」『朝鮮學報』 119·120 합집, 1986.
108. 徐昇煥, 「조선시대 농업생산력발전에 관한 연구－시비법과 旱·水田農法의 발전을 중심으로－」, 서울대 석사학위논문. 1987.

조선시기 경제사 연구현황

1. 머리말

경제활동은 인간의 삶에 있어서 기본적인 토대이다. 인간은 물질을 떠나서는 살 수 없고 인간의 활동은 물질의 생산과 소비의 재생산과정을 중심으로 이루어진다. 인간이 모여서 이루어진 사회도 이러한 재생산활동을 중심으로 전개되며 따라서 인간의 역사는 재생산활동의 역사인 것이다. 경제사란 이러한 재생산과정의 구조와 그 변동을 연구하는 역사학 연구의 한 분야이다. 즉 사회구성의 물질적 토대와 사회구성의 이행과정에서 그 변동을 탐구하는 것이 경제사 연구의 과제이다.[1)]

근대적 역사연구방법론에 의한 조선시기 경제사연구는 20세기에 들어와 일본인 학자들에 의해 시작되었다. 일본인 학자들이 외국에 유학을 갔다오거나 국내에서 근대적 교육을 받은 후, 조선의 경제와 경제사를 연구하였다. 그러나 그들은 일본제국주의의 입장에서 조선 경제사를 연구하여 조선 경제는 낙후하거나 정체되었다고 보았다. 그리하여 조선인 스스로의 힘으로는 발전할 수 없고, 외부로부터 유력한 힘이 작용해야

1) 이영학, 「조선시기 농업생산력 연구현황」 『한국중세사회 해체기의 제문제(下)』, 한울, 1987.

만 근대화할 수 있다고 주장함으로써 일제의 조선 침략을 역사적으로 정당화하는 식민사관을 체계화하였다.[2] 1930년대에 백남운·이청원 등이 일제의 식민사관을 비판하였지만, 일제 식민사관의 거대한 흐름을 부정하거나 극복할 수는 없었다.

해방 후 일제의 식민사관에 대한 반성과 비판이 제기되었지만, 그것을 극복할 수는 없었다. 1950년대 중반 이후 국내외 정세의 변화로 인하여 식민사관을 비판하기 시작하였고, 4·19혁명 이후 한국사학계에서 본격적으로 식민사관을 내용적으로 비판하면서 극복해갈 수 있었다. 중국, 북한 등에서 나타나기 시작하였던 '자본주의맹아론'이 남한의 역사학계에 영향을 미쳤고, 그것은 하나의 흐름으로 나타나게 되었다. 그것이 '내재적 발전론'으로 체계화되어 갔다.[3] 즉 조선시기는 경제적으로 정체되어 있는 시기가 아니라, 나름대로 발전해가고 있는 시기라는 사실을 실증적으로 규명해내기 시작하였다. 그러한 연구는 농업생산력을 비롯한 농업 부문의 변화상을 규명하고, 나아가 상품화폐경제의 발달 및 부세제도의 변화 연구로 확대되어갔다. 그리하여 조선후기에는 농업을 비롯하여 광업·수공업이 발달하였고, 그를 바탕으로 상품화폐경제가 발전하였으며, 국가적 입장에서 그 변화를 수용하면서 안정적인 수취제도를 갖추어나가려 하였다는 점이 밝혀지게 되었다. 내재적 발전론에 입각한 한국경제사 연구는 조선후기의 경제적 변화가 19세기 이후에도 지속적으로 진전되어 갔지만, 개항 이후 외세의 정치적·경제적 침략으로 그 진전이 좌절되게 되었다고 파악하였다.[4]

이러한 내재적 발전론은 1980년대 중반 이후 새로운 도전을 받게

---

2) 강진철, 「일제 관학자가 본 한국사의 '정체성'과 그 이론−특히 봉건제도 결여론과 관련시켜−」 『한국사학』 7, 한국정신문화연구원, 1986.

3) 이영호, 「해방후 남한사학계의 한국사인식」 『한국사』 23, 한길사, 1994.

4) 근대사연구회편, 『한국중세사회 해체기의 제문제(상·하)』, 한울, 1987.

되었다. 국내의 일부 경제사학자들과 일본 및 미국의 한국사학자들이 내재적 발전론을 비판하기 시작하였다. 그들은 내재적 발전론이 조선시기의 경제적 발전을 규명하였지만, 부조적(浮彫的) 수법으로 조선시기의 경제상황을 드러냈다고 비판하였다. 또한 한국현대사에서 고도의 경제성장을 이룬 자본주의의 기원을 역사적 측면에서 찾고자 하였고, 그 기원을 일본제국주의의 식민지배에서 찾았다. 일본제국주의가 조선을 식민지배하였지만, 그 시기에 조선은 자본주의적 토대를 이루고, 자본주의적 발전을 이루어 나갔다고 파악하였다.[5] 즉 식민지하에서 자본주의적 발전을 이루었다는 '식민지근대화론'을 제시하였던 것이다.

그들은 일제 식민지하의 조선경제 상황을 조선시기에 소급하여 적용하기 시작하였다. 그리하여 19세기의 조선경제는 크게 침체하였으며, 20세기에 들어서 일본제국주의가 조선을 식민지화하면서 조선은 근대화하기 시작하였다는 '식민지근대화론'을 주창하였다. 즉 19세기의 조선사회는 토지생산성과 임금 수준이 하락하였으며, 생활수준이 떨어지면서 인구의 정체 내지 감소를 유발하였고, 19세기에는 조선국가의 경제력이 소진하게 되었다고 보았다.[6] 그리하여 19세기 중엽 이후 조선의 새로운 동력은 내부에서 발현되지 못하고, 개항 이후 외부로부터 주어졌다고 파악하였다. 1910년 일제의 조선 병합은 정치적으로는 침탈이었지만, 경제적으로는 새로운 동력이었고, 조선사회를 근대화로 나아가게 했다고 파악하였다.

'내재적 발전론'과 '식민지근대화론'의 논쟁은 역사 주체의 문제, 수량경제학의 문제 등을 살펴보는 계기가 되었다. 21세기에는 내재적 발전론

5) 조석곤, 「식민지근대화론과 내재적발전론 재검토」 『한국 근대 토지제도의 형성』, 해남, 2003.

6) 이영훈, 「19세기 조선왕조 경제체제의 위기」 『조선시대사학보』 43, 조선시대사학회, 2007.

의 한계를 극복하면서, 식민지근대화론의 문제제기를 극복하는 새로운 사론이 필요한 시기이다. 즉 정반합의 변증법적 이론으로 새로운 사론을 필요로 하게 되었다.

이 글은 20세기 100년 동안 근대적 연구방법론에 입각한 조선시기 경제사연구의 이론적 흐름과 동향을 살펴보고, 21세기에 새로운 사론을 모색해 보고자 하는 목적에서 서술되었다.

2. 식민사관의 형성과 전개

19세기 말 일본은 조선을 식민화해가는 준비에 착수해갔다. 일본은 1894년 청일전쟁에서 승리한 후 조선에 대한 독자적인 지배를 시도하였지만, 러시아 등의 삼국간섭으로 국제적 견제를 받았다. 나아가 명성황후 등이 러시아를 끌어들이면서 일본을 견제하자 일본은 명성황후를 시해하였다. 그 후 조선인의 저항과 서구 열강의 견제를 받게 되자, 일본은 한반도에서 일시 후퇴하였다. 그러다가 1900년 이후 다시 한반도에 대한 지배권을 독차지할 계획을 세우게 되었고, 1904년 2월 8일 러일전쟁을 일으키고 승리를 거두면서 본격적으로 조선을 침략하게 되었다.

이러한 국제 정세 속에서 일본인 학자들은 조선을 차지할 이론적 근거를 제시하고자 하였다. 일본인 학자들은 외국 유학이나 국내에서 근대적 교육을 받은 후, 근대적 역사연구방법론을 동원하여 조선 경제를 연구하였다. 그들은 조선 경제는 정체되었으며, 조선의 독자적 역량으로 근대화할 능력이 존재하지 않았고, 일본의 힘을 빌려야만 근대화할 수 있다고 주장하였다. 나아가 일본은 조선을 근대화시킬 역사적 사명을 띠고 있다고 선전하였다.[7)]

그런 입장에서 조선시대 경제사 연구의 단초를 연 일본 연구자는 경제학자인 후쿠다 도쿠조[福田德三, 1874~1930]이었다. 그는 서구의 경제학을 일본에 도입·소개한 경제학자로서 독일 라이프찌히 대학과 뮌헨 대학에 유학한 뒤 귀국하여 일본 게이오대학(慶應大學)과 도쿄상과대학에서 교수로 재직하였다. 그는 1902년에 한국을 방문하고 1903년과 1904년에 걸쳐 발표한 논문 「한국의 경제조직과 경제단위」[8]에서 한국경제의 정체성을 주장하였다. 이 글은 근대적인 경제사학 방법론으로 한국의 현대 경제사에 관해 언급한 최초의 학술논문이다. 후쿠다는 자신의 경제학 연구의 목적을 경제생활의 일정한 발전법칙을 규명함에 두고, 재화의 교환·유통에 입각하여 경제가 발전해가는 단계를 자족경제(自足經濟 : 촌락경제), 도부경제(都府經濟 : 영역경제), 국민경제(國民經濟)로 나누었다. 그리고 각 경제의 발전단계와 정치형태를 대비하여, 자족경제를 봉건제도가 출현하기 이전의 시기로, 도부경제는 봉건제도에 대응하는 시기로, 국민경제는 근대국가에 대응하는 시기로 규정하였다.[9]

그는 「한국의 경제조직과 경제단위」에서 조선의 농업기술은 극히 유치하고 수확량은 매우 적으며, 19세기 중엽까지도 상업이 발달하지 못하였으며, 독립자영의 수공업 분화가 이루어지지 않았으며, 사회조직은 공동체를 벗어나지 못하였다고 주장하였다. 그리하여 20세기 초의 한국의 사회경제상태는 자족경제의 단계에 속하며, 봉건제도가 형성되기 이전 자족경제의 변태적인 양태[차금적 자족경제라 부름] 단계에 머물러 있다고 하였다. 이 단계는 일본에서는 가마쿠라막부[鎌倉幕府] 발생 이전의 후지와라[藤原]시대(9세기말~12세기초)에 해당되며, 유럽

7) 이 장은 강진철, 「일제 관학자가 본 한국사의 '정체성'과 그 이론–특히 봉건제도 결여론과 관련시켜」 『한국사학』 7, 한국정신문화연구원, 1986을 주로 참고하였다.

8) 福田德三, 「韓國の經濟組織と經濟單位」 『經濟學硏究』 1, 1904.

9) 강진철, 「일제 관학자가 본 한국사의 '정체성'과 그 이론–특히 봉건제도 결여론과 관련시켜」 『한국사학』 7, 한국정신문화연구원, 1986.

에서는 살리카 왕조(Salica, 814~1125)에 해당된다고 하였다. 그의 주장에 의하면 한국의 20세기 초의 사회경제 상태는 일본과 유럽에 비해 1천년 이상 뒤떨어졌다는 것이며, 근대 자본주의 사회로 이행하는 필수 조건인 봉건제도의 단계에도 이르지 못했다는 것이다. 즉 근대국가 혹은 국민경제가 형성될 수 있는 불가결의 선행 필수조건이 봉건제도인데 한국은 20세기 초에도 여기에 이르지 못했다는 것이다. 즉 조선은 봉건사회 이전의 낮은 단계의 사회이며, 이러한 상태의 조선은 자력으로 근대화할 수 없고 외부로부터 유력한 힘이 작용해야만 한다고 주장하면서 일본의 조선침략을 합리화하였다.[10]

이렇게 정체된 한국의 경제단위가 발전하려면 스스로는 불가능하고 전래적(외래적)인 힘에 의해 가능하다고 보았다. 여기서 한국에 이웃하고 있는 외래적 존재는 당시 러시아와 일본인데, 러시아(슬라브)의 경우 한국과 같이 경제가 저급하여 협력으로 발전의 전기를 얻는다는 것은 기대하기 어려우므로 결국 일본의 힘에 의해 한국의 사회경제 발전이 가능하다고 보았다. 러일전쟁(1904~1905)의 전야에 이같은 논문이 발표되었다는 것은 한국에 대한 그들의 침략행위를 정당화하려는 의도를 노골적으로 대변한 것이라고 할 것이다. 이 논문의 말미에서 그는, 자력으로 근대화할 수 없는 한국이 취할 수 있는 길은 일본에 동화되어 일본의 힘으로 경제적인 발전을 기할 수밖에 없다는 것과 일본은 한국을 근대화시켜야 할 역사적 의무와 사명을 갖고 있다고 자신들의 침략행위를 미화하였다.

그의 조선사회정체성론은 일제관학자들에게 계승되었다. 와다 이치로[和田一郞]·가와이 히로타미[河合弘民] 등 식민정책의 실무를 담당하였던 관리들과 고쿠쇼 이와오[黑正巖]·시카타 히로시[四方博]·스즈키 다케

10) 이영학, 「조선시기 농업생산력 연구현황」 『한국중세사회 해체기의 제문제(下)』, 한울, 1987.

오[鈴木武雄]·모리타니 가쓰미[森谷克己] 등 제국대학의 교수로 재직하면서 일제의 식민정책을 이론적으로 이끌었던 학자들에게 직접 혹은 간접으로 영향을 주었다. 그들은 이러한 논리를 정교화하면서 조선사회의 정체성론을 체계화하였고, 그것은 식민사관으로 체계화되었다.[11]

와다 이치로[和田一郎, 1881~1966]는 1910년 토지조사사업 때 임시토지조사국의 총무과장, 분쟁지심사위원장을 역임하였는데, 그 경험을 바탕으로 『조선토지제도급지세제도조사보고서』[12]를 저술하였다. 그는 이 책에서 조선에는 토지의 사적소유권이 결여되었으며, 일제의 토지조사사업을 통하여 토지소유가 확립되었다고 주장하였다. 그는 궁장토, 역토, 둔토가 국유지로 편입되고, 그것을 일본인에 불하하여 일본인 대지주가 형성되는 것을 옹호하는 주장을 펼쳤다.[13]

고쿠쇼 이와오[黑正巖, 1895~1949]는 경제사 전문가로 오랫동안 교토제국대학의 교수로 재직한 자였다. 그는 후쿠다 도쿠조에 이어 한국의 경제사에 관한 본격적인 논문을 저술한 자였다. 그는 『경제사논고(經濟史論考)』[14]라는 저술을 간행하였는데, 그 제1편에 해당하는 것이 「조선경제사의 연구」이었다. 그는 제3장 「조선의 경제조직과 봉건제도」에서 한국경제에 대해 언급하였다. 그는 한국의 지방경제가 2천 년간 진보의 흔적이 보이지 않는다고 그 정체적인 성격을 설명하고, '봉건제'가 결여되었다고 하였다.

그는 후쿠다 도쿠조와는 달리 1920년 당시 일제 치하의 조선인 고유의 경제가 일본자본주의의 침략으로 가혹한 약탈을 당하고 있다는 사실을

11) 일제의 식민사관의 핵심적인 내용은 '조선사회의 정체성론'과 '조선사회의 타율성론'이고, 그 외 '사대성론' 등이 있다.

12) 和田一郎, 『朝鮮土地制度及地稅制度調査報告書』, 1920.

13) 이영호, 「조선시기 토지소유관계 연구현황」 『한국중세사회 해체기의 제문제(下)』, 한울, 1987.

14) 黑正巖, 『經濟史論考』, 1923.

정확히 파악하고 있었다. 그러나 그는 이러한 일본자본주의의 침략이 조선의 근대화에 어떤 작용을 했는지는 더 이상 추구하지 않았다. 그는 후쿠다의 이론을 그대로 계승하여 조선을 봉건제도가 결여된 정체사회로 규정하고 있었다.

모리타니 가쓰미[森谷克己, 1904~1964]는 당시 풍미하고 있었던 아시아적 생산양식에 침윤되어 조선의 '아시아적 특질'을 강조하면서 조선사회는 정체되었다고 파악하였다.[15] 스즈키 다케오[鈴木武雄]도 조선사회의 아시아적 특질을 강조하면서, 조선사회의 정체성을 언급하였다.[16] 조선사회의 정체성론을 체계화하고 최종적으로 정리한 사람은 경성제대 교수인 시카타 히로시[四方博, 1900~1973]이었다.[17] 그는 조선사회에 대하여 토지국유제하의 소작관계에 의해서 농민이 궁핍하였고, 농사의 개량이 없었으며, 농구가 부족하거나 발달하지 못하였고, 지주계급이 농업에 대하여 무관심하였고 농민의 근로의욕이 부족하였다고 파악하였다. 따라서 그는 조선의 농업은 생산력이 낮았으며 자본집적이 불가능하였고, 그 결과 조선은 정체될 수밖에 없었다고 단정하였다.[18]

이와 같이 일제의 관학자들은 조선시기의 경제는 정체되어 있었으며, 일본에 비해 1천 년이나 뒤떨어져 있었기 때문에, 조선 스스로의 힘으로는 근대사회를 이룩할 수 없어서 주변 나라의 힘을 빌려야 가능하다고 하였다. 그런 역할을 일본이 담당하였던 것이고, 조선은 일본에 동화되어야만 근대사회로 발전해갈 수 있었다는 '조선사회 정체성론'을 체계화하였던 것이다.

일제시기에 일제 관학자들의 식민사관이 지배적인 분위기 속에서

15) 森谷克己, 『アジア生産様式論』, 1937 ; 「謂はゆる'アジア生産様式'と朝鮮」 『城大學報』 17, 1938.

16) 鈴木武雄, 『朝鮮の經濟』, 日本評論社, 1942.

17) 四方博, 「舊來の朝鮮社會の歷史的性格について」 『朝鮮學報』 1·2·3, 1946~1947.

18) 이영학, 앞의 논문, 1987, 22쪽.

조선사회 정체성론을 비판한 경제사학자가 있었는데, 그가 마르크스주의자인 백남운(白南雲, 1894~1979)이었다. 그는 당시 유행하였던 토지국유론을 극복하지는 못하였지만, 후쿠다 도쿠조의 '봉건제도결여론'을 비판하면서 세계사의 보편적인 발전법칙에 따라 조선사에도 노예국가와 봉건국가가 존재한다고 주장하였다. 봉건국가의 성격은 아시아적·집권적 봉건제로 이해하고 그 물질적 기초를 토지국유에서 찾았다. 그는 조선사 발전의 합법칙성을 강조하였을 뿐 아니라, 조선후기에 자본주의의 맹아형태가 출현하였다는 구상을 가지고 있었다. 그는 정체론 극복의 방향을 제시하고 있었던 것이다.[19)]

일제 식민지시기에 식민사관은 지배적 이론으로 절대적인 세를 형성하고 있었고, 1950년대까지도 일제 관학자들의 식민사관은 한국역사에서 통용되었다.

3. 내재적 발전론의 형성과 발전

1945년 8월 15일 일본이 미국 등 연합국에 항복을 선언하면서 한국은 해방되었다. 해방 후 정치적으로 한국은 자주적 독립국가를 만들기 위하여 노력하였지만, 학문적으로는 아직도 일제의 식민사관이 지배적인 상태였다.

1950년대 중반 이후 세계적으로 제3세계 국가의 세력화와 국내적으로 4·19혁명에 의한 지적 분위기의 변화에 의해 한국경제사 연구의 분위기가 반전되기 시작하였다. 제2차세계대전 이후 제국주의 국가로부터 해방된 식민지 국가들은 독립국가를 만들기 위하여 노력하였다. 식민지

19) 이영호, 앞의 논문, 1987, 63~64쪽.

를 겪었던 제3세계의 국가들은 세계의 무대에서 자신들의 입장을 내세우고, 자신들의 발언권을 강화하기 위하여 1954년 인도네시아 반둥에서 AA(Asia Africa)그룹을 결성하였다. 제국주의의 지배를 받았던 식민지 국가들은 식민지가 되기 이전의 사회가 정체되어 있었던 것이 아니라, 완만히 역사적으로 발전해왔다는 사실을 역사연구를 통하여 제시하고자 하였다. 예를 들면, 중국은 1949년 사회주의혁명을 성공한 이후, 1950년대에 들어와 중국사를 정리하면서 19세기 이후 점차 자본주의적 발전을 이루어왔다는 '자본주의 맹아론'으로 중국경제사를 설명하였다. 북한도 1950년대에 조선경제사를 '조선에서의 자본주의맹아'를 규명하는 차원에서 경제사를 연구하였다.

1960년 4·19혁명은 사회면의 변화뿐만 아니라 학계에도 큰 영향을 미쳐 민족문제, 통일문제 등을 제기하는 계기가 되었다. 역사학계에는 '민족사학론'이 제기되고, 한국사의 전개과정을 한국사의 내재적 발전이라는 시각에서 파악하려는 움직임이 나타났다. 그러한 움직임은 1963년 한국사학회 주최 '조선후기에 있어서의 사회적 변동'이라는 주제의 학술토론대회로 표출되고, 그 후에 '시대구분논쟁' '자본주의 맹아론'으로 이어지게 되었다.[20] 북한에서는 '조선에서의 자본주의적 관계가 발생'해 가는 과정을 추적하였다.

자본주의 맹아론은 전근대 한국사회의 역사발전을 세계사의 보편적 발전론에 토대를 두고 설명하는 논리이다. 조선시대는 봉건사회구성이었고, 이러한 봉건사회의 태내로부터 자생적으로 자본주의적 생산관계의 맹아가 발생하고 있었다는 논리인 것이다. 역사학계에서는 자본주의 맹아를 조선후기 사회에서 실증적으로 검증해냄으로써, 일제의 식민지배가 정체된 조선사회를 발전시킨 계기가 아니라 자주적 발전을 저지,

---

20) 이영호, 「해방후 남한사학계의 한국사인식」『한국사』 23, 한길사, 1994.

억압하였다는 사실을 드러낸 것이다.[21)]

1970년대는 60년대의 연구성과를 계승하면서, 조선사회가 경제적 측면뿐 아니라 사회적·사상적으로 변화되어가는 양상을 밝혀내는 연구가 양산되기 시작하였다. 그리하여 조선사회가 내재적으로 발전해갔다는 '내재적 발전론'에 의한 연구가 정착하기 시작하였다. 경제사연구에서는 한국사의 발전을 생산력과 생산관계의 측면에서 규명하고자 하였고, '조선에서 자본주의적 관계가 발생하고 발전해가는' 양상을 추구해가는 연구가 다수를 이루었다. 즉 내재적 발전론의 입장에서 경제사를 연구해가는 업적들이 쏟아져 나왔다. 그러한 연구성과는 남한은 물론이고 북한에서도 주종을 이루었다.

그 연구성과를 분야별로 살펴보면 다음과 같다. 먼저 사회적 생산력을 지배적으로 규정하고 있는 농업부문을 살펴보자. 농업부문의 연구를 선도한 연구자는 김용섭(金容燮, 1931~2020)이었다. 그는 내재적 발전이라는 시각으로 조선시기 경제사를 체계화하였다. 1960년대에 들어서면서 그는 조선후기의 농업생산력 발전에 대한 연구를 행하였다. 그리하여 조선후기에는 논에서 벼의 파종법이 직파법으로부터 이앙법으로 전환됨과 아울러 수전이모작이 가능하게 되었고, 밭에서는 밭작물의 파종법이 농종법으로부터 견종법으로 전화되어 노동력의 절감 및 수확량의 증가라는 노동생산성과 토지생산성의 증가가 이루어졌다는 사실을 규명하였다.[22)]

농업생산력의 발전으로 노동력이 절감되어 1인당 경작가능면적이 확대되었고, 이를 토대로 18세기에는 광작이 성행하여 그 결과 농민층은 소수의 부농과 다수의 빈농으로 분화되어갔다고 하였다. 김용섭은 이러한 농민층분화 속에서 경작면적의 확대, 상업적 농업의 경영, 임노동의

---

21) 고동환, 「근대화논쟁」『한국사시민강좌』 20, 일조각, 1997, 198쪽.

22) 김용섭, 『조선후기 농업사연구(Ⅱ)』, 일조각, 1971.

고용 등 근대적 경영방식을 영위하는 부농을 '경영형 부농'으로 범주화하여, 이들이 봉건사회를 해체시키는 하나의 변혁세력으로 등장했다는 역사 발전의 길을 제시하였다.[23]

북한의 역사학계도 1960년대의 최대 과제는 한국사에서 자본주의적 관계 발생의 검증에 있었다.[24] 1962년 후반부터 『역사과학』에 다수의 실증적 연구논문이 발표되었으며, 그 과정에서 나온 자본주의의 맹아 내지 요소의 발생시점과 발전 정도에 대한 입장 차이는 사회과학원 역사연구소와 경제연구소 사이에 중요 논쟁거리가 되었다. 이 논쟁의 결과들은 전석담·허종호·홍희유 공저의 『조선에서 자본주의적 관계의 발생』(1970)으로[25] 총괄되었다. 그 내용은 17세기 후반부터 18세기 초에 걸쳐서 상품화폐관계의 광범한 전개에 의하여 농민층의 분해와 지주로부터의 분리, 상인의 화폐축적 등 자본주의 발생의 전제조건 내지 역사적 전제가 준비되고, 19세기 중엽에는 급속히 하나의 경제형태로까지 성장하며, 농업부문에서도 봉건적 틀안에서이지만 서민지주에 의한 병작제, 차지농업경영이 전개되고, 부분적이나마 화폐지대의 발생 등 자본주의적 전제가 준비되고 있었으며, 그 과정에서 형성된 부르주아 계급이 중심이 되어 갑신정변을 일으켰다고 파악하였다.[26]

한편, 허종호는 조선시기의 소작제를 연구하면서 『조선봉건말기의 소작제연구』(1965)를 펴냈다. 그는 조선전기에는 농장적 병작형태가 지배적이었다가, 조선중기에는 하나의 관료 양반지주가 동시에 지주적 병작경영을 하는 형태로 전이되었고, 조선후기에는 비특권적 서민지주

---

23) 김용섭, 「조선후기의 경영형 부농과 상업적농업」 『조선후기농업사연구(Ⅱ)』, 일조각, 1971.

24) 오성, 「자본주의 맹아론의 연구사적 검토」 『한국사시민강좌』 9, 일조각, 1991.

25) 전석담·허종호·홍희유, 『조선에서 자본주의적 관계의 발생』, 1970.

26) 북한 사회과학원 역사연구소편, 『김옥균』, 사회과학원 출판사, 1964(역사비평사 재출판, 1990).

에 의한 순전한 지주적 경영체제로서의 병작형태가 지배적이 되었다고 주장하였다. 조선후기에는 경제외적 강제가 약화되고 경제적 관계가 강화되어 직접생산자는 인신상 자유로운 소작농이 되었다고 하였다.[27] 허종호의 연구내용은 『조선에서 자본주의적 관계의 발생』에 녹아들어 가기도 하였다.

『조선에서 자본주의적 관계의 발생』의 연구내용은 북한 학자들에게 계승되어 김광진·정영술·손전후가 『조선에서 자본주의적 관계의 발전』(1973)을[28] 펴냈다. 이 두 책은 연속편으로, 17·18세기에 자본주의적 관계가 발생하였고, 19세기에는 자본주의적 관계가 발전해갔다는 사실을 규명하려고 한 것이다.

남한에서는 김용섭에 이어, 다양한 분야에서 연구가 진행되었다. 먼저 농업생산력분야에서는 파종법의 변화과정, 시비법의 발달과정 및 농기구의 분화과정뿐만 아니라 수리시설의 변화상황도 연구되었다.[29] 또한 연구가 심화되면서 각 부문별로 논쟁이 전개되기도 하였다. 예를 들면 벼와 한전작물의 파종법에 대한 논쟁, 혹은 시비법의 발달과정과 상황에 대해서도 논쟁이 전개되었다.[30]

또한 조선시기 토지소유관계와 토지소유형태 및 농업경영에 관한 연구가 진전되기도 하였다.[31] 조선시기에는 토지사유제를 근간으로

---

27) 허종호, 『조선봉건말기의 소작제연구』, 1965(한마당 재출판, 1989).

28) 김광진·정영술·손전후, 『조선에서 자본주의적 관계의 발전』, 사회과학출판사, 1973(열사람 재출판, 1988).

29) 민성기, 『조선농업사연구』, 일조각, 1990 ; 이호철, 『조선전기농업경제사』, 한길사, 1986 ; 염정섭, 『조선시대 농업발달연구』, 태학사, 2002 ; 문중양, 『조선후기 수리학과 수리담론』, 집문당, 2000.

30) 이영학, 「조선시기 농업생산력 연구현황」 『한국중세사회 해체기의 제문제(下)』, 한울, 1987 ; 염정섭, 「농업생산력의 발달」 『한국역사입문② 중세편』, 풀빛, 1995.

31) 이영호, 「조선시기 토지소유관계 연구현황」 『한국중세사회 해체기의 제문제(下)』, 한울, 1987 ; 이세영, 「조선후기 토지소유형태와 농업경영 연구현황」 『한국중세사회 해체기의 제문제(下)』, 한울, 1987 ; 김건태, 「토지소유관계와 지주제」 『한

토지소유형태가 지속되고 있었으며, 반면 토지소유에 대한 국가규정력도 어느 정도 유지되고 있었다. 조선전기에는 토지수조권을 기반으로 한 토지지배가 우위를 점하였다가, 세조대 실시한 직전제가 폐지되면서 토지소유권을 근간으로 한 토지지배가 우세를 점하게 되었다는 연구들이 나타났다.[32] 농업경영형태는 조선전기에 농장제, 지주제, 자영농제가 병행되다가, 조선후기에 지주제를 근간으로 한 병작제가 대세를 이루게 되었다는 연구가 주를 이루었다.[33] 나아가 조선중기에 작개제라는 농업경영형태가 나타나기도 하였다는 연구가 존재하였다.[34]

농업뿐만 아니라 수공업과 광업, 어업 및 염업 등도 발달하여 사회적 생산력이 크게 증가하였음을 밝혔다. 수공업과 광업에서도 자본주의적 관계가 어떻게 나타나고 있었는가를 규명하는 연구가 진행되었다. 그러나 이 분야는 자료상의 한계 때문에 연구가 풍부하지 못한 편이다. 조선시대의 수공업은 관영수공업과 민영수공업 및 농촌의 가내수공업으로 분류된다. 조선초기에는 장인을 관청에 등록시켜 부역노동에 기초하여 운영하는 관영수공업이 주로 이루어졌다. 그러다가 16세기에 1년에 무명 2필 내지 3필을 바치는 장인가포제(匠人價布制)가 실시되면서 장인들의 부역노동에 의거했던 관영수공업이 쇠퇴하기 시작하였다. 특히 대동법이 실시되면서 부역노동에 기초한 수공업은 쇠퇴하고 급가고립제(給價雇立制)에 의한 수공업이 정착되었다. 나아가 조선후기에는 농업생산력의 발전과 사회적 분업의 진전에 따라 농촌수공업이 농업과의 강고한 결합관계를 벗어나 독자적으로 발전하였다.

국역사입문② 중세편』, 풀빛, 1995.

32) 김태영, 『조선전기 토지제도사연구』, 지식산업사, 1983 ; 이경식, 『조선전기 토지제도연구』, 한길사, 1984.

33) 이경식, 『조선전기 토지제도연구』, 일조각, 1984 ; 이호철, 『조선전기 농업경제사』, 한길사, 1986.

34) 김건태, 『조선시대 양반가의 농업경영』, 역사비평사, 2004.

송찬식의 『이조후기 수공업에 관한 연구』에서는 수공업의 변화양상을 고찰하였는데, 생산자인 수공업자가 자가경리를 성장시켜나가거나 또는 상인이 수공업자를 지배하여 선대제 생산으로 발전하면서 직접 경영하는 두 가지 발전 사례를 모두 검토하였다.[35] 그러나 직접 생산자인 수공업자가 성장하는 것은 상업에서의 도고상업체제의 정착으로 원료와 판로에 상당한 압박을 받음으로써 그 가능성이 희박하였고, 반면에 도고 상인이 선대제 경영을 통하여 수공업자를 지배하여 산업자본화하는 경우가 나타나고 있었다고 하였다.

북한의 『조선에서 자본주의적 관계의 발생』, 『조선에서 자본주의적 관계의 발전』에서는 농촌수공업의 경영형태가 주로 부농이 2~3대의 직물기구를 갖추고 인근의 부녀자들을 고용하여 생산하는 소상품경영형태가 개항기 무렵까지 일반적인 상황이었으나, 전업적 수공업인 유기수공업의 경우 분업에 기초한 협업단계인 매뉴팩쳐까지 기술수준이 진전되고 있었다고 하였다. 즉 수공업에서의 자본주의적 생산관계가 자생적으로 성장하고 있었다고 하였다.

조선초기 광업은 중앙에서 파견된 관리나 어사·수령·감관의 책임 아래 전문적 장인이, 잡역 형태로 징발된 농민이나 중앙 및 지방의 군인을 동원하여 채굴과 제련을 하는 형태로 운영되었다. 1651년 이후에는 광업에서 설점수세제(設店收稅制)가 실시되어 정부의 통제하에 민간 주도로 은점이나 금점을 경영하는 것이 허용되었다. 1687년에는 별장수세제가 채택되어, 별장이 연군을 모아 작업을 지휘 감독하고 연군수에 따라 납세하였다.

유승주는 『조선시대광업사연구』에서 1775년에 수령수세제로 바뀌어 별장이 아닌 수령이 수세권을 장악하였으며, 이에 토호·상인 등의 민간

35) 송찬식, 『이조후기 수공업에 관한 연구』, 서울대학교 한국문화연구소, 1973.

물주들이 각 읍 수령과 결탁하여 잠채광업이 성행하는 계기가 된 사실을 밝혔다.[36] 북한의 『조선에서 자본주의적 관계의 발생』, 『조선에서 자본주의적 관계의 발전』에서는 조선후기에 광업의 경영형태에서도 자본과 경영이 분리되는 자본주의적 경영형태가 출현하였다고 하였다. 즉 자본가인 물주와 경영자인 덕대 그리고 광산노동자인 광군의 분화가 광산업의 경영에서 일찍부터 발생하였다고 하였다. 19세기 광업에서는 낡은 생산양식이 해체되고 새로운 생산양식이 싹텄으나 생산력의 발전과 경영규모면에서 여전히 봉건적 생산관계의 잔재로 많은 장애요인을 안고 있었다고 하였다.

어업과 염업에서도 변화가 나타났다. 어업에 관한 연구는 박구병이 독보적이며, 최근에 이영학의 연구가 있다. 어업에서는 조선전기에는 강어업이 중심이었다가, 조선후기에는 바다어업이 주를 이루게 되었다. 조선인 어업은 어선과 어구의 발달에 힘입어 조선후기에 발달하게 되었지만, 개항 이후 일본인 어업이 조선 연해에 진출하면서 그들과 치열하게 경쟁해갔고 점차 경쟁에 뒤지면서 일제하 식민지시기에는 일본인 어업에 편입되게 되었다.[37]

우리나라의 제염업은 해수직자식(海水直煮式 : 바닷물을 솥에 넣고 직접 끓여 소금을 만드는 방식)에서 무제염전식(無堤鹽田式 : 제방을 쌓지 않은 염전에서 염분이 농후한 소금물을 끓여서 소금을 만드는 방식)으로 변화하였고, 다시 유제염전식(有堤鹽田式)으로 바뀌었다. 고려말 조선초에는 무제염전식이 주로 행해졌고, 조선후기에는 유제염전식으로 주로 제염하였다. 개항 이후의 시기에 들어와 제염업이 자본제적 경영으

36) 유승주, 『조선시대 광업사연구』, 고려대 출판부, 1994.

37) 박구병, 「한국어업기술사」 『한국문화사대계』Ⅲ, 고려대 민족문화연구소, 1968 ; 이영학, 「조선후기 어업에 대한 연구」 『역사와 현실』 35, 한국역사연구회, 2000.

로 유지되었다가, 외국염이 수입되고 천일제염법이 행해지면서 쇠퇴하게 되었다.[38)]

조선시대 경제사에서 주목되는 연구는 특히 조선후기에 드러나는 상품화폐경제의 진전이다. 이는 생산력의 증대와 더불어 조선후기 사회를 근대사회의 태동기, 자본주의 맹아기로 규정하는 준거이기도 하다. 자연경제체제에서 생산은 자급자족하기 위한 자기생산이었고, 따라서 그것은 사용가치를 목적으로 하기 때문에 유통은 우연적인 형태로밖에 나타나지 않는다. 그러나 자본주의적 경제에서는 생산물을 팔아서 이윤을 얻기 위한 상품생산이 생산의 기본적 양식이 되고, 상품의 유통은 외적 제재를 기피하면서 수요와 공급에 의해 자율적으로 전개된다. 18세기 이래 조선 사회에서는 이러한 조짐들이 보이기 시작했다. 생산력의 증대에 따른 노동의 사회적 분업이 이루어져 농업, 광업, 수공업 등 산업의 전문화가 가시화되었고, 잉여생산물은 교환을 불가피하게 하여 생산물은 사용가치보다는 교환가치에 보다 비중을 두기에 이르렀다. 이는 분명히 새로운 경제질서의 출현이었다.

일제의 관학자들과 아시아 정체성론자들은 조선의 상업을 자급자족적 상황으로 묘사하였다. 1950년대에 이르러서도 상업의 정체성을 극복하려는 연구가 없었지만, 1960년대부터는 상황이 달라졌다. 식민사학의 극복이 당면과제로 제기되었던 당시, 먼저 농업 분야에서 제기된 새로운 인식의 제고가 점차 유통 분야에도 전이되었다. 그리하여 강만길 등에 의해 상업자본의 문제가 조심스럽게 조명되고, 유통구조가 새로운 연구의 장으로 주목되었다.[39)] 이러한 연구 시각은 남한뿐만 아니라, 민족사의 내재적 발전을 합법칙적으로 부각시키려 한 북한에서도 제시되었다.

---

38) 이영학, 「개항기 제염업에 대한 연구」 『한국문화』 12, 서울대 한국문화연구소, 1991. 지역적 특성에 따라 무제염전식과 유제염전식이 행해진 측면도 있다.
39) 강만길, 『조선후기 상업자본의 발달』, 고려대학교 출판부, 1973.

1970년대에 이르러 자본주의 맹아의 문제가 상업사 전반에서 거론되었고, 그 연구성과는 농업, 수공업 부문의 생산력, 생산양식의 연구와 더불어 근대화의 기점을 논의함에 있어 준거가 될 정도로 상당히 축적되었다.[40] 그리하여 시전상인·공인·사상 등에 의한 상업자본의 형성, 장시·무역 등의 상품유통의 발달, 화폐·금융·운송 등의 유통수단의 발달 등 상품화폐경제의 활성화를 구체적으로 보여주었다. 즉 상인층의 동향과 상업자본의 성격, 상품유통체계와 시장권의 구조, 국제교역·화폐유통의 상황을 새롭게 밝혀내면서 상품화폐경제의 발전상을 보여주었다.[41] 1980년대에 이르러는 자본주의 맹아론에 대한 강력한 비판이 제기되면서 열띤 분위기가 다소 진정되는 듯 하였다. 근년에 이르러는 과학적 이론에 토대하여 보다 객관적으로 연구방향을 전개해야 한다는 목소리가 높아지면서 인식의 틀을 재정립하기 위한 노력과 함께 유통구조의 실상을 보다 구체화하기 위한 시도가 이루어지고 있다.

생산과 유통이라는 경제 본원의 문제와 함께 20세기 경제사 인식에 있어서 주목되었던 또 하나의 분야는 수취체제 영역이다. 수취체제는 조선왕조의 재정기반이었다. 그 연구는 경제사 연구영역에서 주변에 머물러 있었다. 즉 해방 이전에는 일제에 의해 통치의 기초자료로 사용하기 위한 현실적 의도에서 이루어졌던 것이고, 해방 이후에는 법제사의 일환으로 대동법, 균역법 등이 해명되더니, 점차 국가운영, 사회구조의 측면에서 연구가 이루어졌다.[42] 1980년대에 이러한 연구에 큰 변화가 보였으니, 수취체제의 구조와 변동을 봉건사회의 운영논리의 측면에서 해명하고자 하였고, 그 제도 자체를 향촌 사회의 내부운영원리 속에서

40) 오미일, 「조선후기 상품유통 연구현황」『한국중세사회 해체기의 제문제(하)』, 한울, 1987.

41) 원유한, 김영호, 최완기, 오성, 한상권, 고동환 등의 연구가 있다.

42) 정연식, 「조선후기 부세제도 연구현황」『한국중세사회 해체기의 제문제(下)』, 한울, 1987 ; 윤용출, 「부세제도」『한국역사입문② 중세편』, 풀빛, 1995.

검증하기 시작하였다. 이는 수취문제가 국가와 국민의 이해관계와 긴밀히 접속되어 있다는 기초적 관점에서, 그리고 역사의 구조화라는 역사연구 본연의 목표를 수행한다는 점뿐 아니라 역사의 동태적 이해가 절실히 요구되는 시점에서 사회변동의 전제를 나름대로 확인시켜주는 의미있는 작업이었다.

이와 같이 1970·1980년대에 내재적 발전론에 입각한 경제사연구는 조선후기의 광범한 분야에 연구가 집적되면서 조선후기의 역동적인 모습을 보여주었다. 그 연구의 결과, 조선후기에 자본주의 맹아가 형성되었으며 19세기 이후에도 점진적으로 발전해가고 있었지만, 개항 이후 외세의 침탈과 억압으로 근대적 발전이 왜곡되었음을 규명하였다. 해방 이후 내재적 발전론에 입각한 경제사연구는 일제의 식민사관에서 체계화되었던 조선사회의 봉건제 결여론에 입각한 정체성론을 완전히 극복하는데 기여하였다.

4. 식민지근대화론의 등장과 논쟁

현재 조선후기 경제사와 한국근대 경제사에서 주류적 연구경향은 근대주의론과 내재적 발전론이다. 이런 연구경향은 1960, 70년대부터 형성되기 시작하여, 현재는 지배적인 흐름이 되었고, 중고등학교 국사교과서에 그 내용이 반영되고 있다.

근대주의론은 국민국가 수립, 자본주의 공업화, 시민사회 성립이라는 서구의 역사경험으로부터 자본주의 근대화라는 근대 변혁의 과제를 도출한다. 부르주아 민족주의세력을 이 과제의 담당 주체로 파악하고 부르주아 민족주의 운동 중심으로 근대변혁운동을 체계화하고, 자본주의적 근대를 지향점으로 삼고 있다. 그러나 그 이론은 서구 중심적

사고, 전통과 근대의 이분법, 제국주의에 대한 인식 결핍 등의 문제점을 안고 있다.[43] 내재적 발전론은 지향하는 사회에 다양한 편차가 있지만, 일국사적 발전의 기본 동력을 안과 아래로부터의 계기, 즉 민중에게서 발견하고, 그 전개양태를 민족해방운동에서 찾는다는 점에서 근대주의론과 공통된 역사인식을 보인다.

양자의 연구경향 사이에는 근본적 차이가 존재함에도 민족주의적 지향이라는 점에서 공통성이 발견된다. 이들은 자본주의 맹아론을 토대로 식민사관의 정체성론을 극복하고자 했고, 민족운동을 자주적 근대화의 기본 동력으로 주목했으며 일제의 침략 만행과 야만적 수탈에 대해서는 강력히 비판했다. 이 두 경향은 일반적으로 '식민지 수탈론'이라 불린다.[44]

'식민지 수탈론'에서는 조선사회가 정체된 사회가 아니라 자본주의 맹아가 발생하는 등 역동적 사회였다고 파악한다. 그리하여 내재적 발전의 성과로 인하여 외래 자본주의의 영향이 없었다면 자주적 근대화를 달성할 수 있었다고 여긴다. 그러나 자주적 근대화의 가능성은 일제의 지배로 인하여 압살되고, 일제의 민족 차별과 수탈로 인하여 생산력 발전은 제약되고 성장의 과실은 일본으로 유출되었다고 본다. 그 결과 일본의 이식자본주의 경제는 발전한 반면 민족경제는 왜곡 축소되었다고 파악한다.[45]

이런 '식민지 수탈론'의 역사인식은 국외는 물론 국내에서 도전받고 있다. 국내의 일부 경제학자들과 미국과 일본의 한국사연구자들이 내재적 발전론에 입각한 식민지 수탈론을 비판하고 있다. 일제하 식민지시기

---

43) 이영호, 「해방후 남한사학계의 한국사인식」『한국사』 23, 한길사, 1994.

44) 정연태, 「21세기의 한국근대사 연구와 신근대사론의 모색」『20세기 역사학 21세기 역사학』, 역사비평사, 2000, 131쪽.

45) 정연태, 위의 논문, 2000, 132쪽.

는 한국을 수탈한 측면도 있지만, 개발 혹은 근대화를 이룬 측면도 있다는 것이다. 특히 동아시아의 신흥공업국들의 역사적 연원을 추적해 보면 식민지시기에 근대화=자본주의화를 이루었으며, 그를 바탕으로 현대의 고도성장을 이루었다고 파악한다. 즉 식민지시기에 근대화를 이루었다는 '식민지근대화론'을 주장한 것이다.

이들은 식민지 개발자로서의 일제를 주목한다. 일제는 사회간접시설을 건설하고 근대적 제도를 도입·보급함으로써 식민지를 개발했고, 한인도 일제의 개발에 자극받아 근대적 기술과 제도를 적극 수용해갔다고 한다. 그 결과 한인은 근대적 역량을 축적하여 주체적으로 자기성장을 도모했다고 주장한다. 이는 식민지상태에서도 주체적 경제발전이 가능하다는 것을 암시하는 것으로 민족해방 없이는 민족경제의 예속과 파괴가 심화될 수밖에 없다는 식민지 수탈론의 입장과 배치된다.[46]

이러한 연구경향은 1980년대 중반부터 나타나기 시작하였다. 이 경향은 조선시기의 경제연구부터 일제시기의 경제연구까지 이어졌으며, 현대 한국경제의 평가까지도 포괄하고 있다. 조선시기 경제사 연구의 논리는 약간씩 변형되면서 전개되었다. 아직 하나의 구체적이고 일관된 내용을 가진 것은 아니지만, 하나의 논리틀을 만들어가는 과정이다.

이러한 주장의 대표적 주자는 안병직이다. 안병직은 1970년대말까지 내재적 발전론의 입장에 서 있었지만,[47] 일본을 연구차 방문한 후 나카무라 사토루[中村哲]의 영향을 받으면서 입장을 달리하게 되었다. 그는 한국경제의 1960, 1970년대 고도성장과 동아시아 자본주의 발전의 역사적 연원을 고찰하면서, 일제하 식민지시기에 주목하게 되었다. 즉 조선은 일제하 식민지시기에 근대적, 자본주의적 토대를 마련하게 되었고,

---

46) 위의 논문, 133쪽.

47) 안병직이 「조선후기 자본주의맹아의 발생」『한국학연구입문』, 지식산업사, 1981을 작성할 때는 내재적 발전론의 입장에 서 있었다.

그 기반을 바탕으로 1960, 1970년대 자본주의적 고도 성장을 이루게 되었다고 파악하였다.[48] 그리하여 아시아의 네 마리 용(한국, 대만, 싱가포르, 홍콩)으로 발돋움할 수 있었다고 보았다.

일본의 교토대학[京都大學] 교수인 나카무라 사토루는 1970년대 중반에 '일본제국주의의 식민지'라는 주제로 연구를 시작하면서 한국경제사에 관심을 갖게 되었다. 그는 한국자본주의가 세계 속에서 어떠한 위치를 점하는가를 파악하는데 몰두하게 되었고, 나아가 동아시아의 신흥공업국가(NICs ; Newly Industrialized Countries) 4개국이 급속한 자본주의화를 달성한 요인을 검토하면서, 그 공통점으로부터 식민지의 의미를 음미하게 되었다.[49] 그들 네 나라가 다 같이 식민지였으면서도 다른 독립국가였던 나라들보다 먼저 '근대화'를 달성한 이유가 있지 않겠느냐는 것이었다. 그가 제시한 공통점은 4개국이 영국과 일본의 식민지였다는 것 외에 첫째 식민지화에 의하여 구사회=전근대사회 경제구조가 철저하게 파괴되고 해체되었다는 것, 둘째 그 위에 본국에 종속하는 경제구조가 다른 식민지에 비하여 보다 깊이 만들어졌다는 것, 셋째 그 과정에서 본국자본을 중심으로 하는 자본주의경제가 급속하게 발달하였다는 것인데, 한국과 대만이 특히 이 세 가지를 포함하고 있는 것이 특색이며, 바로 이러한 점들이 '동아시아 신흥공업국(NICs)의 중요한 역사적 조건의 하나'였다고 주장하였다.[50] 즉 제국주의의 식민지가 되어 구체제가 철저하게 파괴된 것이 고도의 근대적 사회를 이루는 계기가 되었다고 주장하였다. 즉 조선에서도 일제하 식민지시기에 전통사회가 철저히 파괴되고 근대적인 틀을 마련하였기 때문에, 해방 후

48) 안병직, 「한국에 있어서의 경제발전과 근대사연구」『제38회 전국역사학대회 발표요지』, 1995.

49) 中村哲, 『세계자본주의와 이행의 이론』(안병직 역, 비봉출판사, 1991).

50) 이만열, 「일제 식민지 근대화론 문제 검토」『한국독립운동사연구』 11, 한국독립운동사연구소, 1997.

한국사회가 고도성장을 하면서 자본주의적 발전을 이루었다고 파악하였다.

이러한 인식은 미국의 한국사연구자들도 비슷하게 지니게 되었다. 미국의 하버드대학교 교수인 에커트(Cater J. Eckert)도 그의 저서 『제국의 후예』에서 조선의 전통지주인 고창 김씨가가 일제시기에 지주에서 산업자본가로 전화해가는 과정에서, 조선총독부 권력에 대항하기 보다는 협력관계를 유지하면서 발전해갔다고 파악하였다. 즉 일제하 식민지 시기에 조선인 지주가 조선총독부 권력에 협조하면서 산업자본가로 성장할 수 있었고, 나아가 해방 후 대기업가로 성장해갔다고 파악하였다. 한국 자본주의 기업가의 기원을 일본제국주의하 식민지 시기에서 찾을 수 있다고 파악한 것이다.[51)]

거의 같은 시기에 출간된 맥나마라(Dennis L. McNamara)의 『한국기업의 식민지적 기원, 1910~1945』에서도 한국의 강력한 경제성장이 학자와 정책입안자 및 기업가들의 주목을 끌고 있음을 인식하고, 민대식·민규식·박흥식 및 김연수 등 일제 강점기에 활동한 사업가들의 기업이념과 조직 등을 검토하면서 에커트와 같은 맥락에서 한국 자본주의의 기원을 언급하였다. 그는 “민씨가와 박흥식·김연수 등이 한국 기업의 식민지적 기원에 광명을 비춘다면, 우리는 해방 후의 발전과 함께 근대 조선왕조에서의 기원을 주목하지 않으면 안될 것이다”[52)]라고 결론짓고 있다. 그러한 인식은 한국과 미국의 경제학자들에게도 영향을 미쳤다.

이와 같이 식민지근대화론은 한국자본주의의 역사적 기원을 고찰하고자 하는 취지에서 연구를 시작하여 그것의 역사적 기원이 일본제국주

51) 에커트(Cater. J. Eckert), 『제국의 후예－고창 김씨가와 한국 자본주의의 식민지 기원 1876~1945』, 1991(주익종 역 푸른역사, 2008).

52) Dennis L. McNamara, 『The colonial origins of Korean enterprise, 1910~1945』, Cambridge University Press, Cambridge, 1990.

의의 식민지라고 파악하였던 것이다. 즉 일제하 식민지시기에 자본주의 형태가 갖추어졌거나, 자본가들이 출현하였다고 파악한 것이다.

이러한 역사인식의 차이는 일제하 식민지시기에 그치지 않고, 조선후기 사회도 달리 파악하였다. 내재적 발전론과 식민지근대화론은 조선후기 경제상황은 물론 개항에 대한 인식 및 대한제국의 토지조사사업을 둘러싼 개혁사업의 역사적 평가 등에서 차이를 드러내고 있다.

먼저 내재적 발전론에서는 조선후기의 경제상황을 생산력의 발전 등 경제적 성장을 이루어갔다고 파악하는 데 반하여, 식민지근대화론에서는 18세기까지는 생산력의 발전 등 경제적 성장을 이루어갔지만 19세기에 이르러 생산력의 정체와 사회체제의 위기를 겪었다고 파악하였다. 즉 19세기의 조선에는 토지생산성과 임금수준 및 생활수준이 지속적으로 하락해갔다고 파악한다. 인구의 증가에 따른 삼림의 황폐화, 불안정한 재산권제도, 제언의 붕괴, 국가 통합능력의 이완 등이 장기적 생산성 하락의 주된 요인이 되었다고 파악한다. 즉 18세기의 조선후기에서는 토지생산성과 실질임금이 지속적으로 하락함으로써 생활수준이 계속 하락되어 갔으며, 19세기에 이르러 사망률의 증가와 그에 따른 인구의 감소 내지 정체로 말미암아 조선 국가의 경제능력은 점차 소진되게 되었다고 파악한다.[53)]

19세기에는 단위토지당 지대량과 생산량이 큰 폭으로 감소하였고, 다른 재화에 대비된 쌀의 상대가격의 상승 추세도 쌀의 생산과 공급이 점차 감소하였음을 보여준다고 한다. 쌀농사의 생산이 감소된 배경에는 산림의 황폐라는 환경 요인이 있었다고 파악한다. 인구 증가의 압력으로 산림이 헐벗자 조그만 비에도 홍수가 발생하였으며, 홍수는 농업의

53) 이영훈편, 『수량경제사로 다시 본 조선후기』, 서울대출판부, 2004 ; 이영훈편, 『맛질의 농민들』, 일조각, 2001 ; 안병직편, 『한국경제성장사』, 서울대출판부, 2001 ; 이대근외, 『새로운 한국경제발전사』, 나남, 2005.

수리시설을 막고 무너뜨렸다고 파악하였다. 아울러 5일마다 열리는 정기시가 남부지방의 연안부를 중심으로 크게 감소하여 유통이 활발하지 못하였다고 파악한다. 이에 남부지방의 조세미를 운송하는 권리를 서울상인이 독점하고, 일본과의 무역이 쇠퇴함에 따라 서해와 남해를 무대로 한 원격지 상업이 쇠퇴하였다고 파악하였다. 농업의 생산성이 감퇴하자 조선왕조의 재정도 적자로 바뀌었고, 왕조가 구축한 환곡이라는 대규모 재분배체제도 해체됨으로써, 조선왕조의 19세기는 큰 위기에 빠지게 되었다고 파악하였다.[54)]

조선후기 농촌사회상에 대해서도 차이가 있다. 김용섭은 조선후기 양안 연구를 통해 17세기 후반 이래 소농층이 경영형 부농과 빈농으로 양극 분해되면서 농업에서 자본·임노동관계가 발전하고 있었다고 파악하였다. 이에 이영훈은 양안 분석을 통하여 상층 경작농이 감소하고 균등한 규모의 하층 소농이 증대하는 전층적인 하강분해를 주장하였다. 나아가 그는 소농층은 분해되는 것이 아니라 영세소농으로 안정화되어 간다고 파악하였다.[55)] 이 안정적인 소농사회가 식민지시기에 근대화를 이루었고, 해방 이후의 신흥공업국으로 성장해가는 기초였다고 주장한다.

개항에 대한 역사적 평가도 차이를 드러낸다. 내재적 발전론에서는 조선후기에 경제적 발전을 이루어갔고, 개항 이후에도 경제적 근대화를 서서히 이루어가고자 하였지만 일본제국주의의 정치적 경제적 침탈 속에 근대적 지향이 좌절되었다고 파악한다. 반면에 식민지근대화론의 입장에서는 조선사회는 스스로의 힘으로 근대사회로 발전해갈 수 없다

54) 이영훈,「19세기 조선왕조 경제체제의 위기」『조선시대사학보』 43, 조선시대사학회, 2007.

55) 이영훈,「개항기 지주제의 일존재형태와 그 정체적 위기의 실상」『경제사학』 9, 1985.

고 파악한다. 19세기 중엽 이후의 새로운 동력은 내부에서 발현된 것이 아니라, 1876년 개항 이후 외부에서 출현한 것으로 파악한다. 내부에서 스스로의 힘으로 발전해갈 동력이 소진하게 된 후, 개항으로 인하여 외부 자본주의세력이 조선에 경제적 활력을 불어넣었다고 보는 것이다. 1910년 일제에 의한 조선의 병합은 정치적으로 침탈을 받았지만, 경제적으로는 성장해가고 활로를 열어간 것으로 파악한다.[56)]

끝으로 대한제국의 토지조사사업을 바탕으로 한 개혁사업에 대해서도 평가를 달리한다. 내재적 발전론에서는 대한제국의 양전·지계사업을 구래의 토지지배관계를 근대사회의 토지제도로 전환시키고, 나아가 지주를 주축으로 자본주의 경제체제를 지향하는 성격을 지닌 것으로 규정하면서, 이것은 제국주의 열강에 대응하는 자주적인 근대개혁이었다고 주장하였다.[57)] 이에 반해 식민지근대화론에서는 대한제국의 양전·지계사업으로 작성된 양안으로는 토지소유권을 인정하기 어렵다고 보았다. 즉 양안상의 시주(時主)를 농가세대로 인정할 수 없으며,[58)] 양안을 토지소유권을 보장할 수 있는 토지대장이 아니라 국가가 수조권을 수여하기 위한 것이나 혹은 수세장부라고 주장하였다. 즉 광무양안은 경제와 정치가 미분리된 전근대사회의 장부이기 때문에 봉건적 토지소유를 근대적 토지소유로 전환한 것으로 볼 수 없다고 주장하였다.[59)] 이에 대해 내재적 발전론에서는 대한제국의 양전·지계사업은 단순히 지세징수만을 위한 사업이 아니라 국가의 전체적 경영을 위해 토지소유권의 확립, 호구파악, 산업재편, 지세 증수를 위한 총체적인 것이었고, 대한제국의 토지조사는 토지제도상으로 볼 때 한국 중세사회의 최종 귀결점이

56) 조석곤, 「식민지근대화론과 내재적 발전론 재검토」 『한국근대 토지제도의 형성』, 해남, 2003.

57) 김용섭, 「광무년간의 양전지계사업」 『한국근대농업사연구』, 일조각, 1975.

58) 이영훈, 『조선후기 사회경제사』, 한길사, 1988.

59) 宮嶋博史, 『朝鮮土地調査事業史の研究』, 高麗書林, 1991.

면서 근대사회로의 출발점이라는 의의를 부여할 수 있다고 그 성격을 규정하였다.[60)]

이와 같이 내재적 발전론과 식민지근대화론은 조선후기부터 현재까지 한국역사를 바라보는 시각에 차이가 있다. 앞으로 심도있는 실증작업을 바탕으로 양 이론을 극복하는 새로운 역사해석이 필요할 것이다.

5. 맺음말

이 글에서 20세기 100년 동안의 조선시기 경제사연구의 현황을 살펴보았다. 조선시기 경제사 연구자들은 당면한 시대적 과제가 무엇이며, 그것을 어떻게 해결할 수 있을 것인가를 조선시기 사회구성을 해명함으로써 현대사의 사회구성과 변혁운동을 도출해내고자 하였다.

20세기 한국사는 세계사의 모순이 지속적으로 관철되면서 전개되어 온 역사였다. 조선후기에 내재적 발전을 매개로 근대사회를 모색해갔지만, 개항 이후 외세의 침략으로 식민지사회로 좌절·귀결되었다. 일제하 식민지시기는 수탈과 저항, 침탈과 개발, 동화와 성장이 어우러진 복잡하고 왜곡된 사회였다.

1945년 해방 이후 한국사회는 자주적 독립국가를 모색하였지만, 식민지의 유산과 세계체제의 냉전화에 휩싸여 분단체제로 이어졌다. 북한은 주체사회주의체제로 전개되었고, 남한은 세계자본주의체제에 포섭된 자본주의체제로 전개되었다. 북한은 1990년 사회주의체제의 몰락 이후 어려운 상황을 겪고 있고, 남한은 세계자본주의체제에 적응하면서 1960년대 이후 고도성장을 하여 신흥공업국으로 부상하였지만 1997년 IMF

60) 이영학, 「대한제국기 토지조사사업의 의의」『대한제국의 토지조사사업』, 민음사, 1995.

위기 및 2007년 세계경제위기의 영향을 크게 받고 있다.

20세기 한국 근대는 세계자본주의의 모순을 담지하면서 식민지·분단 등의 독특한 근대를 전개하였지만, 그것은 세계사 속의 근대를 구현하는 체제이기도 하였다. 그러한 과정 속에서 한국 근대의 사회성격을 식민지 반봉건사회, 식민지자본주의사회, 중진자본주의사회 등으로 규정하는 다양한 이론이 출현한 것은 한국 근대의 특수성과 보편성을 드러낸 것이라 할 수 있다.

조선시기 경제사연구는 당대의 역사적 필요에 의해 행해졌다. 일제하 식민지시기에 근대적 연구방법론은 처음으로 일본인에 의해 연구되었지만, 그들은 일본제국주의의 조선 침략의 필요성에 의해 조선경제사 연구를 수행하였다. 일본인 학자와 관료들은 조선사회를 봉건제를 결여한 정체된 사회로 규정하였고, 조선사회는 자력으로 근대화할 수 없고 외부의 힘을 빌려야만 근대적인 사회로 이행해갈 수 있다고 하였다. 그리하여 일제의 관학자들은 일제의 조선 침략을 합리화하였다.

1945년 해방 이후 한국은 자주적 독립국가를 모색하고자 하였다. 국내외 역사적 상황은 역사를 새롭게 바라보는 시각을 요구하게 되었다. 식민지로부터 해방된 제3세계 국가들은 식민지 이전에도 정체되어 있었던 것이 아니라, 발전되어 왔다는 사실을 역사적으로 입증하고자 하였다. 경제사 연구자들은 조선시기 경제가 농업뿐 아니라 수공업·광업의 발달 및 상품화폐경제의 진전이 이루어졌으며 그에 따라 농촌사회도 전면적으로 변화하였다고 하는 사실을 밝혀냈다. 즉 조선시기 경제가 내재적으로 성장·발전해 갔다는 사실을 밝혀냄으로써 일제의 식민사관을 완전히 극복하였다. 이러한 연구경향을 내재적 발전론이라 일컫는다.

1980년대 중반 이후 미국과 일본 및 국내의 경제학자들은 조선후기의 경제와 일제하 식민지시기의 경제가 침탈을 당하였지만 근대적인 경제 형태를 지녔다는 '식민지근대화론'을 주장하였다. 그들은 1960·70년대

한국의 고도성장의 역사적 계기를 찾는 과정에서 그 역사적 기원을 일본제국주의의 식민지배에서 찾았다. 일제하 식민지시기에 한국은 자본주의를 형성하게 되었고, 그를 발판으로 해방 후 고도의 경제성장을 이루었다고 파악하였다.

21세기에 들어와 조선시기의 경제사 연구는 내재적 발전론과 식민지근대화론이 서로 논리적으로 대립되는 가운데 새로운 역사이론의 모색이 필요하게 되었다. 이제 내재적 발전론의 문제의식을 계승하면서 식민지근대화론의 문제제기를 수용하는 새로운 사론이 필요한 시기이다. 한국사의 발전을 내재적인 동력에 의해 설명해내지 못하고 한국사를 결과론적으로 해석하고자 하는 어떠한 역사관도 결국은 불완전한 역사관으로 전락하지 않을 수 없다. 각 나라는 외적인 계기를 포함하여 내재적으로 발전해가는 역사적 과정을 실증적으로 밝혀내야 한다. 더욱 깊이 있는 실증을 바탕으로 새로운 역사해석을 도출해내야 할 것이다.

부 록

내아문포시(內衙門布示)
1883년 12월 29일

해 제

1883년 10월 1일에 통리군국사무아문에서 『농과규칙』(국립중앙도서관 소장)을 공포하여 전국의 지방관에게 농업 발달에 전념할 것을 명하였다. 그후 내용을 약간 수정 보완하여 『한성순보』 제7호(1883년 12월 29일)에 '내아문포시(內衙門布示)'로 게재하여 전국의 지방관 및 민에게 전하였다. 그 글을 번역 소개한 것이다. 주요 내용은 '통호규칙', '농무규칙', '양상규칙'의 세 부분으로 구성된다. 통호규칙에서는 향촌사회의 유민들을 조직하여 농사에 동원하는 방법을, 농무규칙에서는 개간하는 방법을, 양상규칙에서는 양잠업의 진흥 방법을 소개하고 있다.

통리군국사무아문에서 고시한다. 올해 10월 1일자로 유지(諭旨)를 받들어 본 아문(통리군국사무아문 : 필자 주)에 6개사(司)를 설치하였는데, 농상사(農商司)가 그 첫 번째이다. 각 아문이 도(道)를 나누어 관할하고 있지만 각기 해야 할 사무 내에서 호(戶)·농(農)·상(桑)·다(茶) 등의 일을 관할하고 있으며 이미 아뢰어 재가를 받은 장정(章程)이 있다. 원래 농상(農桑)이

나라의 근본으로 그렇지 않은 때가 없었다. 근래 몇 해 동안 가뭄과 흉년이 계속되면서 백성들은 먹을 것이 넉넉하지 못하고 온갖 고생에 시달리고 외롭게 떠돌아다니는 것을 차마 들을 수 없는 지경이다. 더욱이 개항 후 무역은 성행하고 민심은 어지러우며 물가는 날로 치솟고 있다. 만약 농업을 중시하여 축적을 배가하지 않으면, 백성들의 근심은 끝이 없을 것이다.

이제 농업을 해치는 근원을 찾아보건대, 호법(戶法)이 밝지 못하여 백성을 통솔할 수 없어 노는 사람이 날로 늘어나도 금하지 못하고, 도둑이 들끓어도 단속할 길이 없어 전야(田野)가 점점 묵어가고 농사에 흉년이 드는데서 연유한 것이니 거듭 법과 기강을 밝히지 않아서는 안되겠기에 먼저 민호(民戶)를 통솔하는 규칙을 맨 처음에 열거하는 것이다.

또 제언을 수축하고 황무지를 개간하여 진전을 기경하는 것이 농정의 급무인데도 불구하고 우리 백성들은 그것들을 방치한 지가 이미 오래되었다. 그리고 잠상(蠶桑)의 일이 생재(生財)의 근원이 되는 것이어서, 현재 중국 각 성과 세계 각국에서는 곳곳에 뽕나무를 심고 1년에 두 번씩 누에를 쳐서 항구에서 판매하는 물품 중에 절반이 명주실인데, 우리 백성들은 아직도 거기에 깜깜하기 때문에 각 조항의 규칙을 나열하여 원근(遠近)에 효시하는 바이다. 영남지방은 땅이 기름지고 민심도 순후하여 본래부터 농사에 열심인 고장이지만, 백성들이 옛 풍습에 젖어 견문이 적고 의심이 많으며 풍년이 잦음을 믿어 안일만 좋아하고 수고로움을 꺼려하고 있다. 그러므로 홍수와 가뭄에 대비가 없고 지력(地力)도 제대로 이용하지 못하여 금년에 와서 잔혹한 흉년을 당했는데도 구휼할 방법이 없으니, 그것은 다시 말하여 권과(勸課)를 제대로 못했기 때문이었다.

지금 이 아문을 세우고 도(道)를 분담하게 한 조치는 모두가 우리 성상(聖上)께서 백성을 사랑하는 마음으로 백성들을 편안케 만들고 재물을 넉넉하게 해주려는 성덕지의(盛德至意)에서 나온 것이니, 진실로 흠앙(欽仰)을 이루 말할 수 없는 일이다. 이미 상명을 받아 백성에 선포하는 위치에 있으니,

공제(共濟)의 계책을 강구해야 할 것이며, 이런 뜻으로 관문(關文)을 작성하여 하루빨리 도내 각 읍에 띄워 전 도내 백성들로 하여금 이번 조치가 백성들의 이익을 도모하기 위한 것이요 문구(文具)로 내놓은 것이 아님을 확실히 알게 하여, 게으른 자가 정신을 차리고 어리석은 자가 깨달으며 놀고 먹는 무리들이 모두 농토로 돌아가게 한다면, 흉년을 당하더라도 백성들이 곤경에 빠져 허덕임을 면할 수 있을 것이며, 여기 저기 곡식이 쌓여 굶주림을 호소하는 탄식 소리가 없어질 것이며, 곡식과 잠사(蠶絲) 등을 수출하여 많은 이익을 얻을 수 있을 것이다. 그러나 이 일은 멀리 있는 것이 아니라 오직 명령을 받들고 우환을 나눠 갖는 성의가 있느냐 없느냐에 달렸을 뿐이다.

본 아문에서 수시로 관원을 파견하여 살펴볼 것이지만, 내년부터는 본영에서도 각 읍의 농상에 관한 상황과 개간과 파종의 허실을 파악하여 4계절의 초하룻날마다 본 아문에 자세히 보고하라. 수령의 전최(殿最)도 이에 중점을 둘 것이다. 농과장(農課長)의 근무성적도 수시로 보고하여 실적이 우월한 자는 상을 내릴 것이고, 태만한 자는 중한 벌로 다스릴 것이니 그들로 하여금 권계(勸戒)할 바를 알아 꼭 실효를 거두도록 하라.

통호규칙(統戶規則)

一. 통호법(統戶法)에 대하여 국가로부터 이미 몇 차례에 걸쳐 유시가 있었던 바와 같이 마을마다 5가(家)가 한 통(統)이 되어 매 통에는 통수(統首)를 두고, 또 마을 중에서 한 명의 성실하고 노련한 자를 뽑아 그에게 부정(副正)을 맡기고 그로 하여금 그 마을의 농사에 관한 모든 일을 권장하는 한편, 술주정꾼·도박꾼·도둑놈 등에 관하여도 각별히 단속하게 할 것이며, 각 이정(里正) 중에서 별도로 한 명을 뽑아 사정(社正)을 겸임시켜 면내(面內)의 일을 맡게 하라.

一. 각 읍에서 공평 성실하고 농사에 깊은 조예가 있어 모든 사람의 추앙의 대상이 되는 자 한 명을 선출하여 농과장(農課長)으로 삼아 1읍의 농상(農桑)에 관한 사무를 맡기되, 그중 사대부나 신기(紳耆)로서 번거로움을 싫어하여 맡으려 들지 않는 자가 있을 때는 그곳 현령이 계속 권하여 기어이 나서서 맡도록 하게 하고, 수임(首任)에 있는 승리(丞吏)도 마음을 합하여 협조하도록 하라.

一. 놀고 먹는 것이 농사를 해치는 가장 큰 원인으로, 손을 놀리다 보면 자연 도박장이 생기게 되고 도박장이 생기면 거기서 도둑이 생기게 마련이다. 농과장과 면리정(面里正)은 끝까지 타이르고 달래어 모두 귀농하도록 하는데, 만약 어느 마을에서 그러한 부류가 나타났을 때는 그곳 면리정을 법에 의하여 엄중 문책할 것이다. 또 각읍에 유시하여 한 읍 중에서 농사에만 전력하고 놀고 먹는 자가 한 사람도 없는 마을 하나를 선정하고, 그와 반대로 농사는 돌보지 않고 도박·잡기 등으로 손을 놀리고 있는 자들이 제일 많은 마을 하나를 선정하여, 별도로 본영에 보고하게 하여 모두 모아서 책을 만들어 두었다가 다음 해 봄에 본 아문에 보고하여 권징의 기준으로 정한다.

一. 각읍·각리의 호수, 그리고 각 사정(社正)·리정과 각 읍의 농과장 성명을 책으로 만들어 내년 1월 말까지 본 아문에 보고하라.

농무규칙(農務規則)

一. 황폐한 땅을 오래도록 개간하지 못한 이유는 네 가지가 있다. 첫째, 민력이 부족하여 개간을 하지 못하는 경우, 둘째, 개간하였다가 관가나 호족에게 빼앗길 염려가 있어서 개간하지 않는 경우, 셋째, 황무지라도 주인이 있거나 혹은 개간한 후 언젠가는 주인의 소유가 될 것을 염려하여 개간하지 않는 경우, 넷째, 보를 축조하여 농지에 관개하고자 해도 아래 보의 작인들이 금하기 때문에 개간하지 않는 경우이다. (첫 번째의 경우) 민력이 부족한 것은 부유한 집에서 힘을 내어 일을 처리하거나 혹은 공동으로 일을 처리하도록 설득하여 효과가 있도록 할 것이다. (두 번째의 경우) 황무지를 개간했을 경우 3년 동안 경작한 후에야 공세(公稅)를 매기는 것이 국가에서 정한 법이니, 만약 3년 이내에 세를 징수하는 자가 있을 경우 그가 관속이면 법에 따라 엄하게 다스리고 수령이면 그에 맞는 조치를 취할 것이며, 3년이 지난 후에 비로소 약간의 세를 매길 것이다. 만약 호족이 강제로 빼앗아 차지하는 자가 있을 때는 엄히 다스려 원지정배(遠地定配)할 것이다. (세 번째의 경우) 비록 주인이 있는 땅이라 하더라도 끝까지 버려두고 있는 것은 주인이 없는 것과 같으니, 그 소속이 공(公)이든 사(私)이든 버려진 황무지는 아무나 개간하여 경작하면 땅의 주인이 되는 것이고, 원주인이 다시 상관할 수 없다는 뜻으로 영읍(營邑)과 본 아문에서 문권(文券)을 만들어 교부할 것이다. (네 번째의 경우) 아랫보(下洑)의 작인들이 못하게 하는 폐단에 대해서는 새로 개간한 자가 보를 쌓아 그 수리를 똑같이 나누어 누가 그 수리를 더 많이 입고 누가 덜 입는 폐단이 없게 할 것이며, 혹시라도 아랫 보 작인들이 세력을 믿고 시끄러움을 일으키거나 또 혹은 새로 개간한 사람이 기회를 틈타 모조리 차지할 경우는 각기 그에 알맞은 조치를 취할 것이다. 이상 4개조를 준용하여 백성에게 믿음을 보인다면, 황무지는 저절로 개간될 것이다.

一. 예전에 제언을 중수하여 효과를 거둔 곳은 현재 진력으로 수축해야 한다. 기민(飢民)을 모집하여 일을 시키는 것은 옛날에 구황(救荒)하던 한 방법이었으니, 각 읍을 각별히 조사하여 수축 흔적의 있고 없음과 수축할 방법 등을 나열하여 책으로 만들어 내년 1월 그믐 안으로 본 아문에 보고하라.

一. 아무리 작은 보, 작은 도랑이라도 겨울의 한가한 시기를 이용하여 수축하고 준설해야 될 것이니, 많은 수원(水源)을 저장하여 한재(旱災)에 대비하기를 힘쓸 것이다. 백성들이 잘 알아서 잘 할 것이라고 하지 말고, 각 지방관과 농과장에게 각별히 유시하여 백성들을 간곡히 효유하여 모두 배전의 힘을 쓰도록 하라.

一. 황무지를 개간하여 곡식 2백석 이상을 수확한 자에게는 마땅히 상을 내릴 것이며, 그 나머지 다수확자에게도 알맞은 상을 내려라.

一. 수령과 농과장은 이 규칙을 준수하고 정성을 다 바쳐 권유하여 놀리는 땅과 노는 백성이 없도록 할 것이며, 혹시 관속과 이호(里豪)들이 폐단을 일으키거나, 남의 것을 빼앗거나, 이익을 독점하는 자가 있다는 소문이 있거나, 관원에게 적발됨이 있으면 몇 배의 법을 적용하여 절대 관용을 베풀지 마라.

一. 빈민들은 아무리 농사를 짓고 싶어도 언제나 밑천이 없는 것이 걱정인데, 더구나 큰 흉년이 지난 춘궁기에야! 만약 부민(富民)의 대여가 없다면 폐농을 면하지 못할 것이니, 미리 넉넉한 집에다 유시하여 봄에 빌려주고 가을에 받아들이되, 자모이식(子母利息)으로 계산하지 못하게 할 것이며, 만약 곡식의 유통을 막는 자가 있으면 적발하여 엄히 다스려라.

양상규칙(養桑規則)

一. 뽕나무 심기를 내년 심상(葚桑)부터 시작하는데, 혹시 산뽕나무[山桑]를 채취하거나 아니면 뽕나무 가지를 꺾어 옮겨 심거나 각기 토지의 성질에 따라 심도록 한다. 또한 중국으로부터 새로 구입한 뽕나무가 도착하기를 기다려 적당히 나누어 주어 심도록 하라.

一. 민호(民戶)를 상중하 3등으로 구분하여 상호는 50주, 중호는 30주, 하호는 20주를 기준으로 심으며, 추가하여 많이 심는 사람은 비록 만주(萬株)에 이르더라도 장려할 일이지 금지하지는 마라. 혹시 이 숫자에 미치지 못하면 해당 민과 해당 이정(里正)은 함께 벌을 받는다.

一. 하호(下戶)·빈민들은 언제나 심을 땅이 없는 것이 걱정이니, 만약 공한지를 구하여 심을 수 없다면 비록 남의 토지라도 심는 것을 허락하라. 나무를 심었으면 그것으로 주인이 되는 것이니 토지의 주인이 다시 침범하지 못한다. 그러나 상호(上戶)는 남의 땅에 심지 못한다. 밭두렁에 놀리는 땅이라도 빈곳이 있으면 뽕나무를 심도록 하라. 지금 농민들은 전답가에 나무를 심으면 곡식에 해가 된다고 말하는 데 모두 틀린 말이다. 나무 뿌리가 물을 빨아들이기 때문에 도움이 될망정 해로움은 없다.

一. 누에를 키우는 일은 한 차례에 그치지 말고, 두차례·세차례 계속하고, 양잠법(養蠶法)과 제사법(製絲法)은 모두 중국의 것을 모방하여 힘은 적게 들고 효과는 배가 되는 것을 본받아야 한다. 『상잠집요(桑蠶輯要)』 책자를 번역·인쇄하여 배포한다.

一. 뽕나무를 1만 그루 이상 심는 사람은 당연히 포상하고, 다른 나무라도 3만 그루 이상을 심는 사람도 상을 줄 것이다. 그밖에 많이 심는 자에게도 역시 알맞은 상을 내릴 것이다. 만약 명령을 어겨 심지 않거나 혹은 배당된 그루수만 심어놓고 가꾸기를 힘쓰지 않는 자가 있으면 그 경중에 따라 모두 벌을 내릴 것이며, 까닭없이 뽕나무를 베거나 뽑아버린 자는 작송율(斫松律)에 의해 처벌한다.

一. 이 규칙을 준수한다면, 2~3년 후에는 효과가 나타나고, 주직(紬織)이 성행할 뿐 아니라 생사(生絲)의 판매로 이익이 막대할 것이다. 관찰사와 수령은 종상(種桑)의 실태를 조사하여 읍마다 『상주성책(桑株成冊)』을 만들어 매년 말에 본아문(필자 주 : 통리군국사무아문)에 보고하라.

一. 뽕나무 이외에도 심을만한 나무들이 많다. 가령 대추, 밤, 감, 잣나무라든지 닥나무, 대나무 같은 것을 각기 토양의 성질에 따라 많이 심고 부지런히 가꾸어 효과가 나도록 힘쓰라.

一. 무명과 마포는 심고 짜는 것을 배가(倍加)해야 할 것이니, 한 읍(邑) 안에서 길쌈을 가장 많이 하여 재물을 가장 많이 생산한 자는 그 가주(家主)를 감영에서 지명 보고하고 그에 알맞은 상을 내려라.

一. 흉년을 이겨내는 데는 감자보다 좋은 것이 없으니 감자가 잘되는 각 읍에 유시하여 백성들로 하여금 감자를 많이 심도록 하라.

一. 다(茶)의 이익이 상당히 큰 데도 우리나라에서는 전혀 연구가 없으니 도내의 차가 생산되는 지방을 각별히 탐방하라. 황매차(黃梅茶)와 작설차(雀舌茶) 따위는 처음부터 상품이 되기에 충분한 것들이니 그 다품(茶品)과 토의(土宜), 그리고 재배하는 방법을 내년 1월 그믐 내로 상세히 보고하고, 본 아문에서도 차 종자를 널리 구하여 분송(分送)할 것이다.

一. 뽕나무 심는 것에 대하여는 일찍이 국가로부터 유시가 있었고, 봄에는 본도(本道) 좌도어사가 열읍(列邑)에 관문을 발송하여 뽕나무와 기타 나무들을 심게 한 조치가 있었으나, 이번에는 또 본영(本營)에서 각 읍에 지회(知會)하여 금년 봄 이후 새로 심은 뽕나무와 기타 나무들이 싹이 터 죽을 염려가 없는 것들을 각 마을마다 숫자를 밝혀 보고하게 하고, 본영에서는 그것을 모두 모아서 책을 만든 후 매년 2월 그믐 안으로 보고하라. 만약에 없는 숫자를 허위 보고한 사례가 있을 때는 그 읍의 좌수(座首)를 문책할 것이다. 본 공문이 도착한 뒤에는 본영에서 다시 등사하여 각 읍에 발송할 것이나, 혹은 그곳의 토의(土宜)에 따라 알맞은 문귀로 수정하여 발송할 수도 있다. 단 관문을 발송한 후에는 그 등본을 모아 책으로 꾸며서 본 아문에 보고할 것이며, 각 읍의 문보(文報) 역시 그들대로의 논리가 있을 것이니 그도 함께 책으로 만들어 12월 그믐 안으로 보고하여 본 아문에서 그곳 정형(情形)을 참작하여 확고한 정책을 수립하는데 참고가 되게 하라. 각읍에 유시하여 관문의 원본과 각 조항의 규칙을 알기 쉽게 한문(漢文)으로 한 통, 언문(諺文)으로 한 통을 만들어 마을마다 1부씩 비치하여 부유노소(婦孺老少)를 막론하고 모두 다 익혀 알도록 하라. 본 아문에서는 본도(本道)의 백성으로 서울에 온 자가 있을 경우는 그곳 수령을 엄중 문책할 것이다.

一. 경사(京司)나 영읍(營邑)의 관문(關門)과 전령(傳令)을 모두 초서(草書)로 크게 쓰고 있으니, 이는 절약의 방법이 아닐 뿐아니라 각 읍의 전령은 그곳 아전 무리들이 글자 모양도 제대로 되지 않게 휘갈겨 써서 무슨 글자인지 알아볼 수 없는데, 농군들이 어떻게 그 내용을 알 것인가? 지금부터는 본 아문에 관계된 모든 공문은 감영에서부터 이번 관문의 공식을 본받아 정서(精書)하고 각읍에도 지회(知會)할 것이며, 각 읍의 전령 역시 이에 따라 해서(楷書)로 작성하라.

자료 2

농정촬요(農政撮要) 서문 1886년

해 제

『농정촬요』는 1886년에 정병하(1849~1896)가 서양의 농학을 소개한 농서이다. 그는 1881년에 조선 정부가 일본에 조사시찰단을 파견할 때 통리기무아문의 관료로 일본 오사카에 파견되어 일본의 문물을 살펴보게 되었다. 그 후 서양의 문물에 관심을 갖게 되었고, 동양과 서양의 농학을 종합하려고 한 목적으로 이 책을 저술하였다. 이 책의 서문에서 서양의 농학을 수용하여 농사를 경영한다면 큰 이익을 얻을 것이라는 '동도서기론'의 입장을 피력하였다.

서 문

통상을 한 이후부터 시무를 논하는 사람들은 걸핏하면 회사를 세워야 하고, 혹은 기선을 구입해야 하며, 혹은 토화(土貨)를 채취해야 한다고 하고, 혹은 서양 물건을 운반해야 하며 그들이 오고 우리가 감으로서, 세계와 이익을 나누고 균세한 이후에 자강해질 수 있다고 이야기한다. 아! 천하만사는 어찌 근본을 헤아리지 않고 말(末)을 가지런히 할 수 있겠는가? 농업은 대본(大本)이고, 상업은 말리(末利)이다. 저 서양 나라들은 통상으로 부를 이루었는데, 그러나 그 내정은 농업을 선무(先務)로 하였다. 개척과 관개에 큰 돈을 아끼지 않고, 토성을 분별하여 27등급으로 나누고, 분료(糞料)를 다스리는데 36기구에 이른다. 무릇 경파(耕播)와 배양(培養)은 재해를 피하고 매조(媒助)와 수확은 궁극에 달하지 않고 법을 만들게 되었다. 왕왕 하늘의 화(化)를 빼앗고, 지력을 탈진시키니 미국의 면화와 프랑스의 밀은 거의 출구의 대종(大宗)이 된다. 이것은 저서와 비교하면 명백한 경험이 된다.

그러므로 부국의 방책에는 중요한 것이 세 가지가 있는데, 지리(地利), 인공(人功), 자본(資本)이다. 대개 지리로 기인하고 인공을 사용하여 자본을 거쳐 이루는 것이 농업보다 큰 것이 없다. 내가 생각하기에 우리 국가 재정에서 오직 농업이 급선무이니, 왜인가? 농업은 우리의 가장 큰 장점이고, 지리, 인공은 진실로 우리가 가지고 있는 권리이다. 상업은 우리의 단점으로 윤선(輪船)은 큰 비용이 들어가므로 더욱 마련하기 어려운 일이다. 만약 스스로 가지고 있는 것을 버리고 마련하기 어려운 것을 보강하려고 하면, 천한 닭이 고귀한 거위가 되려는 것에 가깝지 않겠는가? 하물며 우리 팔도는 지구의 동쪽으로 온대 지방에 있고, 기후는 차가움과 따뜻함이 적절하며 지리는 평야와 습지가 함께 있는 아름다운 곳이다. 백성들이 평소 농업을 업(業)으로 하는데, 오히려 인공과 자본이 부족하여 발전하지 못하고 있다.

진실로 우리 인민으로 하여금 사람들이 스스로 분발하게 하고 농학을 밝게 알아 토성을 분별하고 거름을 사용하여 경작하고 수확하는 방법을 모두 서양 사람들처럼 인공과 자본으로 그것을 마무리한다면, 노동력을 반만 들여도 이익은 배가 되고 곡식은 넘쳐나 다 먹을 수 없을 것이다. 식량이 풍족한 즉 병사가 따라서 넉넉해지고, 국가를 도모하며 자강의 기본이 실재하지 않겠는가? 이 또한 천하를 들어 세계와 통상하며, 우리가 홀로 근본에 힘쓰고 스스로 닦은 즉 역시 억말(抑末)의 한 방법이 될 것이다.

미래에 서양의 미약한 권한을 능가할 것이니 어찌 농업이 흥한 데서 말미암는다는 것을 알지 못하는가? 이것은 내가 아첨하는 것이 아니라, 농무(農務)에 급급하여 내 작은 소견을 헤아리지 못하고 중국과 서양의 모든 농서를 수집하여 모아서 3편으로 만드니 여러분들이 한 번 읽고 농정의 만분의 일이라도 도움이 된다면 좋겠다.

1886년 5월

온양 정병하 서(序)

관허농상회사(官許農桑會社)
1894년 10월

해 제

1894년 10월에 농상아문(農商衙門)에서 관허농상회사를 설립하면서 그에 대한 고시(告示)·장정(章程)·규칙(規則)을 모은 책이다. 농상아문은 갑오개혁 때 설치된 농업과 상업에 관한 사무를 관할하던 기관으로, 다음 해에 공무아문과 합하여 농상공부(農商工部)가 되었다. 갑오정권에서는 농상아문을 창설하여 농법 개량, 개간, 관개 수리, 양잠 등의 농상사무를 총괄하였는데, 그곳에서 농상회사(農桑會社)를 설립하여 사원을 모집하고 자금을 끌어들여 서양의 전문교사를 초빙하고 서양의 농법을 수용하면서 개간, 관개 수리, 농기구 대여 등을 통하여 당시의 농업문제를 해결하고자 하였다.

고시(告示)

대조선(大朝鮮)은 예의로서 나라를 세우고 문명으로 다스려 삼천리가 오백년 동안 국가는 평안하고 백성들은 부유하였다. (중략) 오늘날에 이르러 국가 재정은 쇠약해지고, 모든 제도가 무너져 거의 수습할 수 없는 지경에 이르렀다. 법은 오래 되고 폐단이 생기어 세상이 내려앉고 속류가 변하는 지경에 이르렀다. 나라는 오래되고 명(命)은 새로워 성인이 때를 제압하는 권한을 지니게 되었다.

우리 대군주 폐하께서는 개혁의 도를 살피고 부강의 방책을 힘써서, 이에 각 아문대신들에 명령을 내려 쓸데없는 관료를 없애고, 재정을 줄이며, 군제를 정비하고 전세를 균등히 한다. 아울러 조종의 토대를 밝히고 각국의 양규(良規)를 참작하여 법률의 폐단을 개혁하고, 제도의 아름다운 것을 창조하여 질서 정연히 날로 새롭게 하고 제도를 확장하고, 상하로 하여금 한 마음으로 정성스럽게 힘쓰게 하고 스스로 진흥하는데 노력한다. 그러한 즉 스스로 강해지고 이겨내는 방책을 만들어 그 도(道)를 얻게 되었다. (중략) 화이는 의로서 존재하고 일체의 서양의 법률을 물리치고 서양의 학문을 부끄러워하여 더불어 할 수없었다. 도(道)에는 사악함과 바름이 있고, 일에는 경(經)과 권(權)이 있다. 무릇 지극히 올바르며 지극히 큰 것은 만세에 변할 수 없는 것으로 공자의 도(道)이다. 공자의 도(道)는 유도(儒道)이다. 그러나 지금 변개(變改)하고자 하는 것은 법(法)이지, 도(道)가 아니다. 아! 천도(天道)는 사시(四時)를 바꾸어가며 질서를 이루니 한서우설(寒暑雨雪)이 그것이다. 인간사가 천년을 지내오면서 점차 변하며 예를 다하며 사양하거나 정벌하는 것이다. 옛날의 세상을 살펴보면 문명으로 다스리고 봉건으로 지키며 성쇠라도 자주 변하는 것이며, 분합(分合)이 항상 같지는 않다. 그러나 요체는 모두 존양화이이며 도쟁왕패일 따름이다. (중략)

지금 조정에서는 농상아문(農商衙門)을 설립하여 농상(農桑)사무를 통할하고 그것을 장려하고 보호하는데 힘써 노력하면서 그것을 이루지 못할까 전전긍긍하고 있다. 농상(農桑)은 실로 나라의 기초이며, 모든 산업의 근원이다. 바라는 바 초야의 제 군자(君子)들은 옛것에 빠지지 말고 새 방책에 힘써서, 한결같이 회사에 뜻을 두어 사원을 초청하고 자금을 모집하여 기기(機器)를 구입하고 제방을 쌓아 관개를 하며, 황무지를 개척하며, 수분

(水糞)의 법을 채용하는 등 일체를 개혁한다면 재원이 풍부해지고 백성이 편안해지며 노동력이 절감되고 비용이 줄어들어 장차 국가가 성장하고 백성의 재산이 더욱 풍부해질 것이다. 어찌 기쁘지 않겠는가? (하략)

1894년 10월

장정(章程)

제1관

조선의 토지는 광대하며 토질은 기름지고 기후는 온화하니 실로 농업에 적당하다. 만약 서양의 기기를 사용하고 법칙에 따라 개간한다면 수확이 10배로 증가할 것이니, 진실로 어려운 일이 아니다. 습관과 식견이 부족한 농민이 부적절한 농구를 사용하고 관개를 잘 행하지 못한다면 수확은 적을 것이다. 이제 사원을 모집하고 자금을 모으고 혹은 국채나 차관을 빌려 외국에서 기기를 구입하여 경기지방부터 법에 따라 시행하면 민이 취하는 이익은 점차 많아질 것이다.

제2관

조선은 과거에 지혜가 부족하고 농기구가 정밀하지 못하여 노동력과 비용이 많이 들어갔다. 이제 서양의 농법을 받아들여 행한다면 굳건한 옛 관습과 정돈이 어긋날까 염려되는 것이다. 농상(農桑)을 정돈하고자 하면 전문교사를 초빙하여 후하게 대접하면 되는데, 자금이 부족하여 대신 징용하고자 하면 사원 중에 총민한 장정 몇 사람을 선발하여 학습에 유의하게 하여 전문가로 키우면 몇 년이 지나 중심을 잡고 농업 일을 전담하여 장차 큰 성과를 이룰 것이다.

제3관

조선은 땅이 많으나 황무지이고, 들은 적으면서 평평하다. 연해는 낮고 갈대로 이루어져 있다. 산맥은 중첩되어 있고 풀과 나무는 숲을 이루고 있다. 요약하면 평탄하고 경작할 수 있는 지역은 겨우 3분의 1에 불과하다. 만약 농정에 전념하고자 하면 먼저 황무지를 개간하여야 한다. 우리나라는 습속이 일시적으로 편안하고 낡은 관습을 버리지 못하며 혹은 백성은 곤궁하며 재물은 고갈되어 비용을 조달하기 어려워 실행할 수 없다.

이에 국(局)을 설치하여 관료를 두고 엄격하게 장정(章程)을 만들어 널리 게으른 백성을 모집하고 공금을 지급한다. 무릇 장시에는 노름꾼, 광대, 무당, 사당패, 부랑아, 놀고 먹는 사람 등이 있다. 각 도에서는 부랑아 명단을 작성하고 무리를 지어 행패를 짓는 것이 지방에 해를 끼치므로 법에 따라 불러서 위무하고 땅을 주며 정성으로 개간하게 한다. 땅의 성질에 따라 뽕나무, 마, 고구마, 홍삼, 연초 등을 심고, 해빈과 낮은 지역의 땅에서는 마땅히 제언을 수축하여 범람을 막는다. (중략) 이와 같이 몇 년이 지나면 국가재정은 증가하고 백성의 재산은 풍요로워지며 일거에 몇 차례의 선한 대비가 되며 잠시의 수고로움으로 영원한 편안함을 가져오는 것이다. 이것이 묘당(廟堂)에서 계획하고 개혁하고자 한 것이다.

제4관

조선이 국가를 세운 기초는 공업과 상업이 아니라 오직 농업이다. 조선의 관습에서 지혜가 부족하여 수리 정책에 너무 어둡고 오직 재배하는 데만 업(業)으로 삼으니 매년 가뭄과 홍수가 계속된다. 어찌 하늘 탓만 하겠는가? 그것은 사람의 노동력이 나아가지 못함에서 말미암으니 일이 생긴 후에 구하려고 할 것이 아니라 일이 생기기 전에 미리 깊이 있게 대처하여 이제 마땅히 지세를 잘 살펴 이익과 손해를 파악해야 한다. 습지에서는 물길을 잘 살피고, 깊은 샘이 있는 곳은 수문을 세워 수시로 개방하고, 평야이면서 건조한 곳에서는 물웅덩이를 파고 갑문을 세워 물이 새는 것을 막는다. 또한 서양 풍차 제도를 모방하여 사람의 노동력을 대신하며, 가뭄이 심하면 깊은 우물을 파고 풍력으로 물을 길어서 관개를 한다. 밭두둑이 너무 축축하면 물길을 내고 풍력으로 물을 빼낸다. 강과 바다에서도 이와 같으면 공정이 이미 생략되니 이익이 무궁하게 되고, 경리(經理)에서도 사람을 얻으니 바야흐로 효과를 거둘 수 있다.

제5관

한 해의 수확은 비가 오냐 혹은 화창하냐에 달렸고, 곡식의 증가는 시비법에 달렸다. 시비법을 조사하니, 단지 동양에서만 성행한 것이 아니라 우리나라에서도 급선무로 여기는 것이다. 이에 분지(糞池)를 수축하고, 견고하도록 힘써서 조금도 빠져나가지 못하게 한다. 소유하고 있는 인축분(人畜糞)을 더러운 물에 넣고 경지에 거름을 주도록 한다. 밭두둑의 넓고 좁음을 획일하게 하고, 높고 낮음에 기울어지지 않게 하며 도랑을 열어준다. 경종(耕種)을 기다려 수분(水糞)을 밭에 가져가 자루가 긴 그릇으로 부어준다.

다음으로 밭도랑에 물을 충분히 주어 흙을 잠기게 한다. 싹이 나오면 하늘에서 비가 오지 않더라도 마르지 않게 하고, 곡식이 익을 때부터 여러 종의 식물을 균등하게 심어 몇 배의 수확을 얻게 하라. 또한 여름에 인가에 오물을 모두 두엄에 던져 넣어 나쁜 냄새가 코에 닿지 않게 하여 홍역과 전염병을 면하게 하라.

제6관

농가에서 나무를 심는 것과 농사는 매우 밀접한 관련이 있다. 근래 영·호남에서 빈번하게 가뭄이 들고 있다. 이것이 자연과 관계되는 일이지만 어쩔 수 없는 일은 아니다. 본질은 인간사와 관련이 있다. 우리나라는 여러 해 전부터 토목공사를 하여 자주 나무를 베고 땔감을 채취하여 모든 산이

민둥산이 되면서 토사가 붕괴되고 들은 황무지가 되었다. (중략) 이제 서양의 농법을 모방하여 밭두둑과 사방에 뽕나무를 많이 심어 나무뿌리가 흙에 들어가며 수분을 흡수하기 가장 알맞게 되었다. 나뭇가지는 뻗어가고 물을 흡수하여 토양이 축축하게 되었다. (중략) 그러니 밭두둑에 뽕나무를 심어 먼저 채취하고 봄 누에를 키워 자금을 윤택하게 하여 오곡을 지키면 법대로 키워서 경작을 돕는 것이 된다.

제7관

조선은 예전에 직조(織造)에 체계가 없었다. 면과 명주실을 널리 구하지 않고 노동력과 베틀을 함부로 사용하고 베틀을 운용하는데 전적으로 부녀자의 노동력에 의존하여 1년을 마치면서 겨우 풀칠하는 정도였다. (중략) 일찍이 서양이 만든 기기를 조사해보니 완전히 이치에 정확하게 맞고, 장인이 혼자 운영해도 자연의 기적에 도달한다. 자기 스스로 직조를 행하니 공정이 신속하게 행해져 노동력이 크게 절감되니 민생에 크게 이익이 된다. 무릇 명주실을 짜서 그 이익을 독점하고자 하면 마땅히 전문교사를 방문하여 숙련 장인을 초빙하고 기기를 구입하면 된다. 민으로 하여금 견문(見聞)을 익히게 하여 그 이익을 알고 축차적으로 널리 조처하게 하라. 뽕나무 심기, 누에 기르기, 실뽑기, 판매 방법 같은 것을 모방하여 행하고 교사가 골고루 들으면 이치에 타당하게 할 수 있다.

제8관

교양을 얻는 방법은 공부와 농업으로 나누어져 있는 것이 아니다. 인재를 구하는 방법은 조야(朝野)에서 각기 그 쓰임에 맞도록 해야 한다. 그런즉 재목을 헤아려 수업을 받도록 하고 널리 인재를 구해서, 놀고 먹어 항산(恒産)이 없어서 스스로 포기하는 자보다 나아야 하지 않겠는가? 이번에 회사를 설립하여 단지 농상에 근면할 뿐아니라 부유함을 강구해서

인재를 만들고 수요에 보탬이 되도록 한다. 경사(京社)와 향회(鄕會)를 막론하고 골고루 자본을 모집하여 각자 소학원(小學院)을 설립한다. 한 구역마다 행실이 바르고 박학하며 재능이 있는 자로 한 명을 선발하여 원장(院長)으로 삼고 잘 대접하며 엄격히 장정(章程)을 만들고 그로 하여금 문장과 산수를 가르치도록 한다. 회사에서는 귀천을 막론하고 8세 이상의 총명한 아이를 선발하여 먼저 격몽요결 등의 책으로 계몽하고 나아가 경사(經史)· 백가(百家)를 익히게 한다. 재능에 따라 수업을 진행하여 천체, 지구, 측량, 의학, 화학, 어학, 법률 등의 전문영역으로 나아가게 한다. 현명함과 우둔함을 가리고 법도에 따라 재능 있는 자를 선발하여 경학(京學)을 익히게 하며 넓게 보도록 하여 관직에 나아가게 하라.

제9관

조선 인민은 기질이 어리석고 성급하여 사업을 할 때마다 제사를 지낸다. 회사에는 부랑아와 무뢰배가 있어서 무리를 만들어 싸움을 하며 과시를 한다. 나아가 어른을 속이고 약자를 능멸하며 사기를 치고 요행을 바라며 심지어 잔혹하기까지 한다. 마을에서는 묘를 파내고 법을 무시하고 패륜을 행하니 용서할 수 없다. (중략) 모든 회사는 금지하는 조항을 거듭 밝혀서 만약 사원 중에 이 조항을 어기거나 고치는 것을 배척하면서 경사(京社)에 명확히 보고하지 않으면, 본 아문에서는 규율에 의거하여 징벌한다.

제10관

농상회사는 경도사(京都社)를 원사(原社)로 삼고, 총헌(摠憲) 1명을 두어 서울과 지방의 모든 회사와 감독·출척(黜陟) 등의 사무을 통할한다. 또한 도사장(都社長) 1명을 두어 서울과 지방의 사무를 관장하게 하되 자기 마음대로 할 수 없고 반드시 총헌의 허락을 받아 시행한다. 사장(社長) 2명을 두어 본사의 서무를 담당하게 하고, 그 외 장서(掌書), 장화(掌貨), 장무(掌務)

를 두어 각기 사무를 집행하게 하고 조금도 어긋나지 않게 한다. 또한 각지에 향사(鄕社)를 파견하여 지사(支社)로 삼고 경도사가 알맞게 예에 맞추어 행하도록 한다.

규칙

제1조 삼가 향약 고규(古規)에 의해 농상회사를 창립한다. 그 규칙은 다음과 같다.

제2조 서울과 지방의 농민이 원하여 회사에 참여하는 사람들은 호표(護票)를 받는다(본 아문이 발급). 만약 호표가 없이 사원을 모칭하는 사람은 벌금 10냥씩 징수할 것.

제3조 회사로부터 돈을 모아 이익을 늘리고 농기를 갖추어 놓아 사원 중 빈민은 편의대로 빌려 사용하게 할 것.

제4조 팔가동정지의(八家同井之誼)에 의거하여 10집을 묶어 하나의 우(耦)를 만들고, 사원 중 근면하고 성실한 사람을 선택하여 우장(耦長)으로 삼아 일을 감독하게 할 것.

제5조 사원 중 만약 병에 걸려 사망한 사람이 있다면 사장과 회원은 회의를 열어 서로 도와주며 같이 힘을 합쳐 농사를 짓는다. 부모가 없는 남녀가 때를 놓쳐 결혼하지 못한 사람과 빈한하여 장례를 치르지 못한 사람은 회사에서 힘을 모아 도와서 때를 놓치지 않도록 할 것.

제6조 서양의 농경·직조 기계를 빌려서 사용하고, 보와 제언을 수축하여 개간하며 관개할 것. 아울러 본 아문에 허가를 받아 시행할 것.

제7조 각 농상회사마다 학교를 설립하고 학교장을 내세워 아동들을 가르치고, 그 비용은 각 회사의 계(禊) 중에 마련할 것.

제8조 서울과 지방의 사원을 막론하고 만약 패거리를 만들어 행패를 부리거나 규율을 어기는 자는 엄히 다스리고, 범죄를 저지른 자는 본 아문에

아뢰어 법에 따라 징치하며, 해당 농상회사의 장은 중죄를 면하기 어렵도록 할 것.

자료 4

궁내부소속 내장사수륜과장정
(宮內府所屬 內藏司水輪課章程)
1899년 2월 7일

해 제

1897년 10월에 고종이 대한제국을 건립하면서 농상공부와 함께 궁내부에서도 농업정책을 실시하면서 궁내부의 재정을 확보하고자 하였다. 궁내부 산하 내장사에서 수륜과를 설치하여 한광지를 개간하여 궁내부 재정을 충당하고자 하였다. 공토의 한광지는 개간하여 궁내부 소유로 하였고, 민전의 한광지는 수륜과의 허가를 받아 인민이 출자하여 개간하도록 한 후에 수세하고자 하였다.

제1조 국내의 건조하고[高燥] 황폐한 땅에 수륜을 설치하여 축동(築垌) 굴포(掘浦) 개척 관개할 것.

제2조 과장(課長)은 해당 과사무를 감독하며 개척 각 곳을 수시로 순시할 것.

一. 과장이 순시할 때는 해당 과사무를 기사가 담당할 것.

제3조 기사(技師)는 과장의 지휘를 받아 목공 석공 철공과 함께 토양을

살피고[相土], 물을 측량하며[測水], 산술 등의 업무를 전담할 것.

제4조 주사(主事)는 과장의 명을 받아 수륜 기술업무와 일체 장부를 살펴볼 것.

제5조 수륜과 사무소는 상의사(尙衣司) 조방(朝房)에 정할 것.

제6조 원액 직원 외에 각 부군(府郡)에는 위원 약간명을 기술 전문가로 과장이 추천하여 임명할 것.

一. 위원은 각 부군에 토지 형편을 검사하여 본 과에 보고하며 개척 사무를 감독할 것.

二. 위원이 각 부군(府郡)에서 일을 맡아 처리한 적이 있을 때 본부 훈령을 휴대하고 사무가 지방관에게 연관이 있는 경우에는 조회하여 처리할 것.

제7조 개척할 때에 분묘 50보 이내에는 침범하지 말 것.

제8조 각 궁, 각 영, 각 사, 각 부, 각 군 소속 공토 등 황폐지는 편의에 따라 개척하며 본 과에 부속시킬 것.

제9조 한광 등 버린 땅은 모두 기간할 것.

제10조 인민이 출자하여 개척할 경우에는 본 과 인허를 받은 후에 시행할 것.

제11조 개척 관개한 곳의 수세는 과장이 과원을 파견하되, 본과 세칙에 의거하여 저렴하게 정하여 본사에 납부할 일.

자료 5

수륜원장정 부 규칙(水輪院章程 附 規則)
1902년 11월 19일

해 제

고종은 황제권을 강화하면서 1899년 8월에 궁내부 산하 기구인 내장사를 내장원으로 확대하면서 물적 기반을 확보해가고자 하였다. 내장원 내의 수륜과가 할 일이 많아지자 인원을 확대하면서 수륜원으로 확대 개편하였고, 수륜원 산하에 수륜과·제언과·공상과(公桑課)·사계과(查計課) 등의 기구를 설치하였다. 아울러 1902년 11월에 「수륜원장정」과 「수륜원규칙」을 마련하여 관리의 역할을 규정하고 수륜원의 사업과 업무를 상세히 규정하였다.

수륜원장정

제1조 총재는 본원 사무를 통할하며 본원 직원의 진퇴상벌(進退賞罰)을 관할하고 각 부부원청(府部院廳)에는 평등하게 조회하고, 각 지방에는 관찰사 이하에게 훈령으로 일을 처리할 것.

제2조 부총재는 총재의 직무를 보좌하며, 총재가 유고 시에는 서리(署理)로 업무를 수행할 것.

제3조 감독은 총재와 부총재를 보좌하며, 원의 사무를 처리할 것.

제4조 국장은 총재의 명을 받들어 원의 업무를 관리할 것.

제5조 참사관과 과장은 총재와 국장의 지휘에 따라 담당 업무를 처리할 것.

제6조 기사는 상관의 명을 받들어 원내 기술적 업무를 처리할 것.

제7조 주사는 상관의 명을 받들어 서무에 종사할 것.

제8조 기수는 상관의 명을 받들어 기술적 업무에 종사할 것.

제9조 본원 직원 중에 검쇄관(檢刷官) 약간 명을 증치(增置)하며 임시 파견하고, 각 부군에 파송 검쇄(檢刷)하되 사무가 지방관의 업무와 관련되는 경우에는 관찰사에게 보고하여 부윤·군수에게 조회로 처리할 것.

一. 오직 검쇄관을 파견하지 않을 때에는 본원 직원을 파견하여 검쇄 사무를 전담하도록 할 것.

규칙

제1조 관유·민유를 막론하고 땅이 높고 메마른 지역에 수륜을 설치하여 민들이 이익을 얻도록 할 것.

제2조 관유지를 본원에서 출자하여 개간하는 경우에는 그 소출을 반분하여 본원에 납부할 것.

제3조 관유지를 인민이 자금을 투자하여 개간하고 농사를 짓는 경우에는 본원에서 문서를 발급하여 자본주가 5년에 한하여 세금만 납부하고 모두 취하다가 5년이 지난 후에는 작인과 반분한 내에서 절반을 본원에 납부하고 수세는 면제할 것.

一. 수세하는 한 개간하여 농사짓는 것은 5년이고, 새로이 간척하는 것은 7년으로 하며 민유지도 역시 이 한도로 적용한다.

제4조 관유지에 본관(本管 : 각관·각사) 원세(原稅)가 있는 경우에는 본원에

서 출자 개간하거나 인민이 출자 개간하는 경우 본원(本院)이 새로이 정한 수세 중에서 본관(本管) 원세(原稅)를 옮기되 본관에서 원세 외에는 간섭이 전혀 없고 본원에서 영구히 전담할 것.

제5조 민유지를 본원에서 출자·개간하는 경우에는 본원에서 5년 동안 전관수도(專管收賭)하고 5년 후에는 작인과 반분한 내에서 절반은 지주에게 주고 절반은 본원에서 취한다.

一. 오직 입안처(立案處)라 칭하는 토지를 개간 관개하며 착수한 적이 전혀 없는 곳과 문적이 상세하지 못한 곳은 민유로 인정하지 않고 한광지로 처리할 것.

제6조 민유지를 지주가 출자 개간할 때에 관개(灌漑)가 본원에 관계가 없는 경우에는 본원에서 인허를 해주고 그 비용만 수납하고 수세는 거론하지 말 것.

一. 본원에서 인허 발급할 때는 지주가 문권이 소상하고 결(結)이 있는 확증에 근거하여 지주로 인준할 것.

一. 인허 경비는 두락 당 동화 10전씩 수납하며, 제3조 예에 의하여 번답(翻畓)은 5년이고, 신간(新墾)은 7년으로 한정할 것.

제7조 민유지를 지주 외에 다른 사람이 출자 개간하는 경우에는 본원에서 문서를 발급하여 경비만 수납하고, 자본주가 5년 한정으로 경식(耕食)하며 5년이 지나면 작인과 반분한 내에서 절반을 지주에게 준다. 번답(翻畓)에서는 기한 내에는 원전(原田) 도조를 지주에게 교부할 것.

제8조 관유나 민유에 무관한 한광토지를 본원에서 출자 개간할 경우에는 해당 토지를 본원에 부속시키고, 인민이 출자 개간하는 경우에는 해당 토지를 10분의 3은 본원에 속하고 10분의 7은 계권(契券)을 발급하여 자본주에게 부여할 것.

제9조 본원 직원이 순시 감찰하여 굴포축언(掘浦築堰)과 개간 관개하여 뽕나무를 심을 때에 물의 형편과 사표(四標) 장광(長廣)을 소상히 보고하

여 본원의 인허를 받은 후에 처음에 작업을 할 때 감독하되 보(洑) 위에 보를 쌓은 것은 형편에 따라 500보(步) 밖에서 허가할 것.

제10조 오랫동안 폐허가 된 제언을 수축하여 물을 저장하되 민에게 이익을 돌아가게 하고, 전답을 함부로 경작하는 것은 일체 금지할 것.

제11조 강변에 버려진 땅에 물 흐름이 바뀌면 이쪽에 땅이 생기고 저쪽의 땅이 없어져버리는데, 저쪽에 생겨 떨어져나간 것에 의해 수시로 개간하는 사람과 강물이 침수하여 굴포하여 논을 만든 사람을 본원에서 전적으로 전담하여 개간할 것.

제12조 개간 관개할 때에 다른 사람의 전답을 침범하여 개량(開梁) 인수(引水)하는 경우에는 1파(把) 당 동화 10전씩 질주(質主)가 지주에게 교부할 것.

제13조 관유 민유를 막론하고 결액(結額)은 탁지부에 납부하되 새로이 개간하여 경작한 지 3년 후에 결수를 정하여 승총(陞總)할 것.

제14조 물레방아를 본원에서 출자하여 설치하는 경우에는 해당 지방의 봄 곡식 약간을 도세(賭稅) 몇 석으로 근면한 사람에게 지급하되 가을 추수 이후에 백미로 상납할 것.

제15조 물레방아를 인민이 사적으로 설치한 경우에는 수세를 성실함에 따라 정하여 상납할 것.

제16조 인허는 인민의 청원에 따라 실시하되 검쇄관이 경계에 도착할 때에 인민 청원이 있거든 해당 민장(民狀)을 정리하여 본원에 보고한 후에 허가하며 혹시 기한이 지나도 개간하지 않으면 인허를 하지 말 것.

제17조 본원에서 각 수세는 다음과 같이 할 것.

一. 관유지의 경우, 인민이 출자 개간한 전답에서 밭 1일경에 상등은 콩 6두, 중등은 4두, 하등이 2두이고, 논 1두락에 상등은 조(租) 5두, 중등은 3두, 하등은 1두로 정할 것.

一. 통언보량을 본원에서 수축하여 몽리한 논에서는 1두락 당 상등은 조 1두, 중등은 7승, 하등은 5승으로 정할 것.

一. 물레방아를 본원에서 설치한 것은 상등은 매년 백미 5석, 중등은 3석, 하등은 1석으로 정하고, 인민이 사설한 것은 상등은 매년 백미 4두, 중등은 3두, 하등은 2두로 정할 것.

제18조 공상(公桑)은 황실에 관한 상잠(桑蠶)을 실지로 처리할 것.

一. 뽕나무와 양잠을 운영할 때에 국내 인민을 학과로 교육할 것.

一. 각 지방에 토지가 뽕나무 심기에 적합하고 기후가 양잠에 적합한 때에는 기수를 파견하여 실지를 구분하여 진행할 것.

一. 뽕나무 묘목을 심어서 인민에게 판매하도록 허락할 것.

一. 학생은 거주지가 확실하고 총명하고 성실한 사람으로 해당 지방관이 각자 1인을 선발하여 보고하되, 해당 지방관이 보증서를 갖추도록 할 것.

一. 과목을 배우는 때에 사육하는 누에와 견사는 어용(御用)에 사용하도록 납부할 것.

一. 과목을 배우는 기한은 2기로 정하되, 제1기는 졸업이고, 제2기는 연구이니 1기당 각 6개월로 정할 것.

一. 2기 졸업 연구 후에는 우등을 선발하고 기수를 임명할 것.

一. 학과 업무가 번창할 경우에는 기수를 연구생으로 선택하여 임명하되, 액(額) 외의 인물은 일체 임명하지 말 것.

이상 11월 19일

농상공학교관제
1904년 6월 8일

해 제

대한제국 학부는 1904년 6월에 상공학교(1899년 6월 설립)를 개편하여 농상공학교를 설립하고 농업, 상업, 공업에 대한 교육을 강화해가고자 하였다. 입학연령은 17세 이상 25세 미만이었으며, 1904년 9월에 학생 80여 명을 입학시험을 통하여 선발하고 개교식을 진행하였다. 수업연한은 예과 1년, 본과 3년으로 총 4년으로 하였으며, 예과 과정에서는 본국지지(本國地誌), 만국지지(萬國地誌), 화학, 물리학, 경제학 등을 가르쳤다. 직원은 학교장과 교관 및 서기를 두었으며, 교사는 황성신문 본사를 이전하게 하고, 황성신문 본사를 사용하였다. 통감부의 방해로 1907년 3월에 폐지되었다.

제1조 농상공학교는 농업과 상업 및 공업에 필요한 실학을 교육하는 곳으로 정한다.

제2조 농상공학교에 농업과와 상업과 및 공업과를 나누어 설치한다.

제3조 농업과와 상업과 및 공업과의 수업연한은 4개년으로 정하되, 첫 1년은 예과로 학습하고, 후 3년은 본과로 졸업한다.

제4조 농상공학교에 학과와 정도 및 기타 규칙은 학부대신이 정한다.

제5조 농상공학교에는 다음과 같은 직원을 둔다.

학교장	1인	주임
교관	10인 이하	주임 혹은 판임
서기	2인	판임

제6조 학교장은 학부대신의 명령으로 주무국장의 지휘에 따라 일체의 교무를 관장하며 소속직원과 학도를 감독한다.

제7조 교관은 학도를 가르치며 또한 학도를 감독한다.

제8조 서기는 상관의 명령을 받들어 서무와 회계를 담당한다.

제9조 시의에 따라 외국인을 교사를 초빙하여 충원할 수 있고, 인원수는 학부대신이 정한다.

제10조 지방 상황에 따라 농상공학교를 지방에도 설립한다.

제11조 지방에 공사립 농상공학교 설치도 편의에 따라 허가한다.

제12조 본령은 반포일로부터 시행하고, 1899년 6월 24일 칙령 제28호 상공학교관제는 폐지한다.

1904년 6월 8일 봉칙(奉勅)

의정부참정 심상훈

법부대신 이재극

농상공학교부속 농사시험장관제 1905년 12월 29일

해 제

대한제국 학부에서 설립한 농상공학교의 농학과 교육을 1905년 9월에 본격화하면서, 10월에 그 실습장으로 동대문 밖 뚝섬에 농사시험장을 지정하였고, 11월에 학부에서 측량을 실시하면서 경계 표시를 완료하였으며, 12월에 「농상공학교부속 농사시험장관제」를 공포하고 농사시험장 운영을 본격화하였다. 그러나 이토 히로부미가 1906년 2월에 통감으로 부임하면서 1906년 4월에 수원에 권업모범장을 설치하고, 동 5월에 농상공학교부속 농사시험장을 폐지한 후 원예모범장으로 개편하였다.

제1조 농사시험장은 학부소관 농상공학교에 부속하여 필요한 농사시험을 시행한다.

제2조 농사시험장에 다음과 같은 직원을 둔다.

장장	1인	주임
기사	4인	주임
기수	판임	수시로 증감

사무원 판임 수시로 증감

제3조 장장은 학부대신과 주무국장 해당 교장의 지휘를 받아 일체 장의 업무를 관리하며 소속 직원을 감독한다.

제4조 기사는 장장의 지휘에 따라 기술에 관한 사무를 담당하며 학생들을 감독한다.

제5조 기수는 기사의 지휘를 받아 기술에 조수를 맡는다.

제6조 사무원은 상관의 명을 받들어 장의 서무 회계에 종사한다.

제7조 장장은 시의에 따라 농상공학교장도 겸임한다.

제8조 외국인으로 본장의 직원을 충당할 수 있으며, 이 경우에는 제1조의 규정에 근거하지 않는다.

제9조 시험장에서는 본교 관제와 규칙에 따라 적용한다.

부칙

제10조 본령은 반포일로부터 시행한다.

1905년 12월 29일

의정부의정대신임시서리 학부대신 이완용

농상공부소관 농림학교관제 1906년 8월 27일

해 제

1906년 8월에 농상공부 소관 농림학교를 설립하고, 통감부는 일본 농법을 조선에 보급하고자 하였다. 농림학교 교사는 거의 일본인이었으며, 농림학교를 권업모범장 옆에 설립하였다. 통감부는 권업모범장과 농림학교를 통하여 일본 품종과 일본 농법을 조선에 보급하고자 하였다. 농림학교 학생의 학비는 무료였으며, 생활비를 제공하는 특전을 부여하여 조선인들의 입학열이 치열하였다. 초창기에 농림학교 졸업생은 농상공부의 관리로 채용되었다.

제1조 농림학교는 농상공부대신의 관리에 속하며 농림업에 필요한 교육을 시행한다.

제2조 농림학교에 아래 직원을 둔다.

교장		1인	주임
교수	전임	5인	주임
사감		1인	주임 혹은 판임
교수보	전임	2인	판임

서기　　전임 3인　　판임

제3조 교장은 농무국장이 겸임하며 농상공부대신의 지휘 감독을 받아 학교의 제반 사무를 관장한다.

제4조 교수는 상관의 지휘를 받아 교무를 관장한다.

제5조 사감은 교수보 혹은 서기가 겸임하고 상관의 명을 받들어 학생을 감독한다.

제6조 교수보는 상관의 지휘를 받아 교무에 종사한다.

제7조 서기는 상관의 지휘를 받아 서무에 종사한다.

제8조 현재 본교 직원으로 일본 학술가를 초빙하여 그 사무를 임시로 담당하게 할 수 있다.

부칙

제9조 본령은 9월 1일부터 시행한다.

1906년 8월 27일

의정부참정대신 훈일등 박제순
농상공부대신　훈일등 권중현
탁지부대신　　훈일등 민영기

참고문헌

1. 자료

1) 조선 정부

『朝鮮王朝實錄』『承政院日記』『日省錄』『備邊司謄錄』
『農課規則』『農務牧畜試驗場所存穀菜種』『京城農桑會章程』『交河農桑社節目』
『農桑會社章程』『公文編案』『農商工部請議書』『農商工部來文』『農商工部來去文』
『農商工部去牒存案』『農商工部認許章程』『農商工部顧問官加藤合同』
『度支部農商工部公文來去牒』『驛土所關文牒去案』『驛土所關文牒來案』

2) 농서

『농정신편』『농정촬요』『중맥설』『증보잠상집요』『잠상촬요』『잠상집요』『농담』
『농학신서』『양잠감』『양잠요람』『인공양잠감』『잠상실험설』『잠상휘편』『재상전서』
『인공양잠표준』『양계법촬요』『마학교정』『농학범론』『농림시찰일기』『농학입문』
『농학초계』『농방신편』『농업신론』『양잠실험설』『작잠사양법』『잠업대요』
『상수재배법』『양계신론』『가정양계신론』『가축사양학』『가축사육학』『과수재배법』
『접목신법』『소채재배법』『실용과수재배서』『위원화훼지』『위암화원지』
『신선응용비료학』『삼림학』

3) 신문

『대한매일신보』『독립신문』『제국신문』『한성순보』『한성주보』『황성신문』

4) 연속간행물

『殖銀調査月報』『朝鮮農會報』『朝鮮總督府施政年報』『朝鮮總督府調査月報』

『朝鮮總督府調査彙報』『朝鮮彙報』『朝鮮の農業』『朝鮮の農業事情』『朝鮮の米』
『韓國中央農會報』

5) 일본 단행본

加藤末郎, 『韓國出張復命書』, 1901.
加藤末郎, 『韓國農業論』, 1904.
岡庸一, 『最新韓國事情-韓國經濟指針』, 青木藁山堂, 1903.
京都府知事編, 『韓國農業視察復命書』, 1908.
高知縣 第三部, 『韓國農事視察復命書』, 1905.
谷崎新五郎·森一兵, 『韓國産業視察報告書』, 1904.
久間健一, 『朝鮮農業の近代的樣相』, 西ケ原刊行會, 1935.
久間健一, 『朝鮮農政の課題』, 成美堂書店, 1943.
久間健一, 『朝鮮農業經營地帶の硏究』, 農林省農業總合硏究所, 1950.
吉川祐輝, 『韓國農業經營論』, 1904.
農商工部殖産局, 『韓國農務彙報』, 1909.
農商務省農務局, 『韓國農業要項』, 1905.
農商務省農務局, 『韓國農業概說』, 1910.
島根縣 第三部, 『韓國實業調査復命書』, 1906.
東畑精一·大川一司, 『朝鮮米穀經濟論』, 1937.
東畑精一·大川一司, 『米穀經濟の硏究』, 有斐閣, 1939.
不動産法調査會, 『韓國不動産ニ關スル調査記錄』, 1906.
山口精, 『韓國産業誌』, 1910.
山本庫太郎, 『朝鮮移住案內』, 1904.
小島喜作, 『韓國之農業』, 1905.
小早川九郎, 『朝鮮農業發達史』 發達篇, 1944.
小早川九郎, 『朝鮮農業發達史』 政策篇, 1944.
神戶正雄, 『朝鮮農業移民論』, 1910.
岩永重華, 『最新韓國實業指針』, 1904.
印貞植, 『朝鮮農村再編成の硏究』, 人文社, 1943.
日本 農商務省, 『韓國土地農産調査報告』, 1906.
田所幸衛, 『韓國農事調査書』, 1905.
朝鮮總督府, 『朝鮮産米增殖計劃要綱』, 1926.
朝鮮總督府, 『重要農産物增産計劃の概要』, 1941.
朝鮮總督府, 『農業報國の要諦』, 1943.
朝鮮總督府殖産局, 『朝鮮の米』(1927年版), 1927?.
酒勾常明, 『淸韓實業觀』, 1902.

酒勾常明,『日清韓實業論』, 1903.
青柳綱太朗,『韓國農事案內』, 青木藁山堂, 1904.
青柳綱太郎,『韓國殖民策』, 1908.
澤村康,『米價政策論』, 南郊社, 1937.
統監府編,『韓國ニ於ケル農業ノ經營』, 1907.
八木芳之助,『米穀統制論』, 日本評論社, 1934.

2. 단행본

권태억,『한국근대 면업사연구』, 일조각, 1989.
권태억,『일제의 한국 식민지화와 문명화(1904~1919)』, 서울대학교출판문화원, 2014.
김건태,『대한제국의 양전』, 경인문화사, 2018.
김도형,『대한제국기의 정치사상연구』, 지식산업사, 1994.
김도형,『일제의 한국농업정책사 연구』, 한국연구원, 2009.
김영진·이은웅,『조선시대 농업과학기술사』, 서울대 출판부, 2000.
김영희,『일제시대 농촌통제정책 연구』, 경인문화사, 2003.
김용달,『일제의 농업정책과 조선농회』, 혜안, 2003.
김용섭,『증보판 한국근대농업사연구』(상·하), 일조각, 1988.
김용섭,『한국근현대농업사연구』, 일조각, 1992.
김용섭,『(신정증보판)한국근대농업사연구』Ⅰ, 지식산업사, 2004.
김태호,『근현대 한국 쌀의 사회사』, 들녘, 2017.
김한주 외,『일제하의 조선사회경제사』, 1947.
박경식,『일본제국주의의 조선지배』, 청아출판사, 1986.
박섭,『한국근대의 농업변동－농업경영의 성장과 농업구조의 변동』, 일조각, 1997.
안승택,『식민지 조선의 근대농법과 재래농법』 신구문화사, 2009.
양정필,『근대 개성상인과 인삼업』, 푸른역사, 2022.
연갑수,『대원군집권기 부국강병정책연구』, 서울대출판부, 2001.
연갑수,『고종대 정치변동 연구』, 일지사, 2008.
염정섭,『18~19세기 농정책의 시행과 농업개혁론』, 태학사, 2014.
염정섭·소순열,『농업기술과 한국문명』, 들녘, 2021.
왕현종,『한국 근대국가의 형성과 갑오개혁』, 역사비평사, 2003.
왕현종,『대한제국의 토지조사와 토지법제』, 혜안, 2017.
우대형,『한국근대 농업사의 구조』, 한국연구원, 2001.
유영익,『갑오경장연구』, 일조각, 1990.
이송순,『일제하 전시 농업정책과 농촌 경제』, 선인, 2008.

이영학, 『일제의 농업생산정책』, 동북아역사재단, 2022.
이영호, 『한국근대 지세제도와 농민운동』, 서울대학교출판부, 2001.
이영호, 『근대전환기 토지정책과 토지조사』, 서울대학교출판문화원, 2018.
이영훈 외, 『근대조선 수리조합연구』, 일조각, 1992.
이윤갑, 『한국근대 상업적 농업의 발달과 농업변동』, 지식산업사, 2011.
이윤갑, 『조선총독부의 소작정책 연구』, 지식산업사, 2013.
전우용, 『한국회사의 탄생』, 서울대 출판문화원, 2011.
정연태, 『식민권력과 한국농업』, 서울대학교출판문화원, 2014.
정연태, 『일제의 식민농정과 식민지 지주제』, 동북아역사재단, 2024.
정태헌, 『일제의 경제정책과 조선사회』, 역사비평사, 1996.
조석곤, 『한국근대 토지제도의 형성』, 해냄, 2003.
주봉규·소순열, 『근대 지역농업사 연구』, 서울대학교출판부, 1996.
최병택, 『일제하 조선임야조사사업과 삼림정책』, 푸른역사, 2010.
최원규, 『한말 일제초기 국유지 조사와 토지조사사업』, 혜안, 2019.
최원규, 『일제시기 한국의 일본인 사회－도시민·지주·일본인 농촌』, 혜안, 2021.
최원규, 『한말 일제초기 토지조사와 소유권분쟁』, 동북아역사재단, 2022.
최유리, 『일제말기 식민지 지배정책 연구』, 국학자료원, 1997.
최윤오, 『조선후기 양전사업과 토지개혁론』, 혜안, 2023.
한국농촌경제연구원, 『한국 농업·농촌 100년사』(상·하), 2003.
한국역사연구회, 『대한제국의 토지조사사업』, 민음사, 1995.
한철호, 『한국근대 개화파와 통치기구 연구』, 선인, 2009.
허수열, 『개발 없는 개발－일제하, 조선경제 개발의 현상과 본질』, 은행나무, 2005.
허수열, 『일제초기 조선의 농업－식민지근대화론의 농업개발을 비판한다』, 한길사, 2011.
허원영, 『한국근대 양반지주가의 경제활동』, 혜안, 2022.
홍성찬, 『한국근대 농촌사회의 변동과 지주층』, 지식산업사, 1992.
홍성찬, 『한국 근현대의 지주제와 금융자본』, 해남, 2022.

農林省熱帶農業研究背センタ, 『旧朝鮮における日本の農業試驗研究の成果』, 1976.
飯沼二郎, 『朝鮮總督府の米穀檢查制度』, 未來社, 1993.
松本武祝, 『植民地朝鮮の水利組合事業』, 未來社, 1991.
松本武祝, 『植民地權力と朝鮮農民』, 社會評論社, 1998.
林炳潤, 『植民地における商業的農業の展開』, 東京大出版會, 1971.
土井浩嗣, 『植民地朝鮮の勸農政策』, 思文閣出版, 2018.
樋口雄一, 『戰時下朝鮮の農民生活誌 1939~1945』, 社會評論社, 1998.
河合和男, 『朝鮮における産米增殖計劃』, 未來社, 1986.

3. 논문

구자옥 외, 「혼다 고노스케(本田幸介)와 『한국토지농산조사보고』」 『농업사연구』 제9권 1호, 한국농업사학회, 2010.

구자옥·김장규·한상찬·이길섭, 「쓰다센(津田仙)의 『농업삼사(農業三事)』가 지니는 의의」 『농업사연구』 제9권 2호, 한국농업사학회, 2010,

권태억, 「통감부시기 일제의 대한농업시책」 『로일전쟁 전후 일제의 한국침략』, 일조각, 1986.

권태억, 「1904~1910년 일제의 한국 침략 구상과 '시정개선'」 『한국사론』 31, 1994.

권태억, 「통감부설치기 일제의 조선 근대화론」 『국사관논총』 53, 국사편찬위원회, 1994.

권태억, 「1910년대 일제 식민통치의 기조」 『한국근대사회와 문화』 II, 서울대학교출판부, 2005.

권태억, 「일제의 식민지 지배정책사」 『일제 강점기 지배사의 재조명』, 동북아역사재단, 2010.

김도형, 「일제의 비료정책과 그 성격(1910~1934)」 『한국민족운동사연구』 4, 1989.

김도형, 「권업모범장의 식민지 농업지배」 『한국근현대사연구』 3, 1995.

김도형, 「권업모범장의 설립과정과 역사적 성격」 『농업사연구』 제9권 1호, 2010.

김영진, 「한국농서의 편찬 및 외관적 특징과 편찬자의 사회적 신분」 『농업사연구』 제2권 2호, 한국농업사학회, 2003.

김영진, 「1880년대 한국농서에 기록된 서양농업과학」 『농업사연구』 제5권 1호, 한국농업사학회, 2006.

김영진, 「농무목축시험장의 기구변동」 『농업사연구』 제5권 2호, 한국농업사학회, 2006.

김영진, 「개항기 농서의 특징과 농업기술」 『농업사연구』 제6권 1호, 한국농업사학회, 2007.

김영진, 「서양농업과학기술의 도입」 『농업 근대화의 여명』, 농촌진흥청, 2008.

김영진·김상겸, 「한국 농사시험연구의 역사적 고찰」 『농업사연구』 제9권 1호, 2010.

김영진·김이교, 「개화기 한국의 구미농학 수용」 『농업사연구』 창간호, 한국농업사학회, 2002.

김영진·김이교, 「개화기 한국의 구미 농업과학기술도입에 관한 종합연구」 『농업사연구』 제10권 2호, 한국농업사학회, 2011.

김영진·이길섭, 「개화기 한국농서의 특징과 신농업기술」 『농업사연구』 제6권 2호, 한국농업사학회, 2007.

김영진·이길섭, 「개화기 농서의 편찬배경과 편찬동기」 『농업사연구』 제7권 2호, 한국농업사학회, 2008.

김영진·홍영미, 「개화기의 농학사상」 『농업사연구』 창간호, 한국농업사학회, 2002.

김영진·홍은미, 「농무목축시험장(1884~1906)의 기구변동과 운영」『농업사연구』 제5권 2호, 2006.
김영진·홍영미, 「1880년대 한국농서에 기록된 서양농업과학」『농업사연구』 제5권 1호, 한국농업사학회, 2006.
김영희, 「대한제국시기의 잠업진흥정책과 민영잠업」『대한제국연구』V, 이화여대 한국문화연구원, 1999.
김용섭, 「일제의 초기 농업식민책과 지주제」『한국근현대농업사연구』 일조각, 1992.
김은주, 「1930년대 조선의 농촌 생활개선사업과 '국민화'작업」『한국사론』 58, 2012.
김혜수, 「일제하 제사독점자본의 양잠농민 재편성 구조」『경제사학』 13, 1989.
나애자, 「대한제국의 권력구조와 광무개혁」『한국사』 11, 한길사, 1994.
도면회, 「갑오개혁 이후 화폐제도의 문란과 그 영향」『한국사론』 21, 1989.
류정선, 「조선총독부의 밭작물 개량증식계획」『한국사론』 58, 2012.
박석두, 「일제의 농업이민과 식민지 농업기구의 구축」『한국 농업·농촌 100년사』 상, 한국농촌경제연구원, 2003.
박섭, 「식민지 조선에 있어서 1930년대 농업정책에 관한 연구」『한국근대 농촌사회와 농민운동』, 열음사, 1988.
박수현, 「누구를 위한 개발인가?—수리조합의 실체」『내일을 여는 역사』 76, 2019.
박진태, 「갑오개혁기 국유지조사의 성격—역둔토조사과정을 중심으로」『성대사학』 12·13, 1997.
박진태, 「한말 역둔토조사를 둘러싼 분쟁사례」『사림』 14, 2000.
박찬승, 「1890년대 후반 관비유학생의 도일유학」『근대교류사와 상호인식 I』, 고려대학교 아세아문제연구소, 2001.
박영구, 「일제하 '산미증식계획'의 경제사적 성격 연구」, 연세대 경제학과 박사학위논문, 1991.
배성준, 「1930년대 일제섬유자본의 침투와 조선직물업의 재편」『한국사론』 29, 1993.
서영희, 「1894~1904년의 정치체제 변동과 궁내부」『한국사론』 23, 1990.
서영희, 「광무정권의 형성과 개혁정책 추진」『역사와 현실』 26, 1997.
소순열, 「식민지기 전북에 있어서 수도품종의 변천」『전북대 농대논문집』 23, 1992.
소순열, 「식민지 조선에서의 지주·소작관계의 구조와 전개」『농업사연구』 4-2, 2005.
소순열, 「한국에서 근대농업기술의 변용—수용과 이전—」『농업사연구』 14-1, 2015.
송규진, 「구한말·일제초(1904~1918) 일제의 미간지정책에 관한 연구」『사총』 39, 1991.
염정섭, 「1880년대 고종의 권농책과 서양농법 도입 논의」『역사문화연구』 51, 2014.
오인택, 「개화기 전통농학의 서양농학 수용방식과 성격」『농업사연구』 제4권 2호, 한국농업사학회, 2005.
오진석, 「대한제국기 인공양잠회사와 잠업과시험장」『향토서울』 85, 2013.

오진석, 「대한제국 전기 인공양잠법의 도입과 양잠서적」『동방학지』 197, 2021.
오진석, 「대한제국기 농정관료 서병숙의 관직활동과 농업근대화 구상」『동방학지』 201, 2022.
오진석, 「대한제국 후기 양잠정책과 양잠서적」『민족문화연구』 94, 2022.
오진석, 「1900~1914년 서울지역 양잠교육기관의 설립과 운영」『서울학연구』 92, 2023.
윤병석, 「일본인의 황무지개척권 요구에 대해」『역사학보』 22, 1964.
은정태, 「고종 친정 이후 정치체제 개혁과 정치세력의 동향」『한국사론』 40, 1998.
이광린, 「농무목축시험장의 설치에 대하여」『(개정판) 한국개화사연구』, 일조각, 1969.
이규수, 「20세기초 일본인 농업이민의 한국이주」『대동문화연구』 43, 2003.
이두순, 「일제하 수도품종 보급정책의 성격에 관한 연구」『농업정책연구』 17-1, 1990.
이두순, 「일제하 수도 신품종의 보급과 수도작 기술의 변화」『한국 농업구조의 변화와 발전(한국 농업 농촌 100년사 논문집 제1집)』, 한국농촌경제연구원, 2003.
이선아, 「19세기 개화파의 농서간행과 보급의 의의」『농업사연구』 제8권 2호, 한국농업사학회, 2009.
이송순, 「전시기(1937~1945) 조선의 미곡증산정책 실시와 그 성격」『사총』 56, 2003.
이송순, 「전시체제기(1937~1945) 조선의 비료수급실태와 농업생산력 저하」『역사연구』 12, 2003.
이송순, 「1930년대 식민농정과 농촌사회의 변화」『한국문학의 연구』 25, 2005.
이송순, 「도쿄(東京)제국대학 농대와 1910년대 조선총독부 농업고등기술관료 그룹의 형성」『한국인물사연구』 25, 한국인물사연구회, 2016.
이송순, 「1920년대 식민지 조선의 산미증식계획 실행과 농업기술관료」『사총』 94, 2018.
이애숙, 「일제하 수리조합사업의 전개와 지주제 강화」『한국사연구』 50·51, 1984.
이영학, 「개항기 조선의 농업정책」『한국 근현대의 민족문제와 신국가건설』, 지식산업사, 1997.
이영학, 「통감부의 조사사업과 조선침탈」『역사문화연구』 39, 한국외국어대학교 역사문화연구소, 2011.
이영학, 「통감부의 농업조사와 농업정책」『역사문화연구』 49, 한국외국어대학교 역사문화연구소, 2014.
이영학, 「1910년대 조선총독부의 농업정책」『한국학연구』 36, 인하대학교 한국학연구소, 2015.
이영학, 「1880년대 조선정부의 농업정책」『한국학연구』 40, 인하대학교 한국학연구소, 2016.

이영학, 「갑오정권의 농업정책」『이화사학연구』 52, 이화사학연구소, 2016.
이영학, 「대원군 집권기의 농업정책」『한국학연구』 44, 인하대학교 한국학연구소, 2017.
이영학, 「대한제국의 농업정책」『중앙사론』 46, 중앙사학연구소, 2017.
이영학, 「개항 이후 서양 농학의 수용과 전개」『역사문화연구』 61, 한국외국어대학교 역사문화연구소, 2017.
이영학, 「일제의 '구관제도조사사업'과 그 주요인물들」『역사문화연구』 68, 한국외국어대학교 역사문화연구소, 2018.
이영호, 「일제의 식민지 토지정책과 미간지 문제」『역사와현실』 37, 2000.
이헌창, 「갑오·을미개혁기의 산업정책」『한국사연구』 90, 1995.
장시원, 「일제하 대지주의 존재형태에 관한 연구」, 서울대학교 대학원 경제학과 박사학위논문, 1989.
전강수, 「식민지 조선의 미곡정책에 관한 연구－1930~45년을 중심으로」, 서울대학교 대학원 경제학과 박사학위논문, 1993.
전강수, 「일제하 수리조합사업이 지주제 전개에 미친 영향」『경제사학』 8, 1984.
전강수, 「전시체제하 조선에 있어서의 미곡정책에 관한 연구」『경제사학』 14, 1990.
정문종, 「산미증식계획과 농업생산력정체에 관한 연구」『한국근대 농촌사회와 농민운동』, 열음사, 1988.
정연태, 「1910년대 일제의 농업정책과 식민지지주제」『한국사론』 20, 1988.
정연태, 「1940년대 전반 일제의 한국농업 재편책」『국사관논총』 38, 1992.
정연태, 「대한제국 후기 일제의 농업식민론과 이주식민책」『한국문화』 14, 1993.
정연태, 「일제의 식민농정과 농업의 변화」『한국역사입문(근대·현대편)』③(한국역사연구회 엮음), 풀빛, 1996.
정연태, 「대한제국 후기 계몽운동 계열의 토지수호운동과 농업진흥론」『한국민족운동사연구』(우송 조동걸선생 정년기념논총), 나남출판, 1997.
정태헌, 「1930년대 식민지 농업정책의 성격 전환에 관한 연구」『일제말 조선사회와 민족해방운동』, 일송정, 1991.
조기준, 「일본인 농업이민과 동양척식주식회사」『한국근대사론』 1, 지식산업사, 1977.
조석곤, 「수탈론과 근대화론을 넘어서」『창작과 비평』 96, 1996.
지수걸, 「1932~1935년간의 조선농촌진흥운동」『한국사연구』 46, 1984.
최병택, 「강제병합 전후 일제의 '농업 개량' 방침」『역사와 현실』 78, 2010.
최유리, 「일제말기 '조선증미계획'에 대한 연구」『한국사연구』 61·62, 1988.
최원규, 「조선후기 수리기구와 경영문제」『국사관논총』 39, 국사편찬위원회, 1992.
최원규, 「일제의 초기 한국식민책과 일본인 '농업이민'」『동방학지』 77·78·79, 1993.
최원규, 「근대전환기 조선정부의 농정책과 서양농학의 수용」『동양과 서양의 문화교류』, 부산대학교출판문화원, 2022.

최윤오, 「조선후기 권농책의 추이와 실학」『사학연구』 109, 2013.

堀和生, 「朝鮮における植民地財政の展開」『朝鮮史叢』 5·6合集, 1982.
堀和生, 「日本帝國主義の朝鮮における植民地農業政策－1920年代植民地地主制の形成」『日本史硏究』 171, 1976.
宮田節子, 「1930년대 일제하 조선에 있어서 농촌진흥운동의 전개」『역사학연구』 297, 1965.
內田和義, 「開化期における日本の西洋農學の受容－津田仙(1837~1908)を中心に－」『농업사연구』 창간호, 한국농업사학회, 2002.
馬淵貞利, 「제1차대전기 한국농업의 특질과 3·1운동」『항일농민운동연구』, 동녘, 1984.
飯沼二郎, 「朝鮮總督府の農業技術」『近代朝鮮の社會と思想』, 未來社, 1981.
飯沼二郎, 「日帝下朝鮮における農業革命」『朝鮮史叢』 5·6, 1982.
飯沼二郎, 「日帝下朝鮮における米の優良品種」『韓國民族運動史硏究』 9, 1993.
富田晶子 外, 「植民地期朝鮮社會經濟の統計的硏究(1)」『東京經大學會誌』 136, 1984.
山口宗雄, 「荒蕪地開拓問題をめぐる對韓イメジの形成, 流布過程について」『史學雜誌』 87(10), 1978.
松本武祝, 「1920·30年代の朝鮮農業構造」『近代朝鮮の歷史像』, 日本評論社, 1988.
松本武祝, 「植民地期朝鮮の農業政策と村落」『朝鮮史硏究會論文集』 29, 1991.
須川英德, 「朝鮮開港後1880年代における生糸輸出の試みについて－內衙門布示と蚕桑公司－」『朝鮮史硏究會論文集』 26, 1989.
須川英德, 「開港期朝鮮における絹業について」『朝鮮學報』 127, 1988.
羽島敬彦, 「朝鮮産米增殖計劃とその實績」『朝鮮民族運動史硏究』 5, 1988.
佐佐木隆爾, 「朝鮮における日本帝國主義の養蚕業政策－第一次大戰期を中心に－」『人文學報』 114, 東京都立大 文學部, 1976.
村上勝彦 外, 「植民地期朝鮮社會經濟の統計的硏究(1)」『東京經大學會誌』 136, 1984.
河合和男, 「朝鮮における化學肥料工業」『朝鮮における日窒コツエル』(姜在彦編), 1986.
黑瀨郁二, 「日露戰後の'朝鮮經營'と東洋拓殖株式會社」『朝鮮史硏究會論文集』 12, 1975.

Abstract

Agricultural Policy and Agricultural Policy Theory during the transition period of modern Korea

Lee, Young Hak

This book examines the government's agricultural policy from the mid-19th century to the early 20th century. It is largely divided into two parts: the first half examines the agricultural policy of the Joseon government, and the second half examines the agricultural policy of the Residency-General and the Government-General of Korea.

The Joseon government implemented various reform policies when it established the 'Tongrigimuamun(統理機務衙門)' in 1880. The following are the main agricultural policies promoted by the Joseon government and intellectuals after the opening of the country. First, the agricultural policy promoted by the Joseon government focused its heart and soul on the reclamation of wastelands. At that time, since the government was very weak in preparing for natural disasters such as droughts and floods, wastelands frequently occurred due to frequent natural disasters. Therefore, the reclamation of wastelands was an urgent matter for the Joseon government to resolve for the people's livelihood. The government's Agricultural and Commercial Bureaus(農商司) and other government offices took an interest in reclamation and promoted policies. However, since the national finances were not sufficient at the time, the government did not have the capacity to directly lead reclamation. Therefore, the government established agricultural and commercial companies to induce investment from officials and the public in order to reclaim wastelands. Examples of such policies include the Gyoha Agricultural and Sericulture Company(交河農桑社) and Gyeongseong Agricultural and Sericulture Company(京城農桑會) in 1883 and the Licensed Agricultural and Sericulture Company(官許農桑會社) in 1894. Then, during the Korean Empire, rather than a reclamation company centered on the government and with the participation of the people, a private company led by the people took the lead in reclamation. In other words, bureaucrats or wealthy individuals established reclamation companies and took the lead in reclamation.

Second, the Joseon government made efforts to promote the sericulture industry. At that time, silk yarn were an international trade item, so the export of silk yarn resulting from the promotion of the sericulture industry greatly improved the trade balance. The Joseon government established the Sericulture Corporation(蠶桑公司) in 1884 and invited the German Maertens(韓名 麥登司) to promote the sericulture industry, but did not achieve the expected results. Then, during the Korean Empire, enlightened intellectuals who had mastered Japan's modern sericulture industry entered the country, established sericulture companies, and made suggestions to the government to establish an organization to promote the sericulture industry. The Korean Empire established the Sericulture Department(蠶業課) under the Ministry of Agriculture, Commerce and Industry(農商工部) to promote the sericulture industry and achieved certain results. However, due to the lack of organizational support and professional manpower from the government, the promotion of the sericulture industry was not smooth.

The third was the establishment of a modern agricultural experiment station. In 1883, King Gojong accepted the petition of Choi Gyeong-seok(崔景錫), who had participated in the Bobingsa(報聘使), and established the first modern agricultural experiment station in Korea, the 'Agricultural and Livestock Experiment Station(農務牧畜試驗場)' in 1884. King Gojong appointed Choi Gyeong-seok as the head of the agricultural experiment station. Choi Gyeong-seok initially successfully operated the experimental cultivation of seeds, vegetables, farm implements, and livestock ordered from the United States, but when he died suddenly two years later, the operation of the Agricultural and Livestock Experiment Station faced a crisis. After that, the government invited an American agricultural engineer, but he failed, and instead invited a British agricultural engineer, R. Jaffray(韓名 爵佛雷), to run the agricultural experiment station. Jaffray managed the agricultural experiment station and also ran an agricultural school. However, Jaffray also died two years later, and agricultural experiment station faced difficulties in operating. After that, it was incorporated into Agriculture and Livestock Bureau(種牧局) of Department of Royal Household(宮內府), but it did not operate smoothly.

Fourth, enlightened intellectuals actively attempted to accept Western agricultural science. After the emergence of the Dongdoseogi Theory(東道西器論) in the 1880s, the awareness that the developed culture of the West should be accepted began to spread among Confucian scholars. Intellectuals who had been envoys or studied abroad in Qing and Japan encountered Western agricultural science and began to accept it. Examples include Ahn Jong-su(安宗洙)'s "Nongjeongsinpyeon(農政新編)"(1881), Jeong Byeong-ha(鄭秉夏)'s "Nongjeongchalyo(農政撮要)"(1886), Ji Seok-yeong(池錫永)'s "Jungmaekseol

(重麥說)"(1888), Lee Woo-gyu(李祐珪)'s "Jamsangchalyo(蠶桑撮要)"(1884), and Lee Jong-won(李淙遠)'s "Nongdam(農談)"(1894). After 1894, enlightened intellectuals who had studied abroad in Japan encountered Western civilization and actively introduced Western agricultural science. In the beginning, they introduced agricultural books on sericulture and agriculture, but later they introduced Western agricultural books on various fields such as livestock farming, horticulture, and fertilizers in addition to agriculture and sericulture.

After winning the Russo-Japanese War in 1905, Japan forced the Eulsa Treaty(乙巳條約) on Joseon and began a full-scale invasion of Joseon by establishing the Residency-General(統監府) in February 1906. First, the Residency-General investigated the agricultural situation of Joseon. At the time, there were many reports on Joseon agriculture written by Japanese people, and based on these, the Japanese Ministry of Agriculture and Commerce(農商務省) dispatched its officials and professors of agriculture from Tokyo Imperial University to systematically investigate the agricultural situation throughout Joseon and published a comprehensive report titled "Report on the Survey of Korean Land and Agricultural Products(韓國土地農産調査報告)"(1906). Ito Hirobumi(伊藤博文), who took office as the Residency-General, abolished the agricultural experiment station and agricultural school established by the Korean Empire to modernize agriculture, and established a Kwonup mobum jang(勸業模範場) staffed entirely by Japanese people and an agricultural and forestry school(農林學校) centered around Japanese teachers, in an attempt to transplant Japan's Meiji agricultural methods(明治農法) and Japanese varieties to Korea. The Residency-General tested Japanese rice varieties, Japanese mulberry seedlings and silkworm varieties at Kwonup mobum jang to determine whether they were suitable, and then distributed them free of charge to Korean farmers.

Japan began to invade Korea in earnest when it annexed Korea in 1910. Japan attempted to reorganize Korea into a supply base for food and raw materials for the growth of Japanese capitalism and a sales market for capital goods. First, around 1910, Japan conducted a land survey project to investigate state-owned and private land in Korea, and by completing it in 1918, it created state- owned land and laid the foundation for commercializing land that Japanese capital could purchase. Next, in the agricultural sector, the budget was limited to improving rice, cotton, and silkworm seeds. In rice, Japanese rice varieties were planted in Korea as part of a long-term strategy to supplement Japan's rice shortage. The improvement of cotton and silkworm varieties was intended to provide raw materials to Japan's textile capital. In this way, Japan's agricultural policy in the 1910s was centered on laying the foundation for reorganizing Korea into a supply base for food and raw materials after annexing Korea.

The rice production increase plan of the 1920s was carried out in two major stages. The first rice production increase plan was from 1920 to 1925, and the second rice production increase renewal plan was from 1926 to 1934. The purpose of implementing the rice production increase plan was to solve the food problem of the Japanese Empire. Japan suffered from food shortages as its population increased by 700,000 people per year. Japan was a chronic importer, importing 6 to 9 million seok(石) of rice every year. In the midst of this, the "rice riot" occurred in Fujiyama Prefecture in 1918, and as the phenomenon spread nationwide, resolving the rice shortage in Japanese society became the basis for maintaining the system. Meanwhile, the March 1st Movement occurred in Joseon in 1919, and there was a need to stabilize the people's livelihood. The rice production increase plan was promoted for the purpose of solving this cause.

The rice production plan was a representative example of the development of agricultural productivity during the Japanese colonial period. The following aspects of the increase in agricultural productivity were observed as a result of the rice production plan. First, as irrigation facilities were expanded, the area of farmland benefiting from irrigation greatly increased. Second, the area of planting of Japan's superior varieties greatly increased. Third, the amount of fertilizer increased, which resulted in an increase in production per unit area. However, there were also significant negative aspects of the rice production plan. First, as Korea's agricultural structure was centered on rice-focused paddy farming, it was reorganized into a rice monoculture agricultural area. Second, as paddy farming was replaced by a few superior varieties, it was advantageous for commercialization but disadvantageous in terms of agriculture. Rice planted with a single variety was vulnerable to diseases, pests, and drought in terms of agriculture. Third, traditional farming methods or traditional varieties of Joseon were reduced or disappeared. Farming methods and varieties had been improved over thousands of years while adapting to climate and local conditions. During the Japanese colonial period, they were reduced to practice in very few areas or disappeared. Furthermore, because field farming was looked down upon during the Japanese colonial period, crop varieties and farming techniques were lost or weakened. Fourth, most of the increased rice production was exported to Japan at low prices, so Joseon farmers did not receive any benefits.

As the rice production increase plan was implemented, the labor intensity of Korean farmers increased, but most Korean farmers, except for landlords and some farm households, had a deficit in their management balance due to the increase in irrigation association fees and taxes. As a result, rural society as a whole became impoverished, and most farmers went bankrupt. Owner-farmers and tenant farmers had no choice but to sell their land, and landlords purchased their land, increasing the number of landlords and further increasing the number of large landowners. In particular, the number of large Japanese landowners continued to increase. As a result of the rice production increase plan, tenant farms increased further, and as the power of landlords was strengthened, tenant farming conditions worsened, such as shortening the tenancy period, increasing the rent rate, and increasing the utility fees of tenant farmers. In the late 1920s, tenant disputes increased rapidly in conjunction with the overall decline of the peasant class and the increase in the consciousness of the farmers.

찾아보기

ㄱ

ㄴ

ㄷ

_ㄹ

_ㅁ

_ㅂ

_ㅅ

_ㅇ

_ ㅊ

_ ㅌ

_ ㅍ

_ ㅎ

출전

이 책은 다음의 논문들을 기초로 하여 수정한 것이다.

제1장 「대원군 집권기의 농업정책」『한국학연구』 44, 인하대학교 한국학연구소, 2017, 517~542쪽.

제2장 「개항기 조선의 농업정책」『한국 근현대의 민족문제와 신국가건설』, 지식산업사, 1997, 39~61쪽 ; 「1880년대 조선정부의 농업정책」『한국학연구』 40, 인하대학교 한국학연구소, 2016, 335~368쪽.

제3장 「갑오정권의 농업정책」『이화사학연구』 52, 이화사학연구소, 2016, 35~67쪽.

제4장 「대한제국의 농업정책」『중앙사론』 46, 중앙사학연구소, 2017, 135~176쪽.

제5장 「개항 이후 서양 농학의 수용과 전개」『역사문화연구』 61, 한국외국어대학교 역사문화연구소, 2017, 163~204쪽.

제6장 「통감부의 농업조사와 농업정책」『역사문화연구』 49, 한국외국어대학교 역사문화연구소, 2014, 81~124쪽. (대폭 수정)

제7장 「1910년대 조선총독부의 농업정책」『한국학연구』 36, 인하대학교 한국학연구소, 2015, 549~580쪽. (대폭 수정)

제8장 「1920년대 조선총독부의 농업정책」『한국민족문화』 69, 부산대학교 한국민족문화연구소, 2018, 303~336쪽. (대폭 수정)

보론Ⅰ 「조선시기 농업생산력 연구현황」『한국중세사회 해체기의 제문제(하)』, 한울, 1987, 19~57쪽.

보론Ⅱ 「조선시기 경제사연구의 현황」『역사문화연구』 32, 한국외국어대학교 역사문화연구소, 2009, 49~80쪽.

이 영 학

서울대학교 인문대학 국사학과와 동대학원 국사학과(문학석사·박사)를 졸업하였고, 한국외국어대학교 인문대학 사학과 교수로 활동하다가 퇴직하였다.
현재 한국외국어대학교 사학과 명예교수로 있다.

주요 논저로는 『일제의 임업 및 수산업 정책』(공저, 동북아역사재단, 2024), 『수산업·어업(2)–식민지 시기 일제의 어업 재편』(동북아역사재단, 2023), 『일제의 농업생산정책』(동북아역사재단, 2022), 『수산업·어업(1)–개항기 일제의 어업침탈』(동북아역사재단, 2022), 『한국근현대 기록관리』(신서원, 2019), 『일제의 조선관습조사 종합목록』(공저, 혜안, 2019), 『일제의 조선관습조사 자료 해제Ⅱ: 법전조사국 특별조사서·중추원 관련 자료』(공저, 혜안, 2019), 『한국근대 연초산업 연구』(신서원, 2013) 등이 있다.

한국 근대의 토지와 농민총서 4

한국 근대전환기 농업정책과 농정론

이 영 학 지음

초판 1쇄 발행 2025년 3월 5일

펴낸이 오일주
펴낸곳 도서출판 혜안

등록번호 제22-471호
등록일자 1993년 7월 30일

주 소 ㊭04052 서울시 마포구 와우산로35길3 (서교동) 102호
전 화 3141-3711~2
팩 스 3141-3710
이메일 hyeanpub@daum.net

ISBN 978-89-8494-748-1 93910

값 36,000원